Technical And Vocational Education

高职高专计算机系列

办公自动化设备的使用与维护（第3版）

The Use of OA Equipment and Maintenance

刘士杰 ◎ 主编

人民邮电出版社
北京

图书在版编目（CIP）数据

办公自动化设备的使用与维护 / 刘士杰主编. -- 3版. -- 北京 : 人民邮电出版社, 2013.5(2021.9重印)
工业和信息化人才培养规划教材. 高职高专计算机系列
ISBN 978-7-115-30707-1

Ⅰ. ①办… Ⅱ. ①刘… Ⅲ. ①办公自动化—自动化设备—使用方法—高等职业教育—教材②办公自动化—自动化设备—维修—高等职业教育—教材 Ⅳ. ①C931.4

中国版本图书馆CIP数据核字(2013)第020724号

内容提要

本书根据高等职业教育的教学特点和相关技术的发展趋势，详细介绍了办公自动化设备的相关知识和技术。主要内容包括办公自动化简介、计算机及其常用外部设备、通信设备与信息传输设备、复印与复制设备、影像设备、投影设备、其他办公设备等。本书每章都安排了较为丰富的习题，可以帮助读者巩固所学知识。

本书适合作为高等职业院校相关课程的教材，也可供相关从业人员自学参考。

◆ 主　　编　刘士杰
责任编辑　王　威
执行编辑　范博涛

◆ 人民邮电出版社出版发行　　北京市丰台区成寿寺路 11 号
邮编　100164　　电子邮件　315@ptpress.com.cn
网址　http://www.ptpress.com.cn
固安县铭成印刷有限公司印刷

◆ 开本：787×1092　1/16
印张：17.25　　2013 年 5 月第 3 版
字数：442 千字　　2021 年 9 月河北第 12 次印刷

ISBN 978-7-115-30707-1

定价：36.00 元

读者服务热线：(010) 81055256　印装质量热线：(010) 81055316
反盗版热线：(010) 81055315
广告经营许可证：京东市监广登字20170147号

前　言

《办公自动化设备的使用和维护》自 2009 年 2 月第 2 版修订以来，受到了许多高职院校师生的欢迎。为了更好地满足广大高职高专院校的学生对办公自动化设备知识学习的需要，作者结合近几年办公自动化设备的发展、教学改革实践和读者的反馈意见，在保留原书特色的基础上，对教材进行了全面的修订，本次修订的主要工作如下。

- 对本书第 2 版的部分章节进行了完善，对存在的一些问题加以修正；对书中介绍的设备进行了相应的更新。
- 在第 7 章新增了平板电脑和办公音响两部分，简要介绍了平板电脑的功能和产品的选购以及办公音响中功放和音箱的使用与维护等。
- 根据技术发展趋势，增加了智能手机的介绍。
- 根据设备维护的需要，增加了较多关于各种打印机的维护、常见故障的分析和处理等内容。

本书共分 7 章。第 1 章介绍什么是办公自动化，办公自动化系统的功能、主要设备与如何构建；第 2 章介绍计算机及其外部设备的组成、使用、选购与维护方法，办公用计算机局域网的组建与使用，以及如何利用多媒体计算机制作演示文稿；第 3 章介绍通信设备与信息传输设备，包括电话机、手机和传真机的基本原理、功能及使用与维护方法；第 4 章介绍复印与复制设备，包括复印机、一体化速印机、扫描仪、光盘刻录机的工作原理及使用与维护方法；第 5 章介绍影像设备，包括数字摄像机、照相机和激光影碟机的基本构成及使用与维护方法；第 6 章介绍投影设备，包括幻灯机、投影器、数据投影机、视频展示仪等设备的技术特点及使用和维护方法；第 7 章简要介绍平板电脑、办公音响、数码录音笔、碎纸机、摄像头、电子词典等小型办公设备的主要功能、使用方法和使用的注意事项。

为了方便教师教学，本书还配有电子教案及习题参考答案等教学相关资料，任课教师可到人民邮电出版社教学服务与资源网（www.ptpedu.com.cn）免费下载使用。

本书在编写时，力求选用先进的设备并结合新的技术进行系统阐述，舍弃了烦琐的理论说明，突出应用，具有较强的针对性和实用性，重点突出实际操作与设备的维护，在编写过程中，力求做到简洁明了、通俗易懂、步骤清晰。

建议本书课时数为 60 课时，其中包括 20 课时左右的实验课。任课教师可根据本校的实验室条件，调整实验课的课时。此外，任课教师可以根据学生学习过的知识以及不同专业的需要，对教学内容进行适当取舍。

本书由刘士杰任主编。第 1 章、第 2 章、第 3 章和第 7 章由刘士杰编写，第 4 章由魏占兴编写，第 5 章由胡去非、陈一兵编写，第 6 章由陈丽编写，陈丽制作了电子教案，魏占兴编写了习题参考答案。本书由邹光华教授主审，在此表示衷心感谢。

由于编者水平有限，书中缺点和错误在所难免，敬请读者批评指正。

编　者

2012 年 10 月

目 录

第1章 办公自动化简介

办公自动化是对传统办公方式的变革。为在现代办公中充分使用自动化办公设备，必须了解办公自动化及其发展过程，了解办公自动化系统的功能、主要设备与如何构建一个办公自动化系统。

本章将重点介绍办公自动化及其设备、功能，以及办公自动化系统的构建，使读者对办公自动化、办公自动化系统以及自动化办公设备有一个简要的了解。

本章知识要点

- 了解办公自动化及其特点，实现办公自动化的意义。
- 了解办公自动化的发展过程，掌握自动化办公设备及其发展趋势。
- 掌握办公自动化系统的功能与构建。

1.1 办公自动化

1.1.1 办公自动化及其特点

社会与科技的发展，已使现代办公明显表现出了信息时代的重要特征：大量信息需要在办公过程中检索、处理、存储、发布和发送。信息的来源已呈多渠道、全方位，其中又以 Internet 为信息的主要来源。Internet 使用户能够在全球范围内迅速、及时、准确地查询到所关心的信息。面对这样一个节奏加快的信息时代，传统的办公方法，即以手工为主的办公方法，已经不能适应现代办公的需要，因此，急需实现办公手段现代化，也就是人们通常所说的办公自动化（OA）。

办公自动化是指办公过程或办公系统的自动化。它是应用先进的科学技术，由办公人员利用现代化的办公设备，快速地处理日常办公事务，有效地管理、加工和使用信息的人机信息处理系统。

这一定义说明，现代的自动化办公区别于传统办公，有两个明显的特征：一是应用先进的科学技术，二是使用现代化的自动办公设备。这也就意味着，作为现代办公的从业人员，必须适应办公技术和手段的变化，更新传统的办公观念，积极学习和使用自动化办公技术和设备，尽快地获取最大量的信息，加快办公事务的处理速度，提高办公效率和质量，以便在信息时代和市场经济的环境中获取最大的效益。

1.1.2 实现办公自动化的意义

办公自动化系统是为加强管理而建立的，其目的是通过实现办公现代化而高效地完成管理工作，通过采用合适的组织体系和结构，以尽可能的低成本，达到提高效率、增强创造性、提高协同工作能力的目的。实现办公自动化的意义主要表现在以下几个方面。

（1）办公自动化是对传统办公方式的变革。随着计算机的广泛运用和网络技术的飞速发展，人们在办公中接触到的信息载体逐渐由以纸介质为主向以电子介质为主转变，使传统的办公方式发生了巨大的变革。

（2）办公自动化提供了沟通、协调、控制的有效手段。通过 Internet，整个世界变成了“地球村”，人与人的沟通、工作的协调、任务的控制都可在网上进行，不仅速度快，而且效率高。

（3）办公自动化有效降低办公成本。办公自动化系统全部建成后，内部的文件和信息不再通过纸介质进行传递和保存，各部门的复印机也不是必须的，打印机可以在网上共用。办公自动化不仅节约了人力资源，而且还提高了设备和人力资源的使用效率。

（4）办公自动化实现了办公活动的人机智能化。办公自动化系统是一个人机系统，办公管理人员通过使用先进的办公自动化设备，代替部分人力的劳动，降低了人为错误出现的几率，提高办公事务的准确性。

（5）办公自动化有利于实现资源共享。计算机、网络及数据库技术的应用，使得信息部门有什么，用户就可以用什么，办公人员可以充分利用网络上的信息，实现资源的共享。

（6）办公自动化是科学管理的必由之路。办公自动化的发展，从以单项业务处理为中心发展到以信息处理为核心，进而提升为以系统地运用知识为核心，其目的是为了获得应用知识，实现管理的科学化。

1.1.3 办公自动化的发展过程

办公自动化（Office Automation，OA）作为一个术语，是由美国通用汽车公司 D.S.哈特于 1936 年首次提出来的，并于 20 世纪 50 年代在美国首先兴起，最初只是具有电子数据处理（EDP）的簿记功能，60 年代被管理信息系统（MIS）取代，直到 70 年代后期才形成涉及多种技术的新型综合学科——办公自动化（OA）。

从办公自动化诞生至今，世界上办公自动化系统的发展非常迅猛，各国政府都不惜花费巨资发展本国的办公自动化系统。其中，美国在理论研究、技术发展、设备研制应用方面一直走在世界的前面。德国、韩国、日本等是后起的技术大国，它们在办公自动化设备的研制方面也有许多独到之处。其中，美国发展办公自动化的经验具有一定的代表性。

1. 美国办公自动化的发展概况

（1）单机设备阶段（1975 年以前）。办公自动化在该阶段主要是进行单项数据处理，如工资结算、文书写作等，使用的设备有计算机、复印机、传真机等，从而实现单项办公室事务的自动化。在此阶段，并未引起办公室工作性质的根本改变。

（2）局域网阶段（1975—1982 年）。在该阶段，办公自动化设备在单机应用的基础上，以单位为中心向单位内联网发展，建立局域网。一个局域网络中可以连接几台、几十台、几百台甚至上千台计算机。网络里的计算机以双重身份工作，它既可以像没有连接在网上一样单独工作，又可以作为网络中的一部分参与网络的工作。应用局域网，可以实现网络中的资源共享，使得办公中的关键业务实现了自动化。

（3）一体化阶段（1983—1990 年）。在该阶段，办公自动化设备的使用由局域网向跨单位、跨地区联机系统发展。把一个地区、几十个地区乃至全国的局域网连接起来，就形成了庞大的计算机网络。采用系统综合设备，如多功能工作站、电子邮政、综合数据通信网等可以实现更大范围的资源共享，实现全面的办公业务综合管理的自动化。这一阶段已经是办公自动化的较高级阶段了。

（4）全面实现办公自动化阶段（1991 年至今）。办公自动化在此阶段采用以数据、文字、声音、图像等多媒体信息传输、处理存储的广域网为手段，信息资源在世界范围内共享，将世界变为“地球村”。从 1993 年开始，美国政府提出并开始实施“国家信息基础设施（NII）”计划，使得办公系统与其他信息系统连接在一起，形成一个高度自动化、综合化、智能化的办公环境。内部网络可以和其他局域网或广域网相连，以获取外部信息源产生的各种信息，更有效地满足高层办公人员、专业人员的信息需求，达到辅助决策的目的。

2. 我国办公自动化的发展概况

限于国情与国力，我国的办公自动化起步较晚，发展也较慢，其进程是从国防建设起步，经由生产企业、事业单位，逐步进入国家行政机关，发展进程大致可分为 3 个时期。

（1）开创期（1981—1985 年）。在此时期主要进行了以下工作。

① 引进 OA 技术，包括与国外公司联合举办展览会、研讨会、学术座谈会；联合生产某些办公设备，如组装生产复印机，针式打印机等。

② 研究和开发出了汉字的输入、输出技术，并对系统软件进行了汉字化处理。

③ 进行典型试点，小范围内开发某些办公自动化系统，探讨我国办公自动化的模式，制定我国办公自动化发展规划等。

（2）试点推广期（1986—1990 年）。

① 有计划地在全国范围内开展了办公自动化试点工作。

② 办公自动化设备形成了一定的生产能力，逐步实现某些办公自动化设备的国产化。

③ 大规模改造全国通信网络。

④ 有计划地加强 OA 技术人才的培养等。

⑤ 多数办公人员在思想上、认识上发生了根本的变化，与办公自动化有关的标准化规范已趋向成熟。

（3）高速发展期（1991 年至今）。自 20 世纪 90 年代以来，我国办公自动化系统呈现出两种趋势，即网络化和综合化，其建设主体主要是两部分：一是主要由国家投资建设的大型信息管理系统；二是一些企业和部门自行开发了不少办公自动化软件，能够满足某些办公需求。

1.1.4 自动化办公设备及其发展趋势

1．常用的自动化办公设备

目前，常用的自动化办公设备很多，本书根据设备对信息的作用对自动化办公设备进行介绍。

（1）信息处理设备。信息处理设备主要是多媒体计算机系统。这类设备的主要功能就是对文字、数据、图形、图像、声音等信息进行加工处理，并将处理后的信息加以保存和输出。目前，在办公自动化中应用最多的是多媒体计算机。计算机处理信息是由计算机的硬件设备和软件携手工作的，因此在重视计算机硬件的同时也不能忽视软件，而且在具体处理某一类信息时，软件往往又起主要的作用。同时为了将处理的信息传输和共享，必须使用计算机网络。计算机网络特别是 Internet，为信息传输和信息的检索提供了便利的条件。目前，计算机和计算机网络是自动化办公中处理、存储和查阅信息最方便、最快捷、最常用的手段。

（2）通信设备与信息传输设备。在现代通信中，由于电话机、手机、传真机等设备，有着传递信息方便、快速、可远距离通信等特点，因此，成为当今传递信息和人们不可缺少的通信工具。

（3）信息复印和复制设备。静电复印机是现代办公中最常用和最熟悉的信息复印设备，扫描仪、一体化速印机、光盘刻录机等也会在办公中用到。当然，信息在计算机的软、硬盘及光盘之间也经常进行复制，传真机的收发过程也可看成是复制过程，广义上讲它们也是信息复制设备。

（4）影像设备。照相机、摄像机、激光影碟机等都是自动化办公常用到的影像信息的获取、存储和播放设备。近几年来，数码照相机和数字摄像机技术的日益成熟，使之在影像信息的获取和保存以及办公中的重要性有了较大提高。

（5）投影设备。投影设备通常指幻灯机、投影器、数码投影机、视频展示仪等设备。随着科学技术的迅猛发展，各种投影设备不断更新换代，并广泛运用于教育、科研等办公自动化领域。

（6）其他办公辅助设备。掌上电脑、办公音响设备、数码录音笔、碎纸机、数码摄像头等也是现代办公中时常用到的辅助设备。

除前面所列出的自动化办公设备外，在办公室中还能见到其他一些设备，但考虑到它们或是简单，或是在现代办公中不直接参与人-机工作过程，限于篇幅，本书就不做介绍了。

2．办公自动化设备与技术的发展趋势

随着计算机技术和通信技术的发展，随着社会的进步所带动的对改善工作环境的要求，必将使办公自动化设备与技术不断发展，并呈现许多新的发展趋势。

（1）办公自动化设备将向着高性能、多功能、复合化和系统化的方向发展。新的现代办公设备将不断推向市场和被广泛应用。

（2）办公自动化系统向着数字化、智能化、无纸化和综合化方向发展。主要体现在多媒体办公计算机软件的进一步丰富和完善，多媒体网络信息的快速反应和实用化，计算机系统及网络系统信息传送技术的进一步提高，计算机系统及网络系统安全保密技术的进一步加强等，并逐步实现各类信息的处理综合化。

（3）通信技术和设备在现代办公中将发挥更大的作用。计算机网络的通信速度将会更快，我们会切身体会到远程办公与本地办公几乎无时间差。办公自动化系统将充分利用多种通信介质来建立全球性的数据处理网络体系。

（4）自动化办公设备将会更加符合人-机工程的设计标准，使用户能够在充满友好和情感的现

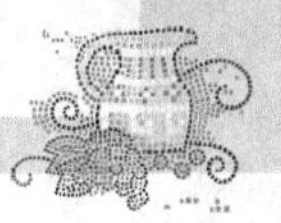

代办公自动化设备与环境中愉快地进行办公活动。

1.2 办公自动化系统的功能与构建

1.2.1 办公自动化系统的主要功能

办公自动化系统的功能体现在 3 个层次上：第 1 个层次是日常办公事务的处理；第 2 个层次是信息处理，主要功能是收集、筛选和处理所关心的信息，为决策提供相关信息；第 3 个层次就是决策支持功能，这种功能是由智能化的决策系统软件对支持决策的信息进行优化处理和判断，供决策人员在决策时参考。

办公自动化系统的主要功能有：文字处理、语音处理、数据处理、表格处理、图形与图像处理、信息检索、辅助决策、资料再现、电子邮件等。

1．文字处理

文字处理包括文字的编辑、修改、存储、打印及版式设计、映像处理等。由于汉字处理在我国是办公室的主要工作之一，因此，办公自动化系统必须有相应的比较完善的文字处理系统，以简化编辑和排版过程，从而大大地提高办公效率。

2．语音处理

语音处理是指利用计算机技术对语音进行识别、合成、存储，电话自动拨号、自动应答等。经过多年的研究，语音处理系统目前已走向实用阶段。利用这一先进技术，办公人员可以通过对计算机讲话实现文字输入，使办公人员从大量的文字输入工作中解脱出来。

3．数据处理

数据处理是对大批量数据的计算机输入、增加、删除、修改、存储、分类、索引、报表、查询、检索等文档管理工作。为了减少数据的冗余度，保持数据的一致性和独立性，形成了数据库技术。通常在数据处理中使用关系型数据库，如 FoxPro、Oracle、Sybase、SQL Server 等来进行办公信息管理系统的设计。

4．表格处理

表格处理是指利用计算机来进行表格的设计、处理等全部操作，实现各个环节的自动化。表格处理由计算机实现，使办公人员摆脱了繁重的工作，避免了大量的抄写整理工作。常用的计算机中文制表软件，如 Excel、Word，它们具有很强的表格处理功能。通常将表格处理与文字处理功能合为一体，统称为文字处理系统。

5．图形与图像处理

图形与图像处理是指利用计算机把图形或图像以数字形式输入，按照一定的要求处理后，再通过数字输出，恢复为图形或图像。利用计算机的图形处理功能，可得到各种醒目的彩色统计图，使办公人员直观地认识到各种信息之间的关系；还可以规划和设计办公室的布置图。利用计算机的图像处理功能，可以输入、输出照片或其他图像，并可对它们进行图像数字化，图像增强、复原、压缩、分割、识别等处理。

6．信息检索

信息检索是指用一套科学、快速、方便的查找方法和手段，查询各种需要的信息。目前，随

着 Internet 的广泛使用，越来越多的办公人员从 Internet 上获取各种各样所需要的信息。

7．辅助决策

辅助决策是指利用计算机，协助办公人员根据计划和必要的信息对相应的事件进行分析、判断，从而提供决策的可选方案。换言之，就是利用计算机的智能化处理软件，为复杂事件的决策提供各种可行的方案，协助甚至替代办公人员进行决策或预断。目前在我国，这方面已有不少成功的范例。

8．资料再现

资料再现是指打印、复制、复印及图片制作等功能，该功能可利用高性能复印机或使用计算机系统来实现。

9．电子邮件

电子邮件是指利用计算机网络和通信技术实现高速、准确的文件传递功能，这要求各部门及相关单位的办公用计算机都必须连成网络。由于电子邮件具有准确性高、速度快、费用低、使用方便等特点，因此发展得很快。

1.2.2 办公自动化系统的构建

按照办公自动化系统的 3 个功能层次，其系统的构成也有 3 种模式，分别阐述如下。

1．事务处理型办公自动化系统的构成

一般的事务处理型办公自动化系统由微型计算机和基本的办公设备组成。较为完整的事务处理型办公自动化系统还包括简单的通信网络及事务处理数据库。

（1）硬件设备与软件系统。硬件以微型计算机为主，多机系统则包括小型机或高档计算机及各种工作站。应用软件以支持各种基本功能的软件为主，如文字处理软件、电子报表软件、小型关系数据库软件、公文流转软件等。

（2）办公基本设备。支持事务处理的办公基本设备，包括打印机、打字机、轻型印刷制版机、胶印机、复印机、传真机、扫描仪、缩微设备、邮件处理设备和会议用的各种录音、投影仪等设备。

（3）通信设备。单机系统主要靠人工方式或电话、传真通信完成信息传输；多机系统通信可采用局域网、广域网、支持 ISDN 的程控交换机综合通信网等。

（4）数据库。包括小型办公事务处理数据库、小型文件库、基础数据库。其中小型办公事务处理数据库主要存放和处理单位内部文件、会议、行政、基建、车辆调度、办公用具发放、财物、人事等材料以及办公事务处理有关的数据。基础数据库则主要存放与整个系统目标相关的原始数据。

2．管理型办公自动化系统的构成

管理型办公自动化系统由计算机设备与软件系统、办公基本设备、通信设备、数据库等构成。管理型办公自动化系统建立在事务型系统的基础之上，不过，使用的主机更高档，硬件、软件都更加复杂。

（1）计算机设备与软件系统。计算机设备以中、小型机或高档计算机并配以多功能工作站为主要形式。

计算机的应用软件，除了具有事务型办公系统的各种公用、专用办公自动化应用软件外，还要建立各种管理信息系统。这些子系统应支持各专业的数据采集处理和数据分析，为最高层的决策提供业务领域中的综合信息。

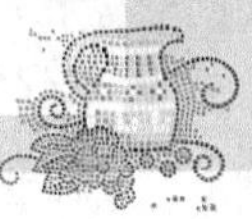

（2）办公基本设备。与事务办公系统所用设备基本相同。

（3）通信设备。管理型办公系统需要在各部门之间有很强的通信能力，才可以方便地实现本部门计算机网络之间或与远程网络之间的通信。这一模式以采用中小型机系统、高档计算机以及工作站构成三级通信结构最为典型。中小型机将主要完成管理信息系统功能，处于最高层；高档计算机处于中层，主要完成办公事务处理功能；而工作站置于各基层科室，为最低层。这种结构具有很强的分布处理能力，很好的资源共享系统和可靠性高等优点。

（4）数据库。本系统要在事务型办公系统的基础上增加专业（或专用）数据库，即在对基础数据库中的原始数据进行加工、处理的基础上，按主要功能分类形成专业（专用）数据库。例如，在企业内可以有物资、计划、设备、产品、市场预测、成本、技术、生产、人事、后勤、劳动工资、财物等专用数据库。

3．决策型办公自动化系统的构成

决策型办公自动化系统主要由计算机和各类型的数据库组成。

（1）计算机设备、办公基本设备、办公应用软件。决策型办公自动化系统的计算机设备、办公基本设备、通信网络和管理型办公系统类似。其应用软件，则是在管理型办公系统的基础上，扩充决策支持功能，通过建立综合数据库得到综合决策信息。通过知识库和专家系统进行各种决策的判断，最终实现综合决策支持系统。例如，经济信息决策的支持、经济计划决策、经济预测决策等系统，以及针对高层领导建立的某一业务领域中使用的专家系统。

（2）数据库。在事务型、管理型办公自动化系统的数据库基础上，增加综合数据库和大型知识库。

① 综合数据库：把各专业数据库的内容进行归纳处理，把与全局或系统目标有关的重要数据和历史数据库存入综合数据库。

② 大型知识库：包括模型库、方法库和综合数据库。从本质上说，模型库和方法库也是数据库。只是其内容不是数据，而是各种模型和开发模型的方法。其存储管理工具仍然是数据库管理系统，所以，可以认为大型知识库是系统最高层次的数据库。

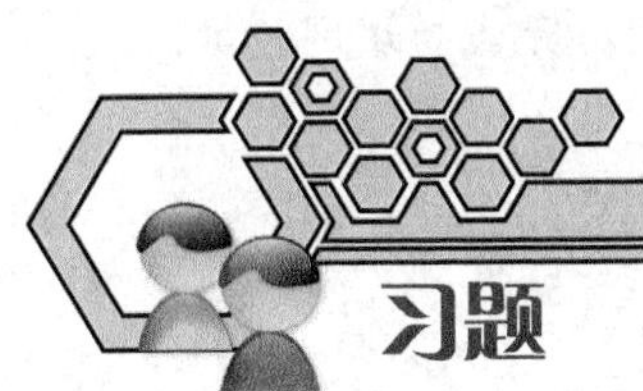

习题

1．何谓办公自动化？它有哪些特点？

2．实现办公自动化有哪些意义？

3．谈谈对自动化办公设备和技术发展趋势的看法。

4．办公自动化系统具备哪些主要功能？

5．简述事务处理型办公自动化系统的构成。

第2章 计算机及其常用外部设备

在办公自动化中，计算机的应用是最重要的，也是最广泛的，它们是信息处理、存储与传输必不可缺少的设备。本章首先重点介绍计算机及其外部设备的组成、使用、选购与维护方法。这里的计算机指微型计算机，或称个人计算机（PC）。由于学生已有一些计算机应用和 Internet 使用的基础知识，因此本书把学习重点放在多媒体计算机及其外部设备以及计算机网络硬件的有关知识上。

本章知识要点

- 计算机的组成与选配，计算机常见故障的排除与日常维护。
- 计算机常用外部设备的选购、使用与维护。
- 笔记本电脑的硬件系统与选购注意事项。
- 计算机网络的基本知识，办公局域网的组成、建立与使用，无线局域网技术。
- 使用计算机创建演示文稿的基本方法。

2.1 计算机

目前，我们办公使用的计算机，一般都是多媒体计算机。通常所说的多媒体（Multimedia）是指计算机领域中的文字、图形、动画、视频、音频等多种媒体的结合。多媒体技术是指具备综合处理文字、声音、图形、图像等能力的新技术。它是一种基于计算机技术的综合技术。值得强调的是，计算机的数字化技术和交互式处理能力的发展才使得多媒体技术成为可能。

目前，多媒体技术已广泛应用于人们的现实生活和工作中，如各种教学练习系统、演示系统、咨询系统、办公自动化系统、视频会议等，甚至渗入文化艺术和家庭娱乐之中。多媒体计算机是指具有多媒体功能的计算机，它是能将多种媒体集为一体进行处理的计算机。它除具有传统的计算机配置外，还必须增加大容量存储器，声音、图像等

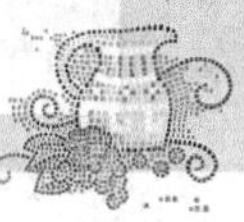

多媒体的输入输出接口和设备以及相应的多媒体处理软件。多媒体技术和多媒体计算机的发展是 20 世纪 90 年代计算机技术发展的重要标志。本书介绍的计算机都是指多媒体计算机。

2.1.1 计算机系统的组成

1. 计算机系统的基本组成

一个完整的计算机系统包括硬件系统和软件系统两大部分。一个多媒体计算机系统的完整组成是由主机、输入输出设备、控制设备、各类功能卡及多媒体软件等组成的，图 2.1 所示为一个多媒体计算机系统的硬件组成。

在实际应用中，往往根据实际需要决定除主机以外的各种设备的取舍，而不需要把所有能接入的设备都购置和接入。一个最常见最实用的计算机硬件系统如图 2.2 所示。

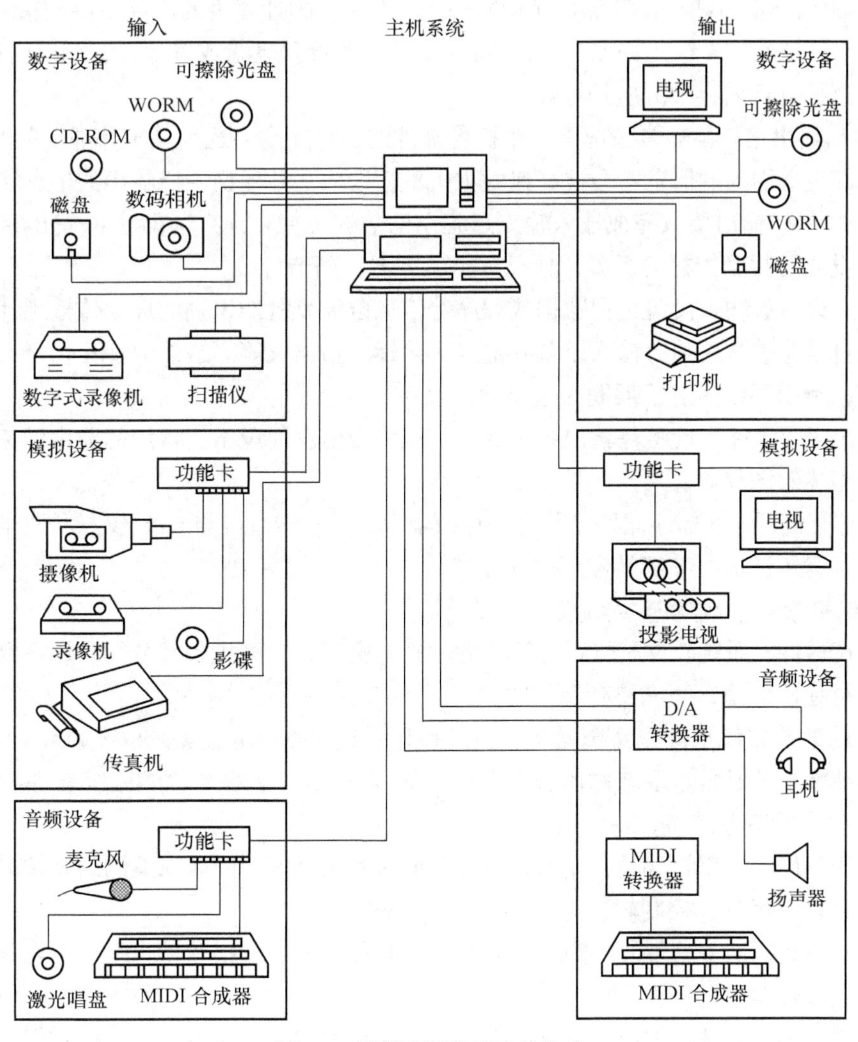

图 2.1 计算机硬件系统的组成

由图 2.2 可知，一台多媒体计算机由主机、显示器、键盘、鼠标、音箱等组成。当然在主机箱内还有主机板、CPU、内存条、硬盘、光盘驱动器、声卡等。

从功能上看，多媒体计算机具有处理声音、图像、图形等早期普通计算机所不具备的功能。目前，办公用计算机主要是多媒体计算机，它是本书介绍的重点。

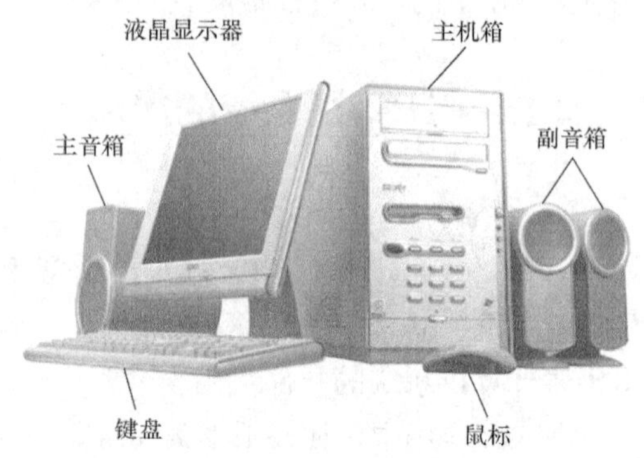

图 2.2　一台最简单实用的多媒体计算机

2．计算机系统的主要硬件简介

（1）中央微处理器（CPU）。中央微处理器是一个大规模集成电路，包括运算器和控制器，其功能是完成各种运算和根据指令功能对主机和外部设备（简称外设）发出各种控制命令，以实现各部件和各设备之间协调一致完成各种操作。

（2）内部存储器。内部存储器通常称为内存，是指能直接与 CPU 交换信息的存储器。内存分为随机读写存储器（RAM）和只读存储器（ROM）。通常所说的计算机的内存主要是指 RAM。在计算机运行时，要把操作系统（如 Windows XP）和应用程序从硬盘或其他外存调入内存 RAM 中。计算机只能直接运行内存中的应用程序。

（3）输入/输出接口。通常情况下，主机各部件的运行速度要远远高于外部设备的运行速度。为了保证外部设备输入的信息不会被高速的主机重复读入，并保证主机输出的信息能被外设可靠捕获，需要用输入/输出接口完成输入输出过程中的数据缓冲和锁存，即输入/输出接口是高速主机与低速外设之间数据传输的桥梁，如显示卡、声卡、网卡等。

（4）输入设备。输入设备是把数据或程序等信息以计算机能识别的形式传输到计算机中的设备。在办公自动化中常用到的输入设备有键盘、鼠标、扫描仪等。当然数字化仪器也会在一些办公室中用到，触摸屏既是显示器同时也是输入设备。

（5）输出设备。输出设备是输出各种数据、程序或信息的设备。常用的输出设备有显示器、打印机、音箱、绘图仪等。

（6）外部存储器。外部存储器简称为外存或辅存，是不能直接与 CPU 交换信息的存储器。硬盘、光盘、优盘（U 盘）等都是常用的外存。

3．计算机软件系统的基本组成

（1）系统软件。系统软件是管理计算机的软硬件资源，计算机各部分能协调一致工作，并给应用软件提供使用环境，并支持其运行的软件。

最主要的系统软件是操作系统。计算机的操作系统包括 Windows 98/Me/XP、Windows 7、Linux 等。习惯上又把操作系统称作操作平台，如 Windows 7 平台等。系统软件还包括语言处理系统，数据库管理系统等。

（2）应用软件。应用软件是为完成某种任务或解决某种实际问题而编制的软件。如字表处理软件，各种管理、运算、控制软件等都属于应用软件。

（3）多媒体数据准备软件。如声音录制、编辑软件，图像扫描软件，全动态视频采集软件，动画生成编辑软件等。

（4）多媒体编辑软件。供应用领域的专业人员组织编排多媒体数据，并把它们连接成完整的多媒体应用软件的工具。

（5）多媒体创作工具。多媒体创作工具是在创作应用程序时可完成一项或多项任务的计算机程序，市场上流行的多媒体创作工具数以百计，可服务于不同的目的，适用于不同水平的创作技能。

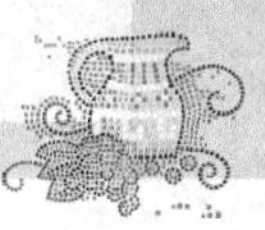

4．计算机系统的结构

从构成一个完整的计算机系统的各种软、硬设备所承担的功能看，计算机系统从下到上分为计算机硬件、压缩与解压缩设备、输入输出控制与接口设备、操作系统、支持软件层和应用软件层 6 层结构。

（1）计算机硬件。它是系统的基础设备，包括主机（PC 或工作站等），用于声音、视频等信息媒体的声像输入设备、输出设备及控制设备。

（2）实时压缩与解压缩设备。它用于综合处理图、文、声、像信息。由于视频信息要占很大的空间，因此必须对多媒体实时地进行压缩和解压缩操作。

（3）输入输出控制及接口设备。它用于驱动控制硬件设备，并提供软件接口，以便于高层软件的使用。

（4）操作系统。支持计算机对图、文、声、像等多媒体信息的处理，提供管理动态画面、声像设备的服务，解决多媒体信息的时空及同步问题。目前计算机上常用的典型操作系统是 Windows XP、Windows 7。

（5）支持软件层（创作系统层）。该层包括数据准备和编辑软件。主要功能是采集和编辑声音、图像等媒体数据，并整理编排成为各种媒体数据，控制多媒体系统的播放；该部分又可以称作多媒体支持软件，它包括图形工具，声音获取合成编辑工具，动画制作工具和视频图像处理工具等。

（6）应用软件层。它是面向用户的，为用户服务的多媒体产品（或节目）。如电子图书、多媒体咨询系统、游戏等软件产品。

多媒体技术的发展也必然丰富计算机网络的应用，目前高速网技术和多媒体通信已成为计算机网络技术及产品发展的主要方向。

5．计算机的主要技术指标

（1）字长。字长是指 CPU 一次能处理的二进制代码的位数，字长主要影响计算机的精度和速度。字长越长，表示一次读写和处理的数据范围越大，处理数据速度越快，计算精度越高。

（2）主频。主频又称内频，是 CPU 内核运行时的时钟频率，即 CPU 的时钟频率（CPU Clock Speed）。主频越高，一个时钟周期里完成的指令数越多，CPU 的运行速度也越快。主频以 MHz（兆赫）或 GHz（吉赫）为单位，如计算机的主频有 866MHz、1.4GHz、2.0GHz、3.8GHz 等多种。主频是显示计算机 CPU 性能最根本的指标。

（3）运算速度。运算速度是指计算机每秒钟所执行的指令数，一般用 MIPS（Million of Instructions Per Second，即百万条指令每秒）为单位。当今计算机的运算速度可达每秒万亿次。计算机的运算速度与主频有关，还与内存、硬盘等工作速度及字长有关。

（4）存储容量。存储容量指存储器中最多可以容纳的二进制信息的量。计算机存储器的最小存储单位是字节，用 B 表示。一个字节可以容纳 8 位二进制信息。存储容量的单位通常有 KB（千字节）为 1024B；MB（兆字节）为 1024KB；GB（吉字节）为 1024MB；TB（太字节）为 1024GB 等。

内存容量是指内部存储器的存储容量。它通常以 MB 或 GB 表示。由于 CPU 只能直接执行已存入内存中的程序，如果程序很大，而内存不足够大，程序就不能一次调入内存，就会影响计算机执行程序的速度。因此，在条件允许的前提下，内存容量越大越好，足够大的内存是保证软件运行速度的重要条件。外存容量是指外存储器的存储容量，它通常以 MB、GB 或 TB 表示。

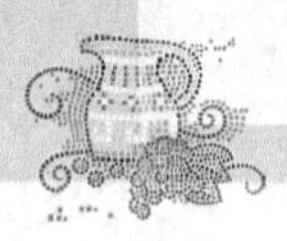

2.1.2 计算机的基本工作原理

计算机的基本工作原理可用图 2.3 所示的简化图加以说明。

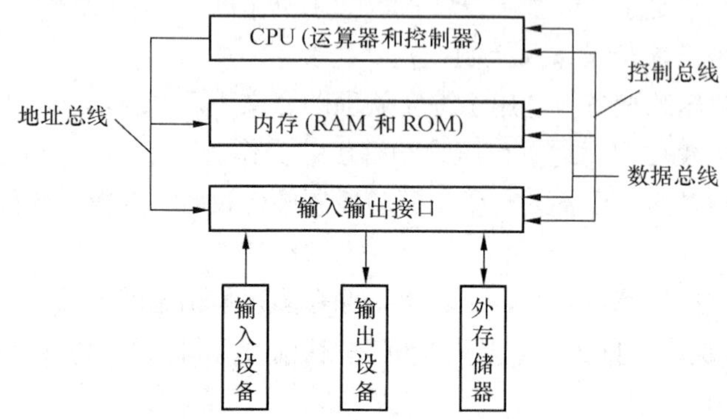

图 2.3 计算机基本工作原理简化图

计算机的工作原理（即执行程序过程）可以简单描述如下：开机后，在 CPU 的控制下，把要执行的程序从外存中（如硬盘、光盘、U 盘等）调入内存 RAM 中，然后仍在 CPU 的控制下，按照程序设定的指令顺序逐条将指令取进 CPU 中分析，CPU 根据对指令的分析结果，再发出相应的控制操作命令，控制主机内部部件或通过接口控制外设完成指令规定的操作。

2.1.3 计算机选配的注意事项

1．办公用计算机的种类

办公用的计算机一般分成两类。一类为台式计算机，就是通常在办公室中使用的计算机，台式计算机及各种接口通常安装在一个主机箱中，显示器等输出设备与键盘等输入设备是通过专用通信电缆连接到主机上的。目前，出现了将显示器和主机做在一起的电脑，称为电脑一体机或一体电脑。由于芯片、主板等都集成在显示器当中，因此从外观看不到主机箱。另一类为便携式计算机，现在常见的便携式计算机有笔记本型和掌上型两种。自从笔记本型计算机推向市场以来，因其轻巧，体积小，具备台式计算机的全部功能，还可使用交流、直流两种电源，价格降低幅度较大等，受到越来越多用户的青睐。

2．选配计算机的注意事项

在选配计算机时，通常应根据以下注意事项综合考虑。

（1）计算机系统的性能与价格比要较好。

（2）选符合发展趋势和性能较高的机型，确保在今后一定时期内不被淘汰。

（3）计算机系统的兼容性好，可扩充性强，易于升级。

（4）具有较强的汉字与多媒体处理功能。

（5）有完善的通信接口，便于连网。

（6）选配流行的操作系统软件。

（7）供方能提供较丰富的软件。

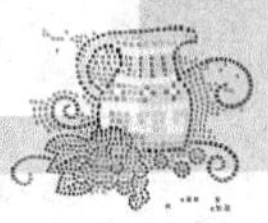

（8）供方有良好的售后服务承诺和措施。

2.1.4　计算机的安装

购买到的计算机一般情况下不需要特殊的安装和调试，只需根据说明书的提示连接上相应的电缆就完成了硬件的安装，然后装上相应的软件即可使用。所以，即使从来没安装过计算机也不要紧，因为各种插头插座往往都是一一对应的，插错位置是不可能的。计算机安装前的准备工作和安装过程如下。

1．计算机安装前的准备

（1）电源的准备。一般情况下用办公室内墙座上的 220V 市电即可。如果办公室中电源电压波动较大或经常停电，最好接上稳压电源或不间断电源（UPS）。

（2）工作台的准备。桌子的大小以能放下所有设备为准，高低则以人工作时舒服为度。最好购买计算机专用桌。

（3）安装位置的选择。一般情况下应安装在避免阳光直射且不易被人碰撞到的位置。

（4）阅读随机说明书。动手安装前，要详细阅读说明书，了解注意事项和安装过程，认清各种电缆线，以便做到胸有成竹。

2．计算机的安装过程

（1）主机及各种外设的摆放。将主机置于工作台上，将显示器放在卧式机箱上（立式则放在主机箱旁），将键盘置于工作台上主机的前方，将打印机置于主机箱的一侧以利于操作。然后，将所有的电源开关置于“关”的位置。

（2）连接各部分之间的通信信号线。

各部分之间的通信信号线连接如下。

① 键盘、鼠标与主机的连接。将键盘的环绕型电缆的端头即五芯圆形阳插头插入主机箱背面的相应的五芯圆形阴插座中，注意要一插到底。用类似的方法将鼠标插头插入主机箱背面相应的插座中。新型键盘和鼠标采用 USB 端头，将其插入主机箱背面的 USB 接口即可。

② 显示器与主机的连接。显示器电缆一端连在显示器的后部插座内，另一端插到主机箱背面相应的阴插座内，同时旋紧插座上的螺钉将其固定。

③ 打印机与主机的连接。将打印机的信号线连接在主机的并行打印机接口的插座上。

（3）连接各部分的电源线。

各部分的电源线连接如下。

① 检查电源电压是否正常，电源最好要有接地系统，以防噪音的干扰，减少电弧和电击，在出现闪电和高压时为故障电流提供回路，避免这些意外情况对机器产生破坏。

② 将主机、显示器和打印机等设备的电源线插到电源的插座上（现在多数计算机显示器的电源是由主机提供的，直接用专用电源线把显示器电源插座与主机上的电源输出插座连接上即可）。注意，事先要检查各电源的开关是否处于关闭的状态，在插上电源线之前不要打开这些开关。

（4）检查。检查各信号线和电源线是否连接正确，为启动计算机做准备。

（5）启动计算机。

① 电源启动又称为冷启动。在打开电源插座的开关后，检查电源电压是否正常。

② 计算机的另一启动方式是热启动。热启动是指在接通电源的情况下的启动过程。热启动用

主机面板上的“RESET”或键盘上的<Ctrl>+<Alt>+<Del>三键同时按下完成。

此外，调节显示器的亮度、对比度及幅度，使图像看起来适宜为止，为显示器今后的正常工作做准备。

2.1.5 计算机病毒及其防治措施

1．计算机病毒

计算机病毒是一种人为编制的可以将自身复制并隐藏在计算机系统内，“传染”和破坏计算机系统的特制程序。

计算机病毒具有计算机之间、网络之间以及其内部的传染性、流行性、繁殖性、表现性、针对性、变种性、潜伏性、隐蔽性、寄生性、破坏性等特点。

2．计算机病毒的表现症状

计算机病毒的表现症状因病毒的不同而不同，也有些是相似的。总体而言，病毒可能造成的系统破坏和具体症状如下。

（1）屏幕异常滚动或鼠标光标自己在动。

（2）屏幕上有规律出现异常画面或提示信息。

（3）系统运行速度减慢，读盘时间变长。

（4）机器出现异常死机或重启或不能正常启动。

（5）系统文件的长度发生变化，或发现不知来源的隐藏文件。

（6）存储容量异常减少，以前能正常运行的软件经常发生内存不足的错误。

（7）系统文件丢失或被破坏，程序或数据神秘地丢失，文件名不能辨认。

（8）文件目录发生混乱。

（9）自动发送电子邮件。

（10）部分文档自动加密码。

（11）网络瘫痪，无法提供正常的服务。

（12）异常要求用户输入口令。

（13）键盘上敲入字符与显示不符或键盘锁定。

（14）用户访问设备时发生异常情况，如打印机不能联机或打印符号异常。

（15）错误地执行命令等。

（16）登录 Internet 时，屏幕不断地自动弹出非用户打开的窗口。

3．计算机病毒防治措施

目前对付计算机病毒的方法有两种：一是主动预防，二是进行被动处理。应把管理手段和技术手段结合，立足于预防，做到及时处理，尽量减少计算机病毒对计算机系统所造成的损失。具体措施如下。

（1）完善规章制度和管理措施，提高使用人员的思想认识和组织纪律，加强职业道德教育。

（2）谨慎使用公用软件。

（3）禁止未经病毒检测就直接使用外来的软盘。本机软件外借送回后，也必须进行病毒检测方可再使用，无特殊情况，软件不可外借。

（4）对新购的盘也要检测，不使用和不复制那些来历不明的盘。

（5）要定期复制重要的程序和数据，定期检测系统和软盘。检测磁盘引导区文件分配表、根目录、批处理文件、可执行文件等易被感染的区域。

（6）对承担重要工作的计算机，要实行专机专用，专盘专用。

（7）定期用杀毒软件检查病毒，若有立即清除。

（8）发现机器出现被病毒破坏的迹象，应及时查毒和杀毒。

（9）安装计算机防病毒卡或防毒软件，长期对系统进行监视，以防病毒的侵入。网络环境应设置“病毒防火墙”，防止系统受到本地或远程病毒的侵害。

（10）网络用户应遵守网络软件的使用规定，不轻易下载、使用免费软件。不打开来历不明的电子邮件，确认是来历不明的电子邮件后，一般应直接删除。

2.1.6　计算机常见故障的排除

1．计算机系统故障的产生原因

引起计算机系统故障的原因很多，一般可归纳为电源性故障（如电压过高、过低、电源冲击、干扰等），电磁性故障（如外界电磁场干扰影响），温度过高过低、灰尘过多、腐蚀作用，带电维护、日常维护使用不当所导致的故障等。这些因素，有些并不是马上就会产生影响，如温度过高，短时间内仍能保证计算机系统正常工作，但随着时间的推移，它加速了元器件的老化，缩短了元器件的工作寿命，从而造成故障。因此，应正确地理解计算机系统故障形成的原因，定期进行检查，消除可能引起计算机系统故障的各种原因。

（1）正常使用故障。正常使用故障是指由机械的正常磨损、使用寿命已到、老化等引起的故障。若使用得当或环境条件较好，则可延长计算机使用年限，减少机械磨损等。

正常使用故障从使用角度可分为两类。

① 致命永久性故障。如机械部件的磨损或已损坏不能使用，必须更换元器件。

② 暂时性故障。暂时性故障并不致命，休息一段时间后，或不要使其经常处于长时间工作状态，仍可正常使用。有时要求环境条件更好方能正常使用，如在温度为 30℃时出故障，而在温度为 20℃时却能正常工作。这时应找出原因，调换性能下降的元器件。

（2）机械磨损故障。机械磨损故障主要发生在计算机外部设备上。

① 打印机的打印针、色带磨损，磁盘磁头磨损，造成读写数据错误，发现后应立即更换。

② 键盘使用不当，如击键过重、过猛等损坏键盘的机械部件，产生接触不良、卡死等情况，使键盘不能工作。

③ 显示器的显像管，若亮度经常调至最大或显像管灯丝电压过高等，都会加速老化，缩短使用寿命。

④ 集成电路、元器件、导线等也有其使用寿命，导线、印刷板线路的老化、生锈、腐蚀等均会造成故障。

（3）硬件故障。硬件引起的故障有电路板故障、集成电路故障、元器件故障等。

① 电路板故障。制造工艺或材料质量缺陷将会引起插头、插件板、接插件间的接触不良、碰线和断头，金属化孔不全导通，以及导线和引角的虚焊、漏焊、脱焊、短路等。印刷电路板中存在划伤、裂痕，线间、管脚孔之间或金属化孔之间过近等情况，在使用初期可能不会造成影响，但随着外界环境影响，如受潮、灰尘、发霉、震动等，可能会产生相应故障。

② 集成电路、元器件故障。集成电路、元器件故障主要是由于采用了质量不够好的器件，使用一段时间后性能下降、参数变坏，或由于使用不当，如过压、过流、温度过高、静电等造成集成电路和元器件损坏。对于名牌计算机系统，由于其装配工艺、检测设备、器件筛选等规范可靠，故障相对较少，而组装的兼容机出现故障的可能性则较大。

（4）来自电源的影响。电源电压过高过低、忽高忽低、忽停忽开等，都将对计算机系统造成较大的损害，轻则计算机瞬时故障，重则烧坏集成电路。同样，来自电源的高频脉冲电压和波动极大的电流也会对计算机造成损坏或使数据丢失，引起操作失误。因此，在计算机的使用中要做到随时检测电源电压的变化。要将计算机与照明、空调等其他电器分开。高电压和低电压要有预警装置和相应的保护装置。

在目前的使用情况中，对于电源电压相对较稳定的地区，可配备后备式 UPS 电源。它具有高、低压保护报警功能和断电保护功能，可防止瞬时电源电压变化、断电等引起的数据丢失。而对于电源电压不稳定的地区，尤其是电压波形畸变严重的地区，应配备在线式 UPS 电源，它除具有后备式 UPS 电源的功能以外，还能对电源电压进行很好的滤波，从而去除电源电压的叠加波形等，保证计算机系统正常工作。

（5）温度不正常的破坏作用。计算机在环境温度 10℃～30℃时均能正常工作。实际上在这样的环境温度下，计算机机箱内工作温度比外面要高，而计算机的芯片和集成电路内温度又比机箱内温度高。

在正常的散热、通风条件下，计算机产生的热量不足以引起电路故障。但是，当外界温度超过正常标准或通风不良，或机箱内装入了较多的接口卡时都会使机箱内的热量增加，导致机箱内局部区域温度急剧升高，使机箱内集成电路芯片或对温度敏感的器件上的温度急剧升高。

温度过高，首先会加速电路中的元器件老化损坏，其次过热会使芯片插脚焊点脱焊。过热还会使芯片中或芯片与连接引线之间断裂。当温度高达一定值时，元器件会产生间断性的数据错误或数据丢失，导致磁盘故障，磁盘片上信息丢失等。对于正在进行操作的计算机系统，遇到这种情况，应立即停止操作，进行散热处理或进行间断性工作。

电子元器件在低温下工作比较合适，但机械部件在低温下工作易出故障。如硬盘驱动器在温度低于 4℃时，机械部件会引起数据存储与检索的不稳定性。硬盘片在低温下也会出现数据信息读写不正常。对于在低温下工作不正常的计算机系统可先开机预热一定时间后，再进行正常操作。低温一般不会造成元器件性能的损坏，对计算机系统的损害不像高温那么严重。

（6）灰尘对计算机系统的影响。灰尘使计算机系统产生故障的原因主要有以下几个方面。

① 堆积在电路和元器件上的灰尘及杂质使其与空气隔绝，妨碍了散热，从而导致元器件散热不良，易于损坏元器件。

② 电路和元器件上的灰尘降低了电路的绝缘性能，尤其在湿度较高时更为严重，导致电路中数据传输和控制失效，从而导致计算机系统的故障。

③ 灰尘对计算机系统的机械部分也有极大的影响。如打印机的机械传动机构、导轨等极易受灰尘的影响，造成过热、运转不良等问题，从而不能正常工作。

（7）静电放电导致的计算机系统故障。静电对计算机和家用电器的危害很大，尤其是对计算机和家用电器产品中的集成电路芯片危害最大。据统计其中 70%的无原因损坏就是来自静电放电现象。一般的集成电路芯片，抗静电放电电压 TTL 芯片为 1000V 左右，NMOS 动态存储器芯片为 500V 左右，而 EPROM 芯片只有 200V 左右。而干燥清洁的头发梳理、在地毯上行走、脱毛衣等产生

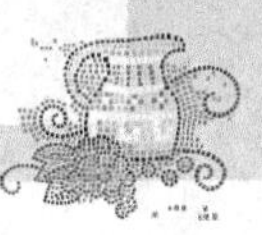

的放电情况，其静电电压可达几千伏至几万伏，它可以击穿任何类型的集成电路芯片。

所以机房不要铺设地毯，要注意空气不要过于干燥，合理配接各种地线。维修人员在准备打开机箱维修时，应设法将手接触一下墙壁或管道等，以释放掉身上所带静电，再进行维修检查操作。

（8）病毒的影响。计算机病毒对计算机系统有极大的危害，常造成数据丢失，系统不能运行，还带来相当严重的社会公害。目前已知的计算机病毒有上万种，不同的病毒对计算机所造成的危害不同，其主要危害是破坏操作系统、文件和数据，降低计算机运行速度，干扰计算机正常工作，破坏计算机的运行等。因此，使用人员要重视和加强预防措施，及时检测、及时发现、及时消除。

（9）人为原因。操作者不遵守操作规程，不注意操作步骤，常会引起计算机故障。人为原因引起的故障分软故障和硬故障。

如频繁的启动，经常搬动和拆装计算机，计算机在加电情况下进行插拔连接线、接口卡、搬动机器等，都会造成计算机硬件故障。

其他如使用带病毒盘，不同版本系统随意装入造成系统混乱，随便修改软硬件设置及开关机设置，软件或命令出错后不找原因乱操作，随意删除文件等，这些一般不会造成硬件损坏，但会造成计算机软件故障，虽然能够用软件进行恢复，但降低了计算机使用效率，甚至造成短期不能使用。

2．计算机系统故障的诊断

计算机系统故障的检查诊断可大致按如下步骤进行。

（1）首先区分是软件故障还是硬件故障，当加电启动时能进行自检，能显示自检后的系统配置情况，则计算机系统主机硬件基本上没有什么问题，故障由软件引起的可能性比较大。

（2）具体确定是系统软件还是应用软件故障，若是系统软件故障则应重新安装系统软件，若是应用软件故障则应重新安装应用软件。

（3）若是硬件故障其检查步骤为先分清是主机故障还是外部设备故障，即从系统确定到设备，再由设备确定到部件。由系统到设备是指计算机系统发生故障后，要确定是主机、键盘、显示器、打印机、硬盘和软盘等哪一个设备出问题。这里要注意关联部分的故障，若接口和接口板故障在主机，有可能表现为外部设备故障。由设备到部件是指假如已确定主机有故障，则应进一步确定是内存、CPU、CMOS、接口板等中哪一个部件出问题。

总之，计算机系统故障的检查步骤：由软到硬，由大到小，由表及里，循序渐进。严禁急于求成、随意操作，否则不但不能解决问题，还可能产生更大的人为故障。

对于计算机使用人员来说，只要能将故障确定到部件一级即可，其一可以避免大事、小事都找维修人员解决，其二交给维修人员时可以做到心中有数，减少可能的损失。目前，即使一般的维修人员也只能将故障定位在部件一级，至于部件到器件的确定则往往由生产厂家解决。

3．个人计算机系统常见故障的处理

个人计算机的故障处理通常包括故障诊断和故障排除两个步骤。故障诊断是根据故障现象通过适当的方法来确定故障的具体原因和位置，也就是进行故障的定位。故障诊断是维修的基础，也是维修的主要内容和技术难点。故障定位后就可以比较容易地对症下药，更换故障部件，迅速排除故障，恢复系统的正常运行。

查找计算机系统故障的一般原则是“先软后硬，先外后内”。所谓先软后硬就是出现故障后应该首先从软件和操作方法上来分析原因，看是否能够发现问题并找到解决办法。

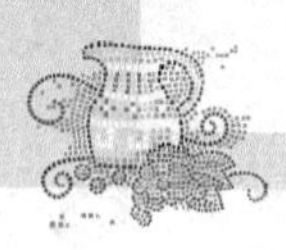

事实上，相当多的软故障是由于使用者对系统和所使用的软件不够熟悉而产生的操作错误，另外，计算机病毒的破坏也占有很高的比例。首先从使用方法和软件的角度出发分析和排除故障，不涉及系统硬件，比较容易入手，用户自己就可以进行，而且往往可以解决许多问题。所谓先外后内，就是在发现故障后要仔细观察与分析故障现象和错误提示，首先从外围着手，由表及里，由易到难地查找故障。

（1）软件故障的查找方法。软件故障是一个很复杂的现象，不但要观察程序本身、系统本身，更重要的是要看出现什么错误信息，根据错误信息和故障现象来分析并确定故障原因。

① 程序故障。对于程序故障，需要检查程序本身的编写是否有错误，程序是否完整，程序的装入方法是否正确，是否符合程序的运行环境，程序的操作步骤是否有误，有没有相互影响和制约的软件等，所有这些都应当逐一查找和排除。

② 系统软件故障。有些软件在运行时对所使用的操作系统版本有一定的要求，因此应当检查操作系统版本对不对，是不是所要求的操作系统，是否与所用的软件有所冲突等。只有保证了所需的环境和设置条件，软件才能正常运行。

③ 计算机病毒。目前计算机病毒对计算机系统的影响非常大，它不但影响软件和操作系统的运行，还影响打印机、显示器的正常工作。由于一般的计算机用户对计算机病毒不太了解，所以在操作过程中经常遇到一些莫名其妙的现象而无从下手，往往以为是计算机系统出了故障，其实是计算机病毒在捣乱，应用杀毒软件进行清除。

（2）硬件故障的查找方法。硬件故障的查找方法，首先根据故障现象进行大致分类，在掌握系统基本组成和基本原理的基础上，根据以往的经验，确定故障范围和可疑对象，然后利用下面的具体方法逐项排除，从而进行故障的最后定位。

① 直接观察法。利用人的感觉器官检查是否有过热、烧焦、变形现象，是否有异常声音，是否有短路、接触不良现象，保险丝是否熔断，接插件是否松动，元器件是否有生锈和损坏的明显痕迹等。直接观察法简便易行，是查找故障的第一步，很多明显的故障可以通过直接观察被发现。

② 敲击手压法。利用适当的工具轻轻敲击可能产生故障的部件或用手对各种接插件、集成电路芯片等一一压紧以保证接触良好。这种方法适于检查接头松动、焊点虚焊等引起的接触不良故障。

③ 分割缩小法。逐步隔离系统的各个部件，缩小故障范围，直至最后将故障定位。例如对于“死机”的故障，可以将系统内的各种适配器逐一脱离总线，并重新启动系统。一旦拔出某个适配器卡后系统恢复工作，即可判断故障在该适配器上。为了进一步确定卡上的故障所在，可以在该卡的总线插头上分段贴绝缘胶带，观察是数据总线还是地址总线或控制命令线出现故障，以便检查相应的元器件或电路。

④ 拔插替换法。用相同功能的系统部件去替换故障机器的部件，用好的元器件替换掉怀疑有故障的元器件，或者是将机器中相同的部件或器件进行交换，便于迅速找到确切的故障位置。

⑤ 静动态测量法。静态测量一般是指用万用表的电阻挡测量电路的通路、断路、短路情况和元器件的好坏，用电压挡测量某一状态下的静态工作电压，从而分析故障原因。动态测量则是指用逻辑测试笔、示波器等测量仪器对有关各点的电平及变化情况、脉冲波形和相互时间关系等进行观察分析，有时还需要运行某些软件进行配合。

⑥ 对比试验法。用相同结构、相同逻辑的部件各点的静态和动态测量参数进行比较，可以迅速发现故障点。

⑦ 升温降温法。升温法是对怀疑有问题的部件利用电烙铁或电吹风进行加热，看故障是否因

温度的升高而出现。降温法是在故障出现时，用冷风或无水酒精帮助某个元器件散热，观察故障是否消失。这种方法对查找因温度稳定性差而使个别元器件产生故障的情况十分有效。

⑧ 上电自检程序 POST 软件自动诊断法。POST 程序是固化在 ROM 中的，只要计算机的电源一接通就自动进行检查测试。POST 程序从硬件核心出发，依次对 CPU 及其基本数据通路、内存储器 RAM 和 I/O 接口各功能模块进行检查。如果这些检测正常通过，则显示正常信息和发出正常的音响，然后进入操作系统。如果通不过自检，一般会显示出错标志和发出出错音响等提示，以指出故障部件。POST 程序是上电自动执行的，不需用户的干预，但根据它给出的提示信息可以大致判断出故障范围。POST 的故障信息与 PC 高级诊断程序的规定是完全兼容的。

运行 POST 的基本条件是要求 CPU 及其基本的外围电路、ROM 电路和至少 16KB 的 RAM 能够正常工作，否则 POST 程序无法运行。

⑨ PC 的高级诊断程序 DIAGNOSTICS。如果系统出现了故障，不能启动，但可以通过软盘启动，则可以使用高级故障诊断程序对机器进行检查，通过诊断程序的出错代码了解故障的设备和故障的性质。

⑩ 工具软件。除了 POST 和 DIAGNOSTICS 程序以外，还可以利用其他系统诊断和维护的工具软件，例如 PCTOOLS、QAPLUS 等软件。这些软件对于某些故障定位特别是计算机软故障的排除十分有效。

2.1.7　计算机的日常维护

计算机是高精密的设备，除了要正确地使用之外，日常的维护保养也是十分重要的。大量的故障都是由于缺乏日常维护或维护方法不当造成的。

1．主机使用的注意事项

主机是计算机的关键部件，使用时应注意以下事项。

（1）电源开关注意事项。为防止瞬间电流脉冲对主机的影响，一般应遵循先开外设电源，后开主机电源，先关主机电源，再关外设电源的原则。接通电源后一般不要随意移动设备和拔插各种接口卡及信号电缆。如一定要移动或拔插的话，应关机停电后进行。

另外还需特别注意，严禁在硬盘或软盘驱动器工作时关闭主机电源，以免造成磁头划伤磁盘等事故。

（2）如果突然停电，在没有配置 UPS 的情况下，应立即关闭主机及外设的电源开关，只有确认供电正常后才能再打开计算机的电源开关。

（3）应避免机器长期闲置不用。

2．主机的日常维护

主机的日常维护包括以下内容。

（1）经常保持外壳清洁。

（2）经常检查病毒，发现病毒必须立即清除。

（3）定期或不定期地检查所有电缆的连接是否牢固。

（4）随时备份硬盘驱动器内的重要文件，以防误删丢失。

（5）随时删除硬盘驱动器内不再有用的文件和目录。

（6）定期用工具软件（如 PCTools）或 Windows 操作系统提供的应用程序，检查解决硬盘中

的碎片文件。

（7）每使用一年左右要打开机箱吸去或吹去箱内灰尘。

3．维护工具与维护注意事项

（1）维护工具。计算机的维护不需要很复杂的工具，一般的除尘维护只需要准备十字头旋具、平口旋具和油漆刷（或者油画笔，普通毛笔容易脱毛不宜使用）就可以了。如果要清洗光驱内部，还需要准备镜头纸、电吹风、无水乙醇（分析纯）、脱脂棉球、钟表旋具（一套）、镊子、吹气球（皮老虎）、回形针、钟表油（或缝纫机油）和黄油。如还需要进一步维修，再准备一只尖嘴钳、一只试电笔和一只万用表。

（2）维护注意事项。

① 有些进口的原装机和国内的品牌机在保修期内不允许用户自己打开机箱，如擅自打开机箱可能会失去一些由厂商提供的保修权利，用户应该特别注意。

② 各部件要轻拿轻放，尤其是硬盘、光驱。

③ 拆卸时注意硬盘线、电源线等接插线的连接情况，以便正确还原。

④ 还原用螺钉固定各部件时，应首先对准部件的位置，然后再上紧螺钉。尤其是主板，略有位置偏差就可能导致插卡接触不良；主板安装不平将可能会导致内存条、适配卡接触不良甚至造成短路，天长日久甚至可能会发生变形导致故障发生。

⑤ 由于计算机板卡上的集成电路器件多采用 MOS 技术制造，在打开机箱之前，应释放身上的静电。拿主板和插卡时，应尽量拿卡的边缘，不要用手接触板卡的集成电路。使用电烙铁、电风扇一类电器时应接好接地线。

4．主机的拆卸步骤

（1）拔下外设连线。关闭电源开关，拔下电源线以后，就可以开始拆卸主机了。拆卸主机的第一步是拔下机箱后侧的所有外设连线。拔掉外设与计算机的连线主要有两种形式，一种是将插头直接向外平拉就可以了，如键盘线、PS/2 鼠标线、电源线、USB 电缆等；另一种是需先拧松插头两边的螺钉固定把手，再向外平拉插头，如显示器信号电缆插头、打印机信号电缆插头。

（2）打开机箱盖。拔下所有外设连线后就可以打开机箱了。机箱盖的固定螺钉有的在机箱后侧边缘，有的在两侧，有的要先把机箱前面板取下。找到固定螺钉后，用十字旋具拧下螺钉就可以取下机箱盖了。

（3）拆下适配卡。显示卡、声卡、网卡等适配卡插在主板的扩展插槽中，并用螺钉固定在机箱后侧的条形窗口上，拆卸接口卡时，先用旋具拧下条形窗口上沿固定插卡的螺钉，然后用双手捏紧接口卡的上边缘，平直向上拔出接口卡。

（4）拔下驱动器数据线。硬盘和光驱数据线一头插在驱动器上，另一头插在主板的接口插座上。要捏紧数据线插头的两端，平稳地沿水平方向拔出。

（5）拔下驱动器电源插头。硬盘、光驱电源插头为大 4 针插头，要沿水平方向向外拔出；安装还原时应注意方向，反向一般无法插入，强行反向插入接通电源后会损坏驱动器。

（6）拆下驱动器。硬盘、光驱都固定在机箱面板内的驱动器支架上，拆卸驱动器时先拧下驱动器支架两侧固定驱动器的螺钉（有些固定螺钉在面板上），再向机箱外抽出光驱。拧下硬盘最后一颗螺钉时用手握住硬盘，小心硬盘落下。有些机箱中的驱动器不用螺钉固定而采用弹簧片卡紧，这种情况只要松开弹簧片，即可从滑轨中抽出驱动器。

（7）拔下主板电源插头。电源插头插在主板电源插座上，ATX 电源插头是双排 20 针插头，

插头上有一个小塑卡，捏住它就可以拔下 ATX 电源插头。AT 电源插头为两只 6 针插头 P8、P9，可平稳向上拔出。最后还原 AT 电源插头时请注意方向，6 针插头 P8、P9 中间的黑线应靠在一起向下插入，方向错误将导致电源短路。

（8）其他插头。需要拔下的插头可能还有 CPU 风扇电源插头、光驱与声卡之间的音频线插头、主板与机箱面板插头等，拔下这些插头时应做好记录，如插接线的颜色、插座的位置、插座插针的排列等，以方便还原。

5．清洁机箱内部

（1）清洁机箱内表面的积尘。对于机箱内表面上的大面积积尘，可用拧干的湿布擦拭。各种插头插座、扩充插槽、内存插槽及板卡一般不要用湿布擦拭。

（2）清洁插槽、插头、插座。需要清洁的插槽包括各种总线（ISA、PCI、AGP）扩展插槽、内存条插槽、各种驱动器接口插头插座等。一般先用油画笔清扫各种插槽内的灰尘，然后再用吹气球或者电吹风吹净灰尘。

插槽内金属接脚如有油污可用脱脂棉球蘸计算机专用清洁剂或无水乙醇去除，专用清洁剂多为四氯化碳加活性剂构成，涂抹去污后清洁剂能自动挥发。购买清洁剂时应检查其挥发性能，当然是挥发越快越好；用 pH 试纸应检查其酸碱性，要求呈中性，如呈酸性则对板卡有腐蚀作用。

（3）清洁 CPU 风扇。目前还较新的风扇一般不必取下，用油漆刷扫除就可以了。较旧的 CPU 风扇上积尘较多，一般须取下清扫。

（4）清洁内存条和适配卡。内存条和各种适配卡的清洁包括除尘和清洁电路板上的“金手指”。除尘用油漆刷即可。如果有灰尘、油污或者被氧化均会造成接触不良。高级电路板的金手指是镀金的，不容易氧化。为了降低成本，一般适配卡和内存条的金手指没有镀金，只是一层铜箔，时间长了将发生氧化。可用橡皮擦来擦除金手指表面的灰尘、油污或氧化层，切不可用砂纸等来擦拭金手指，否则会损伤极薄的镀层。

2.2　计算机的常用外部设备

计算机的常用外部设备包括键盘、外部存储器、显示器、打印机等。

2.2.1　键盘

1．键盘的分类

键盘是人与计算机之间最重要的交流工具，根据不同的应用，键盘的类型也大不相同。总体上，根据应用的机种不同，键盘可以分为台式机键盘、笔记本电脑键盘和特殊键盘 3 类。

一般台式机键盘较为流行的有两种，即标准键盘和人体工程学键盘。标准键盘大都是具有 104 键或 107 键的直排键盘，如图 2.4 所示。标准键盘上的各种按键都整齐地排列在键盘母板上，适合单手或双手操作。

人体工程学键盘是在标准键盘的基础上将指法规定的左手键区和右手键区分开，并形成一定角度，使操作者能保持一种比较自然的形态，这种设计的键盘被 Microsoft 公司命名为自然键盘（Natural Keyboard），如图 2.5 所示。使用这种键盘，习惯盲打的用户可以有效减少左右手键区的

误击率。有的人体工程学键盘还在键盘的下部增加护手托板，给手腕一个支持点，避免手腕长期悬空而导致疲劳。

图 2.4　标准键盘

图 2.5　人体工程学键盘

此外，还有笔记本电脑键盘和一些特殊键盘。笔记本电脑键盘将在后面介绍。特殊键盘一般都应用在比较特殊的机种上，大都是为特殊机种专门制作的。在这类键盘上一般集成了特殊的应用，如在银行业中计算机键盘上都集成了刷卡装置。这类键盘一般都需要专业人员操作和维护。

2．键盘的基本结构

总的说来，计算机键盘可以分为键盘外壳、按键、电路板和主机接口 4 部分。平时只能看到键盘的外壳、所有按键和主机接口，电路板安置在键盘的内部，用户是看不到的。

（1）键盘外壳。键盘外壳主要用来支撑电路板和给操作者一个方便的工作环境。多数键盘外壳上有可以调节键盘与操作者角度的装置，通过这个装置，用户可以使键盘的角度发生改变。键盘外壳上还有一些指示灯，用来指示某些按键的功能状态。笔记本电脑键盘内置于机壳内部，因此没有键盘外壳。

（2）按键。一般情况下，不同型号的计算机键盘提供的按键数目也不尽相同。目前应用于台式计算机上的键盘大都是 104 或 107 个按键的键盘。不同品牌的笔记本电脑内置的键盘按键数也不尽相同，大都具有 81 ~ 90 个键。尽管不同键盘按键数目有所差异，但按键布局基本相同，共分为 4 个区域，即主键盘区、功能键盘区、控制键盘区和数字键盘区。

键盘上的所有按键都是结构相同的按键开关，按键开关有机械式和电容式两大类。早期的键盘几乎全部是机械式键盘，现在大都已经淘汰。目前使用的计算机键盘，都采用电容式按键开关，这种键在工作过程中不存在磨损、接触不良等问题，耐久性、灵敏度和稳定性都比较好。

（3）电路板。电路板是整个键盘的控制核心，它位于键盘的内部，主要担任按键扫描识别、编码和传输接口的工作。

（4）主机接口。键盘与主机通过一定的接口互相连接。键盘的接口有 AT 接口、PS/2 接口和 USB 接口。一些较老的计算机常常提供 AT 接口也被称为“大口”，目前这类键盘已经很少见。台式计算机键盘多采用 PS/2 接口，而且大多数的兼容机都提供 PS/2 接口，因此具有 PS/2 接口的键盘最普遍。USB 接口是一种新型的接口，采用这种接口的键盘可以通过计算机上的 USB 通用接口与主机相连，目前 USB 接口也广泛应用于台式机和外置笔记本电脑的便携键盘上。

3．键盘的保养与维护

（1）使用键盘时应该注意的问题。键盘是用户操作最多的计算机部件之一，一般来说用户使用键盘时应该注意以下一些问题。

① 操作键盘时，切勿用力过大，以防按键的机械部件受损而失效，并且尽量不要使键盘的某

些按键长时间处于按下状态，以防按键失去弹性。

② 注意保持键盘的清洁，键盘一旦有油渍或其他污染物，应该及时清洗。清洗时可以用柔软的湿布蘸少量去污剂进行擦除，然后用柔软的湿布擦净，切勿用酒精清洗键盘。清洗工作应该在断电情况下进行。

③ 切忌将液体洒到键盘上。因为大多数键盘没有防溅装置，一旦有液体流进，则会使键盘受到损害，造成接触不良、电路腐蚀、短路等故障。

④ 注意防止尘屑杂物从键盘按键的缝隙落入键盘中。过多的尘土会给电路正常工作带来困难，有时甚至造成误操作。杂物落入按键的缝隙中，会使键挤住，或者造成短路等故障。

⑤ 当必须拆卸计算机键盘时，应首先关闭电源，再拔下与主机连接的电缆插头。在插入键盘时，需在键盘接口插头与计算机的键盘接口完全吻合的情况下进行连接。

⑥ 键盘的表面经常会残留一些具有传染性的细菌，在使用键盘后应及时洗手消毒。

（2）键盘的维护。下面介绍键盘常见的维护操作——键盘除尘。一般方法是先用软布擦键盘的表面的污物。彻底清除灰尘的方法是使用螺丝刀（平口、十字各一把）、软刷和清洗剂，将键盘拆开后进行除尘。维修键盘时，最好备份键盘图。

具体操作过程如下。

① 关机后，拔掉电源、电缆线，将键盘反放置在台上，此时看到底板上有数颗螺钉，取下它们并放在安全的地方。拿开前面的面板，可见与主机相连的五芯电缆穿过底板连在电路上，其中 4 线电缆连接一组对应插件（注意接口方式），另一根黑色导线由螺钉固定。拔下这两处连接后，电路板即可与底板分离。

② 将键帽从电路板上取下来，用工具轻轻将键帽往上抬松，一拔即下。若留心，可见键座上有标准键的数字代码。若有键盘图，则不必担心错位。

③ 用清洗剂对键帽、面、底板擦拭，用软刷轻扫电路板上的灰尘。

④ 待键帽干后，可重新组装。按照键盘图所示，将键帽对准它对应的键座压下即可。之后，将电路板放到底板上，正确连接电缆。最后放回面板，将底板上的螺钉上好。

4．选购键盘的注意事项

选购键盘时应该注意以下几个问题。

（1）注意按键手感。键盘的手感影响着用户使用键盘时的舒适程度，手感好的键盘可以使用户迅速而流畅地打字，并且在打字时不至于使手指、关节和手腕过于疲劳。

（2）注意键盘质量。键盘的生产工艺和质量关系到键盘能否长时间稳定地工作。检查的时候，首先用手抚摸键盘的表面和边缘，然后观察按键上的字母和数字，看其是否清晰以及字母和数字是否是使用激光刻写的。

（3）注意键盘接口。一般计算机键盘的插头都是采用五芯的标准插头，可以插入任何类型主板的键盘插座中，但有些原装机键盘插头的形状和尺寸较为特别，不能插入兼容机主板的键盘插座中。所以在购买键盘之前应仔细检查计算机的键盘接口并且根据该接口购买键盘。

2.2.2　硬盘与 USB 移动硬盘

1．硬盘

硬盘也是用来保存各种软件和数据的，它是计算机系统的外存之一，既可以用作输入又可以

用作输出设备。硬盘集精密机器、微电子电路和电磁转换为一体，在计算机系统中起着举足轻重的作用。

硬盘容量的单位一般可为吉字节（GB）或太字节（TB）。目前，用的较多的硬盘都在数百 GB，最大的硬盘可达数 TB（1TB 约为 10^3GB），而且硬盘的容量还会越来越大。硬盘的盘片与软盘制作的材料不同，它是铝合金基片上涂覆一层磁性材料制成的，它的容量远大于软盘。而且硬盘是不需要作插入取出操作的，通常固定在计算机主机箱内。硬盘读写速度较快，还不需清洗。目前计算机系统的故障几乎 30%是由于硬盘损坏所引起的，其中有相当一部分是使用者未根据硬盘特点而采取切实可行的维护措施所致。

（1）硬盘的使用注意事项。实际上，硬盘一般不易出故障，但是一旦需要维修，费用就比较高，所以用户要注意好平时的维护。通常导致硬盘毁坏的原因包括电源的电压电流波动、机器过热、计算机病毒的侵害、操作人员的错误操作等。要延长硬盘的使用寿命，防止存储信息的丢失，使用时应注意如下一些方面。

① 在使用硬盘时，应注意启停间隔时间一定在 20s 以上，否则可能会损坏硬盘。将硬盘平衡固定好，这样才能减少硬盘故障的发生。

② 注意防振。严禁在硬盘工作时搬动机器或移动硬盘，因为这样很容易使仅浮高几微米的磁头与硬盘盘面产生撞击而损伤盘面的磁层。

③ 用户尽量不要自己拆卸硬盘。要保持硬盘的清洁，由于硬盘腔体是密闭式结构，环境灰尘过多，会被吸附到印刷线路板表面及主轴电机的内部。同时要切记决不允许在普通条件下，卸下盘体外壳的螺钉。

④ 可以借助于一台 UPS 来解决机房电源的电压电流波动问题。

⑤ 若机器过热，可以通过清除机内积压的灰尘、调节环境温度的方法来解决。

⑥ 注意硬盘数据的保护。用户可以制作一张引导光盘，盘上带有必要的系统软件，可以启动机器，当 Windows 系统出问题时，用这张引导盘来引导你的系统，然后再找出故障并决之。并且在硬盘上安装新的软件之前，应该备份好硬盘上已有的系统软件。对 Windows 98/2000/XP 用户要备份系统登录文件，并妥善保管好备份软盘。制作了系统引导盘和关键系统文件盘之后，还要对硬盘上的所有数据和程序进行备份。备份用的外存可以使用活动的硬盘机、磁带、可擦写的 CD 及 DVD 或 U 盘等。备份硬盘要定期进行。

⑦ 硬盘使用温度最好是 25℃，不要超过 40℃。要防潮，因为潮湿的环境会使绝缘电阻下降。要防止硬盘处于磁场环境，要远离音箱、电机等电器。

⑧ 硬盘的根目录要清晰、整洁，根目录下应该只有系统文件及子目录，否则会占用更多空间，会影响硬盘运行速度。使用硬盘时要谨防计算机病毒，要定期检查并清除病毒，以免对硬盘进行格式化而缩短其寿命。

（2）常见的硬盘故障。当硬盘的使用出现以下情况时，建议用户首先检测一下硬盘上是否带有病毒，确认不是病毒的作用后，再请专门的维修部门予以修理。

① 正常使用一段时间后，突然不能调用硬盘了，提示有“非法驱动器指定”，这时，除病毒外，可能就是硬盘驱动器内部磁头系统出现故障。

② 当使用一段时间后信息丢失，这时除病毒外，可能是磁头损坏了用户区的磁道，使得原先写入该磁道的信息无法读出。对该故障，用户可以采用对硬盘重新进行一次格式化的方法予以排除，格式化之前注意保存好硬盘上其他完好的有用文件，用软盘事先备份后再对硬盘进行格式化

处理。

③ 开机后提示灯闪烁，并提示硬盘故障。此故障一般是由移动机器或拆装硬盘而造成的硬盘本身的电路插件的接触不良，用户自己将各插接件重新安装好即可。注意，此时千万不要将硬盘盘体拆开。

④ 当需要对硬盘格式化时，可能会出现 format 命令不能执行的故障，如果再进一步进行低级的硬盘格式化也不能进行，那么就需要用户将硬盘送到专修部对磁头进行修理。

⑤ 当出现选盘正确，但读不出也写不进文件的情况时，在格式化时，该硬盘却发出声响的情况，必须请专修人员对磁头系统进行修理。

2．USB 移动硬盘

在现代的办公活动中，经常出现需要数据移动和交换的情况。对于小量的数据，可以用软盘或 U 盘。但是对于大量的数据就需要用到大容量的移动存储设备——USB 移动硬盘。USB 移动硬盘如图 2.6 所示，它是一种容量大且携带方便的移动存储设备。它的存储容量一般为几百 GB 到数 TB。它使用 USB 接口进行数据传输，最高速度可达 480Mbit/s（USB2.0 规范）或 5.0Gbit/s（USB3.0 规范），并可热插拔（即在开机的情况下插拔）。USB 移动硬盘兼容性也比较好，只要计算机硬件具有 USB 接口就可以使用，适合不同的计算机系统交换数据。

（1）USB 移动硬盘的安装。在 Windows Me/2000/XP/7 操作系统下，USB 移动硬盘无需安装驱动程序，插到主机上后，系统自动识别并匹配驱动程序，即可以直接使用。使用完毕，同前方式拔下 USB 移动硬盘。

图 2.6　USB 移动硬盘

（2）使用注意事项。

① 通常 USB 移动硬盘表面有两个指示灯——电源指示灯和数据存取指示灯。红色的电源指示灯总是亮的。绿色的数据存取指示灯在计算机进行存取操作时由绿色转为红色，此时不能拔出 USB 连接线，否则会造成数据丢失。

② 在 USB 移动硬盘与计算机连接时，应垂直插入或拔出 USB 连接线，以免破坏计算机的 USB 接口。

③ 在未关机的情况下要取下 USB 移动硬盘时，应先在系统中断开 USB 设备的连接，在出现“可以安全删除移动设备”的提示后，才可以拔下 USB 连接线。

（3）常见故障及解决办法。

① 如果按照正常操作计算机没有找到 USB 移动硬盘，请先检查“我的电脑|控制面板|系统|设备管理器”中是否有“通用串行总线控制器”这一项，如果没有该项，必须重新启动计算机，并在启动时按住<Del>键，进入 CMOS 设置，打开相应的 USB 控制选项并重启计算机。如果有“通用串行总线控制器”这一项，则说明主板的 USB 接口输出信号较弱，这是因为有些主板 USB 接口（如 SIS 芯片）的输出电压偏低，不能带动 USB 移动硬盘。此时，必须使用补偿电源。解决办法：如果移动硬盘的 USB 连接线上附带 PS/2 口电源线，则先关闭计算机，然后将 PS/2 口接到主机 PS/2 的键盘（或鼠标）口上，键盘接到 PS 口后端，再开机连接 USB 移动硬盘使用。如果 USB 连接线上没有附带 PS/2 口电源线，则用外接的+5V 电源给移动硬盘供电。外接电源插头的极性为外负芯正，电压为+5V。注意千万不能使用外接交流适配器给 USB 移动硬盘供电。

② 如果在 Windows 98 下插入 USB 移动硬盘时，系统发现新硬件但是无盘符出现，则需重新

安装 USB 移动硬盘驱动程序。直接运行驱动盘中的“Setup.exe”或在“控制面板|系统|设备管理器|通用串行总线控制器”内删除“USB Mass Storage Device”，再单击“刷新”按钮。

③ 有时 USB 移动硬盘中的数据已经删除，可容量并没有变化。原因是在 Windows 操作系统中文件删除后并没有完全从硬盘中去掉，而是保存在回收站中。每一个硬盘分区默认都有容量的10%作为回收站的存储区，若想完全删除文件，需要再清空回收站。

④ 对 USB 移动硬盘进行读写操作后，拔出连接线时蓝屏，提示磁盘读写错误。这是因为拔出 USB 连接线时后台读写操作还没有完成。因此，拔出连接线时一定要先单击“热插拔图标”，出现安全提示后再拔出 USB 连接线，否则可能会造成数据丢失。

2.2.3 优盘

优盘（U盘）是一种移动存储设备，又称为闪速存储器、易盘。它是将数据存储在内建的闪存（Flash Memory 或 Flash ROM）中，并利用 USB 接口与计算机进行数据交换。闪速存储器是一种半导体存储器件，具有体积小（几立方厘米）、容量大（几 GB 到几十 GB）、数据交换速度快、可以热插拔等优点。鉴于闪速存储器的诸多优点，在现代的计算机硬件系统中已取代软驱。两款U盘如图 2.7 所示。

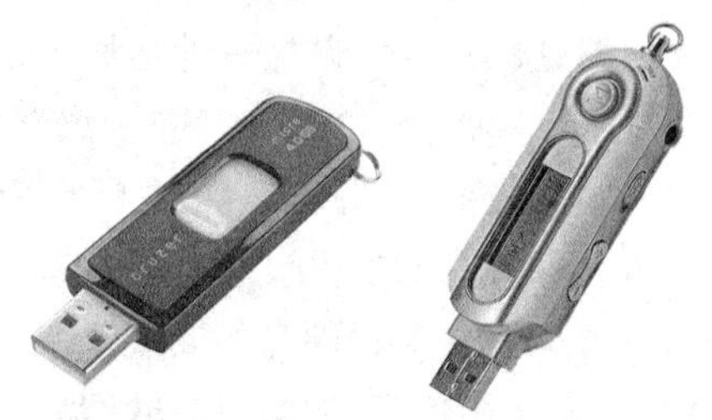

（a）普通 U 盘　（b）带 MP3 功能的 U 盘

图 2.7　两款U盘

1. 优盘的安装

如果优盘应用在 Windows Me/2000/XP/7 系统中，则无需安装驱动程序。如果优盘应用在 Windows 98 系统中，需要安装驱动程序。安装驱动程序的方法和安装移动硬盘的驱动程序相同，请读者参考移动硬盘的驱动程序安装方法。

2. 优盘使用的注意事项

（1）由于优盘和 USB 移动硬盘同属于 USB 接口设备，所以 USB 移动硬盘的使用注意事项同样适用于闪速存储器。

（2）有些优盘支持加密存储。如果要移动的数据是秘密数据，请将数据加密，以防止闪速存储器丢失而造成数据丢失。

（3）优盘存储了数据后，如果 U 盘有写保护功能，一般应打开写保护开关，防止误删重要数据，或被数据被病毒破坏。

（4）如果优盘掉入水中或受潮，请将其自然干燥后再使用。

3. 优盘的常见故障及解决办法

（1）USB 移动硬盘的一些常见故障及解决办法同样适用于优盘。

（2）插入优盘后，屏幕右下角出现热插拔图标但是不出现盘符，重新启动系统后故障依旧，可能是优盘的 USB 接口松动所致，应找专业修理人员修理。

2.2.4 光盘与光盘驱动器

1. 光盘驱动器的作用与分类

光盘是一种较新型的外部存储器，它是多媒体计算机的基本配置。它比硬盘携带方便，比软

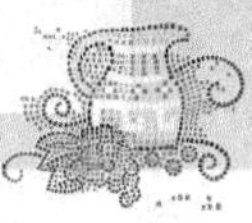

盘存储容量大得多。光盘使用激光进行读写，由于激光头与介质无接触，没有退磁问题，所以信息保存时间长，可达几十年。常见的光盘类型分为只读、一次写入和可重写型 3 种。

（1）CD-ROM（Compact Disk Read Only Memory）只读型光盘，它是一种用户只能读出信息，但不能改变其内容的光盘。一款 CD-ROM 光盘驱动器如图 2.8 所示。

图 2.8　CD-ROM 光盘驱动器

（2）CD-R（CD-Recordable）一次写入型光盘，它是一种只能一次性写入，但可多次读出信息的光盘。

（3）CD-RW（CD-Rewriteable）可重写型光盘，它是一种可以重复刻录的光盘，即可多次写入，又可多次读出的光盘。

要把数据存储在 CD-ROM 光盘上，需要使用专门设备压制而成。使用光盘刻录机可以将数据刻录在特制的一次写入型光盘上。只读型和一次写入型光盘一旦被压制或刻录完成，这个光盘就不能再写入数据。而可重写型光盘允许用户重复改写和读出数据。

一张 CD 光盘的存储容量在 650 ~ 700MB，可以存放 74min 或 80min 的影视节目。

DVD（Digital Vide Disc，数字视频）是新一代主导光盘，大小与 CD 光盘相同，但容量大的多。一张 DVD 光盘单面单层的容量可达 4.7GB，是 CD 光盘容量的 7 倍；而双面双层的容量更高，可达 17.8GB。DVD 光盘也分为只读型、一次写入型和可重写型 3 种。目前很多高档计算机都配 DVD 型光驱。

2．光盘驱动器的技术指标

数据传输速率是光盘驱动器最重要的技术指标，它表明的是光盘驱动器从光盘上读取数据的快慢，这个指标也几乎成为光盘驱动器的唯一技术指标。其实，光盘驱动器还有诸如激光头的定位准确率、读取数据的容错率、平均无故障小时等指标。

最初的光盘驱动器速度为单倍速，其数据传输率为 150kbit/s，其后发展为两倍速（300kbit/s）、4 倍速（600kbit/s）、32 倍速（4.8Mbit/s）、52 倍速（7.8Mbit/s）等，目前可达 72 倍速。一些新的高倍数光盘驱动器也不断出现。

3．选购光盘驱动器的注意事项

（1）光驱的容错能力。光驱的容错能力不好时，只能读出压制质量较好的光盘，质量稍差或有污损的光盘上的数据常无法读出。所有新的光盘驱动器的容错能力都不错，只有用了一段时间后，容错能力的差异才能够显现出来，所以在购买之前多听听用过各种光盘驱动器的用户的意见，以购买容错能力强的光驱。

（2）光驱的平均无故障小时数。通常经销商和厂家并不提供这个指标，但一般都在一年以上。

（3）光驱的质量。在国内电子配套市场上销售的光盘驱动器，多数为国内厂商装配生产的，在光盘驱动器上一般都没有打上产品的品牌、型号和制造商，只是给出产品机芯的品牌，因此其质量的水平是较低的，在选购时要特别小心。

4．光盘驱动器的安装

光盘驱动器的安装比较简单，首先像安装硬盘驱动器那样把它固定在 5.25 英寸设备的固定架上，然后再像连接硬盘那样连好信号电缆和电源线，光盘驱动器可以单独连接在 Secondary 或 IDE2 接口上，这时光盘驱动器的跳线为 Master，如果与硬盘连接在一个接口上，应该将光盘驱动器的跳线设为 Slave。

光盘驱动器安装后，不要忘记将音频信号线接到声卡上，否则由光盘驱动器播放的光盘节目的声音信号无法通过声卡放送出来。这根信号线由 4 条线组成，两边的红线分别是左右声道信号线，中间的两条黑线是地线，也有的为一条黑色的地线。连接这根线非常简单，分别在声卡和光盘驱动器上找到相应的 4 针插座，直接插上即可。

5. 光盘驱动器的驱动软件的安装

光盘驱动器需要安装驱动程序和管理软件才能正常使用。在购买光盘驱动器时，一定要查看或索要该品牌和型号光盘驱动器的驱动程序。

目前，常用的 Windows 操作系统可以自动识别一些常用的光盘驱动器，也就是说，它可以自动调用操作系统提供的这些驱动器的驱动程序进行工作，无需再安装。

2.2.5 声卡

声卡（也称为声效卡）属于计算机的辅助配件。在 1991 年提出的 MPC 规格中，声卡列为多媒体计算机的标准配件之一。而现在的声卡已不仅仅作为发声之用，还兼备了声音的采集、编辑、语音识别、网络电话等种种功能。声卡已成为多媒体个人电脑（MPC）不可或缺的一部分。一款板卡式声卡如图 2.9 所示。

图 2.9 板卡式声卡

1. 声卡的基本功能

声卡是计算机进行声音处理的适配器。它有 3 个基本功能。

（1）音乐合成发音功能。

（2）混音器（Mixer）功能和数字声音效果处理器（DSP）功能。

（3）模拟声音信号的输入和输出功能。

声卡处理的声音信息在计算机中以文件的形式存储。声卡工作应有相应的软件支持，包括驱动程序、混频程序（mixer）、CD 播放程序等。

声卡可以把来自话筒、收录音机、激光唱机等设备的语音、音乐等声音变成数字信号交给电脑处理，并以文件形式存盘，还可以把数字信号还原成为真实的声音输出。声卡尾部的接口从机箱后侧伸出，上面有连接麦克风、音箱、游戏杆和 MIDI 设备的接口。麦克风和喇叭所用的都是模拟信号，而电脑所能处理的都是数字信号，两者不能混用，声卡的作用就是实现两者的转换。

2. 声卡的类型

声卡发展至今，主要分为板卡式、集成式和外置式 3 种类型，以适用不同用户的需求，3 种类型的产品各有优缺点。

（1）板卡式。板卡式产品是现今市场上的中坚力量，产品涵盖低、中、高各档次，售价从几十元至上千元不等。早期的板卡式产品多为 ISA 接口，由于此接口总线带宽较低、功能单一、占用系统资源过多，目前已被淘汰；PCI 接口则取代了 ISA 接口成为目前的主流，它们拥有更好的性能及兼容性，支持即插即用，安装使用都很方便。

（2）集成式。声卡只会影响到电脑的音质，对 PC 用户较敏感的系统性能并没有什么关系。因此，大多数用户对声卡的要求都满足于能用就行，为了追求廉价与简便，集成式声卡也叫板载声卡出现了。此类产品集成在主板上，具有不占用 PCI 接口、成本更为低廉、兼容性更好等优势，

能够满足普通用户的绝大多数音频需求。板载声卡一般有软声卡和硬声卡之分。这里的软硬之分，指的是板载声卡是否具有声卡主处理芯片之分，一般软声卡没有主处理芯片，只有一个解码芯片，通过 CPU 的运算来代替声卡主处理芯片的作用。而板载硬声卡带有主处理芯片，很多音效处理工作就不再需要 CPU 参与了。

（3）外置式声卡。是由创新公司首先推出的一个新兴事物，它是一种有别于主板集成卡，或者通过 PCI、ISA、PCI-E 等接口与主板相连的内置的声卡。由于最常见的连接形式为 USB 接口，因此也被称为 USB 声卡。通过 USB 接口与 PC 连接，具有使用方便、便于移动等优势。和 PCI 接口的内置声卡一样，外置声卡同样有软声卡与硬声卡的区别。

3 种类型的声卡中，集成式产品价格低廉，技术日趋成熟，占据了较大的市场份额。随着技术进步，这类产品在中低端市场还拥有非常大的前景；PCI 声卡将继续成为中高端声卡领域的中坚力量，毕竟独立板卡在设计布线等方面具有优势，更适于音质的发挥；而外置式声卡的优势与成本对于家用 PC 来说并不明显，仍是一个填补空缺的边缘产品。

3．声卡的技术指标参数

声卡的物理性能参数很重要，它体现了声卡的总体音响特征，直接影响着最终的声音重放效果，其中，影响主观听感的性能指标主要有 3 项。

（1）信噪比。信噪比（Signal to Noise Ratio，SNR）也就是声卡抑制噪音的能力，单位是分贝（dB）。在正常工作状态中，没有出现饱和失真与截止失真的情况下，有用信号的功率和噪音信号功率的比值就是 SNR。SNR 的值越高说明声卡的滤波性能越好，声音听起来也就越清晰。

（2）频率响应。频率响应（Frequency Response，FR）是对声卡的 D/A 与 A/D 转换器频率响应能力的评价。人耳的听觉范围是 20Hz ~ 20kHz，声卡应该对这个范围内的音频信号响应良好，最大限度地重现播放的声音信号。

（3）总谐波失真。总谐波失真（Total Harmonic Distortion+Noise，THD+N）即保真度，也就是声卡的输入信号和输出信号的波形吻合程度。完全吻合当然就是不失真，100%重现了原始声音（理想状态）；但实际上输入的信号经过了 D/A（数/模）转换和非线性放大器之后，就会出现不同程度的失真，主要是产生了谐波。THD+N 就是代表失真的程度，并且把噪音计算在内，单位是 dB，数值越低说明声卡的失真越小，性能也就越高。

4．AC-97 标准简介

AC-97 标准的全称是 Audio Codec，是 Intel 公司和 Microsoft 公司联合制订的针对声卡的规范，要求声卡上的数/模转换（D/A 与 A/D）部分、混音部分和数字音效芯片分离，由单独的芯片完成以达到良好的信噪比，此芯片的正式名称是 CODEC（Coder-Decoder），即编码/解码器。现在市场上能看到的声卡大部分的 CODEC 都是符合 AC-97 标准。厂商也习惯用符合 CODEC 的标准来衡量声卡，因此很多的主板产品，不管采用的何种声卡芯片或声卡类型，都称为 AC-97 声卡。

HD Audio 是 High Definition Audio（高保真音频）的缩写，原称 Azalia，是 Intel 与杜比（Dolby）公司合力推出的新一代音频规范。HD Audio 的制定是为了取代目前流行的 AC-97 音频规范，与 AC-97 有许多共通之处，某种程度上可以说是 AC-97 的增强版，但并不能向下兼容 AC-97 标准。它在 AC-97 的基础上提供了全新的连接总线，支持更高品质的音频以及更多的功能。

5．声卡的选购

现在绝大部分计算机的主板上都集成了 AC-97 标准和 HD Audio 的声卡，用户不必非要另外购买独立声卡。但是这些板载声卡性能只适合对声音要求不高的用户。如果对声音有更高要求的用

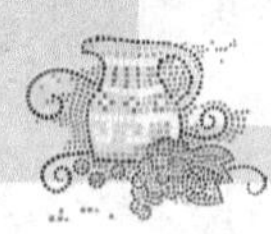

户，就需要另安装独立声卡。在声卡的选购中应注意以下问题。

（1）不要宁选低端声卡而放弃板载声卡。许多用户总是对于板载的声卡不太信任，认为那是低档货，宁愿再去花上几十块钱买上一块声卡，觉得那要比板载的声卡要好，其实这是个偏见。随着技术的成熟和 CPU 性能的不断提升，无论是板载整合型硬声卡还是软声卡的性能都有了质的飞跃，它已不再是低性能的代名词了，软声卡对 CPU 资源的占用率也几乎到了可以忽略不计的程度了。因此板载声卡完全可以满足普通办公和家庭用户的需要。在中低端市场，在追求性价比高的用户中，板载声卡是不错的选择。

（2）独立声卡从几十元到几千元有着各种不同的档次，中高档用户可以根据自己的需求购买。PCI 声卡一般拥有较高的信噪比（大多数可轻易达到 90dB），保证了输出的声音音色更纯，将杂音减少到最低限度。目前独立声卡的品种和档次都很多，适合中高档用户根据自己的需求购买。

（3）外置式声卡具有使用方便、便于移动等优势。这类产品主要应用于特殊环境，如连接笔记本实现更好的音质等。

（4）许多声卡的功能是多方面的，除了对音乐的播放以外，还有对游戏音效的支持，一些高端的设备还有对各种 MIDI 键盘及其他电子音乐设备的支持，因此它们的高价有时是因为它们功能较多。同时，有些声卡往往对游戏音效的支持和表现较为出色，而真正对于音乐的表现，音质上却较为普通。因此如果用户对于游戏的要求不是非常高，而却希望能够听到较为优质的音乐的话，那么在选择上就更要注意买适合自己需求的，那些近千元的高端声卡、专业声卡未必适合您。

（5）有些声卡可能和主板不兼容，因此选择声卡时要问清楚。

（6）对于中高档的声卡，绝不要选配廉价音箱，否则音质再好的声卡也无法表现出来。

目前，市场上常见的声卡品牌有创新、德国坦克、玛雅、乐之邦、M-AUDIO、ESI、华硕、ECHO、iCON、B-Link、新众、节奏坦克等。

6．安装声卡及注意事项

安装独立声卡时，应根据声卡的接口类型插入计算机的相应扩展槽中。大多数声卡已经支持 Windows 的即插即用功能，Windows 可能会提示安装声卡的驱动程序，按照系统的提示就可以安装好声卡。安装时要注意，不要忘了安装连接 DVD-ROM 和声卡的音频信号线，否则，用 DVD-ROM 听 DVD 时会没有声音。

2.2.6 显示器与显示卡

1．显示器

显示器作为计算机的“脸面”，是用户与计算机沟通的桥梁。从制造显示器的器件或工作原理来分，显示器有多种类型。市场上的显示器产品主要有两类：一类是阴极射线管（Cathode Ray Tube，CRT）显示器，也就是平常所说的显示器；另一类是液晶显示器（Liquid Crystal Display，LCD）。LCD 有许多优点，如占用空间小、低功耗、低辐射、无闪烁、降低视觉疲劳等，它是目前作为计算机的显示器用的最主要的显示器。

（1）CRT 显示器。CRT 显示器即阴极射线管显示器，是最早使用的显示器。它技术成熟，价格便宜，寿命较长，可靠性较高，可以显示各种灰度和色彩，是计算机中最常用的显示设备之一。

当一个图像显示在屏幕上时，它由无数个小点所组成，这些小点被称为像素，像素可以被设置成不同的颜色和亮度，每一个像素都包含红色、绿色和蓝色的磷光体，大量的像素就组成

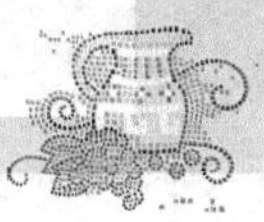

了图像。

挑选显示器应注意显示器的尺寸、屏幕的类型、技术性能和附加功能，包括行、场扫描的频率，显示器的分辨率，扫描方式、点距、带宽、低辐射、是否符合能源之星标准以及品牌等。

CRT 显示器的技术指标如下。

① 屏幕形状。显示器之间最大的差别在于显示器所采用的显像管，在相同的可视面积下，显像管的品质是决定显示器性能是否优越的最关键的因素。CRT 显示器按屏幕表面曲度，可以分为球面管、平面直角管、柱面管和纯平显像管。

② 显像管的大小和可视尺寸。显像管的尺寸是指屏幕四边形对角线长度，一般以英寸为单位。市场上常见的为 15、17、19 英寸。

③ 点距。点距是指显示器上，两个相邻的相同颜色磷光点之间的对角线距离。点距的单位是 mm。点距越小，意味着单位显示区域内可以显示越多的像点，显示的图像就越清晰细腻，现在多数彩色显示器的点距为 0.28mm。

④ 最大分辨率。最大分辨率取决于显示器在水平和垂直方向上最多可以显示点（像素）的数目。分辨率以水平显示的像素个数乘以水平扫描线数表示，如：1024 像素×768 像素指每帧图像由水平 1024 个像素、垂直 768 条扫描线组成。分辨率越高，屏幕上能显示的像素个数也就越多，图像也就越细腻，显示的内容也就越多。但分辨率受到点距和屏幕尺寸的限制。屏幕尺寸相同，点距越小，分辨率越高，行扫描频率越高，分辨率相应也越高。14 英寸显示器最大分辨率可达 1024 像素×768 像素，15 英寸显示器最大分辨率可达 1280 像素×1024 像素，17 英寸显示器最大分辨率可达 1600 像素×1200 像素。同时需注意，分辨率不仅取决于显示器本身，还取决于显示卡的性能。

⑤ 刷新频率。刷新频率分为垂直刷新频率和水平刷新频率。垂直刷新率是指显示器在某一显示方式下，每秒能完成的从上到下刷新的次数，即完成一幅画面扫描时间的倒数，也称为场频，单位是 Hz。水平刷新率又称行频，是指每秒钟显示器从左到右绘制一条水平线的次数，以 kHz 为单位。刷新频率越高，图像越稳定，闪烁感越小。一般显示器的垂直刷新频率在 60 ~ 90Hz 之间。

⑥ 扫描方式。水平扫描有隔行扫描和逐行扫描两种方式。隔行是指每隔一行显示一行，到底后再返回显示刚才未显示的行，是早期显示器采用的方式；而逐行扫描是指顺序显示每一行，隔行要比逐行抖动得厉害，现在市场上的显示器一般为逐行扫描，逐行扫描最佳无闪烁的标准是 85Hz。

⑦ 显示器的辐射。电磁辐射是一个很重要的指标，显示器的辐射可直接影响到使用者的身体健康和其他电器。目前国际上常见关于显示器电磁辐射的标准有 MPR-Ⅱ和 TCO-99 两个，目前市场上的低辐射显示器多指通过 MPR-Ⅱ标准的显示器，而通过 TCO-99 标准的还不多。低辐射显示器外壳和说明书上一般有 Low Radiation 字样。检验的方法可以在显示器通电时，用手背靠近屏幕表面，如果手背的汗毛有被立起的感觉，说明该显示器属非低辐射类型，真正的低辐射显示器是抗静电的。

⑧“能源之星”标准。显示器是计算机系统中功率消耗最多的部件。17 英寸显示器消耗的功率为 100W 以上。美国环保署规定：显示器在非工作状态的功率消耗必须不超过 30W，在屏幕长时间没有新的显示时，显示器会自动断电。现在显示器基本都达到了“能源之星”标准。

（2）液晶显示器。液晶显示器又称为 LCD，俗称为平板显示器。与 CRT 相比，LCD 具有体积小、重量轻、能耗低、失真小等特点。随着人们对显示要求的不断提高以及 LCD 价格的不断下

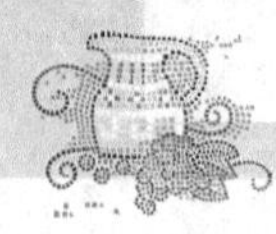

降，目前液晶显示器已被广泛应用。

LCD 主要分为无源阵列彩显 DSTN-LCD（俗称伪彩显）和薄膜晶体管有源阵列彩显 TFT-LCD（俗称真彩显）。DSTN 显示屏不能算是真正的彩色显示器，因为屏幕上的每个像素的亮度和对比度不能独立控制，它只能显示色彩的深度，与传统的 CRT 显示器的颜色相比相距甚远，因而也被叫作伪彩显。TFT 显示屏的每个液晶像素点都是由集成在像素点后面的薄膜晶体管来控制，使每个像素都能保持一定电压，从而可以做到高速度、高亮度、高对比度的显示。TFT 显示屏是目前最好的 LCD 彩色显示设备之一，是现在桌面计算机和笔记本计算机的主流显示设备。

目前，液晶显示器按背光类型分，通常可分为 CCFL（Cold Cathode Fluorescent Lamps，冷阴极荧光灯）背光和 LED（Light Emitting Diode，发光二极管）背光两种。CCFL 就是用传统的灯管即冷阴极灯管来提供背光光源，而 LED 是一种新型的用发光二极管作为背光光源。CCFL 和 LED 之间比较，CCFL 的击穿电压和工作电压都相对比较高，LED 的电压就很低，安全性能好；LED 的光源可以根据尺寸和应用情况的不同而自由分布，CCFL 则比较固定，它需要更多的扩散材料来做到光的分散，才能使亮度的均匀度达到要求；LED 的色域更广，色饱和度可以做到 105%以上，而 CCFL 是比较窄的，大部分只能做到 70%左右。此外，LED 还有速度快，可消除 LCD 拖尾的现象；克服传统的 LCD 的“黑屏”不黑现象；屏可以做得比 CCFL 的薄，以及环保、省电、抗震性好、寿命长等优点。所以，目前 LED 已被越来越多的台式计算机和笔记本电脑的液晶显示屏作为背光电源应用。另外需要说明的是，目前液晶显示器所使用的 LED 绝大多数是白光 LED，称为 WLED，如果要买 RGBLED 价格会高很多。

LCD 也可按屏幕大小分类，常见的有 17、19、21、23、24、27 英寸等，随着液晶显示器价格的不断下降，越来越多的人使用屏幕更大的液晶显示器。

LCD 的主要技术指标和 CRT 显示器类似，主要指标如下。

① 点距。LCD 的点距和 CRT 显示器类似，但也有不同之处，CRT 显示器的点距中心比四周要小，而 LCD 整个屏幕任何一处点距都一样。

② 分辨率。与 CRT 显示器不同，LCD 的分辨率一般不能任意调整，它是制造商所设置和规定的。LCD 任何一个像素的色彩和亮度信息都和屏幕上的像素点直接对应，所以只有在显示跟该显示板的分辨率完全一样的画面才能达到最佳效果。一般 15 英寸 LCD 的最佳分辨率为 1024 像素×768 像素，17 英寸的最佳分辨率一般为 1280 像素×1024 像素。19 英寸的最佳分辨率一般为 1440 像素×900 像素，而 21 英寸以上的最佳分辨率一般为 1920 像素×1080 像素。

③ 亮度和对比度。亮度是反映 LCD 性能的重要指标之一，以每平方米烛光为测量单位。好的显示器亮度较高，且还非常均匀。对比度是指最大亮度和最小亮度的对比值，对比度是直接体现 LCD 能否体现丰富色阶的参数。对比度越高，图像越清晰，还原的画面层次感也就越好。较好的 LCD 具有智能调节功能，能够自动调节图像，使亮度和对比度达到最佳。

④ 响应时间。响应时间是指 LCD 对于输入信号的反应速度，也就是液晶由暗转亮或由亮转暗的反应时间。对一般办公用途，显示器对响应时间要求不高，但是用于游戏或视频播放，画面对比强烈而且快速切换，那么响应时间至少应达到 40ms，否则可能出现明显的拖影现象。

⑤ 最大色彩数。由于大多数 LCD 采用模拟接口，多了两道 A/D、D/A 转换，信号有一定衰减，转换的取样位数必须考虑成本，所以能够呈现的颜色数量很少。就目前大多数液晶屏的表现情况来看，一般的商用办公应用场合都可满足，但是对于专业的图形图像处理来说，液晶屏不能提供足够准备的色阶表现，只有 CRT 显示器符合要求。

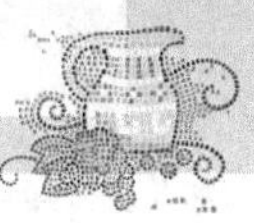

⑥ 刷新频率。LCD 刷新频率是指整个屏幕刷新的时间。因为 LCD 不像 CRT 显示器的扫描方式，屏幕刷新频率只需 22.2Hz，就可以让显示器不发生闪烁现象，所以画面也根本没有所谓的闪烁问题。

⑦ 坏点。如果屏幕中某一个发光单元有问题或该区域的液晶材料有问题，就会出现总不透光或者总透光的现象，这就是所谓的屏幕“坏点”。屏幕坏点最常见的就是白点或者黑点。鉴别的方法就是将整个屏幕调成白屏或黑屏，则坏点显示正好相反。除了白点和黑点，有时还有其他的“彩点”，坏点的共同特征是它们对电信号没有反应，一直以一个颜色显示。坏点对显示效果有极大的破坏。

（3）显示器的使用与维护。显示器的一般使用与维护与电视机很相似，所以大家比较熟悉。除此之外还要注意以下几点。

① 有些专用显示器可供不同型号的计算机使用，此种情况往往通过其背后的选择开关选择，否则可能出现显示信息不正常。

② 为了确保暂停使用而又不关机的情况下不对屏幕造成损坏，应注意使用屏幕保护程序。有的软件自带屏幕保护程序，例如 Windows 98/XP，只要根据自己的爱好设定就可以了。有的软件不带屏幕保护程序，就需要安装一个专用屏幕保护软件。

2．显示卡

显示卡（Display Card）简称显卡，又称显示适配器，它是显示器与主机通信的控制电路和接口。显示卡是一块独立的电路板，安装在主板的扩展槽中，在整合主板上显示卡可直接集成在主板上。

显示卡的主要作用就是在程序运行中根据 CPU 提供的指令和有关数据，将程序运行过程和结果进行相应的处理，并转换成显示器能够接受的文字和图形显示信号后通过屏幕显示出来。

目前，显示卡已成为了继 CPU 之后发展变化最快的部件。计算机的图形性能是决定整机性能的一项主要因素。

现在很多计算机的主板上都集成了显示卡，如果用户对显示的图形没有更高的要求，不必再另外购买显示卡。一款显示卡如图 2.10 所示。

图 2.10 显示卡

显示卡由显示芯片、显示内存等组成。显示卡从早期的单色显示卡、彩色显示卡、加强型绘图显示卡，一直到显示绘图数组（Video Graphic Array，VGA），都是由 IBM 主导显示卡的规格。近年来，显示芯片厂商更将 3D 功能与 VGA 整合在一起，成为我们目前所称的 3D 加速卡、3D 绘图显示卡。

（1）显示卡的技术特性。显示卡的技术特性如下。

① 显示卡上显示芯片的运算能力。在计算机的数据处理过程中，CPU 将其运算处理后的显示信息通过总线传输到显示卡的显示芯片上，显示芯片再加以运算处理之后，传送到显示屏幕。显示芯片运算能力的高低是决定显示卡效能的重要核心。

② 显示卡的速度。显示卡的速度跟显示控制与加速芯片的设计水平相关联，与显示卡处理数据的位数有关。显示卡的速度在屏幕刷新时、处理大量图形数据时、图像数据处理时均有体现。更具体地说，在使用一些特定软件时可以充分了解这个参数的作用，如字处理软件、CAD 软件、

电子表格软件、播放 VCD/DVD 软件以及绘图软件等各类应用软件。

③ 显示内存的容量，即显示卡上显示内存的大小。显示内存的主要功能是将显示芯片处理的资料暂时存储在显示内存中，然后再将显示资料映像到显示屏幕上。显示内存随着 3D 加速卡的演进而不断跟进，从早期的 512KB、2MB、4MB 等极小容量，发展到 64MB、128MB、256MB，一直到目前主流的 512MB 或 1GB，某些专业显卡甚至已经具有数 GB 的显存了，而且容量还在不断增加。

（2）显示卡的选购。目前的显示卡基本上都能满足现代办公的需要。选购时主要考虑的就是显示芯片的类型、显示内存的容量和价格、显示速度等。现在市面上流行的显示卡大都采用 nVIDIA 公司或 ATI 公司的显示芯片。采用 nVIDIA 公司的显示芯片制作的显示卡类型较全，从低档到高档都有，选择余地很大。采用 ATI 公司的显示芯片制作的显示卡的价格普遍较高，但是性能也相对较好。

选购时，显示内存的容量也很重要。显示卡上的内存对机器的性能和指标的影响是很大的。首先，会影响显示色彩的数量，如显示内存为 512KB 时，显示卡在 1024 像素×768 像素分辨率下只能支持 16 色；显示内存 1MB 时，在 1024 像素×768 像素分辨率下能支持 256 色；而显示内存 2MB 时，在 1024 像素×768 像素分辨率下能支持 64K 色。当需要大量处理图像应用时，这个指标就极重要了。其次，会影响图像处理与屏幕刷新的速度。显示内存较大时，在其中可以存储更多的图像数据，而无需频繁进行与硬盘之间的数据交换，使得 CPU 进行图像计算读取数据时节省更多的数据交换时间，图像处理速度因此而加快。在屏幕刷新时，由于显示内存较大，可以直接由显示内存供给显示数据，同样加快了刷新显示速度。

（3）随卡配套的软件。每个显示卡都应提供配套的驱动软件，这是在采用了局部总线技术的显示卡以后，保证能够充分发挥显示卡作用的新的技术手段。没有这种驱动软件，尽管购买了很好的显示卡，仍不能保证实现速度提高、色彩丰富的目标。

3．视频采集卡

视频采集卡又称视频捕捉卡，它是多媒体计算机的可选用设备，用它可以获取数字化的视频信息，并将其存储或播放出来。在 PC 上通过视频采集卡可以接收来自视频输入端的模拟视频信号，对该信号进行采集，并量化成数字信号，然后压缩编码成数字视频序列。大多数视频采集卡都具备硬件压缩的功能，在采集视频信号时首先在卡上对视频信号进行压缩，然后才通过 PCI 接口把压缩的视频数据传送到主机上。一款视频采集卡如图 2.11 所示。

图 2.11　视频采集卡

一般的计算机视频采集卡都能把数字化的视频存储成 AVI 格式文件或 MPEG-1 压缩格式的文件。视频采集卡采集速度快、图像质量高，成功地实现了 30 帧/秒、全屏幕、视频的数字化抓取。而且还能提供许多特殊效果，如冻结、淡出、旋转、镜像、透明色处理等，因此在影像处理等领域有着广泛的应用。

（1）视频采集卡的分类。视频采集卡按其采集的图像指标不同，可以分为广播级视频采集卡、专业级视频采集卡和民用级视频采集卡。

① 广播级视频采集卡的最高采集分辨率一般为 768 像素×576 像素（均方根值）、PAL 制式、25 帧/秒，或 720 像素×576 像素（CCIR-601 值）、PAL 制式、25 帧/秒，或 640×480/720×480、

NTSC 制式，30 帧/秒，最小压缩比一般在 4：1 以内。这一类产品的特点是采集的图像分辨率高，视频信噪比高，缺点是视频文件庞大，每分钟数据量至少为 200MB。广播级模拟信号采集卡都带分量输入输出接口，用来连接 BetaCam 摄/录像机。此类设备是视频采集卡中最高档的，用于电视台节目制作。

② 专业级视频采集卡的级别比广播级视频采集卡的性能稍微低一些，分辨率两者是相同的，但压缩比稍微大一些，其最小压缩比一般在 6：1 以内，输入输出接口为 AV 复合端子与 S 端子。此类产品适用于广告公司、多媒体公司节目制作及多媒体软件。

③ 民用级视频采集卡的动态分辨率一般最大为 384 像素×288 像素、PAL 制式、25 帧/秒或 320 像素×240 像素、30 帧/秒、NTSC 制式（个别产品的静态捕捉分辨率为 768 像素×576 像素），输入端子为 AV 复合端子与 S 端子，绝大多数不具有视频输出功能。

（2）视频采集卡的主要技术指标。视频采集卡的主要技术指标如下。

① 接口。视频采集卡的接口包括视频与计算机的接口和与模拟视频设备的接口。目前计算机视频采集卡通常采用 32 位的 PCI 总线接口，它插到计算机主板的扩展槽中，以实现采集卡与计算机的通信与数据传输。采集卡至少要具有一个复合视频接口（Video In）以便与模拟视频设备相连。

② 视频处理速度。由于模拟视频输入端可以提供不间断的信息源，视频采集卡要采集模拟视频序列中的每帧图像，并在采集下一帧图像之前把这些数据传入计算机系统。因此，实现实时采集的关键是每一帧所需的处理时间。如果每帧视频图像的处理时间超过相邻两帧之间的相隔时间，就要出现数据的丢失，即丢帧现象。

（3）视频采集卡及其驱动程序的安装。视频采集卡安装非常简单，只要将视频采集卡插入计算机的空闲 PCI 插槽上即可。视频采集卡一般都配有硬件驱动程序以实现计算机对采集卡的控制和数据通信。根据不同的采集卡所要求的操作系统环境，各有不同的驱动程序。只有把采集卡插入计算机的主板扩展槽，并正确安装了驱动程序，才能正常工作。

2.2.7 针式打印机

打印机是计算机系统常用的输出设备之一，利用打印机可以打印出各种资料、文档、图形及图像等。严格地说，现在市场上销售的办公用打印机都是智能打印机，它本身的控制电路就是一个计算机控制系统，是一个完整精密的机电一体化智能系统。目前，市场上出售的打印机从原理上分主要有 3 种：针式打印机、喷墨打印机和激光打印机。

1. 针式打印机的基本组成

虽然说如今在打印领域中，喷墨打印机和激光打印机已经占据了主导的地位。不过商务应用中的票据、报表的多层打印，喷墨打印机和激光打印机却是无法完成的，而唯有针式打印机才能够胜任。再加上针式打印机性能稳定，故障率低，维护简便，耗材便宜，在银行、保险、邮政、电信、税务、交通、医院以及需要直接开具增值税发票的商场中都有着广泛的应用需求，并且这一需求在未来相当长的一段时间内都将存在。

针式打印机在目前使用较多的是 24 针单色打印机。这类打印机是一种点阵针式打印机，其结构基本上可分为机械装置和控制电路两部分，这两部分是密切相关的。此类打印机其机械结构是基本相同的，包括印字机构、字车机构、走纸机构和色带机构 4 部分，其电路部分是控制和驱动上述机构的控制电路。针式打印机示意图如图 2.12 所示。

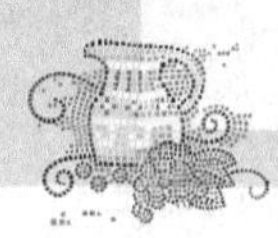

（1）印字机构（即打印头）。印字机构（即打印头）的功能是将控制电路送来的打印命令脉冲，通过打印头中电流→电磁的转换，驱动打印机针来击打色带，从而在打印纸上形成打印痕迹。

（2）字车机构。字车机构又称横移机构，是用字车电机的动力通过传动皮带驱动字车架，带动打印头左右横移。

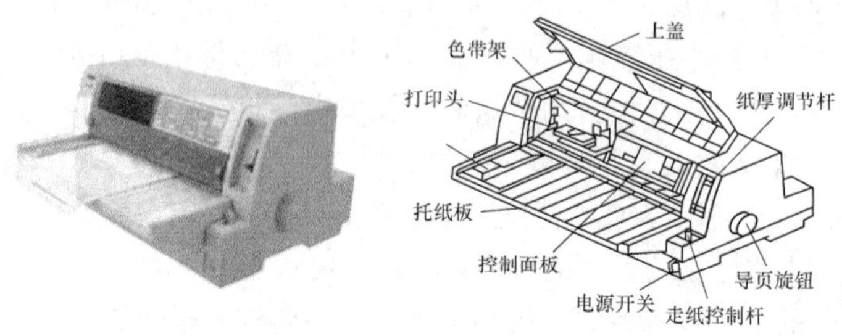

图2.12　针式打印机示意图

（3）走纸机构。走纸机构的功能是将走纸电机的动力传给打印字辊或链式走纸机构，使打印纸按规定的节拍不断移动。

（4）色带机构。色带机构的功能是在字车正、反向横移时，使色带均以同一方向匀速移动，使色带在整个长度上均匀使用。其动力来自字车传动皮带。

2．针式打印机的工作原理

针式打印机的工作原理是：电脑主机送来的代码，经过打印机输入接口电路的处理后送至打印机的主控电路，在控制程序的控制下，产生字符或图形的编码，驱动打印头打印一列的点阵图形，同时字车横向运动，产生列间距或字间距，再打印下一列，逐列进行打印；一行打印完毕后，启动走纸机构进纸，产生行距，同时打印头回车换行，打印下一行；上述过程反复进行，直到打印完毕。

3．打印机与微机的连接

打印机与计算机的连接非常简单，只要将打印机专用电缆连接到计算机的并行接口上即可。

连接前最好要关闭计算机和打印机的电源。

4．针式打印机按应用分类

虽然针式打印机都是通过打印针撞击色带，从而在打印介质上成像，不过针式打印机除了通用针式打印机外，根据其应用情况仍然可以分为票据打印机、存折打印机和税务打印机。

（1）通用针式打印机是早期使用十分广泛的汉字打印设备，打印头针数普遍为24针，有宽行和窄行两种，打印头在金属杆上来回滑动完成横向行式打印。打印宽度最大为33cm，标准的打印速度一般在50个汉字/秒，采用色带印字，可用摩擦和拖拉两种方式走纸，既可打印单页纸张，也可以打印穿孔折叠连续纸。由于是电磁击打，打印头长时间连续打印时发热严重，但因打印速度不快，影响不大；又由于通用针式打印机普遍是宽幅打印机，因而特别适用于报表处理较多的普通办公室和财务机构。

（2）票据打印机。票据打印机是针式打印机中最为常见的一个种类。目前各行各业中已经逐渐摆脱了传统的手工开票和制作报表的方式，而采用计算机制作并且通过打印机来输出。和普通打印不同，票据和统计报表往往都是要求一式多联的，因此只能通过针式打印机来实现。

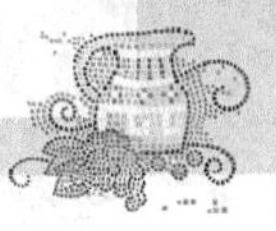

实际上票据打印机除了可以打印多联票据之外，也可以进行常规的文稿打印和连续纸的打印，应用范围非常之广，在各个领域中都有广泛的应用。

（3）存折打印机。存折打印机主要是应用于银行，用来替客户打印存折的。和票据打印机相比，存折打印机最大的特点是支持的打印厚度大。

除了打印厚度之外，打印对象的自适用也是存折打印机的一个重要特点。因为银行除了需要打印存折之外，还需要打印单页的存单和一些利息结算单等，这些打印介质都要比存折薄得多。对于业务繁忙的银行来说，如果每一次打印都需要手动调节的话，是非常浪费时间的。因此作为存折打印机还应该对打印对象的厚度有自适应的能力，而无需用户干预。

另外，存折和存单上一般来说都已经有预先印制好的格子和项目，而对于存折、存单来说，其内容是不能有任何歧义的，因此存折打印机应该有精准的定位性，并且还应具有自动纠偏，自动寻边，自动定位等功能，以保证存折内容的正确。

（4）税务打印机。和前两种产品相比，税务打印机的专业性更强。从基本技术层面上来看，税务打印机和票据打印机有比较多的相似之处，但税务打印机具有更强的打印复写能力，这是因为根据我国税务上的规定，最为常用的增值税发票需要一式七份，这就要求税务打印机应该具有“1+6”的复写能力。另外，税务打印机往往还具有税票快捷定制功能，可以预先定制好最为常用的税票格式。

除了以上种类外，许多 ATM、收银机的打印部件也都是采用的针式打印技术，不过由于其不是独立的设备，因此也就不再进一步阐述。

5．针式打印机的主要性能指标

（1）分辨率。在打印清晰度上，针式打印机和喷墨、激光打印机的标识方法是一样的，都是采用 dpi，即每英寸内产生的点数来表示的。和喷墨、激光打印机相比，针式打印机的分辨率较低，常见的有 180dpi×180dpi 和 360dpi×360dpi 两种。

（2）打印速度。在打印速度的标识上，针式打印机与喷墨、激光打印机不同，它是用每秒钟能够打印多少个字符（cps）来标识的，这其中又分为中文字符的打印速度和英文字符的打印速度。

另外需要注意的是，针式打印机往往有多种打印模式的选择，如普通模式、高速模式、精密模式等，每一种模式的打印速度都不相同，而打印机标识的往往是其最快的一种模式的速度，因此在选购时应该了解一下各种模式的实际速度。

（3）打印厚度。打印厚度是针式打印机中需要关注的重要技术指标。针式打印机的打印厚度指打印机打印时允许的最大打印厚度，它的标识单位为 mm。

（4）复写能力。复写能力是指针式打印机能够在复写式打印纸上最多打出“几联”内容的能力，其直接关系到产品打印多联票据、报表的能力。如：复写能力标识为“1+3”的话，则表示打印机能够用复写式打印纸最多同时打出“4 联”。当然，在进行拷贝打印的同时还需要考虑打印机的打印厚度。

（5）打印噪声。这个指标也是针式打印机所独有的。由于针式打印机是采用击打式方式进行打印，因此会产生较大的噪声，某些质量较差的针式打印机的噪声甚至到了令人无法忍受的地步。由于工作原理的关系，要想完全消除针式打印机的噪声是不可能的，但是厂商们也通过了许多的办法来降低针式打印机工作时的噪声。其中比较常用，也是比较有效的办法就是采用封闭式的机身，将噪声和外界相对的隔离起来。通过这一办法，目前针式打印机的噪声基本上可以控制在 50 ~ 55dB，这对于人来说基本上在可以接受的范围内。

6．针式打印机使用和维护的注意事项

针式打印机是一个结构复杂而精密的机电一体化设备，如果能够正确使用，并做好日常维护，可以长期稳定地工作。如果由于使用不当或缺乏必要的维护而造成损毁，维修起来就不容易了。因为维修打印机是一项专业性很强的工作，如果没有维修能力，就更应正确地使用它，并做定期的保养，免得坏了以后影响使用。

根据针式打印机的特点，对使用和维护特提出以下要求。

（1）使用环境要干净、无尘，不受阳光直射，温度适宜，通风良好。

（2）打印机工作平台要平稳、无震动。

（3）不可在打印机上放其他物品，以防止异物掉入打印机内，引起损坏。

（4）不能频繁启、闭电源开关。关掉打印机后，必须在十几秒后才能再次打开电源，以免烧坏打印机电源。

（5）应根据纸张厚度调整辊筒间隙，不能用减少间隙的方法提高打印清晰度。

（6）应及时更换色带，不可使用破损色带，也不可在色带上加油墨，以免出现断针。

（7）宜使用软布蘸少量中性洗涤剂擦拭机器外壳，不可用带水的湿布擦洗，以免有水溅入机器内部，造成电路短路而烧坏印制板或元器件。

（8）为保证打印机处于良好的工作状态，应根据使用情况对打印机内部进行定期清扫，然后在字车导杆上加少许钟表油或缝纫机油，以保持字车行走自如。如果发现字车、走纸行走困难，切不可强行工作，以免损坏步进电机和驱动电路。

（9）打印机正在打印时，切不可用手转动辊筒走纸，以免损坏打印头、步进电机及驱动电路。

（10）各种接口连接器插头都不能带电插拔，以免烧坏打印机与主机接口元件，插拔一定要关掉主机和打印机电源。不要让打印机长时间地连续工作。

（11）定期检查打印机的机械装置，检查其有无螺钉松动或脱落现象，字车导轨轴套是否磨损。输纸机构、字车和色带传动机构的运转是否灵活，若有松动、旷动或不灵活，则应分别予以紧固、更换或调整。

（12）正确使用操作面板上的进纸、退纸、跳行、跳页等按钮，尽量不要用手旋转手柄。若发现走纸或小车运行困难，不要强行工作，以免损坏电路及机械部分。

（13）经常注意检查打印头前面的色带保护片是否破损。若有破损会在打印过程中出现打印针刮色带或刮纸现象，最终会将打印针挂断，应及时更换。

（14）在打印中，一般情况不要抽纸。因为在抽纸的瞬间很可能刮断打印针，造成不必要的损失。

（15）针式打印机工作时，其打印头表面温度较高，不要用手随意触摸打印头表面。不要将手伸进打印机内，以免妨碍字车移动，甚至弄坏某些部件。

（16）为保证打印机及人身安全，电源线要有良好的接地装置，以防止静电积累和雷击烧坏打印通信口等。

（17）要选择高质量的色带。色带是由带基和油墨制成的，高质量的色带带基没有明显的接痕，其连接处是用超声波焊接工艺处理过的，油墨均匀，而低质量的色带带基则有明显的双层接头，油墨质量很差。

（18）定期检查色带及色带盒，若发现色带盒太紧或色带表面起毛就应及时更换（注意色带的质量），否则色带盒太紧会影响字车移动，色带破损则会挂断打印针。

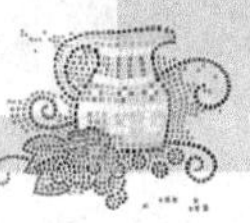

（19）应尽量减少打印机空转。许多用户在实际工作中，往往打开主机即开打印机，这既浪费了电力又减少了打印机的寿命，故最好在需要打印时再打开打印机。

（20）要尽量避免打印蜡纸。因为蜡纸上的石蜡会与打印胶辊上的橡胶发生化学反应，使橡胶膨胀变形。另外石蜡也会进入打印针导孔，易造成断针。

7．针式打印机常见故障的析与处理

（1）色带断裂。色带的拉力过大，拉断缝合线或字锤打烂色带导致色带断裂，这就需更换色带。

（2）色带被卡。色带的边缘脱丝、起毛后容易缠住色带轮，导致色带轮被卡，色带不能正常缩回色带盒。解决方法是：首先打开打印机盖，将色带转臂与锤排联锁手柄打开，在色带盒的送带端将色带轻轻拉回，然后合上色带转臂与锤排联锁手柄，打开电源，机子在自检后色带就会被装回色带盒。

（3）打印机总是处于缺纸状态，装上打印纸也报缺纸，或不能自动装打印纸。对于大多数 24 针打印机来说，检查是否缺纸，靠的是装在滚筒后下部的一个光电传感器（外观黑色方形，有两个小灯孔）来完成。正常时传感器发出的光经纸面反射后被传感器接收并产生一个电信号，给出有纸信号。出现这类故障，一般情况下，可能是传感器表面被灰尘遮住引起的，这时可取下导纸板，打开后盖，用摄子夹着干净小棉球轻轻擦干净传感器表面；如此之后还报缺纸，那就有可能是传感器需要更换了。

（4）打印机工作过程中打印头突然停下，并同时发出“咯吱”声，重新开机可继续，但还会出现上述现象。出现这种现象可能是打印头导杆上落的灰尘太多，或使用时间长，缺乏润滑油，引起磨擦力增大，打印头不能正常来回走动所致。解决方法是先关机，在打印头导杆上加上适量的润滑油，用手来回移动打印头，再用棉纸或软布清除上面的油污。然后再加上适量的润滑油即可。也可能是滚筒使用时间长后，表面出现高低不平的沟阻挡打印头，果真如此，那也只有更换滚筒了。

（5）打印机通电后不能进行任何操作。能造成这种故障的原因有很多，但具体的故障点通常只有一个，用户可采用逐步缩小故障范围的方法将故障点找到并将其排除。

① 首先要查看打印机的电源指示灯是否已亮，如果没有亮，就应先检查电源插头和电源线是否存在断路性故障。要是没有发现问题就可再查看电源开关和保险丝是否已损坏，如果这些地方都没有问题，那么极可能是打印机内部电路出了故障。要是保险丝已熔断且换新后再次熔断，就证明电路部分存在短路性故障，如果在电路中并没有发现有什么明显损坏的元器件，就应及时送到维修部门由专业人员进行维修。

② 打印机面板上的绿色指示灯如果能发亮光，就证明电源供电部分基本正常，这时可观察一下打印机是否有复位动作，如没有复位动作那就证明可能是打印机的控制电路部分出现了故障，这时就要找专业维修人员了。对于某些型号的打印机来说还应检查一下上盖是否盖好，因为有些打印机如果没有盖好上盖，其控制电路就会认为此时并不能进行打印工作，而使打印机处于等待状态。

③ 如果打印机能够正常复位，不妨试一试打印机的自检打印是否正常，如果不能自检打印，说明打印机的控制电路存在故障。如果自检打印基本正常，则说明打印机的主要部分并无故障，故障点可能在接口电路或连接数据电缆上，这时可先把数据线换新试一试。

④ 当确认所有连接电缆和接口都没有问题，并安装好打印纸后，屏幕上如果提示“打印机没

有准备好”或“打印纸没有安装好”等信息，那就可能是某种计算机病毒造成的这种故障现象，这时可用杀毒软件进行清除。

（6）打印机能正常完成自检打印，但在联机状态下却不能正常打印。这种故障具有软件故障和硬件故障两种可能，本着先简后难的维修原则进行检修。

① 由于能正常自检打印就证明打印机本身是正常的，所以要先检查打印机与电脑相连的数据电缆是否存在断路性故障或接触不良的问题，这时最好更换一条新的打印电缆线试一试。

② 如果故障没有消失就要从软件方面下手，首先要检查驱动程序是否已损坏或安装了型号不正确的驱动程序，如果真存在该问题，只要安装正确的驱动程序就行了。如果驱动程序没有问题，可检查一下打印机端口的设置是否有问题，这时只要到“打印机”文件夹中进行相关的设置就可将故障排除。此外，某些计算机病毒可以通过封锁打印接口，使主机和打印机之间无法进行正常通讯。当排除了上面的各种原因后，故障还不能排除，说明故障可能由病毒造成，这时只要进行查、杀病毒就行了。

③ 如果经过以上的工作后仍然不行，很可能是电脑主机上的打印口或打印机接口电路存在故障，这时可以使用交叉替换对比法，即将打印机和打印电缆连接在另外一台电脑上看看其能不能联机工作，再将该电脑主机上连接一台已确定并无故障的打印机看其能不能正常打印，这样一来就可以确定到底是打印机接口的故障还是电脑主机打印口的故障了。对于此故障点最好不要自行维修，应找专业人士进行维修。

（7）在打印时突然出现无故停止打印、报警或打印错位、错乱等情况。这些现象虽然常见，但通常都不是什么大故障，只要稍加处理即可解决。

① 打印时打印头会发热，为避免打印头因过热而损坏，几乎所有的针式打印机都设有打印头温度检测和自动保护电路，也就是说，当打印头温度过高时机器就会自动停止打印，这种现象常见于大批量、高密度连续打印的情况下，等打印头冷却到一定温度之后，可继续打印。

② 在打印过程中如果打印纸用完，打印机就会自动暂停打印，而且红色缺纸指示灯就会发亮，同时蜂鸣器也会发出报警信号，这时只要安装好打印纸后并按联机键（ON LINE）就可以继续打印工作。

③ 如果有打印纸被卷入打印机的走纸机构，就会造成阻塞现象，打印机就会检测出错误，而强行使打印机处于停机状态。

④ 字车导轴的污垢过多、轴套中有异物等原因也会造成字车运行受阻，发生此类故障。这时可在关机后，用手移动字车看是否有阻力较大或阻力不均匀的感觉，如果有的话，那就说明该清洗字车导轴并应适当加注一些润滑油了。

（8）打印出来的作业字迹不清晰、甚至无法正常观看。此类故障通常只是由于在使用中存在的一些问题造成的。

① 多数情况下是打印色带的问题。如打印色带没有安装好或者是因为色带用得太久导致其完全失效等。此种情况只需安装好色带，或者更换色带即可。

② 如果色带没有问题，就再检查一下打印头间隙调整杆的位置是否正确。如果间隙过大就会出现打印不上字的故障。造成打印头与打印纸间隙过大的原因，一般是由于打印头固定螺丝松动或重新安装打印头时位置没有调好等原因。这时只要重新调整一下打印头的位置即可将故障排除。

（9）打印输出的作业存在缺点、断线等现象。此类故障的故障点可大可小，所以在检修时要本着由简入深的原则。

① 通常是由于打印针出针口堵塞导致个别打印针出针不畅而造成的故障，一般情况下只要清洗一下打印头就行了。

② 如果故障与堵塞无关，那么就可能是打印头有断针或个别针已磨损变短而造成的。如果发现真的是种原因，就应当更换磨损的打印针，或者更换打印头。

③ 当打印头的连接电缆接触不良或个别电缆线断开时同样会出现此类故障。如果电缆的断线并不是太多时，可用合适的漆包线进行搭焊修复，然后再贴上透明胶带等绝缘物以防再次磨损。如果损坏严重，应更换新的打印头电缆。

④ 如果打印针驱动电路或打印头驱动线圈烧毁也会造成此类故障。当发现有断针时，应该首先检查一下驱动线圈和打印针驱动电路是否已经烧毁，先不要急于更换打印头或打印针，一定要查清原因并排除电路故障之后，再更换新的打印头或线圈，否则新头很有可能再次被损坏。

（10）打印汉字出现错误、甚至不能打印汉字。如果一台打印机打印西文正常，但无法正确打印汉字时，那么故障点肯定就在电脑软件方面，而不是打印机的硬件故障。

① 首先要检查是否已安装了正确的汉字打印驱动程序。如果以前正常安装并运行，只要重新安装一次就行了。如果安装后没能正常运行，可能那个驱动程序有问题，需要再找一个没有问题的安装上。

② 汉字软件是否装有相应的中文打印字库，如果有则说明可能字库文件已坏，此时只重新安装一下字库文件就行了，如果没有安装的话，只要安装一下就可以了。

8．选购针式打印机的原则

（1）按需选购。用户在选购针式打印机时，首先要了解需要应用的领域，不同的应用领域需要选购不同的针式打印机。

（2）重视性能指标。选购针式打印机要重视打印速度、拷贝能力、适应纸宽纸厚、分辨率等具体的性能指标。

一般在打印票据或报表的时候，票据或报表往往需要一式数份，同时要打印多联，需要拷贝能力强的针式打印机。

在一些窗口行业，打印业务强度高、负荷高，打印速度高的打印机就能提升工作效率，用户应根据实际的应用情况进行选择。

打印厚度也是针式打印机选购中需要关注的重要技术指标。一般来说，如果需要用来打印存折或进行多份拷贝式打印的，打印厚度至少应该在 1mm 以上，如果能够达到 2mm 以上那就更好了。如果仅仅用来进行普通打印或者用来打印蜡纸的，那么对这个指标则不必太在意。

此外，一般建议用户购买针式打印机时选购 360dpi×360dpi 的产品，在这一分辨率下，打印文字和字符可以获得比较令人满意的效果。

（3）关心使用寿命，注意可靠性。这里关系到打印头寿命和平均无故障时间。在打印头寿命方面，好的针式打印机一般采用全新高密度、高耐磨打印头，这种打印头结构设计紧凑，并加强了散热功能，能造就高拷贝能力和长寿命。

针头的使用寿命一般有两种标识，一种是打印次数，毫无疑问次数是越多越好，目前的针式打印机使用寿命内的打印次数一般都达到了 2 亿～3 亿次，有的可达到 4 亿次。

针头使用寿命的另一个标识则是保修时间，这对于打印量特别大的用户是非常重要的。因为即使针头因为打印次数达到、超过了使用寿命而损坏，而保修期没有到的话，厂商也是应该免费给予保修的。一般来说，保修期 2 年是最基本的，如果能够达到 3 年就更加理想了。

整机平均无故障时间高，也代表着打印机的可靠性高，好的针式打印机的整机平均无故障时间一般可达 10 000 h。

（4）功能优异，安装字库。打印字符是影响用户工作效率的一个主要因素，不安装大字库的产品是根本无法在税控项目中正常使用的，用户使用过程中就会出现很多的问题。例如，一些字打不出来，或是经常有乱码，这样势必会造成大量的浪费，所以安装字库与否，直接影响工作效率、输出效果等多方面。

（5）关心服务质量。服务是一个老生常谈的问题，在趋于同质化的时代，服务就成了商家另一个制胜法宝。除去产品的品质和价格问题，厂家的售前、售中、售后服务质量，往往关系到设备能否长期良好地运行，因此这也是选购时应着重考虑的一项指标。

（6）关注打印噪声。打印噪声大历来都是针式打印机应用中的一个大问题，这是因为针式打印机是采用击打式方式进行打印，因此会产生较大的噪声。众所周知“噪声”是一种污染，其对工作环境的影响是相当大的。用户在选购时应该关注噪声的情况，尽可能选购噪声较低的产品，优化工作环境。同时，根据环保部门提供的数据，办公场所的工作噪声应该控制在 55dB 以下，这也是用户在选购时需要注意的。

2.2.8　喷墨打印机

喷墨打印机是近年成熟起来的一种低噪声打印设备。喷墨打印机使用普通纸打印，运行成本低。许多高档喷墨打印机的分辨率可达到 4800dpi×1200dpi（每英寸打印的点数），远远超过针式打印机，达到高档激光打印机的输出精度。高档的喷墨打印机能精确控制调整墨滴大小和着墨位置，目前最小为 1.5 皮升墨滴，比头发丝的 1/10 还细，并可自动针对色块大小，以最恰当的墨滴量来显像，有效节省墨水使用。喷墨打印机的打印速度不断提高，特别是喷墨打印机的彩色功能强，整机价格低于针式和激光打印机，在现代办公领域受到重视。一款喷墨打印机如图 2.13 所示。

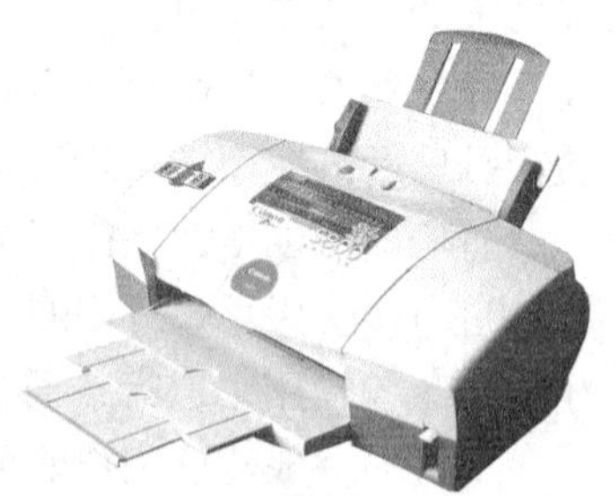

图 2.13　喷墨打印机

1．喷墨打印机的基本组成

喷墨打印机主要由喷头和墨盒、清洁单元、小车单元和送纸单元 4 个部分组成。

（1）喷头和墨盒。喷墨打印机的打印头是喷墨打印机的核心部件，它包含了一系列喷嘴，用来喷射墨滴。喷墨打印机常见的喷头结构主要有喷头和墨水盒一体式和分体式两种方式。一体式的喷头结构其墨盒内既包括喷头也包括墨水，在墨水盒墨水用尽之后，打印机的喷头和墨水盒需要一起更换。这样的喷墨打印机可以实现比较高的打印精度，通过定期对墨盒进行更换，避免了由于喷头堵塞或磨损造成的打印质量下降，能持续的获得较好的打印效果，但是相对成本较高。而分体式结构的喷头和墨水盒分离，在打印机的墨水用完之后可以单独更换墨盒，打印头继续使用，日常的耗材费用要低一些。但是如果经常用普通纸打印，那么打印头很容易黏附普通纸上的杂质和细小纤维，从而造成打印机喷头的堵塞，影响打印质量。

目前，市场上常用的大多数喷墨打印机（如 EPSON、CANON 等）均采用双喷头结构，一个黑色喷头和一个彩色喷头。而在墨水盒中，大多数是黑色墨水独立，其他三色墨水盒一体，也有

一些产品的每一种颜色的墨水盒都是独立的，可以单独更换，进一步降低了打印成本。

（2）清洁单元。清洁单元主要是对喷头进行清洁，在清洗喷头的过程中包括两种操作。

① 擦拭：是擦刷部分完成在喷嘴表面的移动。

② 抽吸：抽吸是通过橡皮盖使泵单元与喷头相联，借助泵单元的抽吸，可将喷嘴中的墨水抽吸到泵中，最后流至废弃墨水吸收器中。抽吸操作的目的是抽出喷嘴中的旧墨水，代之新鲜墨水，以去除旧墨水中的气泡、杂质、灰尘等，确保喷嘴内墨水流动通畅。

（3）小车单元。小车单元可实现以下功能。

① 固定墨盒和打印头，并实现喷头与逻辑板间的电路连接。

② 小车单元具有驱动功能。

③ 通过小车单元上的调节杆，可调节喷头与打印纸间的间隙，以保证打印效果。

（4）送纸单元。送纸单元在打印过程中负责送纸，实现纵向打印功能。送纸单元与小车的移动、喷嘴的动作是同步的，相互配合完成打印过程的协调操作。在输送纸张时，既可采用自动方式，也可采用手动方式。

2．喷墨打印机的外部结构与墨盒的结构及其作用

（1）喷墨打印机的外部结构。下面是一台 EPSON 打印机主机的外部结构，内部主要有墨盒、传感器等，前面板有控制按钮和指示灯，后面有连接端口。主机的前侧面如图 2.14 所示，打印机的控制面板和墨盒如图 2.15 所示，打印机的背面连接端口如图 2.16 所示。

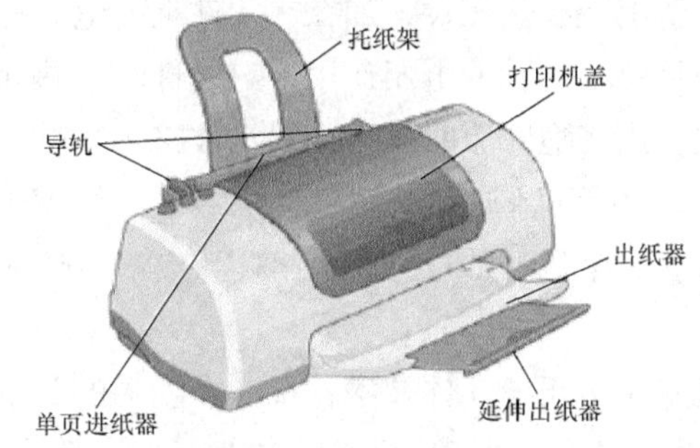

图 2.14　主机的前侧面

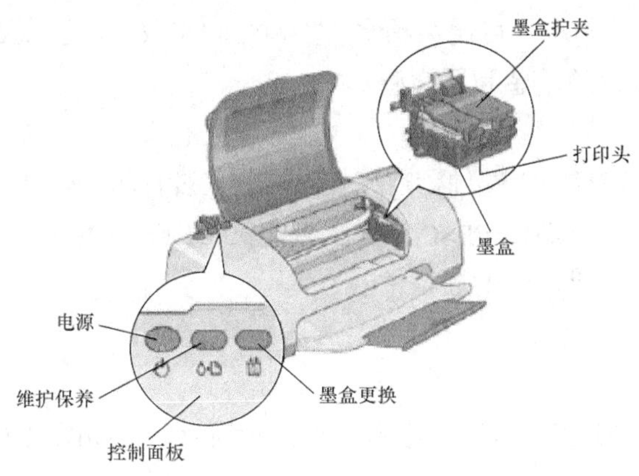

图 2.15　打印机的控制面板和墨盒

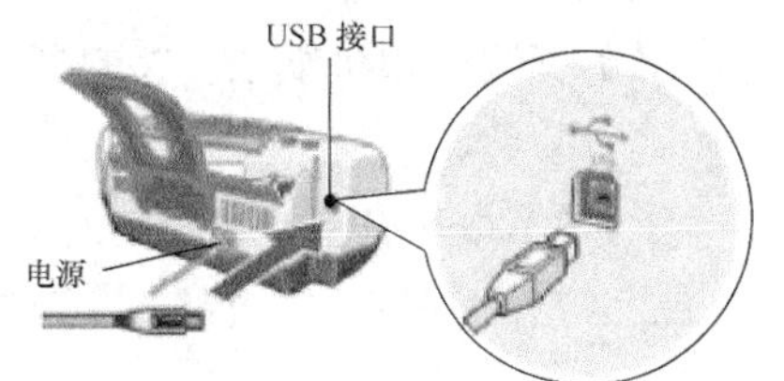

图 2.16　打印机的背面连接端口

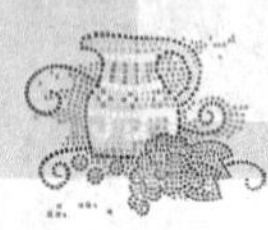

（2）墨盒的结构及其作用。

① 海绵：贮存及传递墨水。

② 木棉芯：传递墨水，过滤颗粒。

③ 滤网：过滤小气泡及杂物。

④ 封口膜：密封出墨口，不能揭开或刺破。

⑤ 密封圈：连接墨盒与打印头吸墨管，并保证其密封性能。

⑥ 标签：用来密封导气槽，识别厂家品牌，装机前必须将黄色部份全部撕掉。

⑦ 透气孔（注墨孔）、导气槽：将空气导入墨盒上部。

⑧ 保护罩：密封出墨口，防止漏墨。

⑨ 芯片：识别墨盒和储存打印信息的载体。

⑩ 墨盒、打印头：墨盒与打印头分一体式和分体式两种。墨盒可加注填充墨水，有单色一体和多色一体墨盒。

⑪ 墨水：有染料（户内）和颜料（户外）墨水的区别。

3．喷墨打印机的基本工作原理

不同类型的喷墨打印机工作原理不同，形成墨滴的方式不同。现在的喷墨打印机从喷墨技术上分，主要有气泡式喷墨打印机和压电式喷墨打印机两种。

（1）气泡式喷墨打印机被佳能（CANON）和惠普（HP）等厂商使用。它是在一台热泡式喷墨打印机中，在其喷头的管壁上装有热元件，加在热元件上的电脉冲信号由打印机数据形成电路提供。当幅值足够高、脉冲足够小的脉冲电压作用于热元件时，热元件急速升温，使靠近热元件的墨水汽化，形成微小气泡。当气泡膨胀时，一些墨水被挤出喷嘴，并在墨滴运动过程中控制其运动方向，使其落在纸的预定位置而形成图像。气泡的破裂（塌缩）产生一部分真空。这就使更多的墨水从墨盒吸入打印头。一个典型的气泡喷墨打印头有300或600个小喷嘴，所有喷嘴可以同时喷射墨滴。

（2）压电式喷墨打印机采用了压电晶体技术，每一个喷嘴的墨水贮存箱的背后都安放着一块晶体。用极小的电荷施于其上，让晶体振动。当它向内振动时，就将很小一部分墨水挤压出喷嘴。当它向外振动时，就将其他一些墨水吸入贮存箱，以补充那些已喷出的墨水。爱普生（EPSON）打印机采用其独特的超精密机械电子化多层压电式技术，可避免墨水产生拖尾和飞散，使墨点更加微小和均匀，改善打印的解析度，实现接近照片的质感和层次感。

4．喷墨打印机的安装与使用方法

使用打印机是一项综合性的工作，它包括安装打印机部件、连接打印机、安装打印机驱动程序、设置打印机打印属性和使用打印机打印文档。下面以EPSON C61 打印机为例进行说明。

（1）安装打印机纸架。将打印机纸架装入打印机后侧的插槽中。

（2）安装墨盒。

① 按下电源开关，打开打印机电源。

② 打开墨盒舱盖，然后按下控制面板上的维护保养键后，墨盒自动移动到舱口，如图2.17所示。

③ 打开墨盒盖，取出旧墨盒，如图2.18所示。

图 2.17　移动墨盒到舱口图

图 2.18　打开墨盒盖

④ 除去墨盒上的封条。

⑤ 将墨盒喷口朝下装入墨盒，如图 2.19 所示。

⑥ 盖上墨盒盖，如图 2.20 所示。

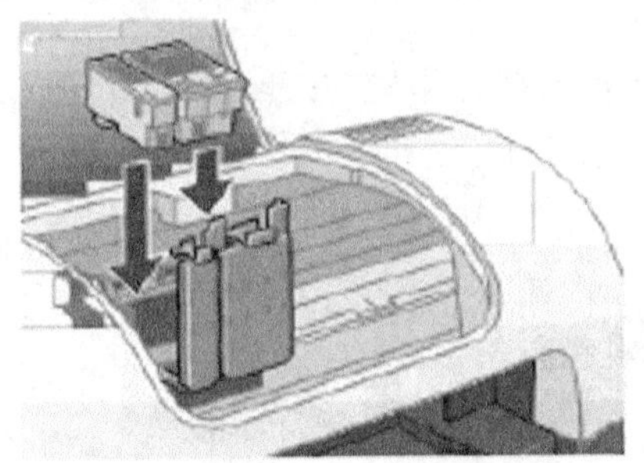

图 2.19　装入墨盒图

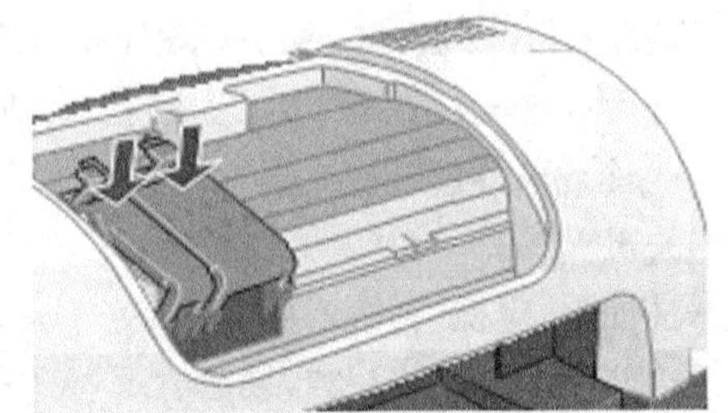

图 2.20　盖上墨盒盖

⑦ 关闭墨盒盖，按控制面板上的维护保养键，墨盒自动复位。

打印机开始充墨。此过程大约花费 2.5min，充墨时，打印机会发出各种机械声，这是正常的。当绿灯停止闪烁时，充墨完成。

（3）连接打印机。部件安装完毕后，要将打印机连接到计算机。打印机与计算机的连接有两种方式：并行端口连接和 USB 接口连接。

① 确认计算机、打印机都处于关机状态，并切断电源。

② 按随机附带的《打印机说明书》连接好与电脑或网络接口电缆的连线。

③ 检查打印机背面标签上的电压值，以确认打印机要求的电压与插入插头的插座电压相匹配。

④ 确认以上 3 步操作无误后，再连接电源。

（4）软件设置。

① 安装驱动程序和应用软件。当完成安装打印机的部件和正确地连接打印机以后，使用打印机必须安装驱动程序和附带的应用软件。由于产品的不同，驱动程序的安装方法较多，有的打印机产品中提供安装光盘，有的只要使用操作系统内置的打印机驱动文件就可以了，不管使用哪种安装方法，过程相似。

② 打开电脑任务栏设置中的“打印机”，将目标打印机所对应的驱动程序设置为“默认打印机”。

③ 在各应用软件的使用过程中，再根据具体需要对打印机“属性”进行设置。

（5）打印。必要的安装与设置工作完成以后，就可以进行打印任务的操作。

① 安装打印纸。首先调整左导轨，使之向左移动，装入打印纸，如图 2.21 所示。然后按住锁定钮并滑动导轨至纸叠处，延伸出纸器，如图 2.22 所示。

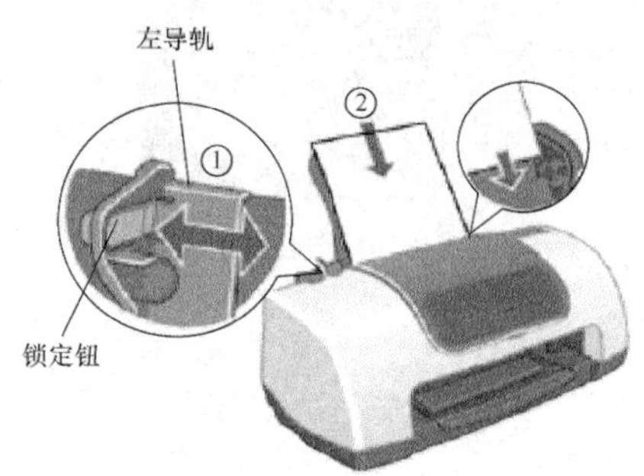

图 2.21　调整左导轨和装入打印纸图

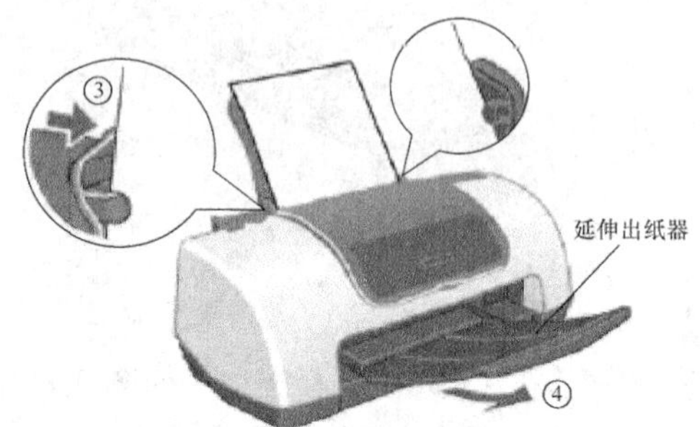

图 2.22　滑动导轨和延伸出纸器

② 从应用程序中打印文档。一般计算机应用程序都支持打印机的打印操作，可先在应用程序中对打印进行设置。设置完成后，执行打印命令，开始打印。

③ 打印结束后自动退出。

（6）关机。

① 关机前，应检查并确认打印机处于正常的待机状态。

② 假若墨尽灯提示应及时换墨盒，打印机在执行其它工作应等待打印的操作完成方能关机。

③ 关机时，应以关掉打印机电源键的方式关机，切勿以直接切断电源的方式关机。

④ 关机后，应用布将打印机盖住，以免灰尘侵入对打印机造成损害。

5．使用喷墨打印机的注意事项

（1）及时更换喷头。在墨水使用完后及时更换新喷头，以确保打印效果。

（2）防止喷头堵塞。使用时严格按操作规程进行，以使喷头工作完毕能够归位，并要防止喷头干枯后堵塞。

（3）带电时不能插拔信号线。因带电插拔信号线所产生的脉冲容易造成接口芯片的损坏。

（4）纸张的使用。纸张要在纸盒内摆平，并不宜一次放太多，一般不超过 100 张。

（5）喷墨打印机要尽量远离高温及灰尘的工作环境。使用环境灰尘太多，容易导致车导轴润滑不好，使打印头的运动在打印过程中受阻，引起打印位置不准确或撞击机械框架造成死机。

（6）养成关机好习惯。如果采用拔电源插头之类的“强行”关机方式，打印头往往来不及复位，顶端也无法盖住墨盒。因此极易造成打印头定位故障，墨水也很容易挥发损失，变黏稠的墨水还可能堵塞打印喷嘴。

（7）不要用劣质打印纸。

（8）不要频繁清洗打印头：有些型号的喷墨打印机会在驱动软件里提供清洗打印头的选项，可以实现定期清洗、手工清洗或打印前清洗等操作。虽然清洗打印头之后，打印效果能得到改善，但清洗打印头却是相当费墨。只要注意保养，并养成正确的使用习惯，打印头并不需要经常清洗。

（9）要留给喷墨打印机较大的工作空间。喷墨打印机通常有两个入纸口，无论是哪种设计，都需要占用较大的空间，否则在出纸过程中会受到阻碍，容易出现卡纸甚至是损坏机器的现象。

（10）操作时不要离喷墨打印机太近。要是喷墨打印机放置得离用户过近，就很容易吸入墨水的挥发气体，长久使用，对人身体产生的伤害不可忽视。

（11）尽量减少开关机的次数，能集中打印的尽量集中打印。因为打印机在每次开机的时候，同样会花费少量墨水来清洗打印头，频繁开机会浪费墨水。

（12）使用喷墨打印机时，尽量少开前盖。打开前盖，机器就会以为你要换墨盒，并把打印头小车移动到前盖部分。而再次合上前盖，它就会以为你换了墨盒，为了保证打印效果，就会进行喷头清洗，这样便又白白浪费了墨水。

（13）必须确保打印机在一个稳固的水平面上工作，不要在打印机顶端放置任何物品。打印机在打印时必须关闭前盖．以防止灰尘进入机内或其他坚硬的物品阻碍打印机小车的运动，引起不必要的故障。

（14）墨盒未使用完时，最好不要取下，以免造成墨水浪费或打印机对墨水的计量失误。

（15）不得带电拆卸喷头，不要将喷头置于易产生静电的地方，拿取喷头时应拿其金属部位，以免因静电造成喷头内部电路损坏。

（16）不可用嘴向喷头内或其它墨水管路内吹气，以防唾液沾污管路内部而影响墨水畅通。

（17）当墨水用完后，需及时更换新墨盒。若不及时更换，易造成喷头干涸而报废。但对于 HP、CANON 等打印机，因其墨盒与喷头为一体，更换墨盒就要更换喷头，可通过添加墨水的方法延长墨盒的使用寿命。

（18）为有效避免墨盒长期暴露在空气中而产生干涸堵头现象，当打印机暂不使用时，应将喷头置于专用的喷头存储盒中。

6．喷墨打印机的维护

喷墨打印机在使用过程中除了要防高温、防尘、防湿、防震、防阳光直射外，还要正确使用、维护打印机，养成定期清洁保养喷墨打印机的好习惯，可以使打印机保持良好的工作状态，保持满意的打印品质。

（1）打印机的内部除尘。打开喷墨打印机的盖板，即可进行除尘工作。需要完成的工作主要有两个。

① 用柔软的湿布清除打印机内部灰尘、污迹、墨水渍和碎纸屑。

② 如果灰尘太多会导致字车导轴润滑不好，使打印头的运动在打印过程中受阻。可用脱脂棉签擦除导轴上的灰尘和油污，并补充流动性较好的润滑油，如缝纫机油。

为喷墨打印机内部除尘应时注意以下几点。

① 不要擦拭齿轮，不要擦拭打印头和墨盒附近的区域。

② 一般情况不要移动打印头。特别是有些打印机的打印头处于机械锁定状态（如 MJ-1500K、STYLUS COLOR 等打印机），用手无法移动打印头，如果强行用力移动打印头，将造成打印机机械部分损坏。

③ 不能用纸制品（如面巾纸）清洁打印机内部，以免机内残留纸屑。

④ 不能使用挥发性液体（如稀释剂、汽油、喷雾型化学清洁剂）清洁打印机，以免损坏打印机表面。

（2）更换墨盒。喷墨打印机型号不同，使用的墨盒型号以及更换墨盒的方法也不相同，在喷墨打印机使用说明中通常有墨盒更换的详细说明。本文以佳能 BJC-6000 喷墨打印机为例，介绍更换墨盒的方法。

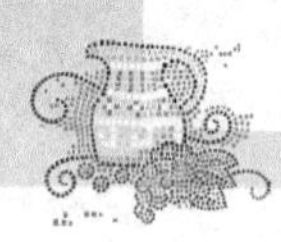

① 通电开机，保证喷墨打印机、墨盒处于在线状态，按下 ON LINE 键不放，直到打印机鸣叫为止。

② 打开打印机顶盖，取出旧墨盒。

③ 拆开新墨盒包装，将新墨盒压入槽中，轻按墨盒顶部使之接触良好。

④ 关闭打印机顶盖，按下 PRINT MODE 键和 BUTTON 键对新装入的墨盒进行常规清洗。

更换墨盒时一定要按照操作手册中的步骤进行。此打印机需要在电源打开的状态进行墨盒更换，因为更换墨盒后打印机将对墨水输送系统进行充墨。此外，打印机对墨水容量的计量是使用打印机内部的电子计数器来进行计数的，在墨盒更换过程中，打印机将对其内部的电子计数器进行复位，从而确认安装了新的墨盒。

更换墨盒请注意以下几点。

① 不能用手触摸墨水盒出口处，以防杂质混人墨水盒。

② 不要摔撞墨水盒，以防泄漏墨水。

③ 墨水具有导电性，若漏洒在电路板上，应使用无水乙醇擦净、晾干后再通电，否则有可能损坏电路元器件。

④ 墨水盒应避光保存在无尘处，保存温度应在–10℃～35℃。

（3）清洗打印头。大多数喷墨打印机开机即会自动清洗打印头，并设有按钮对打印头进行清洗。如佳能 BJC-610 喷墨打印机就设有快速清洗、常规清洗和彻底清洗三档清洗功能，具体清洗操作请参照喷墨打印机操作手册中的步骤进行。如果打印机的自动清洗功能无效，可以对打印头进行手工清洗。手工清洗应按操作手册中的步骤拆卸打印头。

手工清洗打印头可在医用注射器前端套一截细胶管，装入经严格过滤的清水冲洗。冲洗时用放大镜仔细观察喷孔，如喷孔旁有淤积的残留物，可用柔软的胶制品清除。长期搁置不用的一体化打印头由于墨水干涸而堵塞喷孔，可用热水浸泡后再清洗。

清洗打印头应注意以下几点。

① 不要用尖利物品清扫喷头，不能撞击喷头，不要用手接触喷头。

② 不能在带电状态下拆卸、安装喷头，不要用手或其他物品接触打印字车的电气触点。

③ 不能将喷头从打印机上卸下单独放置，不能将喷头放在多尘的场所。

（4）打印机泵嘴的维护。打印机清洗泵嘴出毛病是较多的，也是造成堵头的主要因素之一。打印机清洗泵嘴对打印机喷头的保护起决定性作用。如果使用者不对其经常进行检查或清洗，它会使打印机喷头不断出些故障。

养护此部件的方法是：将打印机的上盖卸下，移开小车，用针管吸入纯净水对其进行冲洗，特别要对嘴内镶嵌的微孔垫片充分清洗。在此要特别提醒用户，清洗此部件时，千万不能用乙醇或甲醇对其进行清洗，这样会造成此组件中镶嵌的微孔垫片溶解变形。

（5）防止打印机喷头堵塞。打印机喷头堵塞的主要原因有两种：人为因素和自然因素。

人为因素：主要是由于使用质量不是很好的兼容墨水，或者打印纸纸屑太多而引起。墨水里面含有大量的颗粒。原装墨水在颗粒控制方面一般都采用专利技术，做得是非常好的；而兼容墨水，特别是一些小品牌，工艺并未达到要求，造成颗粒较粗，从而存在造成喷嘴堵塞的可能性。纸屑对喷嘴的影响也不能忽视。打印时，墨盒小车的高速运动会带来空气的对流，如果打印纸的纸屑较多，就会被卷起来粘在喷嘴上，从而自然造成喷头堵塞。

自然因素：当打印机长时间不用时，喷嘴上的墨水就有可能干涸，从而造成堵塞。严重的甚

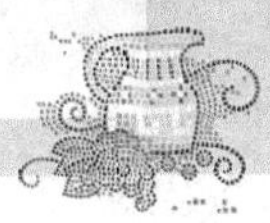

至连墨盒里面的墨水都干涸了。使用环境与堵塞也有很大的关系，如果打印机放在靠近窗口，或者被阳光直照的话，堵塞可能性就会成倍的增加。另外，通风过度，让风在打印机上形成对流，也可能造成喷嘴被风干。

因此，首先为了防止打印机喷头堵塞，如果要用兼容墨盒，也要选用质量较好的；其次，注意打印纸的质量，不要用差的打印纸；最后，打印机应摆放在一个阴凉但不潮湿的地方，避免光照，高温。此外，打印机长期不使用也会造成喷头堵塞，所以即使你不长期使用也应隔月开机自检一次。这是因为每次正常开机后，打印机都会根据其内部的时钟计算出开关机的时间间隔，并根据其长短对打印头进行自动清洗，从而防止长期不使用打印机，造成喷嘴堵塞。

（6）接口电路的快速检修。若打印机能打印，但打印不出指定内容，出现“@@@@@……”或其他字符，进行自检打印也出现类似故障时，则大多是由于接口电路损坏。打印机的接口电路属于数字电路，判断其是否损坏，可采用集成电路检测仪进行检测。

由于接口芯片的型号大致相仿，也可采用代换法进行检修，如代换后能正常工作，则说明接口芯片已损坏。新型打印机的接口芯片大多不是采用直接焊接方式，而是采用集成电路插座进行安装，故代换起来不是太难。对于老式打印机安装集成电路时，可加焊一个集成电路插座，这样将方便维修。

7．喷墨打印机常见故障分析与处理

喷墨打印机由于使用、保养、操作不当等原因经常会出现一些故障，导致打印效果差甚至无法打印。在此介绍一下喷墨打印机一些常见故障的原因与处理方法。

（1）打印时墨迹稀少，字迹无法辨认。该故障多数是由于打印机长期未用或其他原因，造成墨水输送系统障碍或喷头堵塞。

解决方法：执行清洗喷头操作。

（2）更换新墨盒后，打印机在开机时面板上的“墨尽”灯亮。正常情况下，当墨水已用完时“墨尽”灯才会亮。发生这种故障，一是有可能墨盒未装好，另一种可能是在关机状态下自行拿下旧墨盒，更换上新的墨盒。因为重新更换墨盒后，打印机将对墨水输送系统进行充墨，而这一过程在关机状态下将无法进行，使得打印机无法检测到重新安装上的墨盒。另外，有些打印机对墨水容量的计量是使用打印机内部的电子计数器来进行计数的，当该计数器达到一定值时，打印机判断墨水用尽。而在墨盒更换过程中，打印机将对其内部的电子计数器进行复位，从而确认安装了新的墨盒。

解决方法：打开电源，将打印头移动到墨盒更换位置。将墨盒安装好后，让打印机进行充墨，充墨过程结束后，故障排除。

（3）喷头软性堵头。软性堵头堵塞指的是因种种原因造成墨水在喷头上黏度变大所致的断线故障。一般用原装墨水盒经过多次清洗就可恢复，但这样的方法太浪费墨水。最简单的办法是利用手中的空墨盒来进行喷头的清洗。用空墨盒清洗前，先要用针管将墨盒内残余墨水尽量抽出，越干净越好，然后加入智河 961 清洗液。961 清洗液是专为 EPSON 研制的，分为 A 液、B 液。A 液清洗力较强，使用于中等堵头的处理，但不能久留喷头内。B 液清洗能力较弱，但使用的安全系数较高，此液可以 2（B 液）：1（EPSON 红或蓝墨水）进行兑制，兑制出的半色墨水使用于 EPSON Photo 墨盒。加注清洗液时，应在干净的环境中进行，将加好清洗液的墨盒按打印机正常操作，不断按打印机的清洗键对其进行清洗。利用墨盒内残余墨水与清洗液混合的淡颜色进行打印测试，正常之后换上好墨盒就可以使用了。

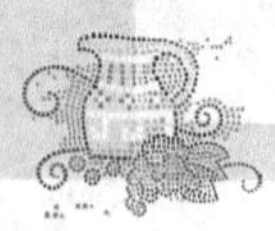

（4）喷头硬性堵头。硬性堵头指的是喷头内有化学凝固物或有杂质造成的堵头，此故障的排除比较困难，必须用人工的方法来处理。

解决方法：首先要将喷头卸下来，将喷头浸泡在 A 液中用反抽洗加压进行清洗。洗通之后用纯净水过净清洗液，晾干之后就可以装机了。只要硬物没有对喷头电极造成损坏，清洗后的喷头还是不错的。

（5）检测墨线正常而打印精度明显变差。喷墨打印机在使用中会因使用的次数及时间的延长而造成打印精度逐渐变差。喷墨打印机喷头也是有寿命的。一般一只新喷头从开始使用到寿命完结，如果不出什么故障，较顺利的话，也就是 20 ~ 40 个墨盒的用量寿命。如果用户的打印机已使用很久，现在的打印精度变差，可以用更换墨盒的方法来试试，如果换了几个墨盒，其输出打印的结果都一样，那么这台打印机的喷头将需要更换了。如果更换墨盒以后有变化，说明可能你使用的墨盒中有质量较差的非原装墨水。

如果打印机是新的，打印的结果不能令人满意，经常出现打印线段不清晰、文字图形歪斜、文字图形外边界模糊、打印出墨控制同步精度差，这说明用户可能买到的是假墨盒或者使用的墨盒是非原装产品，应当对其立即更换。

（6）开机后字车来回无规律运动，随机撞到机械框架上。造成故障的原因一般有以下几种。

① 字车导轨上附着的污物太多，造成导轨润滑不好。字车导轨上的润滑油与灰尘、纸屑混合后形成油垢，长期积累下来会使打印头在移动过程中所受到的阻力越来越大，使字车不能正常运行，从而引起打印头撞车。

解决的办法是：用手将未回位的小车推回停车位，再使用蘸有无水酒精的软布擦拭清洁导轨，酒精挥发后再滴加几滴润滑油，故障即可排除。

② 打印机搁置时间太长，机械活动部件过于干涩。若喷墨打印机长时间不用，无论是喷头还是字车和导轨都易过分干涩而出现不良反应。必须保证喷头内液态循环机构的正常运转，字车、导轨的良好润滑更是高品质打印的前提。

解决的办法是：每隔一段时间开机自动清洁一次打印机，并在机械传动部位添加润滑剂。

③ 光电传感器脏污或损坏。打印机字车停车位置有一只光电传感器，它是向打印机主板提供打印小车复位信号的重要元件。此元件如果因灰尘太大或损坏，字车会因找不到回位信号碰到框架，而导致无法使用。

解决办法：用蘸有少许无水酒清的棉球或软布清洁传感器，如果不能排除则要更换器传感器。

④ 驱动电机有故障。打印头驱动电机不良会引起打印头运动失常。

解决办法：用万用表检测驱动电机引线的电阻值，以此判断电机是否有短路故障。

（7）打印机不联机，发生通讯错误。发生这种故障一般可能是驱动程序问题或打印电缆线松脱、损坏，打印机的数据端口损坏或计算机主板上的打印端口损坏。

解决办法：先把原先的驱动删掉，再重新安装一下驱动看看是否能解决，不行的话先关掉计算机和打印机（注意不要热插拔，否则有可能损坏端口），把打印电缆线重新插拔一下再看看效果如何，还是不行的话你先换根好的数据线插上去，假如还是没用的话你换根 USB 的打印线来插在电脑上，假如插上 USB 线后打印机能正常工作的话，有可能是电脑主板上打印端口损坏。你再换一台电脑试一下你的打印机，来证实一下。假如换了 USB 线还不行的话则可能主板上的打印端口或打印机内部出了问题，同样有条件的话你可以找台好的电脑或打印机来最后证实一下是哪个设备的问题。

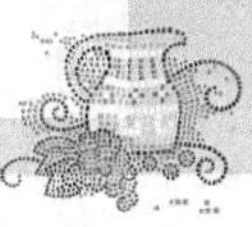

（8）打印机缺纸或卡纸。此时，用户会听到蜂鸣声，“ON LINE”灯灭，相应的“ERROR”或“INK/PAPER”指示灯亮，此时需装上新纸或取出卡纸。取出卡纸的方法是，立刻停止打印，将调节纸张厚度的调节杆放在最大挡，然后轻轻向外抽，若蛮干很容易损伤打印机喷头。

（9）打印机不进纸。

解决办法：检查一下纸是否褶皱，打印纸厚度是否超出了左导轨的箭头标志，纸张在进纸器上是否摆放整齐，检查一下打印机内部是否有碎纸。当然也可能是打印机内部机械发生故障，这样只能去送修了。

（10）打印断线。打印断线是常见故障，一般由以下原因引起。

① 使用者在打印前没有将进纸托架设定好，进纸过程中造成轧纸，纸与喷头摩擦后造成断线。

解决方法：将进纸托架设定好。

② 原装墨水快用完时，没有及时更换新墨盒，而是将打印机放在温度较高的环境下时间较长所致。一般墨盒装机之后要在三个月内用完，用完后立即更换，如果换上墨盒不经常使用，会因墨盒内进入空气而导致气密性能变差，容易使墨水在喷头上、墨盒内的黏度变大，从而造成喷墨打印机断线的故障。

解决方法：更换墨盒，清洗喷头。

（11）打印机开机后没有任何反应。造成故障的原因可能有以下情况。

① 电源供应不良，电源线连接不牢固。

解决方法：关闭打印机，检查供电电源是否正常，检查开关电源是否有电压输出，重新连接电源线，确保插头安插牢固。

② 打印机电源电路损坏。

解决方法：重点检查电源电路中的开关管、电源厚膜块、稳压二极管、三端稳压器是否损坏。一般情况下，开关管损坏较为常见。

（12）发出打印命令后打印机没有任何响应，或指示灯闪亮但不打印。造成故障的原因一般有以下几种。

① 数据线连接不牢固或断路。

解决方法：重新连接数据线，确保接口、插头安插牢固，并检查字车带状电缆是否连接正常，如果不能排除故障可以尝试更换数据线。

② 计数器累计的废墨量达到上限值。

解决方法：喷墨打印机一般都有个废墨垫，用来吸收打印头清洗时排出的废墨。当计数器累计的废墨量达到所规定的上限值后，打印机就会停止工作。

解决方法：更换一个新的废墨垫，并将废墨计数器清零。

③ 打印文档容量过大，打印机内存不足。

解决方法：喷墨打印机不是很适合连续长时间作业，对于过多页数文档建议分段打印。对于页面描述过于复杂的文件，应适当地降低打印分辨率和打印速度，不要超过打印机内存的限制。

④ 字车被锁定，不能移动。

解决方法：有些打印机设有字车锁定装置，如果上一次关机时字车没有回归到初始位置就切断电源，那么再次开机时字车锁定装置就不能自动释放，致使字车不能移动，因此使用打印机之前必须先解除锁定设置。

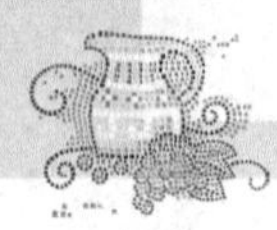

⑤ 出现字车驱动电机或控制电路等硬件故障。

解决方法：检查字车驱动电机及其机械传动机构是否出现故障，以及传动齿轮与皮带的啮合、滑轨与字车的切合等是否良好。试着用手推动字车，保证字车可以滑动自如。

（13）喷头清洗系统故障的处理。正常情况下，喷墨打印机开机后喷墨头在字车带动下，移动到喷头清洗单元执行自动清洗喷头程序，喷墨头清洗系统中的吸墨机构开始对喷头进行吸墨、清洗，清洗结束后，喷头被喷头架上的密封橡胶件密封住，以保证喷墨头的清洁。当喷墨头清洗系统出现故障时，喷头在清洗过程中出错。此时可进行以下处理。

① 喷墨头清洗系统中的某些部件损坏，如密封橡胶件老化等。应更换损坏的元件。

② 主控电路板故障。必须根据检查情况确定更换还是修理主控电路板。

③ 走纸电机运转异常。由于喷墨头中的清洗单元的驱动是通过走纸电机来传递动力的，当该电机出现故障时，喷墨头清洗系统自然受到影响。检查并修理走纸电机，必要时应更换该电机。

④ 字车电机驱动部分有故障。当字车电机驱动出现故障时，字车就不能正常移动到喷头清洗单元处执行清洗程序。解决方法：检查并修理字车电机及其驱动电路。

（14）打印机出现无故没有反应，但是在重新开动就恢复正常，有时候还需要重新启动电脑。出现这种故障，初步怀疑是连接电脑和打印机的数据线出现了问题。为了节省成本，很多经销商在销售打印机时都会赠送一根非原装打印机的数据线，这类数据线因为做工粗糙，因此可能会难以保证良好的通信联系。

解决方法：换用高质量的联机电缆。

（15）打印机在打印时墨盒正常移动却不出墨，执行喷嘴清洗时会出墨。这种故障属物理故障，通常情况下，这种故障是因为打印头线路部分损坏，需要更换打印头才能正常使用。

解决方法：更换打印头。

（16）打印机不认墨盒，更换喷头情况仍然出现。打印机不认墨盒可能有两个原因，一个是因为打印墨盒和打印机不兼容，造成打印机无法识别。还有一个原因是打印机的芯片被污染，无法识别打印墨盒。

解决方法：前一种情况，用户应该更换原装配套的墨盒。后一种情况需要清理打印机识别芯片。

（17）打印机在开机自检时，字车皮带和电机发出异响，且每次开机都会出现，但在打印过程正常。

① 用户首先要检查是否有异物进入。异物的进入会导致打印机字车、电机等部件运行负荷加大或刮蹭字车皮带。

解决方法：参照机器自带的用户手册小心地取出异物。如果机内的异物已卡死或位置较深，则建议送往专业维修点进行维护。

② 打印机之所以出现这类故障，主要是因为使用了质量较差的兼容墨盒和连续供墨系统，这很容易造成漏墨，而泄漏的墨水会增大打印机机械部件的运行阻力，连续供墨系统的额外管路也会给字车、电机带来额外的负担，因此会出现以上故障。尤其是连续供墨会造成大量的墨水溅到泵附件上，造成泵附件运动不畅发出异响声。

解决方法：更换泵附件，同时进行清理。

总体来说，喷墨打印机的检修应遵循从简单到复杂的原则。先检查比较明显的故障现象，比如打印字迹暗淡、不打印、卡纸、不能喷墨、打印出乱字符、整机不工作等，再根据故障现象判

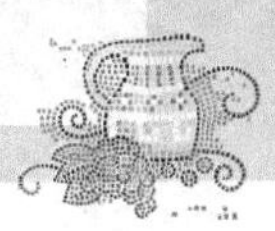

断故障的大致部位，确定是否需要送检。

8．喷墨打印机的选购

在具体选购喷墨打印机时，建议用户首先弄清楚自己的应用定位。

对于在家办公的 SOHO 用户一般应把打印成本放在首位。如果用户仅仅以低要求文本打印为主，那么能够为打印机购买到兼容墨盒甚至填充墨水将至关重要，这直接决定后期的耗材投入成本。而倘若将主要用途定位于照片打印，那么尽量选择采用颜色分离的墨盒产品，因为在目前的情况下，指望填充墨水实现效果出色的彩色打印是不现实的。

对于办公用户需要追求全面与均衡，选购喷墨打印机时，一般需求考虑喷墨打印机的综合性，此时既需要出色的速度表现，又要兼顾彩色照片打印能力，毕竟图文混排以及样张打印是经常需要碰到的应用场合。当然，打印成本也是不得不关注的问题。在这种情况下，选购产品应当更加关注打印机的速度指标，将照片打印放在相对次要的地位。商务办公用户在购买喷墨打印机时应当放开思路，将各方面功能与成本等综合考虑。

对于以图像处理为主的专业用户而言，此时追求的完全是照片打印效果。如果说幅面大小是不可妥协的硬指标，那么多色打印技术、墨滴控制技术、色彩还原效果以及即拍即打技术则是需要大家仔细权衡的指标。客观而言，图文出版社使用六色打印是最基本的要求，而墨滴控制也至少需要在 3 皮升（也叫微微升，相当于 10^{-12} 升，即 1000 立方微米）以内。

目前，喷墨打印机的产品主要由三大打印巨头——爱普生、佳能、惠普生产，此外还有联想、三星、利盟等多个生产厂商，他们生产的产品有不同的档次，价格可由二三百元到数千元不等，用户可根据办公应用的不同需求进行选择。

下面介绍选购喷墨打印机时应具体注意的几个问题。

（1）注意墨滴控制，重视打印精度。打印效果的好坏与细腻度休戚相关，而决定细腻度的技术指标之一便是喷墨打印机的分辨率。但是将此作为判断打印效果的唯一指标也是不可取的。从某种程度而言，打印机的墨滴控制技术更为重要，不能忽视的是墨滴的扩散问题。目前，各大打印机厂商几乎所有产品都已经达到了 5 皮升墨滴以下，基本上能够满足打印需求。从整体效果来看，如果打印机能够配合 4800dpi×2400dpi，并且做到 3 皮升以下的墨滴控制，那么此时照片打印效果完全不输于数码彩扩技术。

（2）注意色彩的表现力。分辨率和墨滴控制技术只能决定数码照片输出的清晰度，真正高要求的照片打印还需要展现出完美的色彩表现。采用多色打印依旧是最佳解决方案，这比任何图像优化技术都有效得多。六色打印应该是最基本的需求，少数产品能够做到七色，甚至八色打印。除了打印的清晰度，色彩表现也是极为重要的。为了达到更好的色彩过渡，采用多个颜色的墨盒是必然的。尽管从理论上说三原色可以组合成任意颜色，但是实际效果与目前流行的六色打印甚至七色打印还相差甚远。当然，各大厂商的图像优化技术都能一定程度上改善色彩表现，但是还是建议看淡这一技术指标，毕竟色彩数目才是最为关键的。

（3）注意耗材成本。打印成本一直是广大用户十分关心的问题，无论是文本打印还是照片打印都是如此。客观而言，那些将各种颜色整合在一个墨盒中的产品并不合适。一旦某一种颜色用尽，我们就得更换整个墨盒，其开销相当惊人。另外，还要提醒大家注意价格陷阱。有些低价位产品看似便宜而且技术指标也不错，但是只内置了一个彩色墨盒，此时照片中的深色部分将效果不佳，而且文本打印时也十分浪费墨水。

更为重要的是，大家还可以考虑在照片打印机上使用连续供墨系统。直接套用现成的连续供

墨系统后，用户可以使用廉价的瓶装墨水，打印成本大幅度降低，甚至小幅面输出都已经低于数码彩扩的成本。这类连续供墨系统也能达到很不错的打印质量，而且只要使用得当并不会造成打印机损坏。

（4）注意打印速度。PPM（Page Per Minute）是衡量喷墨打印机在内的非击打式打印机打印速度的一个重要标准。目前的主流打印机在处理文档时速度令人十分满意，不少商业用户产品已经具备 9 ~ 20ppm 的黑白文本输出能力，但是在打印照片时，其速度就要大打折扣。相对而言，具备四马达系统、多喷头、双向打印等技术的产品在速度上更为出色一些，因此对打印速度敏感的用户在购买时可以着重关注一下产品是否具备这些功能。

（5）注意能否直接打印照片。作为外设产品，打印机的人性化设计更为重要。如今不少专攻数码照片打印的喷墨打印机确实受到了市场的欢迎，通过整合的闪存读卡器，打印机可以直接读取数码相机所拍摄的照片，然后通过内置的滤镜实现简单而卓有成效的后期加工处理，一气呵成地输出精美照片。对于办公中需要打印数码照片的用户，这类产品自然是相当不错的选择。

2.2.9 激光打印机

激光打印机有着技术成熟、性能稳定、打印速度快、噪声低、使用成本低廉、输出质量高等特点。尽管它的价格相对比较高，但在需要打印大量文字及黑白图像的情况下，激光打印机依然是最佳的选择。一款激光打印机及其相关部件和材料如图 2.23 所示。

图 2.23 激光打印机及其相关部件和材料

1. 激光打印机的外部结构

下面通过一台 Brother 激光打印机的右侧面和后侧面结构图，直观的了解一下激光打印机的外部结构。

一台激光打印机外部结构的右侧面图如图 2.24 所示。

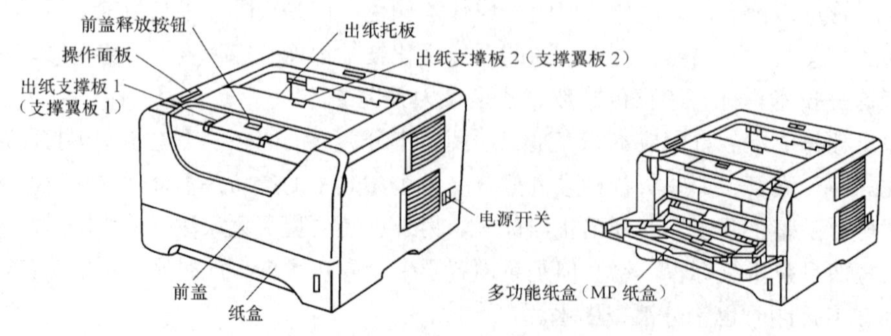

图 2.24 外部结构的右侧面图

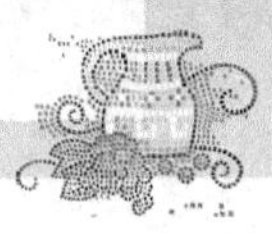

Brother 激光打印机外部结构的后侧面图如图 2.25 所示。

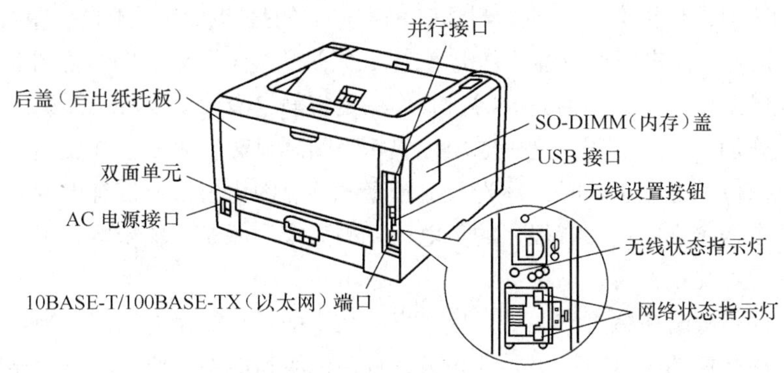

图 2.25 外部结构的后侧面图

2. 激光打印机的工作原理

了解激光打印机的工作原理对于对打印机进行日常维护，从而增加机器的工作质量和寿命等都是十分重要的。

激光打印机的光学部分是由激光器、声光调制器、高频驱动、扫描器、同步器及光偏转器等组成，其作用是把接口电路送来的二进制点阵信息调制在激光束上，之后扫描到感光体上。感光体与照相机组成电子照相转印系统，把射到感光鼓上的图文映像转印到打印纸上，其原理与复印机相同。

激光打印机的工作原理，可以简单地用一句话来描述：感光鼓从书写机构接收一幅图像，变为由电荷阵列组成的潜在的图像，用墨粉对图像显影后，再将显影的图像传输到纸上，最后将纸上的墨粉颗粒进行热压熔结后浸入到打印纸中，输出打印好的文本或图像。

激光打印机是将激光扫描技术和电子显像技术相结合的非击打输出设备。根据机型的不同，激光打印机的打印功能也有区别，但其工作原理基本相同，都要经过：充电、曝光、显影、转印、消电、定影、清洁 7 道工序，其中有 5 道工序是围绕感光鼓进行的。下面将分步骤加以说明。

（1）充电。欲使感光鼓能按照图文信息吸附上墨粉，应先对硒鼓进行充电。在对感光鼓充电时，充电电极是一根与感光鼓轴平行的钨丝，其上带有 5 ~ 7kV 的直流高压，当硒鼓表面与钨丝非常接近时，周围的空气被电离产生电晕放电，使感光鼓带上了电荷。电压的正负由钨丝所带的电压决定，若光导材料为硒碲合金时，则充正电，感光鼓旋转一周后使整个表面均被充电。激光打印机对感光鼓充电的方法因机型不同而采用的具体充电方法也有所不同,但充电原理基本一致，都是采用直流高压的电晕放电对感光鼓表面充电。

（2）曝光。曝光也可以称为扫描曝光或书写曝光，像用笔在纸上写字一样。扫描曝光的工具是用激光束在感光鼓上进行“书写”曝光，这幅文字或图像是不可见的，这就是所说的“静电潜像”。当硒鼓表面经过钨丝电极时，其表面被充上正电，光导层与底基的界面感应出负电。 当激光光束中有光部分照到硒鼓表面的某个区域时，称为曝光。

扫描曝光的过程就是利用控制电路控制书写机构中的扫描器进行扫描，以使代表字符或图像信息的激光束有规律地照射感光鼓，感光鼓上受到激光束照射过的部位（一系列的电阵）因曝光而放电到一个较低的电压，其他未受光照的部位仍保持充电电压。这样就在感光鼓的表面上形成一幅潜在的图像——静电电荷阵列。

目前，有越来越多的打印机使用发光二极管（LED）或液晶光栅（LCS）来代替激光，作为书写潜在图像的手段，但沿袭过去的老习惯，仍称这样的打印机为“激光打印机”。

（3）显影。把光导体表面形成的“静电潜像”，经过“显影”显示出墨粉图像，这个过程称为“电子显影”。显影工作是由显影器完成的，其作用是将静电潜像变成可见图像。激光打印机工作时，在显影辊上施加一个正电压，这一电压把墨粉吸附到显影辊表面，并使墨粉带上负电荷。当感光后的感光鼓部位靠近显影辊时，感光鼓上被曝光的点因为墨粉上带有更少的负电荷，而将墨粉吸附过来；而未经曝光的点带有很强的负电荷，因而排斥墨粉。墨粉填充了隐藏的图像，在感光鼓上形成了一幅可见的图像。

（4）转印。墨粉吸附在感光鼓上了，接下来就是令图像在纸张上出现。当打印纸经过转印辊时，被带上与墨粉相反的电荷，由于异性相吸，从而使墨粉能够按原来的形状转印到纸张上去，到此，稿件的成形过程基本完成。

（5）消电。为了让带有负电荷的墨粉从感光鼓的表面转印到打印纸上，必须使纸上带有很强的正电荷，因此传输电晕前需要为纸页充电。待墨粉从感光鼓上转印到纸页上后，必须立即将纸页上的电荷消除掉，以免纸页与感光鼓之间相互吸引，造成纸页包裹感光鼓的现象。所以在转印后立即用一个静电消除梳去除纸页上的正电荷。

（6）定影。虽然图像是被转印到纸张上了，但这时墨粉还不是完全固定，稍微摩擦或保存几天，纸上的墨粉就会脱落，因此，就需要在高温、高压的情况下把墨粉溶化并使其永久地“定影”渗透到纸张里面，这样有利于长期保存。定影的过程是由一个加热和加压组件来实现的：一个高亮度的石英灯把一个不会粘着墨粉的加热辊（在其表面有一层称为特富龙的涂层）加热到 150～180℃，这一温度可以将纸页上的墨粉熔化，下面的一个橡胶辊施加一定的压力，从而将熔化的墨粉挤入纸的纤维中。目前产生高温高压的部件主要有两种形式，一种是陶瓷加热，它的特点是速度快、预热时间短，缺点是易爆、易折；另一种是灯管加热，它在各个方面都表现得相对稳定，但预热时间较长。

（7）清洁。清洁是把感光鼓表面没有完全转移的“残余墨粉”清除干净，使下一个打印周期有一个洁净的感光鼓。如果感光鼓表面上的残留墨粉不能彻底的清除干净，就会被带入下一个打印周期，破坏新生成的“墨粉图像”。所以要对感光鼓表面进行彻底的清洁，就需要一个感光鼓清洁器。 激光打印机有两种清洁的方法：橡胶刮板清洁和毛刷清洁。它们的作用都是对感光鼓表面进行清洁。

3．激光打印机的的基本使用

（1）控制面板的使用。控制面板也叫操作面板。激光打印机的控制面板上一般都有取消按钮、执行按钮、执行指示灯、就绪指示灯和注意指示灯。激光打印机的控制面板示意图如图 2.26 所示。下面介绍这些按钮和指示灯的功能和作用。

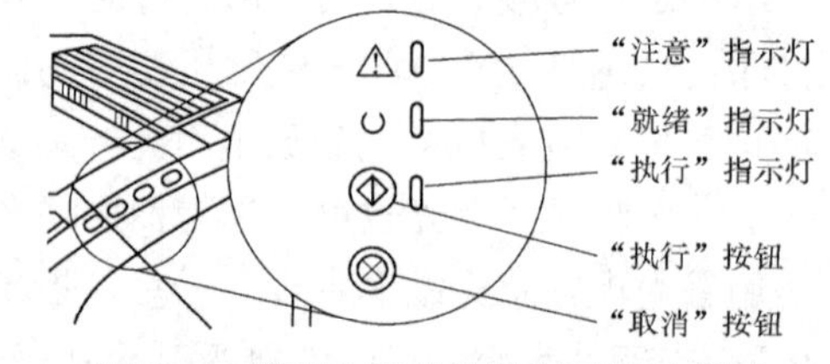

图 2.26　激光打印机的控制面板示意图

① 取消按钮：取消打印作业。

② 执行按钮有 3 个功能：在手动送纸模式打印时，按下执行按钮执行打印；在自动送纸模式下（开机后处于待机状态），按下执行按钮打印演示页；按住执行按钮 5s 打印配置页。

③ 执行指示灯：打印机接到打印命令时，指示灯会闪烁。

④ 就绪指示灯：打印机接通电源并开机后该灯亮起，表示准备就绪，等待打印。

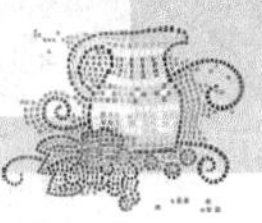

⑤ 注意指示灯：也叫“警告”指示灯，一般在 4 种情况下指示灯会闪烁。一是打印机的硒鼓仓盖没盖好；二是打印机没放硒鼓；三是打印机卡纸；四是打印机进纸盘没有打印纸。

（2）激光打印机的使用。

① 装入打印纸。为了防止静电引起的卡纸等故障，放纸前应先将纸抖松，然后再将纸整理整齐，放入主进纸盒。放纸时要把打印纸放到进纸盘的顶头，固定好长度导板，再将两侧的宽度导板卡紧。注意装纸的数量不能超过限额。然后，将进纸盖板沿两边的槽位平稳的安装在主进纸盘上面。

② 打开硒鼓仓盖安装硒鼓。新的硒鼓放在黑色的防潮避光的塑料袋内。剪开塑料袋，拿出硒鼓，保存好塑料袋，当硒鼓长期不用时可以将硒鼓保存到塑料袋中。硒鼓由感光体表面和后面的墨粉仓组成，一个硒鼓如图 2.27 所示。硒鼓上有金属触点，安装时不要用手接触感光体表面和金属触点，以免影响打印质量。

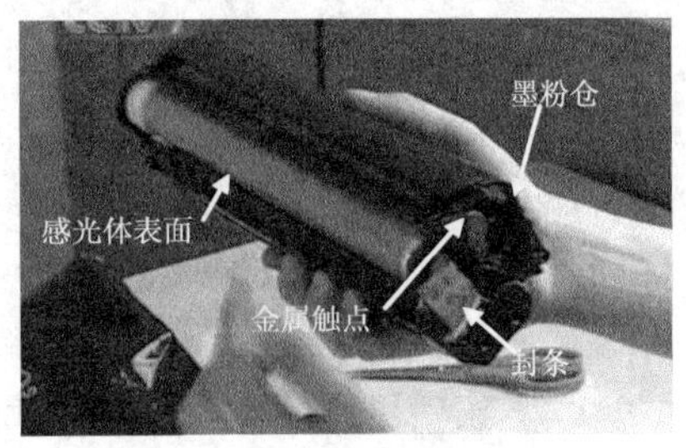

图 2.27　硒鼓

新的硒鼓上都有保护封条，安装硒鼓前应将保护封条抽掉。如果封条没有抽掉就放入打印机打印，墨粉就无法与感光体表面接触，打印时不但会损坏打印机，而且打不出字迹。抽封条时要一手握住硒鼓，另一手握住封条的一端，用力将其拉出。

安装硒鼓时要注意，硒鼓上的箭头表示安装的方向。安装前应先将硒鼓摇晃几次，使墨粉仓内的墨粉松散，并且均匀，然后对准硒鼓仓两边的槽箭头向下，将硒鼓平行的轻轻按下，最后将硒鼓仓盖盖好。硒鼓安装好后就可以用打印演示页的方法，确定硒鼓是否安好。需要说明的是，当硒鼓安装好后，若不是较长时间不用，不必取出。

③ 打印演示页。装好打印纸和硒鼓后，接通电源，打开打印机的电源开关，就绪指示灯亮起，说明打印机处于待机状态。这时按下控制面板上的执行按钮，控制面板上的 3 个指示灯依次闪烁，打印机开始自检。自检完成后，打印机会打印出演示页。如果演示页的字迹整齐清晰，没有断线，说明打印机符合打印的要求，可以正常打印了。

④ 确定打印机可以正常打印后，每次打印时，只要在计算机中设置纸张大小等参数，给出打印命令，就可以实现打印了。

4．激光打印机使用的注意事项

（1）正确选用复印纸。选择好激光打印机用的纸张很重要。为了确保进纸顺畅，纸张必须干净而精确地裁切，最好选用静电复印纸，纸张的范围在 60 ~ 105g/m^2 为宜，一般常使用 70g/m^2 复印纸，太薄或太厚的纸张都容易造成卡纸，太厚的纸张或铜版纸不但不容易输出，而且还会迫使分离爪在热辊上多次不规则的移动，甚至使分离爪的顶尖部位刺到热辊上，损坏镀膜。

潮湿的纸张无法正确进纸，并且可能在纸张通路上倾斜或折叠，潮湿纸张上的打印质量通常很差。最好不要自己裁纸，这样裁的纸往往有毛边，纸毛在机器内聚积，会对机件造成损害，同时也可能会划伤感光鼓。纸张在使用前，不要直接放入纸盒，应将纸张打散，纸盒不要装得太满，纸张必须保持干净，不能有纸屑、灰尘或其它硬物，以免带入机内，刮伤感光鼓等部件。

（2）正确选用墨粉盒。墨粉盒是激光打印机中最常用的耗材，不同型号的激光打印机所使用的墨粉盒是不同的。所以，要选同打印机相匹配的墨粉盒，不要选用其他型号打印机的耗材，以免损坏机器。新买的墨粉盒不要随意开封，厂家为了防止墨粉盒内的墨粉受潮而结成硬块，通常都是用铝薄纸将其密封，从而延长保质期达两三年之久。所以在使用时才能将包装拆封，以免缩

短墨粉盒的保存年限。在使用时最好将其摇动一下使墨粉均匀地散开。

现在的激光打印机都提供了“经济模式”功能，能够让用户使用一半的墨粉量来打印文稿。所以大家在打印草稿或要求不高的稿件时，可以用“经济模式”打印，确认达到了理想效果后再以正常的模式进行输出，这对于图象设计用户在修改比较频繁的情况下可以节省大量的墨粉。另外，利用现有的大部分排版软件都提供了文件预览功能，这样用户就可以在打印输出前从屏幕上调整到理想效果后，就可以对其进行打印，因此也达到了节省墨粉的目的。

（3）正确安装与存放硒鼓。硒鼓对激光打印机来讲非常重要，其品质与性能的好坏直接影响打印的质量。安装硒鼓时，首先要将硒鼓从包装袋中取出，摆动 6～8 次，以使墨粉疏松并分布均匀，然后完全抽出密封条，再以硒鼓的轴心为轴转动，使墨粉在硒鼓中分布均匀，这样可以使打印质量提高。新购置的硒鼓要保存在原配的包装袋中，在常温下保存即可。切记不要让坚硬的物体磕碰到硒鼓，也不要让阳光直接暴晒硒鼓，否则会直接影响硒鼓的使用寿命。

（4）正确更换臭氧过滤器。激光打印机在打印过程中会产生臭氧，每打印五万张就必须更换臭氧过滤器，虽然此时臭氧过滤器看上去很干净，但已不能过滤臭氧了。激光打印机放在拥挤的环境中、房间的通风不佳、打印机排气口正对操作人员的脸部、臭氧过滤器使用过久等都会使在打印过程中所产生的臭氧对人体产生危害，此时必须改进打印机的工作环境，并及时更换臭氧过滤器。

（5）其它正确使用事项。激光打印机的放置环境要注意通风。不能把打印机放在阳光直射、过热、潮湿或有灰尘的地方。激光打印机要在电脑启动之后打开电源，否则先开打印机的话，电脑开机会再启动一次打印机，造成额外损耗。不要触摸硒鼓或墨粉，这可能会永久地破坏硒鼓的表面并会直接影响打印质量，而墨粉对人体和环境都有一定的危害。

5. 激光打印机的主要性能指标

为了更好地选购激光打印机，下面介绍激光打印机的主要性能指标。

（1）打印速度。激光打印机的打印速度也用 ppm，即每分钟打印张数表示。打印的纸张以使用 A4 纸为标准。打印机厂商所标注的打印速度，其实是最大速度，就是打印机引擎能处理纸张的最快速度。实际打印速度与被打印的内容有很大关系。另一个对打印速度影响较大的是打印机的缓存，如果没有足够多的缓存，可能要影响打印速度。此外，影响激光打印机输出速度的因素还有很多，包括其使用的电机、CPU 的性能、内存的大小、应用软件和打印驱动程序、数据传输方式、打印机语言、打印机控制器、打印机引擎速度以及使用环境等。

（2）分辨率。激光打印机的分辨率一般指每英寸打印的点数，英文缩写为 dpi，包括纵向与横向两个方向，它决定打印效果的清晰度。一般来说，分辨率越高，则输出的图像就越细腻。

（3）内置字体。内置字体也是激光打印机的关键特性之一。在不使用打印机内置字体的情况下，打印机要用“点阵法”或“曲线法”来描述字符，这需要计算机传输几十或上百个字节的数据。如果使用打印机内置字体来处理字符，计算机只要把字符的国际编码传给打印机即可，数据传输量只有几个字节。使用打印机内置字体有许多优点，可以摆脱平台的限制，减少数据的传输量，提高打印效率，在网络上打印，更可以减轻网络的负担。虽然使用打印机字库的优点很多，但字库一般较贵，所以绝大多数激光打印机都把内置字体作为一种可选配置。

（4）纸盒容量。激光打印机的纸盒容量包括输入纸盒容量和输出纸盒容量，具体就是指打印机一共有几种类型的输入和输出纸盒，各有多少个，以及这些纸盒一共能放多少纸，纸盒容量大、数量多的激光打印机可以减少更换、填充纸张的次数，从而直接提高工作效率。

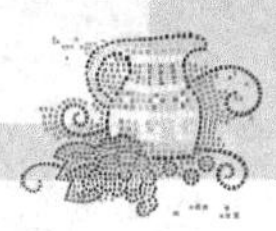

6．激光打印机的日常维护

激光打印机需要进行定期检查、清洁和维护，以保证打印质量，延长打印机的使用寿命。维护内容一般包括以下部位和内容。

（1）清洗主电晕丝。主电晕丝上的高压会吸引空气中的灰尘和纸屑等，使得电晕丝表面的电荷不均匀，影响感光鼓上电荷图像的质量。对其进行维护时，使用特制的电晕丝清洁刷在电晕丝上前后滑动数次，清除掉集于上面的灰尘和异物。因为电晕丝很细，所以工作时要十分细心，以免弄断电晕丝。

（2）清洗传输电晕丝。用干净、不起毛的毛刷蘸少许无水酒精，对电晕丝进行清洗，并同时清洗电晕丝周围的金属轨道内的残余物。清洗时要十分小心，不要将细丝弄断。

（3）清洗传输引导区。传输引导区就是位于传输电晕前面的区域，纸张通过引导区进入打印机充电并从感光鼓上获得图像。要用干净、不起毛的软布蘸少许洁净的软化水对其进行清洗，将此区域内的灰尘、碎片和残余墨粉清洗干净。同时要打开传输引导锁定槽锁将锁定槽内部及附近全部清洗干净。

（4）清洁静电消除器。静电消除器的位置与转印电极丝的水平位置在一起，清洁时须用印字机所带小刷清除掉静电消除器周围的纸屑和墨粉，经常清洁此部位可减少卡纸现象。

（5）扫描系统的维护。激光扫描系统中的激光器及各种镜片被粉尘等污染后，会造成打印件底灰增加，图象不清。可用脱脂棉将它们擦拭干净，如不行可用脱脂棉蘸少许酒精擦拭干净，擦拭时一定要注意不能改变它们的原有位置或碰坏。

（6）感光鼓的维护。如果打印机使用时间较长，打印口模糊不清、底灰加重、字型加长，大多是感光鼓表面膜光敏性能衰退导致。用脱脂棉签蘸三氧化二铬（化工试剂商店有售）沿同方向轻轻、均匀、无遗漏地擦拭感光鼓表面，可使大多数感光鼓表面膜光敏性能恢复。擦拭时若用力过重，或用坚硬的毛刷清扫感光鼓表面，都会损坏感光鼓表面膜会导致感光鼓报废。应注意，感光鼓不宜经常维护。

（7）定影辊的维护。定影加热辊在长期使用后可能粘上一层墨粉等脏物，就会影响打印效果，如出现黑块、黑条等。与加热辊相配对的橡皮辊，长期使用后也会粘上废粉，一般较轻微时不会影响输出效果，但若严重时，会使输出的样稿背面变脏。这时就需要清洁加热辊和橡皮辊，可用脱脂棉蘸无水酒精小心地将其擦拭干净，但不可太用力擦拭加热辊。橡皮辊的擦拭可简单一些，只需将其表面擦干净即可。

（8）光电传感器的维护。光电传感器被污染，会导致打印机检测失灵。如手动送纸传感器被污染后，打印机控制系统检测不到有、无纸张的信号，手动送纸功能便失效。这时应该用脱脂棉把相关的各传感器表面擦拭干净，使它们保持洁净，始终具备传感灵敏度。

（9）清洗或更换定影辊清洁垫。安装在定影辊对面的清洁垫的作用，是清除掉在定影过程中粘在辊子上的残留墨粉，并帮助润滑定影辊，使墨粉不会粘在上面，所以要定期清除掉清洁垫上残留墨粉或更换清洁垫。

（10）清扫分离爪。打开位于出纸区内的熔结器，会看到一些大的塑料爪，用干净不起毛的毛刷蘸干净水，将每个分离爪的引导边擦拭干净，不要触及熔结器，以防烫伤手指。

（11）更换臭氧过滤器。电晕丝上的高电压会产生带刺激性气味的臭氧，所以激光打印机上都装有臭氧过滤器，用来减少释放到空气中的臭氧。一般在打印 4 万 ~ 5 万页后就要更换臭氧过滤器。

（12）清洁输纸导向板。输纸导向板位于粉盒下方，它的作用是使纸张通过粉盒传输到定影组

件。清洁时用软布略蘸清水擦净导向板的表面。

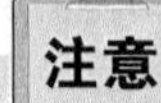

注意　维护和清洁打印机前，必须预先关闭电源。

7．激光打印机常见故障分析与处理

（1）出现垂直线。所谓垂直线，指的是从打印纸的顶部到底部出现的一条或几条黑色条纹或污点，造成这种情况的原因及相应处理如下。

① 若是主电晕丝上有灰尘或纸屑所致，清洗主电晕丝一般就可排除该故障。

② 定影辊脏了也会产生这种故障，需要清洗熔结辊或更换清洁垫。

③ 感光鼓上有划痕。这种情况比较少见，一旦出现了就只能更换感光鼓了。

（2）打印时有污点。通常指水平的污点或重复发生的污点。打印纸所经过的辊子当中，无论哪个脏了都会产生这种故障。出现这种故障，最好将所有的辊子（包括卷纸辊、传输辊、定影辊等）都进行清洁处理，并根据情况，决定是否需要更换清洁垫。

（3）出现脱落点。造成脱落点的主要原因是打印纸上有明显的潮湿点，更换打印纸以后，故障自然消失，若故障仍然存在，则原因是传输电晕不干净所致，清洗电晕丝即可排除这种故障。

（4）字符缺陷。字符缺陷一般表现为波动式、不稳定，引起的原因几乎都是因为纸太滑，辊子难以操纵纸。这时用 75g/m^2 的硒鼓复印纸试一下，若仍不行，就是激光扫描组件出了故障。

（5）重复缺陷。缺陷沿纸面定期、重复发生，若缺陷间隔小于 2 英寸，可能是卷纸辊不清洁或有残物所致；若缺陷间隔大于 2 英寸，问题出在输出辊或感光鼓上，需要更换墨粉盒。

（6）打印图文过深。当安装上一个新的墨粉盒时，必须将打印密度调低，否则打印效果会太深。墨粉使用较长时间后，打印将越来越浅，所以要调高打印密度。

（7）打印图文过淡。出现这种现象时，首先应观察墨粉盒内的墨粉是否过少，如果是可以取出墨粉盒并轻轻摇动使剩余的墨粉均匀分布或更换新的墨粉盒。另外，纸张比较潮湿也容易出现此类问题。如果打印纸装反或质量太差不能满足打印要求，也可能会出现这种现象，也有可能是把省墨模式打开了，这时用户只要通过软件包的设置来关闭省墨模式就可以了。

（8）打印内存不够。激光打印机应有足够大的内存，用于存放复杂的、高分辨率的图像。在一页打印之前，整个图像必须装入打印机内存，若图像太大就无法装入现有内存，这时打印机会显示“OUT OF MEMORY”信息。解决的办法，一是增加打印机内存；二是按比例缩小图像。

（9）纸张送出时静电太大。可能是打印机内的静电消除梳工作不正常或失效，也可能是纸太干燥所引起。要对静电消除梳进行清除残留墨粉或更换，要用 75g/m^2 通常湿度的硒鼓复印纸。

（10）输出纵向有规则的白带（条）。可能产生该故障原因与解决方法如下。

① 墨粉即将用完。这时在磁辊的局部已没有墨粉（一般在样张靠中间部分），其故障的现象为白带由起先的字符逐渐变淡而成，并且尚可隐约地见到模糊的字符等。这时，可取出粉盒左右水平摇动几次，而后再将其装入打印机，再打印一两张，看故障是否消失（或减轻）。若是，则表明是墨粉已经用完，则应重新加入墨粉，或更换新的粉盒。

② 如果不是墨粉用尽的原因，则可能是扫描光路上的问题了。这时应检查扫描光路上是否有异物挡住激光光路，或墨盒上是否有东西（如标签翘起等）遮挡了光路。若有，则应将其排除。若没有，则可接着检查其他部位。在检查其他部位时，可观察输出样张的白条（带）的边缘垂直方向是否整齐，如果边缘模糊，则可能是透镜污染，这时就应该清洁透镜，看看故障是否排除。

③ 经上述检查，若其故障依旧，则应检查反射镜是否粘上了废粉或脏物。当反射镜粘上脏物或废粉时，将会导致反射光对感光鼓曝光，从而使感光鼓不吸墨粉，这样就没有影像生成，输出时自然就形成白条（带）的故障了。这时，应将反射镜上的脏物清除，可用打印机配备的专用毛刷或用干净的药棉沾少许酒精细心地擦拭。此外，还有个别的原因是由于打印机的使用环境过于潮湿，使用日久导致反射镜镀膜局部脱落，这时就只有更换反射镜了。

（11）输出样张有底灰。可能产生该故障原因与解决方法如下。

① 显影偏压太低。先打开机盖，将打印浓度旋钮调至中间位置（有些机型要用打印机驱动程序的设置调整），观察底灰现象是否有好转，如有变化则表明磁辊偏压过低。先清洁磁辊触点，保证接触良好。再用万用表测量显影偏压，一般应在–350V ~ –250V，机型不同，偏压值有所不同。如偏差过大，应修复或将其调整到规定值。

② 磁辊刮板老化。接着检查磁辊刮板。取出硒鼓组件，向走纸方向旋转动感光鼓。如感光鼓表面粘附墨粉，则可能是磁辊刮板老化变形，无法限制墨粉的供应量，应更换磁辊刮板。

③ 上述检查无毛病时，就有可能是显影磁辊与感光鼓距离过近造成的。一般打印机中，感光鼓与磁辊之间应有一定的间隙，以利于墨粉跳跃。多数机型保持间隙的方法是在磁辊两端，各装一个隔离套。隔离套的厚度就是标准间隙。不同机型，间隙不等，一般在 0.2 ~ 0.4mm。隔离套会在打印工作时磨损，而使间隙变小。有时在维修中，隔离套丢失而造成无间隙。测量隔离套与磁辊的间隙的方法是：用 2 层 80g 的打印纸测试，间隙正确时应能顺利插入；如不能，应更换隔离套。

④ 如果不是上述的因素引起的故障，则基本上可以断定是感光鼓磨损过度，已达到使用寿命。如何判断感光鼓磨损过度？这一点在毛刷清洁的打印机，发生的概率要少一些。对于刮板清洁的打印机，可观察打印测试样，如果纵向走纸的左、右与纸边缘 1cm 的范围内出现底灰，则表明感光鼓已经磨损过度，这是无法修复的，只有更换感光鼓。

（12）输出样张图文左右深浅不一。可能产生该故障原因与解决方法如下。

① 可能是墨粉快要用完。一般墨粉快用完时是输出的样张中间先变淡，最后字迹模糊，无字迹。这时可取出硒鼓组件，水平方向晃几次，再放入打印机。如果故障消失或有所好转，则说明墨粉将用完，请更换墨粉。

② 转印电极丝或转印辊污染。对于使用金属刮板和循环墨粉的硒鼓，载粉胶辊与刮板局部会因墨粉杂质积存造成堵塞，使载粉辊载粉不匀。维修方法是清洁墨粉刮板。

③ 充电电极丝或充电辊污染。在墨粉供应正常的情况下，出现页面图像局部浅，应检查并清洁充电、转印电极丝（辊），一般可排除故障。对于采用电极丝充电、转印的机型，应校正电极丝位置来消除故障。

④ 经上述方法检修，若故障不能消除，那么原因很可能在光束反射镜上。接下来清洁反射镜，并观察反射镜镀膜是否有脱落现象。如果是则更换反射镜。

（13）出现卡纸。大多数卡纸是由于在纸的传递通道上有纸屑、碎纸等而引起的。卡纸一般出现在以下几个位置上：纸样输送区；传送导向区；定影组件和最终传输出区。

排除方法是：打开打印机上盖，观察上述几个纸通道区，进行必要的清洁或打开卡纸部位将所卡的纸取出。但需注意的是，若卡纸出现在定影组件区，当打开定影组件后，不要通过定影组件向后取纸，而要将卡住的纸向打印机前面提取出，以免造成被卡纸的墨粉掉进定影组件中，引起打印质量问题。

8．激光打印机的选购

上面提到的激光打印机的性能指标是衡量激光打印机性能的几个硬指标，但这些还不能说明所有问题。选购打印机时要从各方面考虑，还要结合用户的具体情况和需求考虑。总体来说，激光打印机的品质是诸多因素综合作用的结果，在选购时一定要全盘考虑。

选购激光打印机时，打印质量和打印速度是两条最重要的性能指标，其次，还有可靠性、可扩展性、易用性等。此外，整机和耗材的价格也是影响用户做出购买决定的重要因素。

（1）打印质量。分辨率对激光打印机的输出质量有着决定性的影响，目前市面上除了少数老型号激光打印机的分辨率为 300dpi 外，绝大多数产品都已采用 600dpi，还有的产品达到了 1200dpi，有的甚至更高。一般来说，分辨率越高打印质量也越好。但另一方面，分辨率相同的激光打印机的输出质量也并非一样。由于使用的技术不同，不同品牌的产品之间仍存在着少许差距，甚至一些优秀的 600dpi 产品，其打印质量也比仅通过软件增强技术实现 1200dpi 的产品要好。还有一些型号的激光打印机在打印纯文字时效果好，而在打印图像或图文混排文档时效果要差一些，或者正好相反。我们把具有 600dpi 及以上分辨率，作为选择的基本条件之一。

（2）打印速度。目前，个人和小型办公室激光打印机的速度一般为 6～12ppm；工作组网络激光打印机的速度一般为 10～20ppm；部门级网络激光打印机则要求 20～40ppm。通常情况下，所说的打印速度都是指激光打印机的引擎速度，而在使用过程中，实际输出速度要受到预热技术、打印机控制语言的效率、接口传输速度和内存大小等因素的影响。有些国外品牌的型号在打印英文文档时速度很快，但处理汉字时效率太低，因此打印中文文档的速度非常慢。考虑到很多用户正是为了提高办公效率才选择激光打印机，一般把具有 8ppm 及以上输出速度作为选择的另一项基本条件。

（3）可靠性。可靠性反映了激光打印机本身的质量，可以用月额定打印量来衡量激光打印机的可靠性，这个值越高表明打印机的可靠性越好，因此打印量大的用户应选择可靠性高的型号。我们不把可靠性作为选择时的基本条件，而仅作为一个参考项目。

（4）可扩展性。很多型号的激光打印机在标准配置的基础上，可以添加额外的内存、网络服务器、扩展字库、MAC 机接口、PostScript 支持部件、双面打印支持部件等，用户可以根据自己的需求来选购扩展部件。我们把可扩展性作为选择时的一个参考指标。

（5）易用性。激光打印机内部结构比较精密，普通用户使用与维护激光打印机有一定困难。如果激光打印机的机械结构、管理软件或功能设计不合理，用户难以正确掌握使用方法，那么不仅会影响工作效率，打印机发生故障的机率也会上升，因此易用性也是选择时一个重要的参考指标。

（6）价格。不同型号激光打印机之间的价格差距很大，打印速度、打印幅面、网络打印能力、分辨率、额外功能都是影响激光打印机价格的重要因素。目前，激光打印机的价格从 1 千元到数万元不等，用户可根据是个人使用，还是工作组网络使用，还是部门级网络使用，以及是否需要彩色激光打印机等选择不同价位的激光打印机。此外，很多中小企业或个人办公用户需要能够大批量、低成本、高质量输出黑白文档的打印机。对于这种比较单纯的需求，彩色喷墨打印机不仅单页成本偏高，而且彩色功能也难以派上用场，这就可以选择价格相对较底的中小型单色激光打印机。

（7）耗材。激光打印机的耗材是选择打印机需要考虑的一个非常重要的问题。一台激光打印机用上几年之后，可能它的耗材费用会远远超过打印机购买时的价格。激光打印机耗材最常更换

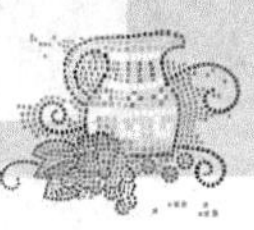

的就是感光鼓和墨粉了，弄清配件的价格是非常必要的。对于感光鼓和墨粉来说要看它最多能打印多少张纸，把每张纸的打印成本算一下，经过这么一算你也许会发现其中的差别还很大。

（8）售后服务。在购买激光打印机的时候要注意它的售后服务，这是很重要的一点。在国际市场上，激光打印机有数十种品牌，产品型号超过百种。目前主要有惠普、联想、方正、NEC、佳能及爱普生等几家厂商参与国内市场的角逐。这些知名厂家的售后服务做得比较不错，值得信赖。

选购激光打印机还应该注意首先分析单位对于激光打印机的需求情况，如果主要用激光打印机来打印一些文稿类的文件，那么就可以选购一台黑白激光打印机，让它完成主要的打印工作，而一些彩色打印可以另外添置一台彩色喷墨打印机，让它们分工协作，以发挥最大的产业功效。

最后，要说明一下，在选购激光打印机硒鼓时要防止假冒产品。

激光打印机的硒鼓按组合方式一般分为 3 类：一体化硒鼓、双体硒鼓和三体硒鼓。防止买到假冒硒鼓要注意看以下几点。

① 看外包装。一般原装硒鼓背面的序列号都是使用特种技术印刷，包装印刷质量精美、颜色鲜艳。假冒产品印刷质量粗糙、图像模糊、颜色灰暗，而且包装上有极力模仿的痕迹。

② 看连接部位。利用旧硒鼓自行灌粉冒充新硒鼓销售的假货，肯定会在连接部位留下痕迹。如果连接有“冲”过的痕迹或螺丝的发蓝层（就是黑色的热处理层）被破坏，很有可能是回收品。

③ 看表面。自行灌粉的硒鼓其鼓芯表面粗糙，有明显的划痕（划痕的多寡和硒鼓的使用频率成正比），表面光滑程度很高，齿轮处光滑，无污渍。

④ 看测试。原装硒鼓打印出来的图像和文字不仅细腻、清晰，而且墨粉附着力特别好，观察打印在纸上的文字，有突出纸面的感觉。

⑤ 看墨粉质量。虽然激光打印机的印字质量主要取决于激光打印机的分辨力，但与墨粉颗粒的大小也有直接关系。墨粉质量从硒鼓外表是无法判断的，比较直接的方法是用激光打印机打印一张全黑的清样，对光观察其黑色分布是否均匀，用手摸一摸，即可知道墨粉的好坏。

9．3 种打印机的对比选购

前面分别介绍了针式打印机、喷墨打印机和激光打印机 3 种打印机。用户在选购打印机时，选择哪种机型更合适？需要考虑哪些因素？首先要根据自己的需要进行选择，然后综合考虑如下各方面因素。

（1）机型。针式打印机结构简单、价格低、维护方便、可靠性高，但噪声大，继续提高质量有困难，除专用领域外，正在逐渐被激光和喷墨打印机取代。

喷墨打印机由于热喷墨技术的发展和应用，使其打印精度远超过针式打印机，可达到高档激光打印机的精度。低噪声、易实现彩色打印以及很多喷墨打印机的价格远低于针式打印机，使其发展很快，占有越来越多的市场份额。但墨水质量和高打印成本在一定程度上制约了它在市场的销售。

激光打印机输出质量高、速度快、噪声低，并可用普通纸，使用成本低，功能极强，特别是图形功能和字体变化功能，使其成为真正的高品质、高速度、高档次打印机。除价格因素外，从高输出质量和后期打印成本相对较低的角度考虑，激光打印机具有针式和喷墨打印机无法比拟的优势。尽管购机价格和消耗材料价格相对较高，但多数用户仍可接受。它已逐步成为我国打印机市场上的主流机。

（2）质量。打印机性能的优劣是决定打印质量的重要因素，按打印质量大致可分为 3 个档次，

即低档、中档和高档机。一般以分辨率（dpi）划分。小于 200dpi 的称为低档机，250 ~ 300dpi 称为中档机，大于 300dpi 的称为高档机。目前针式打印机的输出分辨率常见的有 180dpi×180dpi 和 360dpi×360dpi 两种；高档喷墨打印机的分辨率目前可达 5670dpi×1440dpi，不少高端照片打印机也将分辨率提升到 4800dpi×2400dpi；激光打印机一般都在 600dpi×600dpi，有的可达 1200dpi×1200dpi，甚至更高。目前激光打印机中，分辨率 600dpi 是比较合适与经济的机型。

毋庸置疑，打印机分辨率越高，输出的效果就越精密。但是，并不是每种打印需求都需要最高精度的打印。对于文本打印而言，600dpi 已经达到相当出色的线条质量。但在现代的办公中，打印文档的类型日益多样化，图像、照片、CAD、GIS 等需要高精度打印的内容越来越多，在这个时候，除了打印负荷量和打印速度外，用户必须仔细考虑打印机的打印质量能否满足自己的需求。对于照片打印而言，更高的分辨率意味着更加丰富的色彩层次和更平滑的中间色调过渡，经常需要 1200dpi 以上的分辨率才可以实现。

（3）打印速度。打印速度与打印质量一样，都是打印机的重要技术指标。串行式打印机一般以打印的字符数每秒（cps）表示；行式打印机以打印的行数每分（lpm）表示；页式打印机（喷墨和激光机属此类）以使用 A4 纸为准，以打印页数每分（ppm）表示。

一般打印速度除与打印机的输出速度有关外，其他主要影响因素有：主机的 CPU 功能、应用软件与打印驱动程序、数据传输方式、打印机语言、打印机控制器、打印机的引擎速度、使用环境等。

（4）性能价格比。用户在考虑打印机各方面性能的同时，结合其市场价格综合考虑，就是要考虑“性能价格比”的问题。主要考虑 3 个方面。

① 从使用打印机的计算机系统综合配置和需要打印的数量，确定购买费用，以便决定购买哪一类型的打印机：针式、喷墨还是激光打印机。

② 比较同类功能、档次的打印机价格。如果因市场上各种打印机的功能和价格各有千秋，难于比较时，就应根据购机目的列出实际需要的功能，再去选择和进行价格比较。

③ 考虑使用过程中，消耗品的费用及维护费用。消耗品包括：打印纸、针式打印机的色带、喷墨打印机需要的专用墨水、激光打印机需要的墨粉等。

2.3 笔记本电脑

2.3.1 笔记本电脑的硬件系统组成

笔记本电脑的硬件结构和普通的个人台式电脑硬件结构相似，包括主机系统、液晶显示系统、输入系统和接口设备等。笔记本电脑与台式机的不同点就在于其配件都非常小巧，因此其性能参数也就相对特殊。

1. 主机系统

笔记本电脑的主机系统包括处理器、主板、内存、硬盘驱动器和光盘驱动器。主机系统构成了笔记本电脑正常运行不可缺少的系统结构。主机系统安装在机壳里面，机壳的厚度为 2 ~ 4cm，可以方便地移动。一款笔记本电脑如图 2.28 所示。

处理器（CPU）是笔记本电脑的核心。由于笔记本电脑的应用特殊性，应用于笔记本电脑上

的 CPU 是经过特殊设计的，特点是体积较小、发热量小、功耗低等。因此用在笔记本电脑上的处理器称为“笔记本处理器”或“移动处理器”，俗称“Mobile CPU”。它跟台式电脑里面的处理器一样，起着指挥和统筹整台机器硬件和软件的正常运作的作用，是笔记本电脑的心脏，因此也称为中央处理器。

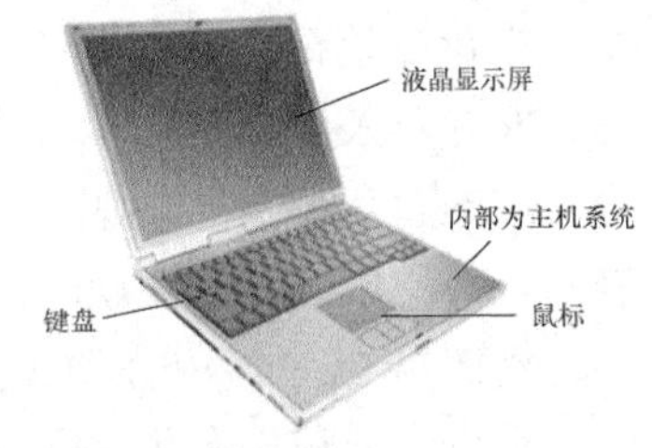

图 2.28　笔记本电脑

笔记本电脑的主板是大部分笔记本部件的母板。因此笔记本电脑的主板采用了 ALL-IN- ONE 设计，在一块主板，集中安装了 CPU、显示控制器、软硬盘控制器、输入输出控制器等一系列部件。它与笔记本专用 CPU 一起，通过高性能散热技术，保证笔记本电脑的正常运转。

笔记本电脑的主板与台式电脑主板的作用与工作原理一样，主要起整合各种硬件，使它们之间独立而不孤立地存在，“分工”而又能合作地共同维持计算机的正常运行的作用。可以说，主板是电脑各类硬件的容身之所，又是各类硬件进行数据传输和信息“沟通”的桥梁。主板上往往排列了许许多多的电容、电阻等电子元件，以及供安装内存、显卡、CPU 等插槽，还有数据线接口、USB 接口、并口等接口。由于计算机各硬件的数据、指令等几乎都要通过主板来进行传输和交流，所以，主板的性能优劣直接关系到整台电脑的性能优劣。

内存（RAM）是笔记本电脑运行必不可少的存储设备，保存着系统运行时的所有数据。内存的容量和频率影响着笔记本电脑的运行速度。笔记本内存只是使用的环境与台式机内存不同，在工作原理方面并没有什么区别。笔记本电脑整合性高，所以需要有较高的内存，同时作为笔记本的内存，还必须小巧，拥有较大的容量、较快的速度、不要耗费太多的电、支持散热等。因此，笔记本内存要优于台式机内存，价格方面也要高于台式机内存。目前，笔记本电脑上大都配备了数 GB 内存，可以保证笔记本电脑的流畅运行。

硬盘是笔记本电脑主要的存储设备，所有的数据都可以存在硬盘上永久保存。受笔记本电脑体积的限制，笔记本电脑硬盘体积要比台式机硬盘小很多，大都为 2.5 英寸，有些甚至只有 1.8 英寸。笔记本电脑硬盘具有体积小、抗振性强、发热量小等优点。目前，笔记本电脑上的硬盘容量一般都在数百 GB。

光驱是笔记本电脑上普遍配备的存储设备，通常用来读取光盘信息、备份数据等，而且光驱还可以读取 DVD、VCD 等多媒体光盘，因此光盘在笔记本电脑上也通常作为视听设备。笔记本光驱大致可分为 CD-ROM、DVD-ROM、康宝（COMBO）、刻录机等。不同的光驱具有的功能也各不相同。

2．液晶显示屏

液晶显示屏是笔记本电脑的标准输出设备。目前主流液晶显示屏的类型为 TFT 显示屏，又称为活动矩阵液晶显示屏。其中，TFT 显示屏又可以分为 TFT-LCD 和黑矩阵 TFT-LCD 两种，普通的 TFT-LCD 显示屏即真彩显，在亮度、对比度、色度及响应速度等方面超过了传统 CRT 显示屏。而黑矩阵 TFT-LCD 在此基础上更胜一筹，其原理是将有源阵列技术和特殊镀膜技术相结合，充分利用 TFT 显示屏有源显示的特性，同时又通过特殊镀膜技术全面降低背景光泄漏，增加屏幕黑度以提高对比度，降低炫光性。由于黑矩阵 TFT-LCD 显示效果十分明亮锐利，现在 IBM、索尼（SONY）、夏普（SHARP）、NEC、戴尔（Dell）等著名笔记本电脑的主流品牌大多采用了这种黑矩阵 TFT-LCD。

用 LED 作背光显示器的笔记本电脑，由于采用低电压扫描驱动，具有耗电少、使用寿命长、

亮度高、故障少、视角大、可视距离远、可做得薄等特点，现在已被越来越多的笔记本电脑屏所使用。

3．输入设备

键盘是笔记本电脑不可缺少的输入设备。笔记本电脑键盘一般都固定在笔记本电脑的机身上，非专业人员并不能将之卸下。由于笔记本电脑的自身特点，笔记本电脑上键盘一般都比较紧凑，按键高度很低，按键面积很小。从按键的排列上看，笔记本电脑键盘省略了数字键盘区，控制键也都集成到了主键盘区，以减少键盘的总体面积。

笔记本电脑的键盘标准配置是内嵌式 85 ~ 88 键键盘板，其中双功能键要多于台式机键盘，为了追求更小面积，有些键位只有标准键位的一半大，键位低矮。

鼠标在电脑日常操作中起到非常重要的作用，在笔记本电脑上鼠标也是少不了的重要输入工具，不过为了满足笔记本电脑轻便等特点，一般的笔记本电脑都带有触摸板或其他点定位设备，用来代替鼠标。触摸板（触控板）是目前使用得最为广泛的笔记本电脑鼠标替代品。

一般的触摸板由 3 个部分组成：手指移动部分、左键和右键。手指移动部分通常位于左右键的下方，面积比较大，当用户的手指接触到这个区域时，其内置的电容感应就能获知手指移动情况，当手指移动时，板面上的静电场会发生改变，屏幕上也会显示相应的鼠标指针移动情况；左右键的作用与鼠标左右键的作用一样，左键主要用来执行命令，右键主要用来调出快捷菜单。目前应用的第 3 代触摸板，除了具有鼠标的作用外，还可直接用于手写汉字输入。触摸板的优点是反应灵敏、移动快，缺点是反应过于灵敏，造成定位精度较低；当使用电脑时间较长，手指出汗时，鼠标就不太灵活，经常出现打滑；对环境适应性较差，不适合在潮湿，灰尘多的环境工作。

除了触摸板外，还有指点杆（TrackPoint），它是由 IBM 发明的，目前常见于 IBM 和 Toshiba 的笔记本电脑中，它有一个小按钮位于键盘的 G、B、H 三键之间，在空白键下方还有两个大按钮，其中小按钮能够感应手指推力的大小和方向，并由此来控制鼠标的移动轨迹，而大按钮相当于标准鼠标的左右键。指点杆的优点是移动速度快，定位精确，环境适应性强，适合户外工作。

4．接口设备

计算机的接口可以让计算机连接更多的外围设备，实现更多的功能，发挥更大的功用。笔记本电脑上一个非常重要的接口就是 PCMCIA 接口。通过该接口可以插入符合标准的任何卡式设备，如 PCMCIA 网卡、PCMCIA 接口卡、预编程 ROM 卡、MODEM 卡、声卡、软盘控制器、硬盘控制器、CD ROM 和 SCSI 控制器、全球定位系统（GPS）、数据采集卡等。笔记本电脑有了 PCMCIA 插槽，可以使用很多具有丰富功能的部件，使笔记本电脑的功能更加全面。一些常见的接口如图 2.29 所示。

另外，一个非常重要的接口是 USB 通用接口，它是一种以串行的方式来连接计算机的各种外部设备的标准通用数据传输协议，例如，鼠标、键盘、打印机、调制解调器、扫描仪、摇杆等，安装方便，即插即用，可热拔插，一个接口可连接非常多的部件。

IR（Infrared，IR）红外线通信端口也是笔记本电脑必备的接口，通过它不用连线就可以连接 PC、Notebook、PDA、打印机等设备。作为笔记本电脑与外部沟通的无线传输设备，使用非常简单方便，传输速度可以达到 4Mbit/s。

除了上述比较重要的接口外，笔记本电脑上还有其他端口，如 IEEE1394 接口、串口、并口、内置以太网卡接口、内置调制解调器接口、VGA 接口、TV-OUT 接口、蓝牙接口等。通过这些接口可以连接不同的设备，大大丰富了笔记本电脑的功能。

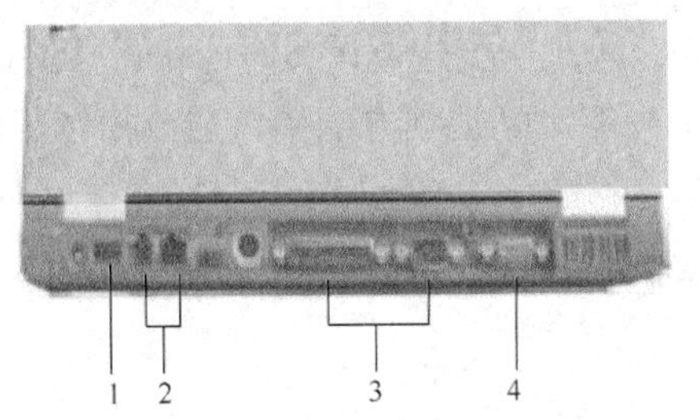

图 2.29　笔记本电脑上一些常见的接口

5．其他设备

除了保证笔记本电脑运行的必须设备外，还有一些设备也是目前笔记本电脑上必备的，如多媒体音效设备、高速网络连接设备等。

2.3.2　笔记本电脑与其他设备的连接

1．笔记本电脑与通用 USB 设备的连接

USB 接口是目前最常用的数据传输接口，由于其支持设备广泛、速率高、链接稳定被广泛使用。使用 USB 接口的设备中，优盘（U 盘）、鼠标、键盘、数码相机、摄像头、扫描仪、移动硬盘和打印机都是最常见的，游戏手柄、电视盒、软驱、CD-ROM、CDRW，甚至声卡、音箱、手机充电器、手写电子板和网络卡都已经出现。凡是具有 USB 接口的设备都可以通过该接口与笔记本电脑连接。USB 总线分为 USB 2.0 和 USB 1.1 两个标准。USB 1.1 标准的传输速率理论值是 12Mbit/s，而 USB 2.0 标准的传输速率可以高达 480Mbit/s。目前笔记本电脑基本都采用 USB 2.0 接口。

2．笔记本电脑与大型显示设备的连接

笔记本电脑的一个重要用途就是用于移动展示，有时候需要将笔记本电脑连接到大型显示设备（如电视、投影仪等）上，将笔记本电脑的视频信号输出到电视上播放，从而扩大图像输出的面积。这就需要用到笔记本电脑的视频输出接口。笔记本电脑上的视频输出接口通常有 VGA 接口和 TV-OUT 接口。VGA 接口是目前一些笔记本电脑具备的接口类型，但这需要电视上具备 VGA 接口才能实现，而带有此接口的电视相对还较少，同时多是一些价格较贵的产品，普及程度不高。通过专用电缆连接笔记本电脑上 TV-OUT 接口和其他显示设备的视频输入端口，即可将笔记本电脑的视频信号输出到其他显示设备上。

3．笔记本电脑与普通串、并口设备的连接

普通串、并口设备指通过串口或并口与电脑传输数据的设备。串行接口，简称串口，也就是 COM 接口，是采用串行通信协议的扩展接口，数据传输速率是 115 ~ 230kbit/s。串口的数据传输速率慢，但传输距离较长，因此长距离的通信大多使用串口。并行接口，简称并口，也就是 LPT 接口，是采用并行通信协议的扩展接口。并口的数据传输速率是串口的 8 倍，标准并口的数据传输速率为 1Mbit/s。串口一般用来连接鼠标和外置 Modem 以及老式摄像头和手写板等设备；串口连接设备一般都具有与设备固定连接的串口传输电缆，只需将电缆末端的串口插头插入笔记本电脑机身的串口插座即可。并口一般用来连接普通打印机、扫描仪等设备。这些设备一般都通过并口传输电缆连接到笔记本电脑上。该电缆一般可以通用。

串口和并口对即插即用支持不是很好，因此连接这类设备时应尽量在关机的情况下操作。如果在笔记本电脑开机状态下拔插这类设备可能对笔记本电脑串口造成损坏。

2.3.3 笔记本电脑选购的注意事项

1．注意检查笔记本电脑的硬件

应注意的事项有机身是否有划痕，液晶显示屏是否有霉点，液晶显示屏的亮度、对比度是否有明显的不足，键盘按键和鼠标是否灵活，各种接口是否齐全，是否有破损等。

2．根据自己需要选择相应的硬件标准

硬件标准越高，笔记本电脑的性能越好，因此价格也越高。如果用来做图像处理、动画制作等工作，则需要非常快的处理器速度、足够大的内存、性能非常高的显示卡和显示屏。如果用来做办公等日常应用，对处理器的速度、内存容量、显示系统的性能要求则比较低。

3．注意网络通信功能是否完备

如今网络已经是人们生活中不可或缺的重要内容，网络学习、网页浏览、通信联络（包括收发 E-mail、网上聊天）、网络游戏娱乐等都是生活的一部分，因此选择内建 Modem 和局域网卡的笔记本电脑可省却另外添置的麻烦。另外，在无线网络连接技术高速发展的时代，在选购笔记本电脑时应考虑到其是否可以方便地建立无线网络连接。

4．注意接口是否齐全

笔记本电脑需要配合其他设备才能发挥出其最大的用途。笔记本电脑和其他设备相连接需要各种接口。因此具有丰富的接口是选购笔记本电脑时应该注意的。首先应注意 USB 接口的数量以及支持的 USB 标准。目前越来越多的设备采用 USB 接口传输数据，因此笔记本电脑上 USB 接口的数量就影响着该笔记本电脑同时连接 USB 设备的多少。另外，目前 USB 接口有两个标准，USB 1.1 和 USB 2.0。USB 2.0 的数据传输速率非常高，目前大多数的 USB 产品都采用 USB 2.0 作为数据传输标准。因此在选购笔记本电脑时应注意其 USB 的标准。如果笔记本电脑经常用作图像演示等，应注意是否有视频输出接口。但是接口多相对价格也就高，笔记本的体积也可能会增大。

5．注意附件是否完备

附件是否完备可以从侧面看出厂商对用户感受的关注程度。建议留意以下附件：简体中文用户手册、驱动程序安装手册、系统恢复光盘或附赠软件盘、驱动程序光盘及保修卡，这些都是必需的。另外要注意，应该配套附赠品，如笔记本电脑包、鼠标、软件礼包等。

6．优质快捷的品牌服务

选择有实力完成维修的知名厂商是很重要的。在此应指出的是，笔记本电脑的原始生产厂商在维修品质方面占有一定的优势。

2.3.4 笔记本电脑的日常保养与维护

1．笔记本电脑外壳的养护

（1）笔记本电脑的外壳是经过处理的有机高分子材料做成的，比较耐磨，但是并不耐划，因此应避免尖锐物品（如指甲刀、钢笔等）接触笔记本电脑外壳。

（2）笔记本电脑的外壳并不是密闭的，因此应将笔记本电脑放入专用背袋内，以避免灰尘

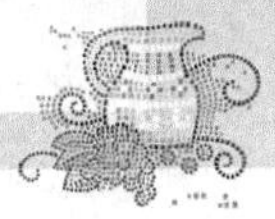

污染。

（3）在擦拭笔记本电脑外壳时应尽量采用专用的擦拭布，以避免磨损。

2．液晶显示屏的养护

（1）长时间不使用笔记本电脑时，可以通过键盘上的功能键暂时将液晶显示屏幕电源关闭。这样，除了可以节省电力外，还可以延长屏幕寿命。此外，为了延缓液晶屏老化，还应注意避免强阳光长时直晒屏幕、尽量使用适中的亮度/对比度。

（2）不要用力盖液晶显示屏幕的上盖，也不要放置任何异物在键盘及显示屏幕之间，避免上盖玻璃因重压而导致内部组件损坏。

（3）不要用手指甲或尖锐的物品碰触屏幕表面以免刮伤。液晶显示屏幕表面会因静电而吸附灰尘，建议购买液晶显示屏幕专用擦拭布来清洁屏幕，而不要直接用手指擦拭以免留下指纹。

（4）平时要经常用专用的软毛刷、眼镜布、洗耳球等擦拭屏幕，必要时可以使用中性清洗剂或少许清水，对表面污渍进行清洁。但不要使用化学清洁剂擦拭屏幕，因为液晶显示屏的表面材料是合成有机材料，很容易被化学清洁剂分解而变模糊。

（5）要尽量避免在电脑边喝饮料、吃水果外，还应注意不要将机器保存在潮湿处，严重的潮气会损害液晶显示屏内部的元器件。特别值得注意的是，在冬天和夏天，进出有暖气或空调的房间时，较大的温差也会导致“结露”现象发生，用户此时给 LCD 通电也可能会导致液晶电极腐蚀，造成永久性的损害。一旦发生屏幕进水的情况，若只是在开机前发现屏幕表面有雾气，用软布轻轻擦掉再开机就可以了。如果水分已经进入 LCD，则应把 LCD 放在较温暖的地方，例如台灯下，将里面的水分逐渐蒸发掉。

3．键盘的养护

（1）如果在键盘上积累了灰尘，可用小毛刷来清洁缝隙，或是使用一般在清洁照相机镜头时用的高压喷气罐，将灰尘吹出，或使用掌上型吸尘器来清除键盘上的灰尘和碎屑。

（2）在清洁键盘的表面时，可在软布上蘸上少许清洁剂，在关机的情况下轻轻擦拭键盘表面。

（3）不要用力敲砸键盘。很多用户在死机后由于自己工作成果的丢失，都忍不住会砸键盘几下出口气，这样做会对键盘按键中起支撑作用的软胶造成损坏，时间长了就会使按键按下去弹不上来。

（4）尽量不要在笔记本电脑上方吃东西、吸烟或者是喝水，保持键盘的干净。特别是过多的液体进入了键盘，很有可能使线路短路，造成硬件损失。

对于标准大小的按键，用指甲使劲一抠可以抠开键帽，若键盘进水，就需要把进水的那一片的按键全部抠开，之后进行仔细的检查。如果确定液体没有渗漏进笔记本电脑内部，那么对于蒸馏水或自来水等，将其晾干即可；对于饮料，如可口可乐等，这些饮料水分蒸发干后会留下黏黏的糖分，需要用低浓度酒精进行擦拭。

（5）如果键盘上某个按键弹不起来，可抠开键帽，之后会看到一个橡胶垫，按键弹不起来就跟它有关系。可以用手按一下这个橡胶垫，如果不能自己弹起来可以使用其他不常用的按键的橡胶垫与之代替，或者去笔记本电脑二手市场去买一个换上。

4．指点设备的保护

大多数笔记本电脑都自带了触摸板或者鼠标杆来代替鼠标，而且很多用户都已经习惯使用这两种方式来控制屏幕上的光标。

（1）在使用触控板的时候，一定要保持双手清洁，以免发生光标乱跑的现象。

（2）如果不小心弄脏触控板的表面，可以将干布蘸湿一角轻轻擦拭触控板表面，千万不要使用粗糙布等物品擦拭表面。

（3）触摸板是感应式精密电子组件，千万不能使用尖锐物品在触控面板上书写，也不能重压使用，以免造成损坏。一般的触摸板都分为多层，第一层是透明的保护层，第二层为触感层。用户需要注意的是第一层，这层保护层主要功能是加强触摸板的耐磨性。不要让硬东西将这层保护膜划破，这层膜只要破了一点，其余的部分很快就会脱落。若整个保护膜掉光，触摸板的耐磨性就非常脆弱，很容易由于长时间的摩擦导致其失灵。

（4）鼠标杆也称指点杆，鼠标杆最初是由IBM发明出来的，其主要好处在于节省装配空间，用户在使用鼠标杆时一定要注意避免用力过大使设备损坏。

（5）一般的鼠标杆上面都有一个橡胶头，如果用户经常非常用力的使用这个橡胶头，时间长了橡胶头也会变质、脱落，所以平时也要避免用力过大使橡胶头损坏。

（6）若鼠标杆上的橡胶头脏污，可以用牙刷蘸少许牙膏进行适当的清理。

5．硬盘的养护

（1）在硬盘运转的过程中，应尽量保持平稳，避免在容易晃动的地点操作笔记本电脑，更不要突然撞击笔记本电脑。虽然笔记本电脑硬盘的抗震性能要比台式机的硬盘好得多，但是毕竟其原理和台式机硬盘是一样的，磁头臂在高转速的盘片上飘过，突然的撞击或者哪怕是微小的震动都会造成严重的后果。

（2）开关机过程是硬盘最脆弱的时候。此时硬盘轴承转速尚未稳定，如果在这个时候产生震动，则很容易造成坏轨。所以建议在关机等待约十秒钟左右后再移动笔记本电脑。

（3）平均每月执行一次磁盘重组及扫描，以增进磁盘存取效率。

（4）对于硬盘上的重要数据，建议定期使用外部存储方式（如光盘刻录、磁带存储、外置硬盘或网络共享）进行备份，以确保在关键时刻可以保住重要数据。

6．光驱的养护

（1）笔记本电脑光驱结构比台式机光驱精密，因此对灰尘和污渍也更加敏感。为避免灰尘的影响，笔记本电脑光驱在不用的时候应该取出盘片，避免经常使用劣质/肮脏的光盘，减少长时间连续让光驱运转，必要时可选择虚拟光驱软件来为其减负。

（2）定期用清洗液清洁光头，也是笔记本电脑的光驱保养的重要手段。

（3）笔记本电脑的光驱在两侧有托盘出入用的导轨，如果装载盘片的时候用力太大，次数多了也容易加剧导轨和托盘的磨损，使得间隙增大，托盘的出入会不平稳，甚至会无法弹出或者无法合上。因此，在将光盘盘片置入光驱中的时候，要双手并用，一只手托住CD托盘，另一只手将CD片固定，以避免CD托盘变形。

7．电池的养护

（1）室温在 20～30℃为电池最适宜的工作温度，温度过高或过低的操作环境将缩短电池的使用寿命。

（2）在可提供稳定电源的环境下使用笔记本电脑时，将电池移除可延长电池寿命是不正确的。因为，当电池电力满充之后，电池中的充电电路就会自动关闭，所以不会发生过充的现象。但是频繁的装卸电池会造成电路接口磨损而导致接触不良。

（3）由于笔记本电脑使用的锂离子电池存在一定的惰性效应，长时间不使用会使锂离子失去活性，需要重新激活。因此，如果长时间（约一个月）不使用电脑或发现电池充放电时间变短，

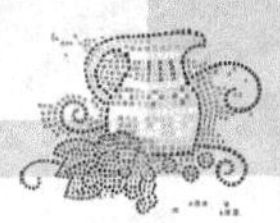

应使电池完全放电后再充电。

8．接口的保养

对于笔记本电脑的各种端口，平时也应注意养护，在不使用时尽量将其用专用的扣盖或空卡封住接口，以免灰尘从这些地方进入主机。同时，在携带笔记本电脑外出时也应尽量拔掉这些扩展连接设备，以免它们受到挤压，导致接口松动、扭歪甚至折断。

2.4 计算机网络的一些应用

2.4.1 计算机网络及其分类

1．什么是计算机网络

计算机网络技术是计算机技术和现代通信技术紧密结合的产物，是当今世界发展最快的技术之一。计算机网络不仅为社会的信息化奠定了坚实的基础，为社会经济的发展起到了巨大的推动作用，同时也使人们的生活和工作方式产生了深刻的变革。

所谓计算机网络，就是将分布在不同地理位置上的具有独立功能的计算机系统，通过通信设备的通信线路相互连接起来，在网络软件支持下进行数据通信，以实现计算机资源共享的系统。

这里有独立功能的计算机系统，是指一台台实实在在、可自主运行、互不从属的计算机系统。相互连接，则包含物理的和逻辑的两个层次；相互连接的物理层次，由硬件实现；相互连接的逻辑层次，由软件实现。最后，要说明的是，资源共享是计算机联网的最主要的目的。这里的资源指的是构成系统的所有要素，包括计算机的处理能力、数据、应用程序、主机以及各种输入输出设备等。

2．计算机网络的主要功能

计算机网络与通信的结合，可以使众多的个人计算机不仅能够同时处理文字、数据、图像、声音等信息，而且还可以使这些信息四通八达，及时地与全国乃至全世界的信息进行交换。

计算机网络具有如下主要功能。

（1）资源共享。这是计算机网络的重要功能。所谓共享就是指网络中各种资源可以相互通用，用户能在自己的位置上部分和全部地使用网络中的软件、硬件和数据。

（2）数据传送。计算机网络可以实现各计算机之间的数据传递，使分散在不同地点的业务部门和生产部门的信息得到统一、集中的控制和管理。

（3）分布式处理。分布式处理是计算机网络研究的重点课题，它把一项复杂的任务划分成若干个部分，由网络上各计算机分别承担其中一部分任务，同时运作，共同完成，从而使整个系统的效能大为加强。

（4）提高计算机的可靠性和可用性。计算机网络中的各台计算机可以通过网络互为后备机。设置了后备机，一旦某计算机出现故障，网络中其他计算机可代为继续执行，从而提高计算机的可靠性。如果网络中某台计算机任务太重，网络可以将该机上的部分任务转交给其他较空闲的计算机，以达到均衡计算机负载，提高网络中计算机可用性的目的。

3．计算机网络的分类

计算机网络的种类很多，根据各种不同的分类原则，可以得到不同类型的计算机网络。

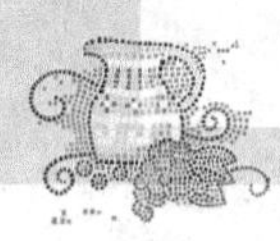

（1）按地理范围分类。根据计算机网络所覆盖的地理范围和计算机之间互连的距离、信息的传递速率，计算机网络通常分为局域网（Local Area Network，LAN）、广域网（Wide Area Network，WAN）和城域网（Metropolitan Area Network，MAN），城域网和广域网又可称为互联网。

① 局域网。局域网又称局部网，是指在有限的地理区域内构成的计算机网络。它具有很高的传输速率，其覆盖范围一般不超过 10km，通常将一座大楼或一个校园内的分散的计算机连接起来构成局域网。局域网采用的通信线路一般为双绞线或同轴电缆。这种网络组网便利，传输效率高。

② 城域网。城域网的作用范围比局域网大，通常在几十到上百千米，可以覆盖一个城市。城域网中可以包含若干个彼此互连的局域网。城域网通常采用光纤或微波作为网络的主干通道。

③ 广域网。广域网又称远程网，一般来说比城域网大的网络都可以称为广域网。广域网可以将相处遥远的两个城域网连接在一起，也可以把世界各地的局域网连接在一起。广域网涉及的区域大，如跨多个城市、国家、洲间的网络都是广域网。

把世界各地的局域网连接在一起的广域网称 Internet，Internet 是通过卫星、光纤等传输介质，利用网络互连设备将世界各地的计算机连接在一起，使用 TCP/IP 进行通信的全球计算机网络。

（2）按拓扑结构分类。拓扑结构就是网络的物理连接形式。若不考虑网络的实际地理位置，把网络中的计算机看作一个节点，把通信线路看作一根连线，这就抽象出网络的拓扑结构。以局域网为例，其拓扑结构主要有星型、总线型和环型 3 种。对应的网络称为星型网、总线型网和环型网。

（3）按传输介质分类。通信传输介质就是通信线路。目前常用同轴电缆、双绞线、光纤、卫星、微波等有线或无线传输介质，相应的网络就分别称为同轴电缆网、双绞线网、光纤网、卫星网、无线网等。

（4）按服务方式分类。按网络系统的服务方式可分为两类，即集中式系统和分布式系统。

① 集中式系统。由一台计算机管理所有网络用户并向每个用户提供服务，多用于局域网。

② 分布式系统。由多台计算机共同提供服务，每台计算机既可以向别人提供服务也可以接受别人的服务，如 Internet 的服务器系统。

（5）按通信协议分类。通信协议是通信双方必须共同遵守的规则或约定。不同的网络采用不同的通信协议，例如，局域网中的以太网络采用 CSMA/CD 协议；广域网中的分组交换网采用 X.25 协议；Internet 则采用 TCP/IP。

（6）按传输速率和传输技术分类。在计算机通信中，传输的是信号。一方面，信号的传输是需要时间的，数据传输速率是指每秒钟传输的二进制位（bit，比特）数，记为 bit/s，更大的单位用 kbit/s 或 Mbit/s；另一方面，把直接用计算机产生的数字信号进行传输的方式称为基带传输，把数字信号通过调制器变换成模拟信号传送，在接收端再用解调器还原成原来的数字信号的传输方式称之为宽带传输。根据传输速率网络可分为低速网、中速网和高速网。根据网络的传输技术可分为基带网和宽带网。

基带网中，每台计算机都使用了传输线路（也称传输信道）的所有带宽（电信号固有的基本频带）资源；宽带网中各计算机可分别使用带宽资源的一部分（称为子频带），用其来传输音频信号、视频信号和数字信号，从而实现线路的复用。

网络传输中，带宽通常表示了通信媒体传输数据的能力。提高带宽的方法是：使用更快的传输技术，使用更多或容量更大的线缆。目前，人们所说的“通过宽带接入 Internet”中的宽带，是

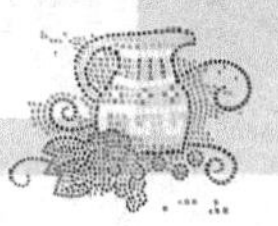

指在同一传输介质上，使用特殊的技术或设备，可以利用不同的频道进行多重（并行）传输，并且有较高的传输速率。

2.4.2　局域网的组成

一般局域网由 3 部分组成，即计算机及智能性外部设备（如文件服务器、工作站等）；网络接口卡及通信介质（网卡、通信电缆等）；网络操作系统及网管系统。其中前两部分构成局域网的硬件部分，第 3 部分构成局域网的软件部分。

1．服务器与客户机

（1）服务器。服务器（Server）是向客户机提供服务的机器，在其上装备有网络的共享资源，一般采用大型机、小型机或高档计算机。

在局域网的硬件组成中，文件服务器是整个局域网的核心，它担任网络的中央控制站，负责整个网络的运行与管理。由于文件服务器要同时服务于多个用户，故对其性能要求较高，通常配有大容量的内存和硬盘。

服务器按用途分类为：文件服务器、数据库服务器、打印服务器、文件传输服务器、电子邮件服务器、名称服务器等。

（2）客户机。客户机（Client）是网络用户使用的计算机，通常称为工作站。客户机能够独立运行，具有本地处理能力，联网后功能更强。在网上它可以向服务器发出请求，使用网络系统提供的各种服务。客户机一般由普通机或图形工作站担任。一个局域网中可有数台至数百台工作站，局域网中通过通信介质将所有设备连接起来。

局域网中的服务器和客户机统称为主机。在主机中除了装有本地操作系统外，还应配有网络操作系统。此外，还装有各种用户软件、网络数据库和各种工具软件。

2．网络接口卡及通信介质

（1）网络接口卡。网络接口卡（Network Interface Card，NIC）也叫做网络适配器，通常被做成插件的形式插入到计算机的扩展槽中，俗称网卡。要将网络设备连接到网络上，需要在设备中插入相应的网络接口卡。它是计算机与通信介质的接口，主要用来实现物理的转换以及执行网络协议。网络接口卡如图 2.30 所示。目前，已有很多主板将网卡集成在主板上，这样用户就可以不再另外选购网卡了。

（2）集线器。集线器（Hub）是计算机网络中一种以星型形式连接多个计算机或其他设备的网络连接设备。在局域网中，这种设备常常使用双绞线连接各个入网设备，而集线器本身通过双绞线、同轴电缆或光缆连接到干线网络上。一款集线器如图 2.31 所示。

图 2.30　网络接口卡

图 2.31　集线器

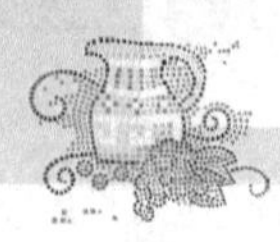

（3）调制解调器。调制解调器是一种信号转换装置，它可以把计算机的数字信号“调制”成通信线路的模拟信号，再将通信线路的模拟信号“解调”回计算机的数字信号。调制解调器的作用是将计算机与公用电话线相连接，使得现有网络系统以外的计算机用户，能够通过拨号的方式利用公用电话网访问计算机网络系统。这些计算机用户被称为计算机网络的增值用户，增值用户的计算机上可以不装网卡，但必须配备一个调制解调器。

（4）传输介质。传输介质是网络数据流动的载体，是通信网络中发送方和接收方之间的物理通路。下面简要介绍几种常用传输介质。

① 双绞线。双绞线成本低，易于辅设，既可传输模拟数据，也可传输数字数据，因此受到欢迎。双绞线由螺旋绞在一起的两根绝缘线组成，这样可使线间的电磁干扰最小，并保持恒定的特性阻抗。使用时，一个绞线对作为一条通信链路。

双绞线可分为屏蔽双绞线（STP）和非屏蔽双绞线（UTP）。

屏蔽双绞线（Shielded Twisted Pair，STP），就是在双绞线外面包上一层用作屏蔽的网状金属线，最外面再加一层起保护作用的聚乙烯塑料，因此能有效地防止电缆干扰。它可支持较远距离的数据传输和有较多网络结点的环境，与非屏蔽双绞线相比，其误码率有明显的下降，但价格较贵。

非屏蔽双绞线（Unshielded Twisted Pair，UTP）没有起屏蔽作用的网状金属线，抗干扰能力较差，误码率高。但因价格便宜、安装方便，既适合点对点的连接，又可以用于多点连接，所以广泛用于电话系统和计算机局域网中。非屏蔽双绞线示意图如图 2.32 所示。

在局域网通信中根据传输特性，常用的双绞线有 3 类线、4 类线、5 类线和 6 类线。在 20 世纪 90 年代国际电子工业协会（EIA）颁布了 EIA-568 标准。例如，3 类 UTP 双绞线的传输特性为 16MHz；4 类 UTP 双绞线的传输特性为 20MHz；5 类 UTP 双绞线的传输特性为 100MHz。在实际应用中，3 类和 5 类双绞线被大多数局域网所采用。如 3 类线通常用于 10Base-T 的以太网中，5 类线通常用于 100Base-T 的以太网中。

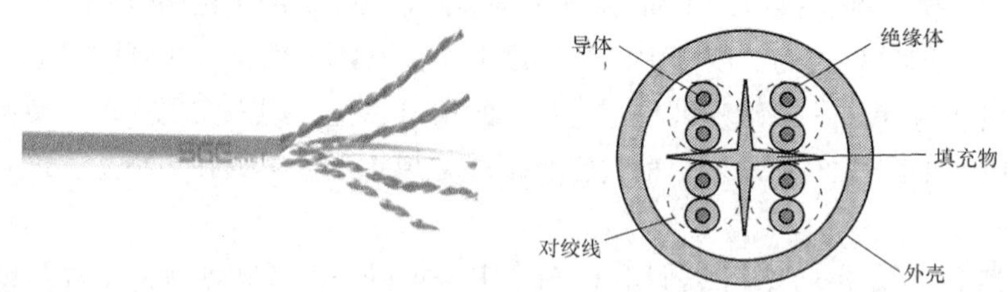

图 2.32　非屏蔽双绞线示意图

② 同轴电缆。同轴电缆是目前计算机通信中使用最普遍的传输介质之一。同轴电缆由外层的圆柱导体包一根内导线组成，如图 2.33 所示。内导线可以是单股或多股导线。

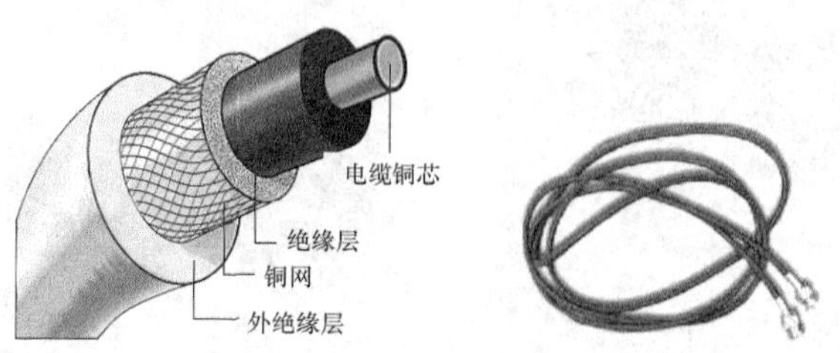

图 2.33　同轴电缆示意图

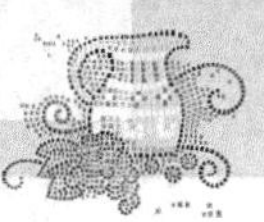

同轴电缆按信号传输的类型，可分为基带同轴电缆和宽带同轴电缆。基带同轴电缆的特征阻抗为 50Ω，只用于传输数字信号。由于数字信号被直接送到传输介质上，无需经过调制，故把这种电缆称为基带同轴电缆。基带同轴电缆是基带局域网中常用的传输介质。

宽带同轴电缆的特征阻抗为 75Ω，它既能传输模拟信号，也能传输数字信号，传输模拟信号时的频率范围为 300 ~ 500MHz；既可以传输音频信号，也可以传输视频信号。宽带同轴电缆传输数字信号时，需占用电缆的全部频带，传输速率可达 50Mbit/s。

③ 光导纤维。以金属导体为核心的传输介质，传输的信号是电信号；而光导纤维（简称光纤）传输的是具有数字特征的光脉冲，多根光纤组成光缆。光缆由缆芯、包层、加强构件和保护层 4 部分组成，如图 2.34 所示。光纤是由具有较高折射率的玻璃或塑料单根纤维体的内层和折射率较低的外层构成。

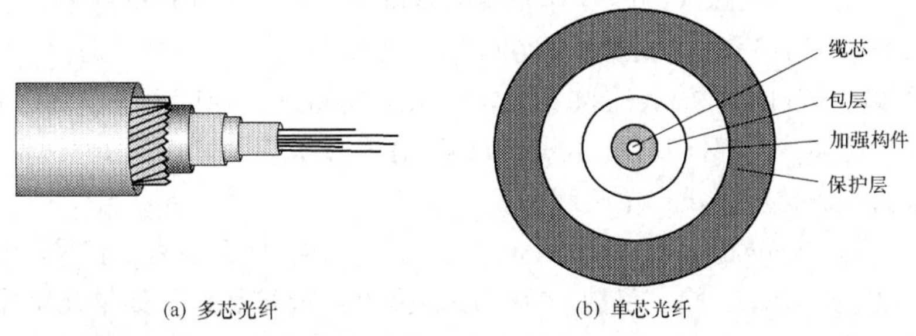

图 2.34　光缆示意图

光纤的传输原理是基于光的全反射原理，当光纤折射率大于包层折射率时，只要光线的入射角大于某临界值，就会产生光的全反射，通过光在光纤中的不断反射来传输调制的光信号，就可以把信息从光纤的一端传输到另一端，从而达到了传导光波的目的。

光纤传输又分成多模传输和单模传输，不同波长的光线以不同角度在光纤内反射传播不同的信号称为多模光纤传输。将光纤看作一个波导，使其没有反射而是沿直线传播则称为单模光纤传输。按波长范围划分，波长区在 0.8 ~ 0.9μm，可视为多模光纤通信；波长区在 1.53 ~ 1.58μm 视为单模光纤通信，若波长区在 1.25 ~ 1.35μm 可视为多模和单模两种通信形式。从传输性能上看，多模光纤频带窄、传输距离短；而单模光纤频带宽、传输距离长。

进入 20 世纪 90 年代后，在要求输出速率很高（如超过 100Mbit/s）、抗干扰性极好的局域网的主干网络中，越来越多地采用光缆。

④ 无线信道。无线信道非常适合于难于铺设传输线路的偏远山区、各沿海岛屿，也为大量的便携式计算机入网提供了条件。目前常用的无线信道有微波、卫星信道、红外线和激光信道等。

3．局域网的软件

局域网的软件部分主要指网络操作系统，它是计算机网络的核心，对网络中的所有资源进行管理和控制。在结构上，网络操作系统有许多模块，其中大部分驻留在网络服务器中，为数据、打印机和通信服务。但有时为了特殊的需要，一些重要的程序模块必须装入网络中的每个工作站或有关设备中。

目前，局域网中主要应用以下几类网络操作系统。

（1）Windows 类。这类操作系统是全球最大的软件开发商——Microsoft（微软）公司开发的。这类操作系统在整个局域网配置中是最常见的。但由于它对服务器的硬件要求较高，且稳定性能

不是很高，所以微软的网络操作系统一般只是用在中低档服务器中，高端服务器通常采用 UNIX、Linux 或 Solairs 等非 Windows 操作系统。在局域网中，微软的网络操作系统主要有：Windows NT 4.0 Server、Windows 2000 Server/Advance Server，以及 Windows 2003 Server/ Advance Server 等，工作站系统可以采用任意 Windows 或非 Windows 操作系统，包括个人操作系统，如 Windows 9x/ME/XP 等。

在整个 Windows 网络操作系统中最为成功的还是 Windows NT 4.0 系统，它几乎成为中、小型企业局域网的标准操作系统。一则是它继承了 Windows 家族统一的界面，使用户学习、使用起来更加容易；再则它的功能的确比较强大，基本上能满足所有中、小型企业的各项网络需求。该系统虽然相比 Windows 2000、Windows Server 2003 系统来说在功能上要逊色许多，但它对服务器的硬件配置要求要低一些，可以更大程度上满足中、小企业 PC 服务器的配置需求。

Windows 2000 是在 Windows NT 操作系统的基础上，集成了最佳的网络、应用程序和 Web 服务。针对不同的用户和环境，Windows 2000 产品家族推出了 4 个版本，是一个从低端到高端的全方位的操作系统。Windows Server 2003 与 Windows 2000 相比速度更快、更稳定和更安全，同时也增加了一些新功能，如邮件服务、IPv6、微软.NET 技术等。Windows Server 2003 同样分 4 个版本，但全部为服务器版，没有单机版本。

（2）NetWare 类。Netware 是由美国 Novell 公司开发的，因此也有人将采用 Netware 网络操作系统的局域网称为 Novell 网。目前，NetWare 操作系统虽然远不如早几年那么风光，但是 NetWare 操作系统仍以对网络硬件的要求较低，而受到一些设备比较落后的中、小型企业，特别是学校的青睐。它经过长时间的发展，具有相当丰富的应用软件，技术完善、可靠。

（3）UNIX 系统。目前常用的 UNIX 系统版本主要有 AT&T 和 SCO 公司推出的 UNIX SUR 4.0、HP-UX 11.0 以及 Sun 公司的 Solaris 8.0 等。支持网络文件系统服务，提供数据等应用，功能强大。这种网络操作系统稳定和安全性能非常好，但由于它多以命令方式进行操作，不容易被用户掌握，特别是初级用户，所以 UNIX 一般用于大型的网站或大型的企、事业局域网。而中、小型局域网基本不使用 UNIX 作为网络操作系统。

（4）Linux 系统。这是一种新型的网络操作系统，它最大的特点就是源代码开放，可以免费得到许多应用程序。中文版的 Linux 在国内得到了许多用户的充分肯定，它与 UNIX 有许多类似之处，其优点主要体现在它的安全性和稳定性方面。目前，这类操作系统主要应用于中、高档服务器中。

综上所述，对于不同的网络应用和网络设备，我们需要有针对性地选择合适的网络操作系统。

4．局域网的拓扑结构

局域网的拓扑结构是指网络中节点相互连接的方法和形式。目前，局域网主要有 3 种拓扑结构：总线型、星型和环型，如图 2.35 所示。

（1）总线型网络结构。总线型网络结构是由一条高速公用总线连接若干个节点所形成的网络，其结构如图 2.22（a）所示。其中一个节点是网络服务器，它提供网络通信及资源共享服务，其他节点是网络工作站。总线型网络采用广播通信方式，即由一个节点发出的信息可以被网络上的任何一个节点接收。

总线型结构具有以下优点：结构简单，可扩充性好，组网容易；信道利用率高；传输速率较高。

总线型结构具有以下缺点：故障诊断困难，发生故障时往往需要检测网络上的每个节点；故障隔离困难，故障一旦发生在公用总线上，就可能影响整个网络的运行，同时造成故障隔离困难。

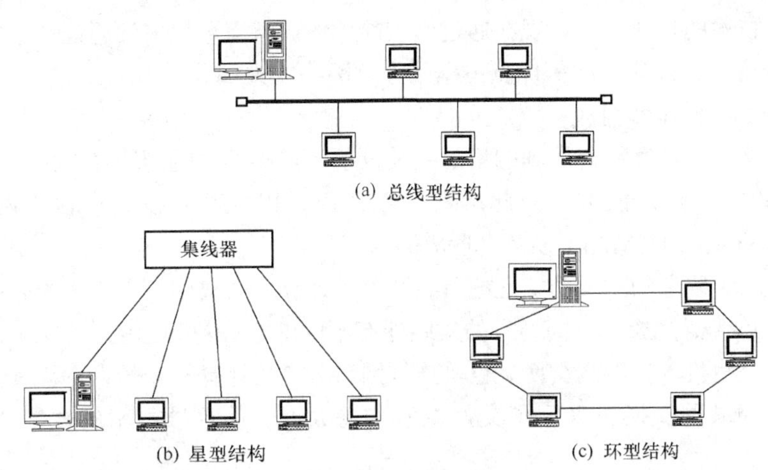

图 2.35　局域网的拓扑结构

（2）星型网络结构。星型结构是以一个中心节点为中心的处理系统，各种类型的入网机器均与该中心节点的物理链路直接相连，其他节点间不能直接通信，其他节点通信时需要该中心节点转发，因此，中心节点必须有较强的功能和较高的可靠性。星型网络的结构如图 2.22（b）所示。

由图 2.22（b）可知，中央节点可直接与各节点通信，而各节点之间必须经过中央节点才能通信。通常中央节点由集线器（Hub）充当，因此，网上的计算机之间通常都是通过集线器来相互通信的。目前大多数局域网采用星型网络拓扑结构。

星型结构具有以下优点：结构简单，集中管理；控制简单，建网容易；网络延迟时间较短，传输误差小。

星型结构具有以下缺点：网络需要智能的、可靠的中央节点设备，中央节点的故障会使整个网络瘫痪；需要的缆线较多，通信线路利用率不高；中央节点负荷太重。

（3）环型网络结构。环型网络是指在网络中的各节点通过环路接口连在一条首尾相接的闭合环型通信线路中，环路上的每个节点发送的信息，在环上只沿一个方向传输，依次通过每台计算机。其结构如图 2.22（c）所示。

由图 2.22（c）可知，环型拓扑结构上的计算机都连在一条环型线缆上，信号按照事先约定好的方向，从一个节点单向传送到另一个节点。在环型拓扑结构中，每台计算机都是通过一个中继器（环路接口）接入环中。因为信号通过每台计算机，所以任何一台计算机出现故障都会影响整个网络。

环型拓扑结构有以下优点：缆线长度比较短；网络整体效率比较高。

环型拓扑结构有以下缺点：故障的诊断和隔离较困难；环路是封闭的，不便于扩充；控制协议较复杂。

2.4.3　办公局域网的建立

1．办公局域网简述

目前随着信息技术的不断发展，人们对网络的需要也更加迫切。对于办公室所有的计算机来说，没有连接成网络的计算机都是一个个“信息孤岛”，只有连接成网络之后，所有的资源才能在网络上共享，如共享工作文档、协同处理文件、实时通信、共享 Internet 连接等。

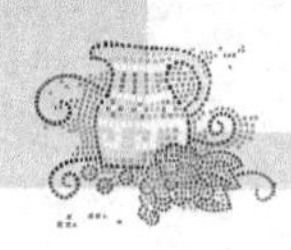

随着局域网技术的日新月异，现在通过一些简单的设备就可以方便组建一个办公局域网。以太网网络以其造价小、组建方便等优点占据了办公网络的大部分。

2．办公局域网的硬件组成

（1）网卡。网卡是计算机连接到网络的关键设备。连接不同的网络需要不同类型的网卡，目前应用最广泛的网络是以太网，因此网卡一般也都是以太网卡。目前以太网网卡可以分为10Mbit/s、100Mbit/s、1000Mbit/s以及自适应网卡等。

（2）集线器。集线器的主要功能是把所有节点（计算机）集中在以它为中心的节点上，使各个节点可以通过集线器互通。不同型号的集线器有不同的端口数和速度。

（3）局域网交换机。局域网交换机也是连接网络节点（计算机）的设备，其实现的功能和交换机类似，但是局域网交换机采用了交换技术传播数据，使局域网中的数据传递更有效和更容易管理。

（4）宽带路由器。局域网的一个很重要的功能就是共享Internet连接。共享Internet连接的方法很多，通过宽带路由器可以很方便地使所有局域网用户共享一个Internet连接而不用很复杂的设备和设置。宽带路由器中一般都内置了PPPOE协议、NAT转换服务等。通过PPPOE协议可以虚拟拨号，可以连接ADSL宽带和其他需要虚拟拨号连接的宽带网，而不需要在上网的计算机上安装虚拟拨号软件。

（5）ADSL Modem。目前大多数的宽带Internet连接都是ADSL形式。ADSL通过电话线传输数据，不需要另外安装电缆，因此非常普及。因为电话线只能传递模拟信号，但是计算机需要数字信号，因此通过ADSL上网需要一个数字/模拟信号转换器，即ADSL Modem。另外，如果不是采用电话线上网而是采用有线电视电缆上网则需要安装Cable Modem。其功能和ADSL Modem功能类似。在选择这类转换器时一定要首先确定好自己的上网方式，然后再选择转换器。

3．组建办公局域网

组建办公局域网其实就是连接计算机和网络设备的过程，其基本的安装图如图2.36所示。

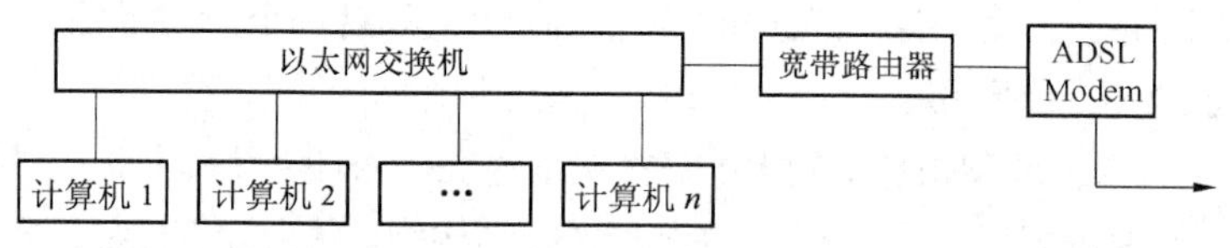

图2.36　办公局域网基本安装图

（1）安装网卡。网卡是计算机与网络连接的基础。安装网卡时，首先关闭主机电源，打开机箱，根据网卡接口类型找一个合适的插槽，将网卡连接到主机板上，并用螺丝固定。另外，在打开计算机时计算机会提示安装网卡的驱动程序。一般Windows系统都自带了很多网卡的驱动程序，系统会自动安装。如果系统中找不到默认的驱动程序，则需要用户手动安装。

（2）制作双绞线。在网络连接中，带有RJ-5接头的双绞线电缆是各网络设备的连接者，即网线。制作双绞线的操作步骤如下。

① 裁切网线。在确定计算机位置、量好网络设备之间的距离后裁切。

② 接水晶头。将线头剥开1.5～2cm，分开里面的4对8股包含绝缘皮的铜导线。按照白绿、绿、白橙、橙、白蓝、蓝、白棕、棕的顺序排好，裁齐，插入水晶头中，然后用夹线钳夹紧。

③ 粘贴编号。对制作的双绞线进行编号，这样可以在网络出现问题时，方便对其进行维修。

（3）连接计算机与交换机。将做好的双绞线电缆一端插入计算机的网卡上，另一端插入交换机的端口上就完成了计算机与交换机之间的连接。当网卡上的指示灯和交换机上端口的指示灯都亮时说明电脑和交换机的连接成功。按照同样的方法将所有的计算机都连接到交换机上。

（4）共享上网设备的连接。按照安装图，首先将宽带路由器的 LAN 端口通过双绞线连接交换机的任意端口（UpLink 端口除外）。然后将宽带路由器的 WLAN 端口通过双绞线连接到 ADSL Modem 的输出端口。最后将电话线连接到 ADSL Modem 的 Line 端口。至此整个网络的连接就完成了。

2.4.4　设置局域网共享资源与访问网络资源

在局域网中，计算机中的每一个软、硬件资源都被称为网络资源。用户可以将软、硬件资源共享，被共享的资源可以被网络中的其他计算机访问。下面以局域网中的办公计算机使用 Windows XP 操作系统为例介绍有关操作。

1．设置共享文件夹

在局域网中，一个文件夹只有设置为共享文件夹，其下的所有文件才能被其他计算机用户访问。设置共享文件夹的方法如下。

（1）在“我的电脑”或“资源管理器”中，右击需要共享的文件夹，在快捷菜单中选择“共享与安全”命令，打开该文件夹属性的“共享”选项卡，如图 2.37 所示。

（2）在“网络共享和安全”栏中，选中“在网络上共享这个文件夹”，并在下面的“共享名”文本框中输入该共享文件夹的名称，系统默认为文件夹的名称。

（3）如果要允许其他用户对共享文件夹的文件进行修改，可以选中“允许网络用户更改我的文件”选项。

如果选中该项，网络上的用户可能会删除共享文件夹下的文件。若不选择此项，其他用户可以访问和复制这些共享文件，但不能直接修改。

当一个文件夹被设为共享文件夹后，在“我的电脑”或“资源管理器”中，该文件夹下会出现一个托起该文件夹的小手，用户可以方便地看到哪些文件夹为共享文件夹。

2．设置共享打印机

打印机是经常被共享的硬件资源。打印机共享后，网络上的其他用户可以使用共享的打印机打印资料。共享打印机的方法和共享文件夹的方法类似，操作方法如下。

（1）在“我的电脑”或“资源管理器”中，右击“打印机”图标，在弹出的快捷菜单中选择“共享”命令，将弹出该打印机属性的“共享”选项卡，如图 2.38 所示。

（2）选择“共享这台打印机”单选按钮，在共享名中输入该共享打印机的名字，默认为该打印机的名称。

（3）单击“确定”按钮。

如果这台打印机被网络上的其他版本的 Windows 用户共享，则可能需要安装该打印机的其他驱动程序。为了让共享用户不再查找该打印机的其他程序，则应在计算机上预装其他版本 Windows 的该打印机驱动程序。

3．搜索计算机

在局域网中，如果用户需要使用其他计算机上的资源，首先必须在局域网中找到该计算机。

一般情况下，其他计算机的图标都会显示在“网上邻居”的窗口中。如果在网上邻居中没有显示出来，可以按照下面的方法进行查找。

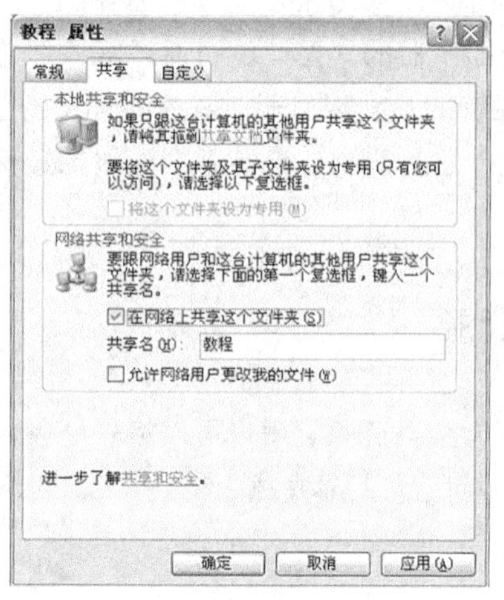

图 2.37　文件夹属性的“共享”选项卡

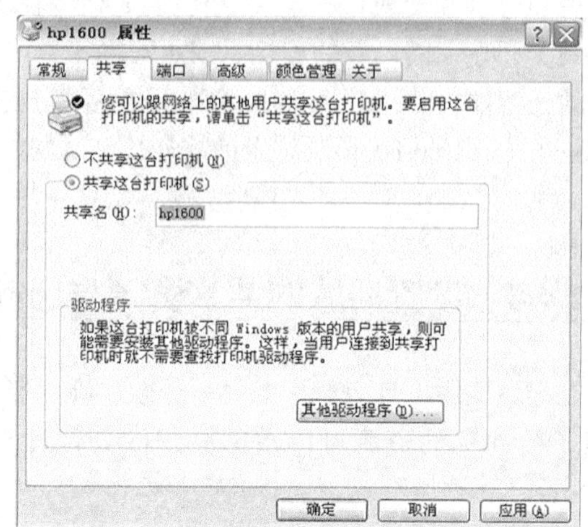

图 2.38　打印机属性的“共享”选项卡

（1）右击桌面“网上邻居”图标，在快捷菜单中选择“搜索计算机”命令，打开“搜索结果→计算机”窗口，如图 2.39 所示。

（2）在该窗口的左边“计算机名”框中输入需要搜索的计算机名。

（3）单击“搜索”按钮。如果网络配置正确，在右边窗口中将出现搜索的结果。

4．访问共享资源

当用户的计算机连接到网络上以后，用户就可以访问网络中其他计算机上共享的驱动器、文件夹或文件。

使用桌面上的“网上邻居”图标，或者“我的电脑”和“资源管理器”中的“网上邻居”，都可以浏览并使用网络中的共享文件夹和共享文件。

使用方法如下。

（1）双击“网上邻居”图标，打开“网上邻居”窗口，窗口中列出了网络中所有计算机的名称。

（2）在“网上邻居”窗口中，选择所需要文件夹的计算机图标，屏幕将显示该计算机中的所有共享资源。

（3）双击要查看的文件夹，屏幕会显示文件夹中的全部内容。

（4）在访问权限许可的情况下，可以对共享文件进行复制、移动、修改、重命名等操作。双击要查看的应用程序文件，即可打开该文件。

5．映射网络驱动器

如果用户经常要使用网络上的允许访问的某些共享文件夹，可以将它们映射到某一网络驱动器（如 F 盘）。这样用户可以像使用自己的 C 盘一样，通过使用映射的驱动器（F 盘），来使用其中的共享文件。

映射网络驱动器的方法如下。

（1）在“网上邻居”中找到要映射的计算机及其文件夹。

（2）用鼠标右击该文件夹，弹出快捷菜单。

（3）从快捷菜单中选择“映射网络驱动器”，弹出“映射网络驱动器”对话框，如图 2.40 所示。

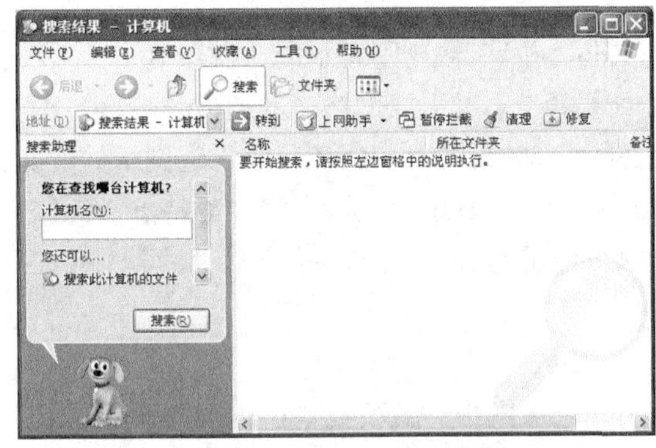

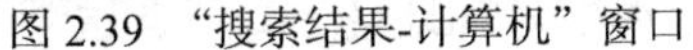
图 2.39　“搜索结果-计算机”窗口

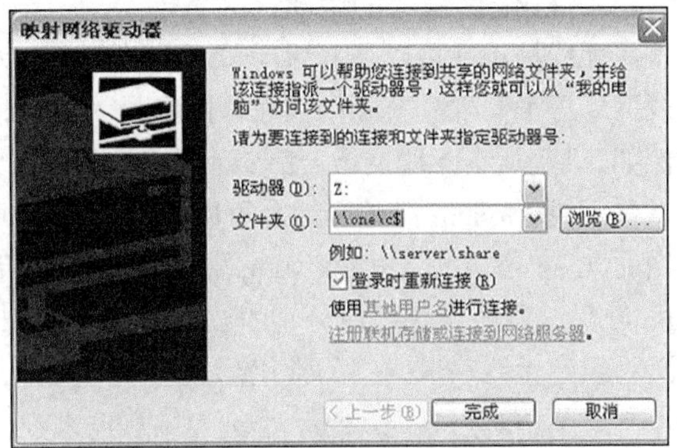

图 2.40　“映射网络驱动器”对话框

（4）在对话框中，选择系统在“驱动器”框中推荐的驱动器号，或者从下拉列表中选择其他字母作为驱动器号。

（5）如果每次使用 Windows XP 时都需要使用该映射，可选中“登录时重新连接”选项。

（6）单击“确定”按钮，完成映射。

映射后，映射网络驱动器图标就会立即出现在“我的电脑”中，用户可以像使用自己机器上的其他驱动器一样，使用映射的驱动器。如果想断开这种映射，可以单击“我的电脑”中工具栏上的“断开网络驱动器”按钮。

2.4.5　无线局域网技术

无线网络可以分为无线局域网和无线广域网，下面就目前应用较多的无线局域网技术进行介绍。

1．无线局域网及其组成

无线局域网（WLAN）：全称 Wireless Local Area Network，一般来说，凡是采用无线传输媒体的计算机局域网都可以称为无线局域网。无线局域网具有传统局域网技术的所有特性和优点，却没有电线或电缆的限制。无线局域网的最大传输范围可达到几十公里。

此外，无线局域网的抗干扰性强、网络保密性好。有线局域网中的诸多安全问题，在无线局域网中基本上可以避免。而且相对于有线网络，无线局域网的组建、配置和维护较为容易，一般计算机工作人员都可以胜任网络的管理工作。

无线局域网主要由通信设备、用户终端和网络支持 3 部分组成。

通信设备依据功能可分为 4 类：无线 LAN“固定小区”、无线 LAN“移动小区”、无线 LAN“桥路器”以及通信保密装置（COMSEC）。

用户终端提供的业务包括电子邮件、数据传送、语音和图像信息。其中，计算数据、仿真结果等，在传输过程中不允许出错，而用户的多媒体信息，如语音和图像数据，相对而言容错性能较好，在一帧图像或语音采样中出现少量错误，对数据的整体性能影响不大。

网络支持包括本地网络管理和外部接口设备两大部分。网络管理由网络的整体配置和各主要

模块（设备、软件）配置组成。至于外部接口设备，在其他网络中可能已经予以考虑，但为了满足自维护网络的要求，在条件允许（如空间资源不紧张）的情况下，还是应该保留。

2. 无线局域网的组建

无线局域网可以在普通局域网基础上通过无线 Hub、桥路器、无线网桥、无线 Modem 及无线网卡等来实现。实际中以无线网卡最为普遍，使用最多。不过无线网络产品通常是一机多用。例如，几乎所有无线网络产品都自含无线发射/接收功能，有的无线路由器覆盖了无线网桥的功能，一些无线 Modem 经适当组合可以形成无线集线器（Hub），具有组合灵活、多样等特点。例如，用 CyLink 公司的 AirLink 无线 Modem 系列产品、TAL 公司的 Remote Client 无线路由器、Access Point 无线网桥，都可以分别组成无线局域网。

组建无线局域网络的常用形式有以下几种。

（1）点对点方式。把一个远程站点连入到一个无线局域网中。只要在单机内插入无线网卡，并连接上相应的天线。以无线网络软件设置相应的 ID 号、中断号和地址，即可调试天线的方向、角度；当无线网络软件指示接收质量为良好或合用时，即认为无线链路接通，双方可做网络设置和操作了。如网中已有路由器，而且天线距网络有相当距离，如数十米至数百米，则应使天线网桥尽量靠近天线，以缩短射频电缆长度、降低射频信号衰减，把无线网桥和路由器以数字线缆相连。这种方式的一种扩展是在两点间如距离过远或有遮挡时，在中间增加了一个无线路由器来做中继。网络的设置也做相应的变动。

（2）无线 Hub 方式。在一个建筑物或一个不大的区域内有多个定点或移动点要接入一个 LAN 时，可用此方式。该方式具有与有线 Hub 组网方式相类似的优点。在该结构基础上的无线局域网，可采用类似于交换型以太网的工作方式，但要求 Hub 具有简单的网内交换功能。要注意的是：各站点要与无线转接器（Access Hub）用相同的网络 ID 以支持解扩，又要有各自的地址号以相区别。

（3）基站接入方式。当采用移动蜂窝通信网接入方式组建无线局域网时，各站点之间的通信是通过基站接入、数据交换方式来实现互连的。各移动站不仅可以通过交换中心自行组网，还可以通过广域网与远地站点组建自己的工作网络。

3. 无线局域网的互连

对于不同局域网的应用环境与需求，无线局域网可采取不同的网络结构来实现互连。

（1）网桥连接型。不同的局域网之间互连时，由于物理上的原因，若采取有线方式不方便，则可利用无线网桥的方式实现二者的点对点连接，无线网桥不仅提供两者之间的物理与数据链路层的连接，还为两个网的用户提供较高层的路由与协议转换。

（2）无中心结构。要求网中任意两个站点均可直接通信。此结构的无线局域网一般使用公用广播信道，MAC 层采用 CSMA 类型的多址接入协议。

4. 无线局域网设计应注意的问题

（1）吞吐量。目前，有些设备吞吐量已超过 15Mbit/s，而有些只能达到 15kbit/s 或者更低。对用户而言，应以满足实际需求、有效利用带宽为原则。以互连有线以太网为例，虽然有线网传输速率可达 100Mbit/s，但实际的最大负载约为 4Mbit/s，若是远距离传输，吞吐量会降低至 2～3Mbit/s。此外，在有线 LAN 中，只有无线节点的业务才会通过无线接口。因此，工作于较低速率（2Mbit/s）的无线 LAN，可很好地与有线以太网相匹配，并具有较好的性能。

（2）保密性。由于无线传输介质的开放性，除了在网络管理层采取一定的安全措施外，在无线 LAN 中，扩频传输技术也提供了许多安全方面的优点。不同的扩频用户选择不同的扩频码可

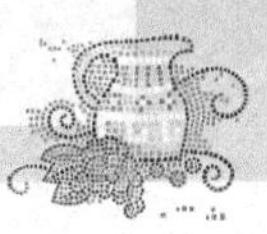

共享同一频带，只有与发信机具有相同扩频码的收信机才能恢复或解扩频号，使数据的保密性能得到增强。但直扩或跳频技术带来的优点，在单频传输时无法实现，所以有必要发展一种动态、简单的加密设备或算法，不仅易于连接和操作，而且传输密码对数据链路也不会产生太多的附加延迟或开销。在实际应用中，既可以通过独立的设备，也可采用硬件或软件方法融入无线 LAN 设备中实现。

（3）"动中通"（OTM，On-The-Move）

随着计算机大量进入商业市场和军事部门，主机之间的相互通信变得非常重要。用户都希望能从网络的任何位置，不需复杂的寻址或长时间的物理连接就可以发送数据。目前无线 LAN 已完成"无束缚"的静态操作，下一步的发展目标将是 OTM 能力，即在以一定速度进行时，可无中断地收发数据，这将是实现个人通信网（PCN）的一条有效途径。当然，为了扩大覆盖范围和提高频谱利用率，有必要引入蜂窝或微蜂窝技术，所以说未来的无线 LAN 将是多项最新的通信技术的结合。

近年来，无线局域网逐渐走向成熟，无线局域网设备的价格也正逐渐下降，相应软件也逐渐成熟。此外，无线局域网已能够通过与广域网相结合的形式提供移动 Internet 的多媒体业务。无疑，无线局域网将以它的高速传输能力和灵活性发挥重要作用。

2.4.6　Internet 上视频与音频设备的连接

目前流行的即时通信软件如 QQ、MSN 等都具有即时语音、视频通信功能。通过该功能可以实现视频电话、实时图像传输等功能。要实现即时语音、视频通信功能，首先要求电脑上装有语音视频设备。语音设备需要有 Mic、音箱或者集成了 Mic 的耳机；视频设备需要有摄像头。

1．语音设备的连接

连接语音设备非常简单，只要将 Mic 的音频插头插入计算机声卡的 IN 端口即可，并且把音箱的音频输入线插入计算机声卡的音频输出端口。如果采用的是集成了 Mic 的耳机，则只需将耳机的两个插头插入计算机声卡上相应的端口即可。

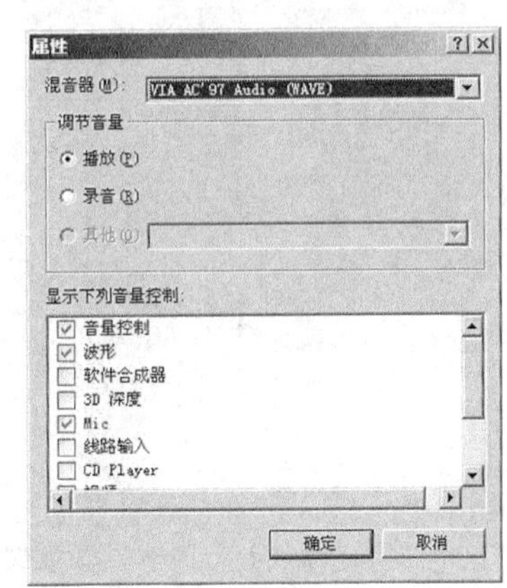

图 2.41　"属性"对话框

连接好语音设备后需要打开计算机的 Mic 功能。首先双击 Windows 系统托盘中的喇叭图标，在弹出的对话框中单击"选项"下的"属性"，弹出"属性"对话框，如图 2.41 所示。在"显示下列音量控制"列表中选中"Mic"选项，然后单击"确定"按钮。此时双击"喇叭"图标，在"音量控制"窗口中会出现 Mic 选项。把"Mic"选项下的"静音"选项勾除，调整音量大小即可调整 Mic 的音量大小。

2．视频设备的连接

视频设备是摄像头，摄像头的接口类型有串口型和 USB 型。目前，大多数摄像头都采用 USB 接口与计算机连接。连接摄像头时，只需将摄像头的端口插入计算机的任意 USB 接口即可。Windows 系统会自动发现有新硬件，并自动查找相关的驱动程序，如果找不到默认的驱动程序，则会提示用户手动安装驱动程序。

音频设备和视频设备都安装好后，打开即时通信软件，选择语音或视频通信，软件会自动检测计算机的语音和视频设备是否可用，如果检测通过，则会显示相应的语音、视频通信界面。

2.5 用多媒体计算机制作演示文稿

PowerPoint 2003是Microsoft Office 2003套装软件包中的一个应用软件。利用PowerPoint可以制作出幻灯片式的多媒体电子演示文稿、35mm幻灯片、Web文档、投影机胶片，以及讲义、提纲、演讲材料等。在PowerPoint 2003中，可以把文本与图形、图像、表格、图表、声音、影像等组合在一起并能实现动画播放功能，从而制作出高质量的演示文稿。

2.5.1 PowerPoint 2003的基础知识与基本操作

1. PowerPoint 2003的启动和退出

（1）PowerPoint 2003的启动。启动PowerPoint 2003和启动其他Office应用程序一样，单击“开始”按钮，在弹出的“开始”菜单中单击“程序”项，如果是Windows XP系统则选择“所有程序”，单击打开的程序菜单中“Microsoft Office”子菜单下的“Microsoft PowerPoint 2003”项。

启动PowerPoint 2003后，屏幕上弹出如图2.42所示的PowerPoint 2003主程序画面，并自动建立一张具有主标题和副标题占位符的幻灯片。

（2）PowerPoint 2003的退出。退出PowerPoint 2003时，可以直接选择“文件”菜单下的“退出”命令，或单击窗口右上角的“关闭”按钮。

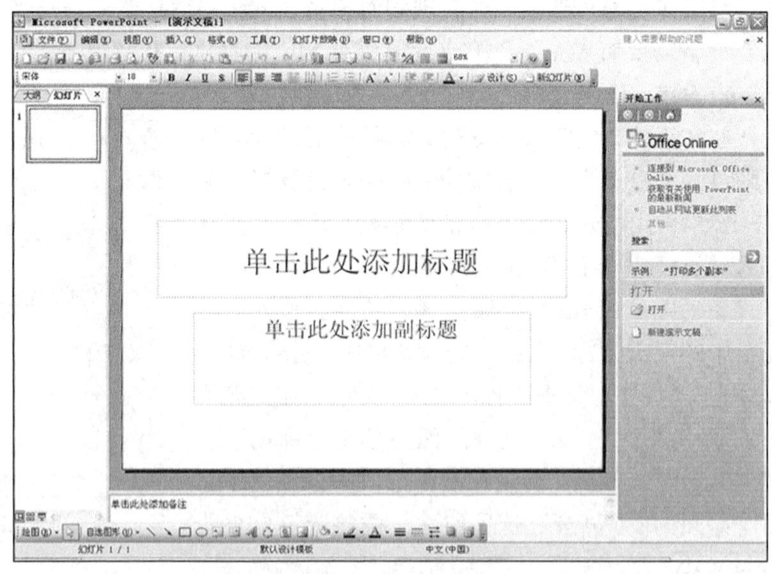

图2.42　PowerPoint　2003的主界面

2. PowerPoint 2003工作窗口简介

图2.42所示即为PowerPoint 2003的工作窗口，在该窗口中最上面是标题栏。从标题栏向下依次是菜单栏、工具栏、幻灯片编辑区、视图切换工具栏、任务窗格和状态栏。

（1）标题栏。显示出当前应用程序名和当前的文件名。在标题栏的右端有最小化按钮、最大

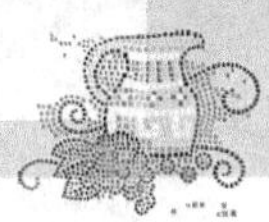

化/还原按钮和关闭按钮。

（2）菜单栏。包括了 PowerPoint 2003 的全部命令。用户可以使用这些命令来创建、编辑、保存、打开和放映演示文稿，可以在创建过程中进行文字输入、图形插入以及动画设置等全部操作。

（3）工具栏。它包含了菜单栏中一些最常用的命令。

（4）幻灯片编辑区。这是制作幻灯片的区域，默认以“普通视图”方式显示。这种“普通视图”在屏幕上可同时显示大纲、幻灯片和备注页视图，根据用户的需要，可以调整这 3 个视图的大小。

（5）视图切换工具栏。可以实现不同视图窗口之间的切换。中文 PowerPoint 2003 共有 6 个不同的视图窗口。

（6）任务窗格。在屏幕右侧是任务窗格，它集成了许多便捷的操作以及相关操作的链接。通过任务窗格可以方便地执行各种任务命令。

（7）状态栏。提供有关选定命令或操作进程的信息。

3．PowerPoint 2003 的视图方式

幻灯片演示文稿创建好之后，可用 6 种不同视图观看或编辑幻灯片，它们分别是大纲视图、普通视图、幻灯片视图、幻灯片浏览视图、备注页视图和幻灯片放映。在演示文稿的制作过程中，6 种不同的视图窗口有着不同的作用和优势。

各种视图间的切换方式一般有两种。

（1）从“视图”下拉菜单中，选择“普通视图”、“幻灯片浏览视图”和“幻灯片放映”命令进行各视图间的切换。

（2）单击水平滚动条左侧不同的视图按钮进行切换。该组按钮中包括了“普通视图”、“幻灯片浏览视图”和“幻灯片放映”。

进入普通视图方式后，在左边窗格上方中有“大纲”和“幻灯片”视图切换按钮，单击相应选项按钮，可以切换到相应的视图窗口。

在普通视图方式的下方，显示的是备注页视图窗格。单击该窗格，可以进入备注页视图，编辑备注页。

4．保存和打开演示文稿

（1）保存演示文稿。单击“常用”工具栏中的“保存”按钮或执行“文件”菜单的“保存”命令，均可对演示文稿进行保存。

（2）打开演示文稿。单击“常用”工具栏上的“打开”按钮或选择“文件”菜单的“打开”命令，均可弹出“打开”对话框。在该对话框中，可以选择所需的演示文稿并将其打开。

5．制作演示文稿

当“新建”或“插入”一张“新幻灯片”后，可以通过“幻灯片版式”设置幻灯片的版面，并输入文字或其他修饰内容。在幻灯片版式中，提供了输入标题、文字、剪贴画、图表等不同对象占位符的版式，用户可以选择一种需要的版式创建一张新幻灯片，并可以在制作幻灯片时通过不同的占位符输入不同的对象。

（1）利用文本占位符输入文本。PowerPoint 2003 提供了标题、副标题和普通文本 3 种文本占位符。单击其中任意一个占位符，即可在占位符内输入标题、副标题和普通文本的具体内容。

输入文本时，系统会自动将超出占位符位置的文本切换到下一行，可以按 Enter 键另起一段。单击文本占位符以外的地方，即可结束文本输入。

（2）利用文本框添加文字。当需要在幻灯片的任意位置添加文本时，可以使用先加入文本框，

再在文本框中输入文字的方法。

操作方法如下。

① 单击“绘图”工具栏中的“文本框”按钮或单击“插入”菜单中的“文本框”命令。

② 在文本框中输入文本，单击文本框外任何地方，文本框隐去，输入的文字留在幻灯片中。

2.5.2 图片处理

1. 插入剪贴画

（1）使用剪贴画占位符插入剪贴画。操作方法如下。

① 在“新建”或“插入”的“新幻灯片”上应用有剪贴画占位符的自动版式。

② 在幻灯片中双击剪贴画占位符，可以打开如图 2.43 所示的“选择图片”对话框。

③ 利用该对话框可以选择所需要的图片插入剪贴画占位符所在的位置。

（2）使用命令插入剪贴画。操作步骤如下。

① 选择“插入”菜单“图片”子菜单的“剪贴画”命令，此时在任务窗格显示“剪贴画”窗口。

② 在“搜索文字”框中输入要插入的图片的类型，如人物、通信、工具、动物、旅行、科学、艺术、运动等，单击“搜索”按钮。此时在图片框中显示所有相关的剪贴画。

③ 单击所需要的剪贴画，即可插入剪贴画。

（3）移动、复制和编辑剪贴画。用鼠标单击幻灯片上的某一剪贴画，在它的周围出现控制点，表示该剪贴画已被选中，这时可执行以下操作。

① 拖动控制点可以改变剪贴画的大小。

② 把鼠标指针指向剪贴画，出现一个带箭头的“+”字光标，然后拖动鼠标即可把剪贴画移动到合适的位置。如果在拖动鼠标的同时按住 Ctrl 键，还可以在幻灯片上复制该剪贴画。

③ 利用“图片”工具栏可以编辑剪贴画，例如，设置剪贴画的亮度、对比度、冲蚀以及裁剪剪贴画和重新着色等。

2. 插入图片

PowerPoint 2003 允许用户将保存在磁盘和光盘上的多种格式的图片文件插入幻灯片中。

操作步骤如下。

（1）选择“插入”菜单中“图片”命令的“来自文件”子命令，出现“插入图片”对话框。

（2）在对话框的“查找范围”下拉列表中，找到含有图片文件的驱动器、文件夹。

（3）选定要插入图片文件的文件名后，单击“插入”按钮。

3. 编辑处理图片对象

图片插入幻灯片后，可以利用如图 2.44 所示的“图片”工具栏对图片进行裁剪、设置图片显示效果、加边框、加背景色、重新着色等编辑工作。

（1）裁剪图片。裁剪图片的方法如下。

① 选中要裁剪的图片。

② 单击“图片”工具栏中的“裁剪”按钮。

③ 将光标置于选中图片的控制点处，按住鼠标左键向内拖动图片边框，拖动过的部分被隐藏，当拖动到合适位置松开鼠标即可。

（2）设置图片显示效果。通过设置图片的显示效果，可以将图片设置成彩色图、灰度图、黑

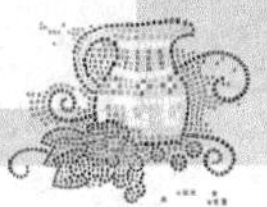

白图和冲蚀效果图。

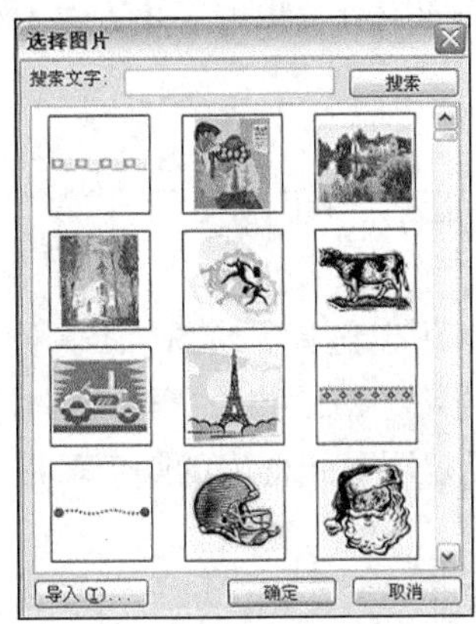

图 2.43　“选择图片”对话框

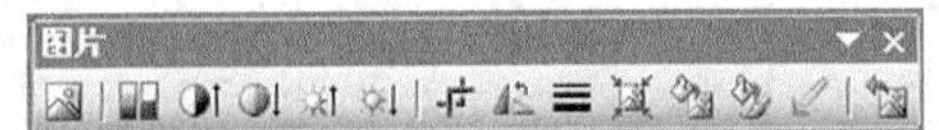

图 2.44　“图片”工具栏

设置图片显示效果的方法如下。

① 选中要设置图片显示效果的图片。

② 单击“图片”工具栏中的“颜色”按钮。

③ 从“颜色”的下拉列表中，选择“自动”、“灰度”、“黑白”和“冲蚀”中任意一项，即可将图片设置成相应的彩色图、灰度图、黑白图或冲蚀效果图。

（3）添加图片边框。添加图片边框的方法如下。

① 选中要添加图片边框的图片。

② 单击“图片”工具栏中的“设置图片格式”按钮，出现“设置图片格式”对话框。在对话框中选择“颜色和线条”选项卡，显示如图 2.45 所示的“设置图片格式”对话框的“颜色和线条”选项卡。

③ 从“线条”的“颜色”下拉列表中选择一种颜色；从“线条”的“线型”下拉列表中选择一种线型。

④ 单击“确定”按钮，即给图形添加了所选线型的边框。

若要取消图形的边框，只需在图 2.45“线条”的“颜色”选项中，选择“无线条颜色”。

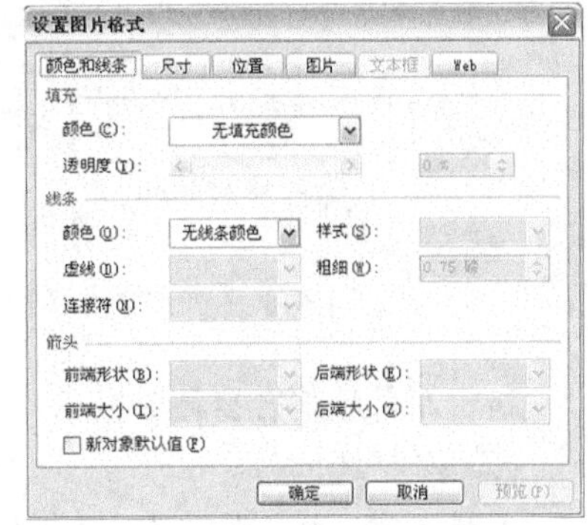

图 2.45　“设置图片格式”对话框的“颜色和线条”选项卡窗口

（4）设置图片背景颜色。设置图片背景颜色的方法如下。

① 选中要添加图片边框的图片。

② 单击“图片”工具栏中的“设置图片格式”按钮。

③ 在如图 2.45 所示的对话框中，从“填充”项的“颜色”下拉列表中选择一种颜色。

④ 单击“确定”按钮，即给图形添加了背景颜色。

（5）给图片重新着色。给图片重新着色的方法如下。

① 选中要重新着色的图片。

② 单击“图片”工具栏中的“图片重新着色”按钮，出现“图片重新着色”对话框。

③ 在对话框中，选择“原始”色右边的“更改为”颜色下拉按钮，从中选择一种要更改的新颜色。

④ 单击“确定”按钮，则将图中所有的“原始”色改为新选择的“更改为”的颜色。

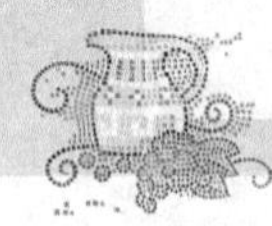

4．绘制图形

（1）绘图。利用系统提供的“绘图”工具，可以绘制出各种线条、矩形、正方形、椭圆、圆以及系统提供的各种自选图形。

绘制一般图形的方法如下。

① 在“绘图”工具栏中，选择一种绘图工具，如直线、矩形、椭圆等。

② 在工作区拖动鼠标，即可绘制相应的图形。

③ 图形绘制后，若将图形的线条设置为其他宽度或形状，可以选择“绘图”工具栏中的“线型”或“虚线线型”按钮，然后从中选择一种线型；若设置图形线条或线框的颜色可选择“绘图”工具栏中的“线条颜色”按钮，然后从中选择一种颜色；若设置图形线框内的颜色可以选择“绘图”工具栏中的“填充颜色”按钮，然后从中选择一种颜色。

（2）自选图形的处理。在“绘图”工具栏中，单击“自选图形”按钮，屏幕出现各种自选图形菜单，将光标置于不同的选项处，会出现如图 2.46 所示的相应类别的子菜单。选择不同的子菜单，可以绘制不同的自选图形。自选图形绘制后，可以用上面绘制一般图形中介绍的方法，给自选图形设置不同的“线型”、“线条颜色”、“填充颜色”等。

① 绘制线条。

- 选择“自选图形”的“线条”选项，再从子菜单中选择“曲线”。
- 在要插入曲线的起始位置拖动鼠标，到达曲线的拐点处单击鼠标，再拖动鼠标到曲线的下一拐点处单击鼠标，直至双击鼠标结束曲线的绘制。绘制的曲线如图 2.47（a）所示。

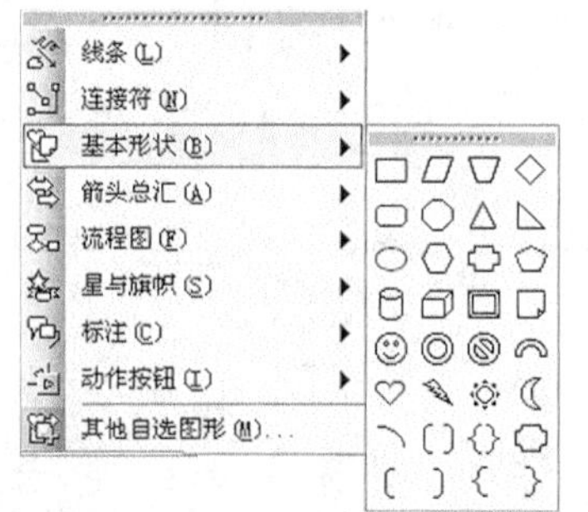

图 2.46　自选图形相应类别的子菜单

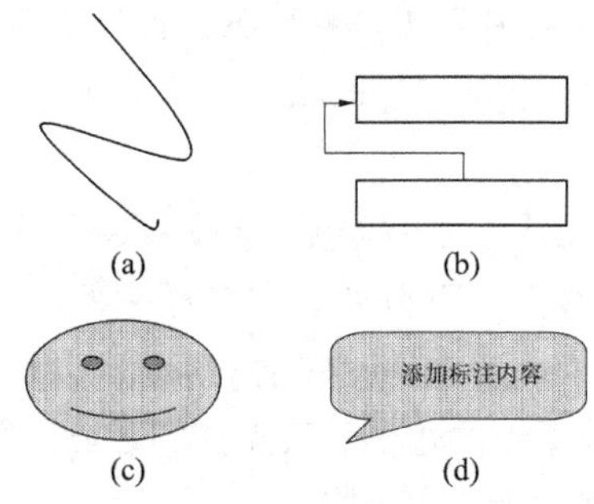

图 2.47　示例图

- 如果只是需要画直线条，可以直接在“绘图”工具栏中利用“直线”按钮绘制。

② 绘制连接符。

【例 2.1】 绘制图 2.47（b）所示的两个矩形之间的连接符。

操作步骤如下。

- 选择“自选图形”按钮的“连接符”选项，再选择其中的一种连接符，如“肘型箭头连接符”。
- 在第一个矩形的连接点处单击，然后按动鼠标左键拖动至另一个矩形的连接点处，即可出现如图 2.47（b）所示的两个矩形之间的连接效果。

③ 绘制基本形状图形。

【例 2.2】 绘制图 2.47（c）所示的“笑脸”。

操作步骤如下。

- 选择“自选图形”按钮，从“基本形状”菜单中选择“笑脸”。
- 在幻灯片中单击插入点，然后拖动鼠标，出现一张“笑脸”。再选择“填充颜色”功能给“笑脸”添入黄色，即出现如图 2.47（c）所示的“笑脸”。

④ 绘制标注。

- 选择“自选图形”按钮的“标注”选项，从中选择一种标注形式。
- 在幻灯片中单击插入点，然后拖动鼠标，出现一个标注文本框。
- 在标注文本框中输入标注内容。
- 选中标注下方的标注指示点，在指示点处出现一个黄色的菱形小块。拖动菱形小块到要标注的对象处，即出现如图 2.47（d）所示的标注。

5. 设置图形的阴影和三维效果

为了增加幻灯片图形的立体感，使幻灯片演示效果更佳，PowerPoint 可以给绘制好的图形加上阴影和三维效果，但是阴影效果和三维效果不能同时设置。

（1）设置阴影效果。设置阴影效果的步骤如下。

① 选中需要添加阴影的图形。

② 单击“绘图”工具栏中的“阴影样式”按钮。

③ 从“阴影样式”列表中选取一种阴影样式。

（2）设置三维效果。设置三维效果的步骤如下。

① 选择需要添加三维效果的图形。

② 单击“绘图”工具栏右侧的“三维效果样式”按钮。

③ 从“三维效果样式”列表中选择一种样式的三维图形效果。

选取后，如果需要恢复到无三维效果的状态，选择“三维效果样式”列表中的“无三维效果”即可。

6. 图形对象的组合

图形对象的组合就是把几个独立的小图形组合成一个大图形。

图形对象的组合方法如下。

（1）单击“绘图”工具栏中的“选择对象”按钮（一个指向左上方的空心箭头）。

（2）在包含所有要选图形的外围用鼠标拉出一个矩形虚框，这时将所有包含的图形选中。也可以用先选中一个图形，再按 Shift 键单击其他图形的方法，选中所有要选的图形。

（3）选择“绘图”工具栏中“绘图”按钮的“组合”命令，则将选定的所有图形用一个选定框框起，这些图形便被组合成一个大图形。

图形组合后，若要取消组合，可选中大图形后，选择“绘图”按钮的“取消组合”命令。

7. 图形对象的叠放

在一个幻灯片中，各种图形（包括绘制的图形、插入的剪贴画和图片）之间存在叠放次序的前后关系，最早建立的在最后面，最后建立的在最前面。如果两个图形折叠在一起的话，前面的图形将遮住后面的图形，通过下面的操作可以改变图形之间的前后顺序。

（1）选中需要编辑的图形。

（2）单击绘图工具栏中的“绘图”按钮的“叠放次序”命令，在其子菜单中选择其中一个命令选项，即可实现叠放次序的调整。

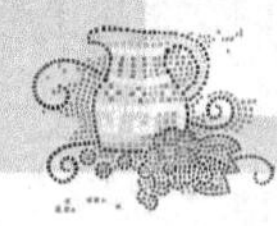

8．插入艺术字

（1）插入艺术字的方法。单击“绘图”工具栏“插入艺术字”按钮，或单击“插入”菜单中“图片”命令中的“艺术字”子命令，在弹出的“艺术字库”对话框中选取一种样式，然后单击“确定”按钮，出现“编辑‘艺术字’文字”对话框。

（2）编辑艺术字。在“编辑‘艺术字’文字”对话框中输入文本内容，并可选择字体、字型、字号，即在幻灯片中插入了艺术字。

若要改变艺术字的形状，单击“艺术字”工具栏中的“艺术字形状”按钮，从中选择一种艺术字的形状。

若想改变艺术字字体的颜色，选择“设置艺术字格式”按钮，从对话框中选择“颜色和线条”选项卡，通过其中的“填充”颜色和“线条”颜色进行设置。

若要旋转艺术字，可以单击艺术字对象，此时艺术字的周围会出现控制框，在艺术字上方出现旋转控制柄，在旋转控制柄上按下鼠标，此时鼠标指针变成旋转的箭头，此时移动鼠标即可旋转选中的艺术字对象。

2.5.3 插入声音及影片

1．插入声音

（1）插入声音文件。向幻灯片中插入文件中的声音的方法如下。

① 单击“插入”菜单中“影片和声音”中的“文件中的声音”子命令。

② 在弹出的“插入声音”对话框中，选择要插入的声音文件（如.wav 文件）。

③ 单击“确定”按钮，立即在幻灯片中插入了一个“小喇叭发声”形状的图标。放映幻灯片时，只需用手形光标单击该图标，即可演播该声音文件。

（2）插入剪辑库中的声音。向幻灯片中插入剪辑库中的声音的方法如下。

① 单击“插入”菜单中“影片和声音”中的“剪辑管理器中的声音”子命令。

② 此时显示“剪贴画”任务窗格，在“搜索文字”栏输入要插入的声音，单击“搜索”按钮。

③ 单击结果栏中搜索到的某个相关的声音，该声音即可被插入幻灯片中。

（3）添加旁白或录制音乐。在幻灯片中增加旁白或录制音乐的操作方法如下。

① 单击“插入”菜单，从“影片和声音”中选择“录制声音”命令，弹出“录音”对话框。

② 在对话框中输入录制声音文件的名称后，单击红色圆形按钮开始录制。

③ 录制结束，单击矩形按钮中断录制。

④ 播放时单击三角形按钮，即可听到录制的声音。

（4）在幻灯片中播放 CD 音乐。在幻灯片中播放 CD 乐曲的操作方法如下。

① 单击“插入”菜单中“影片和声音”中的“播放 CD 乐曲”子命令。

② 在弹出的“影片和声音选项”对话框的“播放 CD 乐曲”框中，选取需要播放的磁道。

③ 单击“确定”按钮，立即在幻灯片中插入了一个“光盘样式”图标。放映幻灯片时，只需单击该图标即可播放 CD 音乐。

2．插入影片

在幻灯片中添加一段影片的操作方法如下。

（1）显示要插入影片的幻灯片。

（2）单击“插入”菜单中的“影片和声音”命令，出现该命令的子菜单。

（3）这时有两种插入影片的方法。

① 如果选择“剪辑管理器中的影片”子命令，会出现“剪贴画”任务窗格，在“搜索文字”框中输入要插入的影片的描述，单击“搜索”按钮。然后单击搜索到的某个相关的影片，这时表示该影片的片头就会出现在幻灯片中。

② 如果选择“文件中的影片”子命令，就会出现“插入影片”对话框，选择插入影片所在驱动器、目录、文件名及文件属性，单击“确定”按钮，表示该影片的片头图像出现在幻灯片中。文件中的影片可以是扩展名为.asf、.avi、.mpg 等的文件格式。

（4）幻灯片放映时，单击该影片的片头，即可见到该影片的放映效果。

2.5.4　编辑和美化演示文稿

1．在普通视图下编辑演示文稿

由于在 PowerPoint 中只有在普通视图下才能清楚地看到幻灯片的真实面貌，例如幻灯片的版式、颜色、背景、文本格式、图表等。因此，编辑操作一般都在普通视图下进行。编辑演示文稿时，可以使用垂直滚动条下方的“上一张幻灯片”和“下一张幻灯片”按钮前后翻阅幻灯片。

（1）编辑幻灯片上的文本。

① 单击要修改的文本，出现其文本框。

② 再单击要修改的字符，此时将插入点移到该字符处，然后就可按常规的操作插入或删除文本。

（2）移动文本或图形。

① 选中要移动的文本或图形，此时选中的文本四周出现一个文本框，图形四周出现 8 个小的圆控制点。

② 若移动文本，则拖动其文本框；若移动图形，则单击图形内任意点，当鼠标变成向四周的箭头型后拖动鼠标。

③ 移到预计位置松开鼠标左键即可。

（3）改变文本框或图形大小。改变文本框或图形大小的操作方法如下。

① 单击文本或图形，文本四周出现一个有 8 个小的圆控制点的文本框，图形四周也是出现 8 个小的圆控制点。

② 将指针指向文本框或图形四周的某个控制点，此时，指针变成双向箭头，然后按住鼠标左键并拖动鼠标就可改变其大小。

2．在“幻灯片浏览视图”下编辑幻灯片

编辑幻灯片指对幻灯片进行删除、复制、移动等操作，一般在“幻灯片浏览视图”下进行。

（1）选择幻灯片。在“幻灯片浏览视图”下，所有幻灯片都会以缩小的图形在屏幕上显示。在删除、移动或复制幻灯片之前，首先选择要进行操作的幻灯片。

若只选一张幻灯片，只需单击该幻灯片。如果先用鼠标单击一张幻灯片，再按住<Shift>键，单击要选中的最后一张幻灯片，可以选择多张连续的幻灯片。也可以按住<Ctrl>键选择不连续的多张幻灯片，或用“编辑”菜单的“全选”命令选择所有的幻灯片。

（2）幻灯片的删除。在幻灯片浏览视图中，选中要删除的幻灯片，再按<Del>键。

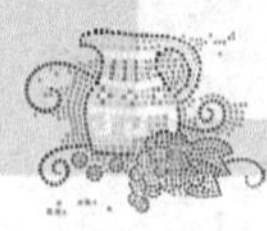

（3）幻灯片的复制。幻灯片的复制有以下两种方法。

① 制作幻灯片副本的方法。选择要复制的幻灯片，单击“插入”菜单的“幻灯片副本”命令，在选定幻灯片的后面复制一份内容相同的幻灯片。

② 使用“复制”和“粘贴”命令复制幻灯片。选择要复制的幻灯片，单击“复制”按钮，并将指针定位到要粘贴的位置，单击“粘贴”按钮。

（4）幻灯片的移动。幻灯片的移动有以下两种方法。

① 利用“剪切”和“粘贴”命令来改变幻灯片的排列顺序，其方法和复制操作相似。

② 用鼠标拖曳的方法进行。选择要移动的幻灯片，按住鼠标左键拖曳幻灯片到合适的位置，松开鼠标。拖曳时有一个长条的直线就是插入点。

（5）隐藏幻灯片。在幻灯片浏览视图下，可以把暂不需要放映的幻灯片隐藏起来。

操作方法如下。

① 单击要隐藏的幻灯片，该幻灯片四周出现一个黑框，说明已选中该幻灯片。

② 选择“幻灯片放映”菜单的“隐藏幻灯片”命令，该幻灯片右下角的编号上出现一条斜杠和方框，表示该幻灯片放映时将被隐藏起来。

③ 若要取消隐藏幻灯片，则选中该幻灯片，再单击一次选择“隐藏幻灯片”命令或“隐藏幻灯片”按钮。

3．格式化演示文稿

（1）文字格式化。利用“格式”工具栏中的按钮可以进行文字的格式设置，例如字体、字号、加粗、倾斜、下划线、字体颜色等，也可以通过“格式”菜单中的“字体”命令在“字体”对话框中设置。

（2）段落格式化。

① 设置段落对齐。演示文稿中输入的文字均有文本框，设置对齐方法主要是用来调整文本在文本框中的排列方式。先选择文本框或文本框中的文字，单击“格式”工具栏中的“左对齐”、“居中对齐”、“居右对齐”或“分散对齐”按钮，即可调整文本在文本框中的对齐方式。

② 设置段落缩进。选择要缩进的文本，再拖动标尺上的缩进标记，即可设置段落缩进。如果屏幕上没有标尺，可以选择“视图”菜单中的“标尺”命令。

③ 设置行距。选中要设置行距的文本后，再选择“格式”菜单的“行距”命令即可设置行距。

④ 设置项目符号。在默认情况下，单击格式工具栏中的“项目符号”按钮插入一个圆点作为项目符号。也可以用“格式”菜单中的“项目符号和编号”命令重新设置。

（3）对象格式化。对象格式化指对插入的文字框、图片、自选图形、表格、图表对象等进行格式化。对象的格式化还包括填充颜色、边框、阴影等。格式化操作主要是通过“绘图”工具栏的对应命令进行。

（4）对象格式的复制。使用“常用”工具栏的“格式刷”按钮，可以对已进行格式化的对象格式进行复制。

4．幻灯片的外观设置

通过对幻灯片的外观设置，可以使演示文稿的所有幻灯片具有总体上协调一致的外观。控制幻灯片外观的方法有3种：母版、配色方案和应用设计模板。

（1）使用母版进行外观设置。母版用于设置演示文稿中每张幻灯片的预设格式。母版分为3类：幻灯片母版、讲义母版和备注母版。其中使用最多的是幻灯片母版。

用幻灯片母版设置幻灯片外观的方法如下。

① 选择“视图”菜单的“母版”命令中的“幻灯片母版”子命令，就进入了如图 2.48 所示的“幻灯片母版”视图。该视图有 5 个占位符，用来确定幻灯片母版的版式。

② 在幻灯片母版中选择对应的占位符，例如标题样式或文本样式等，可以设置字符格式、段落格式等。修改母版中某一对象格式，就是同时修改所有幻灯片对应对象的格式。例如，在幻灯片母版上添加一个图形，则所有幻灯片都会出现该图形。

③ 页眉、页脚和幻灯片编号。在幻灯片母版状态选择“视图”菜单的“页眉和页脚”命令，这时会弹出一个“页眉和页脚”对话框，选中“幻灯片”选项卡，显示如图 2.49 所示的对话框。

- 在该对话框中，若选中“日期和时间”选项，表示在“日期区”显示日期和时间。若选择了“自动更新”选项，则时间域会随着制作日期和时间的变化而改变；若选择“固定”项，则用户需要输入一个固定的日期或时间。
- 在该对话框中，若选中“幻灯片编号”选项，则在数字区为每张幻灯片上加上编号。若选中“页脚”选项，在“页脚”文本框中输入的内容，将作为每一页的页脚注释。
- 拖动各个占位符，把各区域位置摆放合适，并可对它们进行格式化。如果不想在标题幻灯片上看到编号、日期、页脚等内容，可在如图 2.49 所示的对话框中选择“标题幻灯片中不显示”选项。最后，单击“全部应用”按钮，这样日期区、数据区和页脚区就设置完毕了。

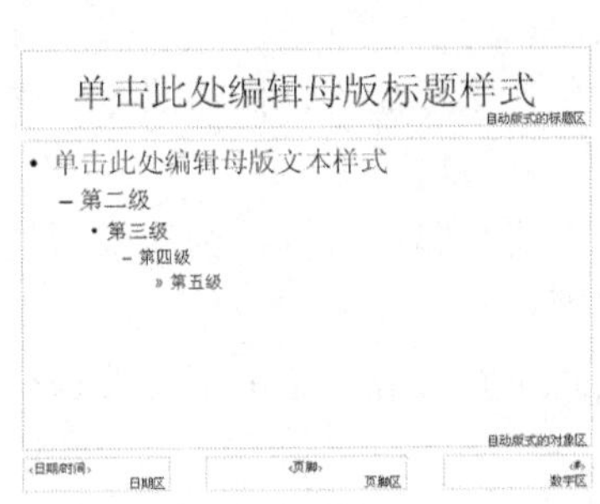

图 2.48　“幻灯片母版”视图

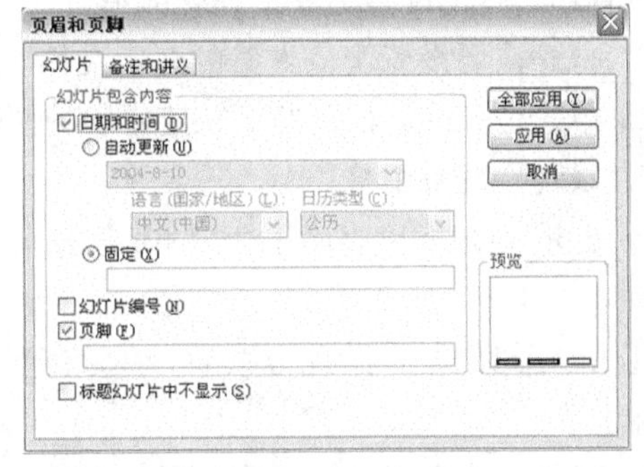

图 2.49　“页眉和页脚”对话框的“幻灯片”窗口

④ 向母版插入对象。要使每一张幻灯片都出现某个对象，可以向母版中插入该对象。例如，要在幻灯片中插入一个图片或徽标，可以通过“插入”菜单的“图片”命令完成。图片或徽标插入母版后，每一张幻灯片（除标题幻灯片外）都会自动拥有该对象。

⑤ 选择“普通视图”或“幻灯片浏览视图”方式，可以退出幻灯片母版状态，并在相应视图方式下看到设置的效果。

（2）设置幻灯片背景。通过设置幻灯片的背景，可以对需要重点强调的幻灯片使用区别于其他幻灯片的背景。

设置幻灯片背景的操作方法如下。

① 选中某一幻灯片。

② 选择“格式”菜单的“背景”命令，这时出现如图 2.50 所示的“背景”对话框。

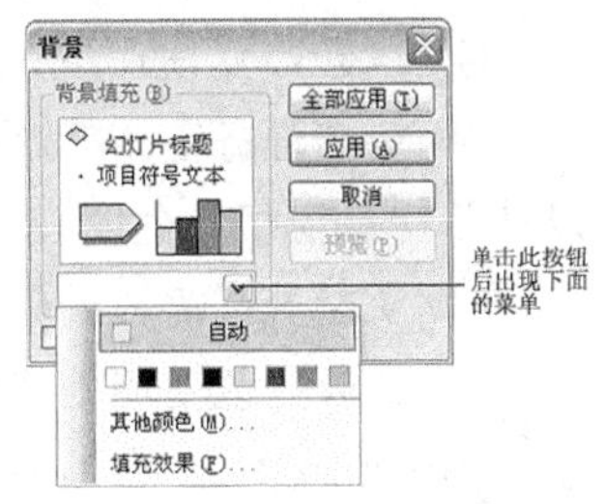

图 2.50　“背景”对话框

③ 单击“背景”对话框中的下拉按钮，从下拉颜色面版中选择

一种背景颜色，或单击“填充效果”命令。

如果选择“填充效果”命令，将弹出“填充效果”对话框。“填充效果”对话框中有“渐变”、“纹理”、“图案”和“图片”4 个选项卡。

- 使用“过渡”效果可以创建一个颜色梯度填充图案。如果需要改变颜色，可在“颜色”区中选择满意的颜色；如果希望使用两种颜色构成特殊的效果填充图案，可以选择“双色”。选择“双色”后，应分别在“颜色 1”、“颜色 2”下拉面版中选择要采用的两种颜色。在对话框的“底纹样式”中提供了横向、纵向、斜上等 6 种底纹样式可供选择。
- 使用“纹理”效果可以创建花样较复杂的填充效果。
- 使用“图案”效果可以为幻灯片背景或图形对象定制一个填充图案。
- 使用“图片”效果可以为幻灯片背景或图形对象定制一个填充图片。

④ 选择“应用”按钮，则设置当前幻灯片背景；若选择“全部应用”按钮，则设置全部幻灯片背景。如果选择了“忽略母版的背景图形”选项，则母版将不起作用。

（3）设置演示文稿的配色方案。配色方案是预设幻灯片中背景、文本、填充、阴影等的色彩组合。每个设计模板都有一个或多个配色方案，一个配色方案中共有 8 种颜色，即背景颜色、文本和线条颜色、阴影颜色、标题文本的颜色、填充颜色、强调文字颜色、强调文字和超级链接颜色以及强调文字和尾随超级链接颜色。

设置幻灯片的配色方案的操作步骤如下。

① 打开需要设置配色方案的演示文稿。

② 单击任务窗格标题的下拉菜单中的“幻灯片设计-配色方案”命令，打开如图 2.51 所示的“幻灯片设计”任务窗格。

③ 此时内容框里显示了 12 种配色方案，“配色方案”周围有黑色图框的为当前所使用的配色方案。

④ 鼠标指向某个配色方案后，在该配色方案的右侧出现下拉按钮，单击下拉按钮会打开选择菜单。

⑤ 如果只改变当前幻灯片的配色方案，则单击“应用于所选幻灯片”命令。如果需要改变演示文稿中所有幻灯片的配色方案，单击“应用于所有幻灯片”命令。

用户也可以在“配色方案”任务窗格中选择“编辑配色方案”命令，对幻灯片的各个细节定义自己喜欢的颜色。

（4）应用设计模板。使用“应用设计模板”，可以快速地为演示文稿选择统一的背景图案和配色方案。当应用了某一模板后，则整个演示文稿的幻灯片都按照选择的模板进行改变。

在演示文稿中使用设计模板的操作步骤如下。

① 打开需要使用设计模板的演示文稿。

② 单击任务窗格标题的下拉菜单中的“幻灯片设计”命令，打开如图 2.52 所示的“幻灯片设计”任务窗格。此时在“应用设计模板”框中出现了系统中现有的设计模板。

③ 从中选择需要的模板，这时在模板的右侧将显示下拉按钮，单击下拉按钮会打开选择菜单。

④ 如果只改变当前幻灯片的模板样式，则单击“应用于所选幻灯片”命令。如果需要改变演示文稿中所有幻灯片的模板样式，则单击“应用于所有幻灯片”命令。

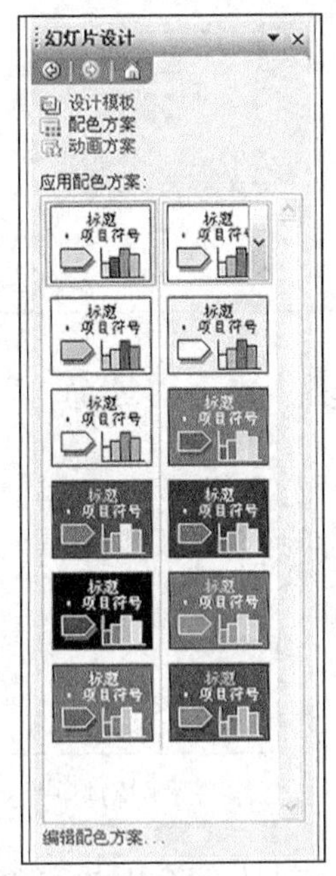

图 2.51 “配色方案”任务窗格

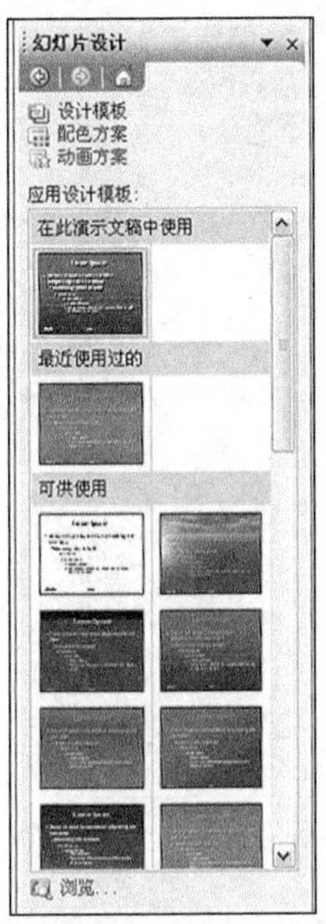

图 2.52 “幻灯片设计”任务窗格

5．设置幻灯片的动画效果

幻灯片的动画设计指在演示一张幻灯片时，随着演示的进展，逐步显示片内不同层次、对象的内容，如首先显示第一层次的内容标题。然后，一条一条地显示正文，这时可以用不同的切换方法，来显示下一层的内容。设置幻灯片的动画效果一般在“幻灯片视图”窗口进行。

（1）使用“动画方案”设置动画效果。操作方法是：单击任务窗格标题的下拉菜单中的“幻灯片设计-动画方案”命令，打开“幻灯片设计”任务窗格；在“应用于所选幻灯片”栏中列出了系统预先定义好的动画类型。单击某一项后，当前幻灯片的所有元素的动画都按照该项动画方案定义，同时系统自动将该动画应用到当前幻灯片，并预览一次。

（2）使用“自定义动画”设置动画效果。当幻灯片中插入了图片、表格、艺术字等难以区别层次的对象时，可以利用“自定义动画”来定义幻灯片中各对象显示的顺序。

操作方法如下。

① 选中要设置动画效果的幻灯片。

② 打开“自定义动画”任务窗格，如图 2.53 所示。

③ 选择要设置动画的幻灯片上的元素。

④ 单击“添加效果”按钮，在下拉菜单中选择该动作发生的时间，然后在二级菜单中选择动作即可。如果菜单中提供的动作不能满足要求，则单击“其他效果”命令，在弹出的窗口中进行选择。

【例 2.3】 如图 2.54 所示的幻灯片，上面有 3 个对象，即艺术字（计算机技术基础）、文本框（主讲：刘士杰）和图片。要求在幻灯片放映时要按图片对象、艺术字、文本框的次序显示，动画效果自选。

操作方法如下。

① 选中如图 2.54 所示的示例幻灯片。

② 打开“自定义动画”任务窗格。

③ 选中艺术字元素，单击“添加效果”按钮，选择“进入”命令下的“飞入”。

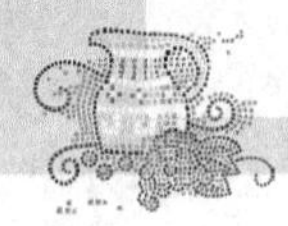

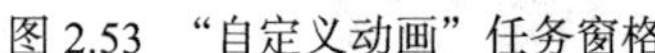

图 2.53 “自定义动画”任务窗格　　　　图 2.54 示例幻灯片

④ 选中文本框元素，单击“添加效果”按钮，选择“进入”命令下的“盒状”。

⑤ 选中图片元素，单击“添加效果”按钮，选择“进入”命令下的“百叶窗”。

⑥ 单击“幻灯片放映”按钮，可查看动画放映效果。设置结果如图 2.55 所示。

6．设置幻灯片间的切换效果

幻灯片间的切换效果是指幻灯片放映时两张幻灯片之间切换的动画效果，例如，新幻灯片出现时采用“水平百叶窗”、“溶解”、“盒状展开”、“随机”等方法展现。

设置幻灯片切换效果一般在“幻灯片浏览”视图窗口进行。

操作步骤如下。

（1）选择要进行切换效果的幻灯片。选择的幻灯片可以是一张，也可以是多张。

（2）打开“幻灯片切换”任务窗格，如图 2.56 所示。

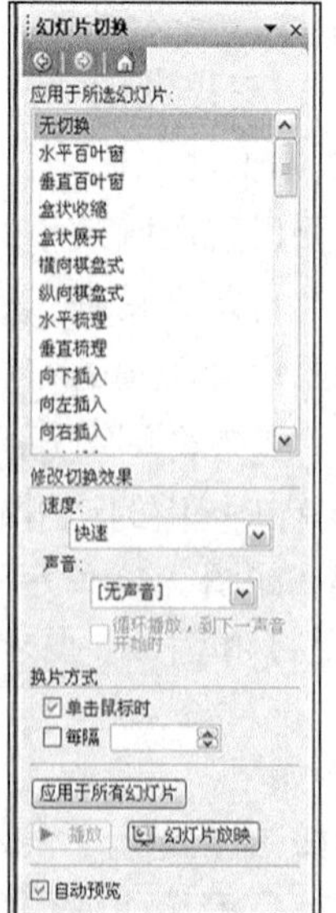

图 2.55 “自定义动画”结果　　　　图 2.56 “幻灯片切换”任务窗格

（3）在“应用于所选幻灯片”列表框中，选择一种切换效果，若想让系统在各幻灯片间随机产生不一样的切换效果，可以在列表框中选择最后一项“随机”。

（4）利用“速度”选项中的“慢速”、“中速”、“快速”设置切换速度。

（5）在“换片方式”框中，设定换页方式（系统默认的是“单击鼠标时”）或换页间隔时间。

（6）在“声音”框中，设置换片时衬托的声音，如“风铃”声、“鼓掌”声、“打字机”声等。

（7）若要将上述设置应用于所有幻灯片，则应单击“应用于所有幻灯片”命令按钮。

（8）单击“幻灯片放映”按钮，可查看放映时幻灯片间的切换效果。

2.5.5　放映与打印演示文稿

1．设置幻灯片放映方式

设置幻灯片放映方式的操作方法如下。

（1）执行“幻灯片放映”菜单的“设置放映方式”命令，弹出如图 2.57 所示的“设置放映方式”对话框。

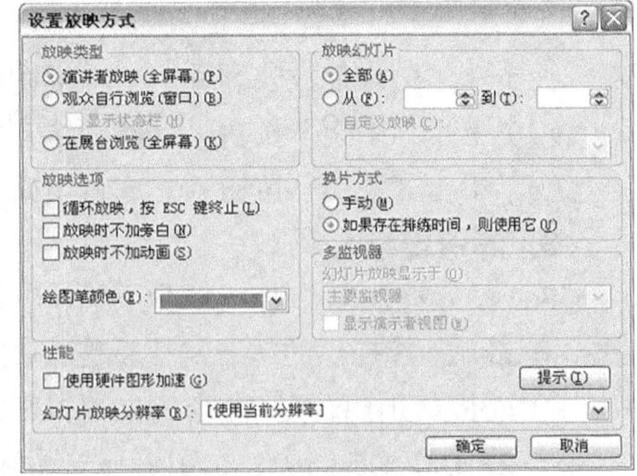

图 2.57　“设置放映方式”对话框

（2）在对话框的“放映类型”框中，选择一种放映类型。

① 讲演者放映（全屏幕）。这是一种常用的方式。在该方式下，演讲者具有完整的控制权，他可以将演示文稿暂停，书写备注或记录会议细节，还可以在放映过程中录下观众旁白。

② 观众自行浏览（窗口）。该方式是提供给观众一个浏览幻灯片的窗口，供观众自行浏览幻灯片的一种放映方式。

③ 在展台浏览（全屏幕）。这是一种自行运行演示文稿的放映方式。在这种方式下，除保留鼠标指针用于选择屏幕对象进行放映外，其他功能将全部失效。终止放映只能用 Esc 键。

（3）在“放映幻灯片”框中指定要播放的幻灯片。可以放映整份演示文稿中的幻灯片，也可以通过指定幻灯片起止页码播放演示文稿的部分内容。

（4）在“换片方式”框中，选定在放映幻灯片时所采用的换片方式。如果选择“手动”选项，PowerPoint 2003 会忽略默认的排练时间，但不会删除已存在的幻灯片排练时间；如果选择“如果存在排练时间，则使用它”选项，而幻灯片并没有预设的排练时间，则仍需手动切换幻灯片。

（5）单击“确定”按钮。

2．自定义放映

用户可用演示文稿中的部分幻灯片组成一个自定义放映集，从而隐藏不需演示的幻灯片，确定一个新的幻灯片放映顺序。

自定义放映顺序的操作方法如下。

（1）执行“幻灯片放映”菜单的“自定义放映”命令，出现如图 2.58 所示的“自定义放映”对话框。

（2）单击“新建”按钮，显示如图 2.59 所示的“定义自定义放映”对话框，在“在演示文稿中的幻灯片”列表框中分别选择要放映的幻灯片，然后单击“添加”按钮，将它们添加到“在自定义放映中的幻灯片”列表框中。添加后，可以用列表框右边的向上或向下箭头，改变幻灯片的

放映顺序。

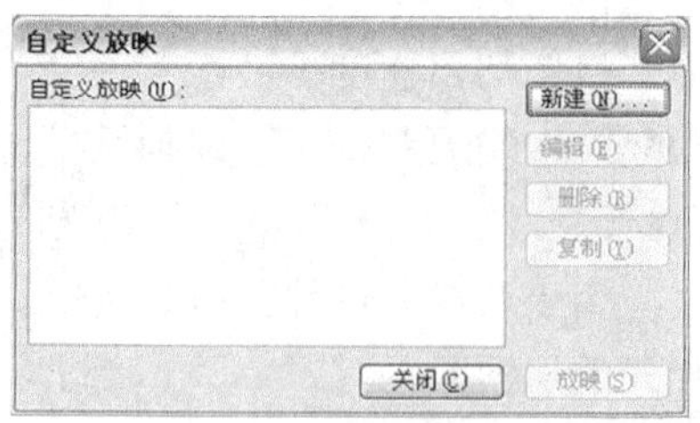

图 2.58 “自定义放映”对话框

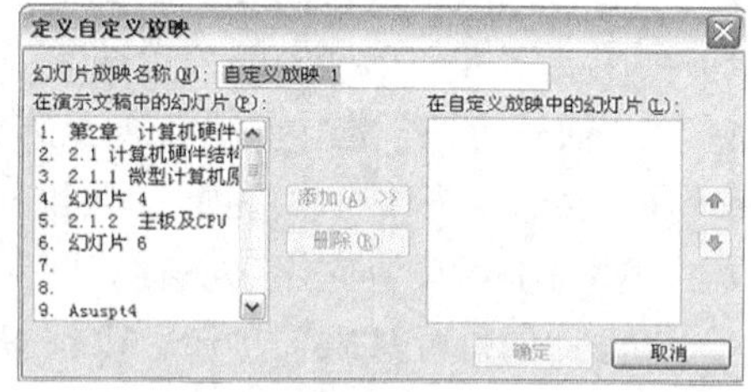

图 2.59 “定义自定义放映”对话框

（3）在“幻灯片放映名称”文本框中输入自定义放映集名称。

（4）单击“确定”按钮，返回到“自定义放映”对话框。

（5）单击“关闭”按钮，完成自定义放映集的设置。

3．超级链接

PowerPoint 2003 制作的演示文稿，默认情况是按幻灯片的次序逐一播放，但是，也可以使用 PowerPoint 2003 提供的超级链接功能，改变幻灯片放映的次序，实现交互式播放。

（1）用“动作设置”命令建立超级链接。操作步骤如下。

① 在幻灯片视图中，选中要建立超级链接的图形、文字或其他对象。

② 单击“幻灯片放映”菜单的“动作设置”命令，弹出如图 2.60 所示“动作设置”对话框。

③ 选择“单击鼠标”选项卡，选中“超级链接到”单选框。

④ 打开“超级链接到”框的下拉按钮，弹出目标幻灯片列表。

⑤ 在超级链接目标列表中选择一个要链接的目标幻灯片。

⑥ 若希望在幻灯片放映时，单击超级链接的对象时能够发出声音，用鼠标单击“播放声音”复选框，打开“播放声音”框的下拉按钮，在声音下拉列表中，选择一种合适的声音。

⑦ 设置完成以后，单击“确定”按钮。

（2）用“动作按钮”子菜单建立超级链接。在“幻灯片放映”菜单中，选择“动作按钮”项，然后按提示操作即可完成链接。

4．放映幻灯片

演示文稿制作完成后，用户可以利用以下多种方式进行放映。

（1）执行“视图”菜单的“幻灯片放映”命令。

（2）执行“幻灯片放映”菜单的“观看放映”命令。

（3）单击窗口左下角的“幻灯片放映”按钮。

对于经常使用的演示文稿，可以执行“文件”菜单的“另存为”命令，将其另存为以“PowerPoint 放映”类型保存的文件，并将它创建成桌面上的快捷对象。以后，用户只需在桌面上双击该快捷对象图标，就会激活该演示文稿的放映方式。

演示文稿放映时，可以单击放映窗口左下角的“结束放映”按钮，结束放映。若要控制演示文稿的放映，可以右击放映的幻灯片，出现图 2.61 所示的快捷菜单，从快捷菜单中选择不同的命令，可以进行不同的控制操作。

5．打印演示文稿

当演示文稿制作完成以后，可以在计算机上直接演示，也可以将演示文稿打印出来。

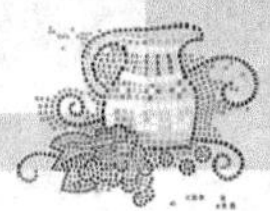

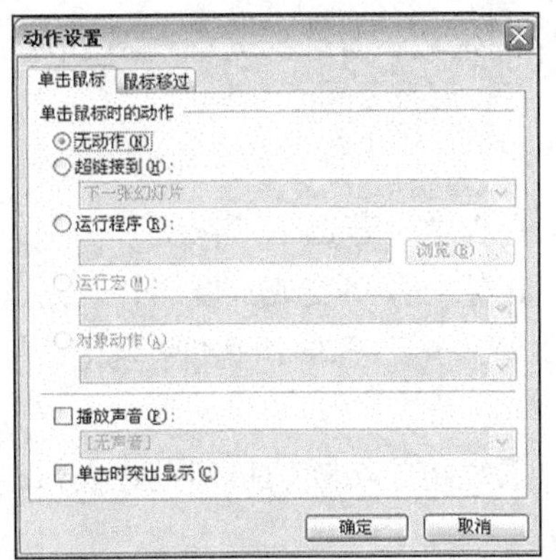

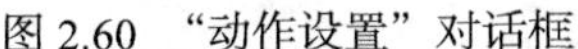
图 2.60　“动作设置”对话框

图 2.61　放映幻灯片快捷菜单

打印时，既可以选择彩色方式也可以选择黑白方式，打印演示文稿的幻灯片、讲义、大纲和备注页。

（1）页面设置。在打印演示文稿之前，要根据打印的要求，对演示文稿中的幻灯片进行必要的页面设置，以便能打印出精美的、符合要求的演示文稿。

页面设置方法如下。

① 打开需要打印的演示文稿。

② 在幻灯片视图中，单击“文件”菜单的“页面设置”命令，弹出如图 2.62 所示的“页面设置”对话框。

③ 在该对话框中，进行幻灯片大小、幻灯片打印时编号的起始值以及打印时是按横向打印还是按纵向打印等项的设置。

（2）设置打印选项及实施打印。操作步骤如下。

① 单击“文件”菜单的“打印”命令，弹出如图 2.63 所示的“打印”对话框。

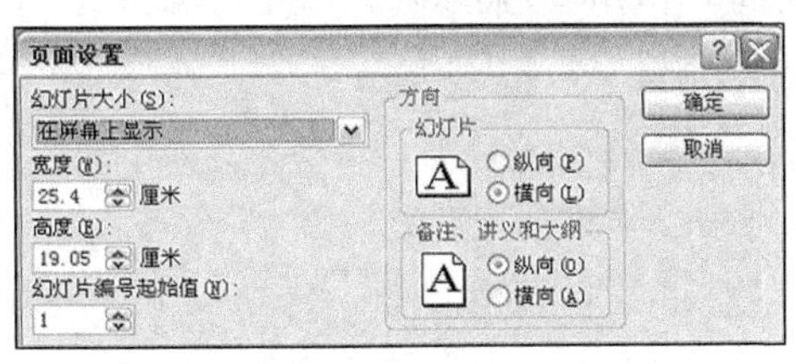

图 2.62　“页面设置”对话框

图 2.63　“打印”对话框

② 在“打印范围”框中设置打印范围。若选择“全部”则打印整份演示文稿；若选择“当前幻灯片”，则只打印当前选定的幻灯片；若选择“幻灯片”选项，则应在对应的文本框中输入要打印的幻灯片编号。

③ 在“打印内容”的下拉菜单中选择打印内容。若选择“幻灯片”，每页打印一张幻灯片；

若选择“讲义”，应在“讲义”框中设置每页幻灯片的张数；若选择大纲视图，则按大纲视图形式打印演示文稿。

④ 在“份数”框中设置打印份数。

⑤ 进行打印效果设置。在“颜色/灰度”下拉列表中，若选中“灰度”选项，演示文稿中所有幻灯片的文字和线条变为黑色，背景变为白色，其他对象将变成灰度级；若选择了“纯黑白”选项，打印出的幻灯片仅有黑白两种颜色；若选中“颜色”选项，则进行彩色打印。

⑥ 单击“确定”按钮，开始打印。

如果单击“常用”工具栏上的“打印”按钮，系统将按照默认打印设置进行打印输出，而不弹出“打印”对话框让用户进行打印前的最后设置。

习题

1．计算机系统的主要硬件包括哪几部分？软件包括哪几类？

2．请描述计算机执行程序的过程。

3．日常使用计算机要注意哪些问题？

4．在使用计算机时，应采取哪些防止计算机病毒的措施？

5．查找算机硬件故障有哪几种方法？

6．选配办公用计算机时，应注意哪些主要问题？

7．放电会对计算机造成哪些危害？应如何避免静电放电对计算机造成的危害？

8．简述计算机主机的拆卸步骤。

9．使用键盘时应该注意哪些问题？

10．硬盘使用时应注意哪些事项？

11．优盘（U 盘）有哪些优点？

12．选择声卡应注意哪些指标？

13．选择显示卡应注意哪些事项？

14．通常显示器分为几种？它们各有哪些主要的技术参数？

15．针式打印机有哪些主要性能指标？

16．简述针式打印机使用和维护的注意事项。

17．简述喷墨打印机的基本组成。

18．简述喷墨打印机的基本工作原理。

19．使用喷墨打印机有哪些注意事项？

20．激光打印机有哪些主要部件？

21．激光打印机有哪些主要性能指标？

22．如何选购激光打印机？

23．简述激光打印机、喷墨打印机和点阵打印机的优缺点。

24．笔记本电脑与其他设备是如何连接的？

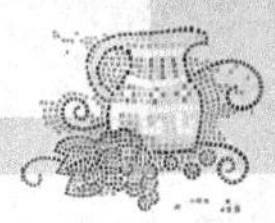

25．选购笔记本电脑有哪些注意事项?

26．什么是计算机网络？按照分布距离，计算机网络可以分为哪几类?

27．计算机网络有哪些主要功能?

28．局域网中常用传输介质有哪几种？各种传输介质又可分成几类?

29．何谓拓扑结构？局域网中有几种主要的拓扑结构？它们的主要优、缺点是什么?

30．办公局域网的硬件主要包括哪些设备?

31．何谓无线局域网？无线局域网有哪些部分组成?

32．组建无线局域网络有哪几种常用的形式?

33．PowerPoint 2003 有哪 6 种不同的视图窗口？如何进行各种视图窗口的转换?

34．如何组合图形？如何改变幻灯片中各图形的叠放次序?

35．怎样在幻灯片放映过程中加入声音和视频片段?

36．“幻灯片配色方案”和“背景”这两条命令有何区别?

37．幻灯片母版有何作用?

38．怎样在已建的演示文稿中使用设计模板?

39．建立一张标题为“PowerPoint 2003 演示文稿简介”的幻灯片，除标题外要有讲演人、讲演时间和图片。

40．绘制几个图形对象，将它们旋转、层叠、组合，再取消组合。

41．新建一张幻灯片，在片中画一条水平线、一条垂直线、一个椭圆和一个矩形，调整它们的位置和大小，并进行填色处理。

42．制作一套“家庭情况”幻灯片。其中包括的对象有文字介绍、标题、图片、自选图形等，并给每个对象加上动画效果、声音效果和自己喜欢的放映切换方式。制作后以 PP1.ppt 为文件名保存。

43．制作一套 3 ~ 6 张的“自我介绍”幻灯片，要求：

（1）幻灯片的主题为“自我介绍”，每张幻灯片都要有一个标题。

（2）幻灯片中可以包含个人的姓名、性别、年龄、爱好、技能、专长、照片等信息。

（3）幻灯片中要求加入各种媒体的表现方式。可以有文字介绍、图片、背景、音乐、表格和动画效果，也可以加入电影片段。

（4）幻灯片间要加入活泼的切换效果。

第3章 通信设备与信息传输设备

在现代化办公与商务往来中，需要传递和交换各种信息，因此，通信设备与信息传输设备被广泛使用，它们是办公自动化中不可缺少的设备。在现代通信中，电话机、手机、传真机等设备有着传递信息方便、快速，可远距离通信等特点，成为当今传递信息和人们不可缺少的通信工具。

电话机与手机是现代通信中完成通话功能的主要设备，传真机主要实现文字、图片等资料的远距离传送。通过本章的学习，可以在了解电话机、手机、传真机的基本工作原理的基础上，掌握它们的使用方法和日常的保养与维护。本章尽量淡化理论知识，力求通俗易懂，步骤清晰，有较强的可操作性和实用性。

本章知识要点

- 掌握电话通信的工作原理，普通电话机的主要功能；重点掌握电话机的使用与维护。
- 了解程控电话的服务功能。
- 了解集团电话的主要性能参数与集团电话的选购。
- 重点掌握手机的主要功能、手机的使用与维护，了解手机常见故障的排除等。
- 掌握传真机的工作原理；了解传真机的主要参数、功能及传真机的基本结构，重点掌握传真机的安装、使用、保养与维护。了解 SHARP FO-560 传真机的安装、设置、拆装以及简单的故障排除。

3.1 电话机

在当今信息高速传递的社会中，电话机被广泛使用。由于电话有着传递信息方便、快速，可远距离通信等特点，因此，成为当今人们传递信息不可缺少的通信工具。随着现代科学技术的发展与世界范围内电话通信网络的建立，以及越来越多新型电话的出现，

电话在现代办公中起着越来越大的作用。

3.1.1　电话通信与电话的分类

1．电话通信及其工作原理

电话是一种利用电流来传播声音的设备。电话通信是借助声电、电声转换和电信号的传播实现远距离语音通信的一种电信系统。

通常把声/电转换装置称为送话器，简称话筒。把电/声转换装置称为受话器，简称听筒。电话通信的基本工作原理是，首先把说话人的声音信号通过送话器转换成电流信号（话音电流），并送到电话线路上；然后经电话传输线路（信道）转送到收话人的受话器上；最后在受话器上将电话线路送来的电流信号转换成声音信号（语言声波），从而使收话人听到发话人的声音。由于任何一部电话机都同时设有话筒和听筒，因此，既能送话又能受话，从而实现了双向语言通信。

2．电话通信网及电话交换机

电话是目前在办公室中用得最普遍的一种通信工具，电话通信网是全世界应用最广泛的有线通信网。目前，电话网不但用于电话交换，而且越来越多地被用于传送电报、传真和计算机通信。

电话通信网中的交换系统是通信网中不可缺少的主要组成部分，是整个通信网的核心枢纽。把在通信网的交换系统中实现交换功能的设备称为交换机。电话交换机的作用是沟通本交换机所连接的所有电话用户之间的电话通信，以及他们与外网的电话通信。

在过去的 100 多年中，电话交换设备经历了从人工到自动，从机械到计算机控制的过程。电话交换机的处理能力也从最初的十几门发展到今天的数万门，甚至更多。

程控电话交换机是从 20 世纪 70 年代开始，逐步发展成的一种新型的先进电话交换设备，它主要由电子计算机和许多集成电路组装而成。它是利用电子计算机预先编制好的程序来控制电话的交换和接续。程控交换机具有体积小、噪声小、接续速度快、接通率高、质量可靠、故障少、服务功能多、便于开放数据和图像通信、便于实现维护和管理的自动化等优点。

3．电话机的分类

电话机是电话通信不可缺少的设备。电话机按接续方式分类，可分为人工电话机和自动电话机两大类。人工电话机包括磁石式电话机和共电式电话机；自动电话机包括机械拨号电话机和电子拨号电话机。自动电话机按拨号制式又可分为直流脉冲电话机、双音频电话机和脉冲音频兼容电话机。

电话机按其适用场合分类，可分为桌式、墙式、桌墙两用和便携式 4 种。

电话机按其功能划分，又分为普通电话和特种电话。常用的特种电话有免提、扬声、录音、无绳、投币、磁卡、书写、可视电话等。

3.1.2　常用电话机的使用与维护

1．常用电话机的功能及特点

（1）按键式电话机。按键式电话机是 20 世纪 80 年代开始逐渐普及的，品种较多，是全电子化的按键式电话机。它属于第 3 代产品，其 3 个基本部分（通话、信号发送、信号接收）都由高性能的电子器件和其他电子元器件组成。通话部分采用高性能的电/声、声/电转换器件作为受话

器、送话器，并配上送、受话放大器完成通话功能；信号发送部分由按键号盘、发号集成电路等组成；信号接收部分由振铃集成电路和压电陶瓷振铃器（或扬声器）组成。

按键式电话除了具有发号脉冲参数稳定、发号操作简单、通话失真小、振铃声音好等优点外，还可以根据交换机的功能，完成缩位拨号功能、三方通话功能、挂机持线功能、首位锁号功能等操作。此外，电话机本身还具有号码重发功能、受话增音和发送闭音等功能。一款普通按键式电话机如图3.1所示。

图3.1　普通按键式电话机

（2）扬声电话机。凡只对来话信号加以放大并在扬声器中送出，而本方讲话仍需使用手柄的电话机称为扬声电话机。扬声电话机可以作为只听不讲的电话会议的终端机使用。另外，在电话接运率不高的情况下，使用扬声电话机进行免提拨号相当方便，可提高办公效率。扬声电话机实际上是在普通电话机基础上增加了一套受话功率放大器，由于扬声放大工作时是单工工作方式（只听不送），所以音量可以做得较大。

（3）免提电话机。普通电话机在通话时必须拿起手柄，有时会感到很不方便。为此，希望能有一种不用拿起手柄就可以通话的电话机，这就是免提电话机。免提电话机可以实现一人讲话，多人听，能作为可听可讲的会议电话终端使用。免提电话机实现的基本方式有两种，一种是直接放大式，即在送、受话电路中直接加上放大器。这种免提电话为避免振铃把发送灵敏度降得较低，所以往往对方觉得音量较小。较新式的免提电话机采用了“半双工”工作方式，即在有受话信号时，电话机处于受话工作状态，此时受话放大器放大量为最大，而送话放大器放大量降到最低。采用这种方式的免提电话机可较好地解决音量和振鸣之间的矛盾。免提电话机一般均带有手柄，也可用手柄通话。一款免提电话机如图3.2所示。

（4）录音电话机。录音电话机目前可分成3种：即“留言”电话机、电话录音机和自动应答录音电话机。“留言”电话机，即主人预先把需通知对方的话录下来，当有电话来时，振铃数次后可自动应答，把留言发送出去。早期“留言”电话机采用盒式录音带，现多采用集成电路存储话音的产品。“留言”电话机实际上是在普通电话机上加一个自动应答装置，所以又叫自动应答电话机。一款录音电话机如图3.3所示。

图3.2　免提电话机

图3.3　录音电话机

录音电话机是电话机和录音机的结合，使用时由人工操作录下双方讲话内容，当需要再听时按下“放音”键，录音内容可以保存下来作为“档案”备查。

自动应答录音电话机是自动应答和自动录音相结合的电话机。当有电话呼叫时，若主人不在，电话机可自动启动，把磁带或存储器中的留言告诉对方，然后启动录音装置，记录对方留言。录音结束方式有两种，一种是固定时间（如60s）结束，另一种是自动识别对方停止讲话数秒后停

录，并自动挂机。主人回来后可按“放音”键收听对方的留言。

近年推出了所谓遥控式自动录音电话机。这种电话机的不同点在于主人可用遥控电话机检查来话留言。当主人不能及时回来但又需检查情况时，可用一部双音频发号电话机呼叫录音电话机，当录音电话机自动启动后，主人可用电话机的键盘再输入一个预先约定的“密码”，密码信号通过电话线路送给录音电话机，经检测识别无误后，录音电话机可自动将已有的来话留言通过电话线送出，主人即能通过电话机收听到。

现在，录音电话机使用功能越来越复杂，较高档的录音电话机已有话音提示操作过程的能力。

（5）可视电话机。可视电话机是一种能实现“面对面”谈话的电话设备。通过可视电话机打电话，不仅可以听到对方的声音，还可以看到对方的面容。一款可视电话机如图 3.4 所示。

除电话线路传输外，可视电话系统的传输线路还可以是微波线路、卫星通信线路和光纤通信线路等宽频带线路。随着通信技术和电话技术的不断发展，新型的可视电话不断被推出。有理由相信，不久的将来将有更多的用户会使用可视电话。

（6）投币电话机。投币电话机是专用于公共场所的电话机，其功能除了完成打电话之外，主要用于解决打电话的收费问题。它要求用户投入指定的硬币才能进行通话。投币电话机中具有的控制功能包括对硬币的检测和判别，检测合格后接通电话机电路（允许打电话）。根据硬币面额对通话时间进行限制，到时间警告和自动拆线，收取硬币。功能较强的投币电话机还能显示硬币面额和通话计费情况。一款投币电话机如图 3.5 所示。

有些投币电话机还可以做到对不同的电话业务（市内、郊区）按不同的费率计费。由于硬币的面额值一般较小，所以投币电话只适用于打市内电话。

（7）磁卡电话机。磁卡电话机是一种即时收费电话机，但它不使用现钞，而是接收一种实质是预付电话费方式购买的带有磁性材料的卡片（磁卡）。打电话时，必须先将磁卡插入电话机上相应的口中，经电话机判别有效后，才能开启电话。磁卡电话机一般具有显示板，用来提示操作、显示磁卡上金额、所拨电话号码、通话费率、通话时间和通话过程中话费计取情况。通话完挂机，载有剩余金额信息的磁卡退出，以备下次使用。一款磁卡电话机如图 3.6 所示。

图 3.4　可视电话机

图 3.5　投币电话机

图 3.6　磁卡电话机

（8）书写电话。书写电话是书写机和电话机相结合的产物，是一种既能用于通话，又能传送书写信号的新型通信工具。它不仅可以在市话网上使用，也可以在长途电话网上使用。使用这种电话时，发话人像使用普通电话机一样地拨号通话，如果有语言不能表达清楚的，或需要书写或记录的，就可以用书写笔在纸上书写，此时收信一方书写机会自动地一笔一笔写出信来。书写的作用有些类似于传真机，但它不是传送固定的文字和图像，所以书写的内容可以随心所欲地重复、改动、补充或修改。因此，特别适用于指挥调度、发布命令、汇报数据等业务。但它只能传送不太大的信息量。

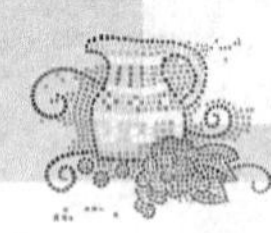

2．选购电话机的注意事项

电话机是电话通信的终端设备，用户要保证电话通信畅通，必须根据通信需要和市话通信网的设备情况合理选用。

选购电话时应注意以下事项。

（1）目前各种各样的电话大量涌入市场，其中有的产品质量不高，并且不标明生产厂家，也无法保修。所以，选购电话时应选购有关部门批准，并发给进网证的各类合格电话机产品。

（2）用户选购的电话机在申请安装时，必须经市话部门检验合格后，才能接入市话网。

（3）用户选购电话机，应与使用环境及功能要求相适应。例如拨盘式电话机对环境适应性较强，比较适用于地下室、浴室、厨房、化工区，高温、高湿车间以及电台区，高压区内等场所。按键式电话机功能较全，适合于办公室、商店、住宅、公用电话服务站安装使用。多功能组合电话机功能齐全，适用于重要用户、专线电话、调度、指挥中心以及科研、情报、公安机构等。此类电话机应指定专人操作，以免因人多手杂产生人为失误。防水、防爆电话机则应考虑在特殊环境下选用，如在船舶、矿山等环境中。

（4）如果电话可以接入程控交换系统，最好选购“双音频按键式电话机”。这种电话机可以配合程控交换机接续速度快的特点。它在拨号时是由两个音频频率组合而成的数字（0 ~ 9），不仅速度快，而且准确。此外在电话面板上还有实行各种新服务功能所需要的按键供选用。

3．安装电话应注意的事项

安装电话时应注意的事项如下。

（1）电话机应安放在室内使用和维护方便、通风良好、不影响正常活动的地方。

（2）电话机的外壳、按键、手柄是注塑件，不同的塑料有着不同的耐热性。所以，电话机不应安装在如火炉、取暖设备等高温环境中，以及阳光能直射的地方，以免电话机外壳、按键、手柄塑料变形，影响通话的质量，机器的功能和寿命。

（3）电话机不应安装在潮湿的地方（如浴室和容易被雨淋湿的地方）。因为在潮湿的环境中，水汽很容易进入机内，造成元件的腐蚀，损坏机器。

（4）电话安装时，电话机与电话线的连接应牢固可靠，避免短路。

（5）电话线接好后，拿起手柄应听到“嘟”的拨号音，然后可拨号呼叫一个用户，在线路不忙的情况下，应能顺利接通电话。通话完毕，挂机后机线应能正常复原。

4．电话机在使用中应注意的问题

正确地使用电话机，对于延长电话机的寿命，保障通信联络的通畅十分必要。在使用电话机时应注意以下问题。

（1）不要用力拍压各按键、按钮。

（2）不要随便玩电话，随意乱拨号。

（3）电话的手柄应轻拿轻放。打完电话后，要将手柄放好、放实。

（4）手柄线不要打结、纽绞，使用手柄时不要生拉硬拽，以防内芯线折断。

（5）不要随意移动电话的位置，并注意保持电话的清洁。平时最好用一块布将电话盖好，以免灰尘侵入。

（6）一些电子元器件较多，电路比较复杂的电话，出现故障时不宜自己修理，应及时找有关专业部门保修或维修。

5．电话机的常用功能键

（1）常用功能键及其作用。目前，最常用的电话属按键式电话。它除了电话的最基本功能外，还增加许多附属功能。这些附属功能的功能键及它们的作用如下。

①“STORE”——“记忆存储”键，用以存储常用的电话号码。

②“PAUSE”——“暂停”键，暂停通话，为专用自动电话交换机使用。

③“FLASH”——“闪跳”键，借此键可以“闪跳”接住两个紧急电话。

④“AUTO”——“自动拨号”键，用以提取任意的存储号码。

⑤“MUTE”——“哑音”或“静音”键，按此键可使对方暂时不能听见声音，但并未挂断电话。

⑥“REDIAL”——“重拨”键，可重拨上一个已拨出的电话号码。

⑦“AMP”——放大器开关，拨到“ON”即接入话音放大器，不使用时应置“OFF”，否则电话机不能挂断。

⑧“ADDRESS”——记忆地址索引卡片，用来记录常用电话号码及对应的存储地址。

⑨“#”——部分电话用来作为“重拨”键，功能同“REDIAL”。

⑩“*”——部分电话用来做为“哑音”键，其功能同“MUTE”。

（2）电话机的功能缩写。我国有关部门对进网电话功能缩写做了统一的规定。通过这些规定可以了解该电话的一些功能。

电话功能英文字母缩写与代表的功能如下。

① P——脉冲拨号。

② T——双音频拨号。

③ S——号码记忆存储。

④ D——免提。

⑤ d——扬声。

⑥ L——锁控。

⑦ P/T——脉冲、双音频兼容。

（3）电话机种类英文字母缩写。电话机种类英文字母缩写如下。

① HC——磁石话机。

② HA——按键话机。

③ HB——拨号盘话机。

④ HG——共电式话机。

⑤ HL——录音话机。

⑥ HW——无绳话机。

⑦ HT——投币话机。

⑧ HK——磁卡话机。

例如，广东惠州生产的TCL牌HA868P/T SDL电话机，为脉冲、双音频兼容，存储、免提、锁控、按键式电话机。中外合资西陵生产的HA-788P/TS d电话机，为双音频、脉冲兼容，存储、扬声、按键式电话机。上海航天热工仪表厂生产的HW-8501电话机为无绳电话机。

6．电话中常见的话音信号

（1）拨号音。连续的“嘟……”音，表示可以开始拨号。

（2）回铃音。主叫用户拨通被叫用户后，听到的断续的“嘟……嘟……”音。表示被呼叫的

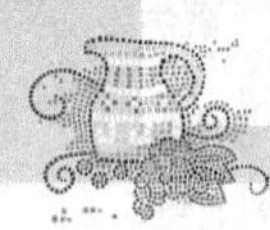

电话正在振铃。回铃音为1s、间隔4s的周期信号。

（3）忙音。短促的“嘟、嘟”音，表示被呼叫的电话处于摘机通信状态或线路不空闲。忙音为发0.35s、断0.35s的周期信号。

（4）长途插入通知音。当正在通市内电话而恰有长途呼叫，会听到两声短促的“嘟、嘟”音，隔5s又是两声“嘟、嘟”音。催促尽快挂机，准备接长途电话。

（5）催挂音。由小变大连续的“嘟……”的声音，提醒电话机没挂好。催挂音连续送30s。如用户仍不挂机，交换机将自动切断该用户的所有信号音（只对程控交换机而言，但对机电交换机则需要人工干预）。

（6）保持音。在用户使用呼叫等待、三方通话、呼叫转移等功能时，处于等待状态的用户听到的短促的“嘟、嘟”的声音，保持音为发0.5s，再发0.5s，断0.25s的周期信号。

（7）等待音。使用用户呼叫等待功能的用户，在与对方通话时恰遇另一用户呼入，则每隔几秒钟耳机中就会出现一声短促的“嘟”音。表示一个用户正在等待与主叫用户通话。等待音为发0.4s、断9.2s的周期信号。

（8）证实音。登记或取消用户功能时，当按正确方法操作完毕后会听到连续短促的“嘟”音，表示交换机确认无误，予以证实。反之则听阻塞音。证实音为发0.4s，断0.4s，再发0.4s的信号，因证实音只发两声且较短。所以操作完毕后应注意辨别。

（9）阻塞音。比忙音更为短促的“嘟、嘟……”音，表示拨号后用户振铃的时间已超过规定的时间或登记的用户服务功能无效等情况。阻塞音为发0.15s的周期信号。

（10）特殊拨号音。在登记或取消某些用户服务功能时，用户听到的“嘟、嘟……”的声音。表示可连续进行后续的操作。特殊拨号音不同于忙音，“嘟”音较长，为0.4s，间隔很短为0.05s。

以上列举的信号音只是目前我国电话网中用户接触较多的一部分。由于电话网中各类交换机较多，各种信号音也不可能完全一致，所以只供参考。

7．常用电话机的维护及保养

电话机的种类和型号都很多，除基本的功能以外，在结构和特殊功能方面又各具特点。目前应用最多的属按键式电话机，常用的按键式电话机的日常维护及保养方法如下。

（1）保持电话机的清洁，经常进行除尘处理。除尘时，严禁用水清洗或用化学试剂擦拭，应经常用干软布或软毛刷除尘。除尘时也不要用力过猛，以免损坏电话机的按键和叉簧（重力开关）。

（2）要经常进行消毒处理。电话机在使用过程中各种病菌会被带到电话机的手柄话筒、听筒和按键上，因此应经常进行消毒处理。消毒时，不能使用酒精，以免电话机表面失去光泽、变色。一般可采用电话机专用的具有杀菌、除臭等功能的消毒膜，贴装在电话手柄话筒、听筒上，也可以用电话机消毒喷雾剂经常喷洒，达到杀菌、消毒、除臭的效果。

（3）在寒冷的冬季，室外使用的电话，由于气温过低，电话机的塑料强度会明显下降，容易发脆破裂，所以在搬运和使用中应避免碰撞、敲击，应轻拿轻放。

（4）有些电话机内装有电池，应经常检查电池电压及是否有漏液现象，以免影响机器正常工作和腐蚀机器部件。一般电池使用半年就应检查一次。需要更换电池时，应注意电池的正负极，不要安错。

3.1.3　程控电话的服务功能

程控电话交换系统是把电子计算机的存储程序控制技术引入电话设备中，并组成存储程序控制的电话交换系统。程控交换机除具有接续速度快、接通率高、质量可靠、故障少等优点外，另一个重要优点就是服务功能多。

程控电话的服务功能主要有下面一些项目，随着程控电话的发展，程控电话的服务功能将不断增加。

（1）缩位拨号。用户可将常用的 5 ~ 20 个电话号码缩编为 1 ~ 2 位号码，存入程控交换机，使用时只需拨缩位号码，即可接通被叫用户。

（2）热线服务（也叫免拨号接通）。用户可将最常用的号码设置成热线，使用时不需拨号，摘机几秒即可接通被叫用户。具有热线功能的用户电话机仍能拨叫其他用户，只是需要摘机后立即拨号。

（3）遇忙回叫。当主叫用户拨叫被叫用户遇忙时，主叫用户可按叉簧拨特殊号码，然后持机等待，一旦被叫用户空闲，交换机能自动回叫主叫用户，并接通被叫用户。

（4）呼叫转移。当有事外出时，经过登记操作可将电话号码转移到临时去处的电话机上，这时如有用户拨叫，可自动转接至临时去处的电话机上。

（5）呼叫等待。在与对方通话时，又有另一用户呼叫，这时可听到一种叫等待音的特殊音响。可根据需要选择通话对象，将一方保留而与另一方通话，通话完毕可按叉簧回到原来的通话中。

（6）三方通话。主叫用户可同时拨叫两个被叫用户，实现三方同时通话或单独与两方中任一方通话。

（7）会议电话。当需要三方以上共同通话时，可以用这项功能实现。呼叫方法既可由主持会议的一方将其他与会者逐一叫入通话，也可以在约定的时间内由与会者拨叫主持会议者。

（8）呼叫代答。同一单位的某一分机无人应答时，隔壁房间有代答功能的分机，可拨特殊代码及被代答的分机号码，将呼叫自动转移至代答分机上，进行应答处理。

（9）免打扰（也叫暂不受话服务）。对于因某种原因不希望有电话来打扰的用户，可用此功能得到一个安静的环境，此时如有电话叫入由电话局代答。

（10）叫醒功能（闹钟服务）。如用户担心忘记约会时间，可利用此功能在预定时间使电话机自动响铃。

（11）查找恶意呼叫。在接到恶意捣乱电话时，可在本话机上操作，由交换机将捣乱者锁住，电话局能自动打印出捣乱者的电话号码、时间。

（12）缺席用户服务。当用户外出有电话呼入时，由交换机提供声音服务，替用户代答。

（13）号码重拨。用户在拨完对方号码而遇忙时，可按特定按键（或号码），交换机会重复发送被叫用户号码，直到被叫空闲后接通。

（14）国内、国际长途直拨。用户使用这项功能，可以通过电话机直接拨叫已开通长途直拨业务的国内或国外城市的市内电话用户，不需要用长途台话务员人工接续。使用这种业务，拨长途电话就像拨市内电话一样，十分方便。

（15）最经济路由。在系统有多个呼叫路由的情况下，分机呼叫时会自动选择最经济的路由。

（16）盲人话务台。通过连接到计算机的附加设备，将光学显示转换为盲文信号。这使有视觉障碍的用户可以执行所有呼叫处理任务。

（17）强插。当两个分机正在通话时，等级更高的用户可强插进去告知一方挂机以便与另一方通话。

需要说明的是，有些按键式电话和多功能电话机，本身具有一些服务功能，如存储常用的电话号码，自动重拨刚拨的电话号码，不摘机通话及拨号，缩位拨号，闹钟服务等。但这与程控电话机的服务功能是不同的。前者不管将电话接入哪种自动交换机都能实现这些功能，而后者则只能接入程控交换系统才能提供所介绍的服务功能。

此外，程控电话机的一些服务功能，是需要向电话局申请后，才能得到的。

3.1.4 可视电话机

1. 可视电话简介

可视电话和普通电话差不多，只是在“可视电话”上有一个 4 ~ 5 英寸的液晶显示屏，并且内置了摄像头。只要对方也是可视电话，接上电话线，双方就可以同时传送声音和图像。同时，电话机还可以外接电视机以“放大”图像。如果不用“可视”功能，它可作为普通电话机使用。

可视电话业务是一种点对点的视频通信业务，它能利用电话网双向实时传输通话双方的图像和语音信号。可视电话能收到面对面交流的效果，实现了人们通话时既闻其声又见其人的愿望。

可视电话机由 4 部分组成：电话机、电视机、摄像头和控制装置。摄像头是用来摄取送话者的图像，图像信号通过电话线路一同送出，在对方的可视电话中显示出来。控制装置包括操作说明提示和操作可视电话工作的按钮。

可视电话在传输信道上可分为：PSTN（公用电话网）型、ISDN（综合业务数字网）型、专网型等多种方式。在 PSTN 上工作的可视电话，每秒钟可以传输 10 ~ 15 帧画面；在 ISDN 上工作的可视电话，每秒钟可以传输 15 帧以上的画面。一种 PSTN 可视电话如图 3.7 所示。

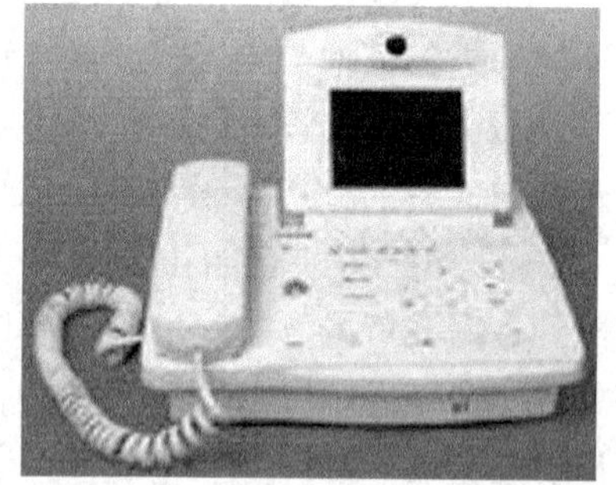

图 3.7 PSTN 可视电话

下面介绍一款可视电话的产品性能指标。

（1）基本指标。

① 产品类型：PSTN 可视电话。

② 遵从标准：H.324。

③ 最高传输速率：33.6kbit/s。

（2）视频指标。

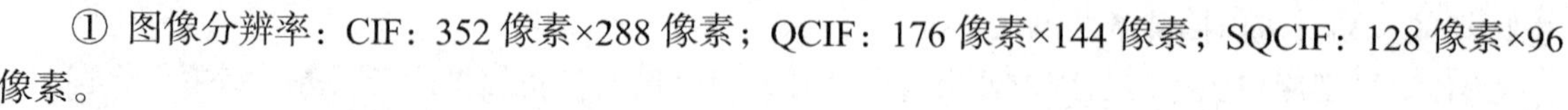

① 图像分辨率：CIF：352 像素×288 像素；QCIF：176 像素×144 像素；SQCIF：128 像素×96 像素。

② 摄像头：CCD 摄像头。

③ 显示器：4 英寸集合点阵真彩色液晶显示器。

④ 网络通信：PSTN 电话线的插口。

2. 使用方法和注意事项

（1）使用方法。拨打可视电话的方法和普通电话机一样，只需拿起听筒，直接拨号即可。如果对方也是可视电话，并且打开了可视功能，则在接通电话的同时按下“可视”按钮，即可看到对方的图像。放下听筒后通话中断。

（2）使用时的注意事项。要实现可视电话功能，必须通话双方都具有可视电话机，并且打开可视功能。目前可视电话分两种形式，PSTN 型和 ISDN 型。目前的状况两种类型的电话采用不同的网络传输，可能造成数据不兼容；通话双方的可视电话类型不同也可能造成通话障碍。

3.1.5　集团电话

集团电话是一种主要用于单位或部门内部通话的专用交换机设备，可以通过中继线与公共网连接完成公网通话，适用于党政机关、工厂、学校、大中小型公司等。集团电话一般由交换机、分机与外线构成。集团电话交换机一般不需要专职的话务员和维护人员，当外线呼入时，可由任何一部电话应答，并可以转给所需的被叫。任何一部话机要呼外线时，只要按下代表空闲外线的相应键，即可拨号呼叫外线。它的功能一般有：会议电话、缩位拨号、热线服务、群呼、广播、遇忙回叫、呼叫转移、呼出限制、呼叫等待、内线保密、外线保密、停电自动转移等功能，是现代化办公中常用的通讯管理手段，使电话管理者可以集团性管理外线来电与内线呼出。

1．集团电话的入网方式

半自动入网（DOD2+BID）方式：需要分机呼出时，听到二次拨号音后直拨公网号码，公网呼入需话务员转接至分机。目前，在我国多数采用这种入网方式，优点是节省号码资源，缺点是对长途自动化和计费不利。

全自动入网（DOD1+DID）方式：需要分机呼出时，听到一次拨号音后直拨公网号码，公网呼入可直拨分机。在这种方式下，用户交换机的呼出和呼入是全自动的，不需经话务员人工转接，有利于长途自动化和自动计费。

2．集团电话常用外线的种类

（1）普通外线：电话局普通局用线。

（2）普通中继线：与普通局用线相同，但可自动联选。

（3）ISDN 线路：一线通（ISDN）线路。

（4）E&M 专线：各地电话系统联网专线。

（5）一号通：使用电话局普通用线，可以将若干条线路绑定在一起，实现自动联选，形成普通中继线的功能。

3．集团电话的主要性能参数

（1）外线容量。外线容量是集团电话的重要参数指标，指的是最大可以扩充到多少外线，即这个交换机能够从外接入的直拨电话的数量，数量越多，则出现占线的几率越小，允许同时通话的人数就越多。

（2）分机容量。分机容量也是集团电话的一个重要参数指标，就是最大可以扩充到多少分机，即能够提供给单位内部使用电话机的个数，在外线容量一定的情况下，支持的分机越多，说明交换机的容量越大，提供的服务越多。

（3）专用话机数。专用话机就是提供给集团电话做设定用的，集团电话的设定一般支持当地设定和远程设定。所有交换机的参数设定都可以通过专用话机来完成。

用于转接的电话即专用电话机，专用话机数是指这个交换机需要这个专用话机的数量，一般来说，一部交换机有一部专用话机就可以了，当然有的需要多部。

（4）普通话机数。普通话机数就是交换机可以支持的普通的电话机的数量。普通话机根据快

捷键的多少可以分为：普通型、部门经理型和总经理型。如总经理型的话机可以提供很多方面的功能，同样有很多的功能集成在快捷键上。

（5）拨号模式。拨号模式指的是集团电话采用的两种拨号模式：音频拨号（DTMF）和脉冲拨号（Pulse）。音频拨号就是用大小不一的波幅来表示不一样的数字，而脉冲拨号是用不一样数量的脉冲个数来表示不一样的拨号数字。音频拨号比脉冲拨号速度要快，因此现在集团电话普遍采用的是音频拨号，而非脉冲拨号。选音频拨号或脉冲拨号要根据本地交换机来选择。

（6）分机等级限拨。分机等级限拨就是交换机可以限制分机拨打电话的权限个数，比如分为：国际长途、国内长途、市话、农话、内线电话等，其中又可以限制某个分机可以拨某个地方的电话，不可以拨某个地方的电话，可以拨某些特服的号码，不可以拨某些特服的号码等。

分机等级限拨由专用话机来设定，并存到交换机的参数里面。分机等级限拨基本的是 5 级，具体的限拨又可以根据客户的需求分别设定。

4．集团电话的 IP 电话功能与其他功能

（1）IP 电话功能。通常电话交换分为：电路交换和分组交换。传统的电信网络就是电路交换。分组交换就是分组打包交换，把语音分别打成不同的数据包，通过不同的线路送到目的地，然后解包。分组交换只占用 8kbit/s 的带宽，而电路交换要占用 64kbit/s 的线路，所以分组交换节省了带宽和成本。平常用的 IP 电话就是分组交换，是一种不同于以前电信传统网络的交换方式。有的交换机并不支持 IP 电话功能，只有分组交换才支持 IP 电话。

交换机有了 IP 电话功能才可以实现 CTI（Computer Telephony Integration）计算机电话功能，即把电话、电脑集成到一个网络中去。

（2）其他主要功能。集团电话交换机除了前面介绍的最基本的功能外，还支持如下其他主要功能。

① 全数字 ISDN 分机线路功能。全数字 ISDN 分机线路就是分机的线路可以支持两路电话同时进来，也是三方会谈的基本前提。线路为全数字，可以支持 CTI 功能。

② IP 传真功能。IP 传真功能就是可以通过公司内部虚拟专有网络 VPN，传送普通传真信号。

③ 自动录音功能。该功能必须要有语音信箱才可以实现，比如因故不能接听电话，可以用语音信箱来实现留言、发信息、外拨电话等功能。

④ 远程遥控编程功能。该功能是可以通过不同的拨号软件或者是交换机独有的软件，通过中继线拨号到远端的交换机上来实现。

5．集团电话的选购

选购集团电话应该注意如下几方面的问题。

（1）明确自己所需要的集团电话的配置。集团电话的配置主要是指大约需要接入系统中的外线数量及所需分机数量。

（2）一般都要留有扩容的余地。如现在可能需要 8+24（8 外线 24 分机），可以选择将来可扩容到 64 端口的机器（内线+外线的总合）。将来在扩容时会十分方便。如不能扩容的机器会给将来增加分机造成很大的麻烦，在选购时这一点是非常重要的。

（3）应该注意的其他方面问题。

① 考虑外线是否采用 ISDN 接入方式。很多进口集团电话都有 ISDN 接口板，采用 ISDN 板技术会使集团电话工作更稳定。如只需采用普通外线方式则无需考虑采用何种机型。

② 是否申请中继线服务。中继线即连接集团电话与市话交换机的电话线路。中继线连选就是一个号码里包含了多条线路，用户对外只需公布一个代表号码，但可以让多个电话同时打进来，

每个用户可以根据电话量大小及集团电话容量大小，来考虑申请办理的中继线数量的大小。如果采用普通外线接入方式，在选择集团电话时必须考虑安装符合申办中继服务要求的交换机。

③ 根据需要选择选配件。选配件就是可以根据客户的不同需求来选择不同的配件。例如，普通模拟外线卡、模拟带来电显示外线卡、数字 ISDN 外线卡、数字 PRI 外线卡、模拟分机摸组、数字分机摸组、远端遥控模块、计费模块、模拟/数字转换模块等。

3.2 移动通信设备

3.2.1 移动通信与移动电话

1. 移动通信

移动通信是近些年来国际上发展起来的一种新型通信工具，是能随时随地传递信息的理想通信方式。它是一项集计算机、微电子技术、程控交换技术、无线通信技术为一体的高科技系统工程。

移动通信顾名思义就是移动体的通信，所以移动点与固定点、移动点与移动点之间的通信都属于移动通信范畴。它是借助于无线电波实现通信的，因而具有方便灵活的特点。

简单的移动通信设备是单向工作的。一方可以对另一方（或多方）发射信号、传达命令、通知、消息等；而另一方（或多方）是被动的，只能接收信号而不能发送。这种简单的设备适用于车船遇难呼救、无线电指挥调度业务等方面。功能稍强的是半双向通信设备。这种移动通信设备，双方都具有收与发的功能，但不能同时发话与收话，靠按键控制各自的收与发的状态，使用不太方便。简单的移动通信设备的优点是收发信机简单，耗电量低，造价低，节省频率资源，适合在业务功能简单或单一的情况下使用。

较先进的移动通信设备是全双向工作的。用户使用时可随意叫通移动台、固定台和市内电话的用户，并双向通话。这种移动通信设备近年来发展很快。它功能强，使用方便，但发射和接收机处于经常工作状态，耗电量较大，投资费用也较大。

移动通信提高了办事效率，是办公自动化中新的通信方法。它一般包括移动电话、无线电调度（包括无线对讲机）、无绳电话和无线寻呼机 4 大类移动通信装置。

2. 公用移动电话网

小区制蜂窝公用移动电话是在 20 世纪 70 年代出现的，它较好地解决了移动问题，又像市内有线电话一样有选择功能。这是十分引人注目的重大通信设施，当前许多国家正迅速地推广应用。

移动电话的主要特点是无线传输、可拨号、可移动且携带使用方便。它由车载式收、发信机及专用基站、移动通信交换中心组成。可用于汽车、轮船、飞机等交通工具上，也可随身携带。这种电话涉及许多复杂技术，其中最主要的两种技术是“定位”和“移交”。要接通运动中的交通工具的电话，首先要确定该交通工具的位置，这就是“定位”；当该交通工具离开某一通信信道范围进入另一通信信道时，必须转换无线电频率，这就是“移交”。这二者都是自动完成的。

公用移动电话网采用蜂窝式结构，“蜂窝”是通信地域的一个子区，形状呈六角形。把整个通信地域划分成若干个子区，互相衔接，如同蜂窝一样排列在一起。每个子区一般均设有一个基站，移动台能在子区中间随时通信，而且可由一个子区转移到另一个子区而不中断。基站经过线路与公用交换电话连接，因此在公用移动通信网中的移动用户还可以与公用交换电话网中的固定用户

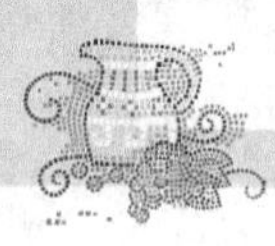

通信。同时，这种系统中的每部移动电话机可以像操作普通市内电话一样来完成摘机、拨号、振铃、应答、通话、挂机等操作，这种通话也可以在行人之中或汽车行驶中进行。这种电话机是一种可移动的手持电话机，早期一般称为“大哥大”或“手持机”，现在称为“手机”。

由于“移动”和“无线”这些特点，在实现一个移动电话系统时，要采取许多不同于有线通信的技术措施。在移动电话网中，要有自动测试信号强弱、自动控制发射功率、越区自动切换无线电信道、自动跟踪记录移动用户地址等功能。这些都要靠控制中心的计算机来实施，信令系统通过各基站把控制信令传输给各用户。

3．手机

手机是指可以握在手上的移动电话机。手机最早是美国科技巨头摩托罗拉公司发明的。早期又有大哥大的俗称，是可以在较广范围内使用的便携式电话终端。我国的第一套蜂窝网 1987 年在北京开始运行。设有市内及郊区的多个基站和多条通信频道。近些年来，手机的用户数量快速增长，它已变为人们日常普通的通信工具。几款手机如图 3.8 所示。

图 3.8　几款手机

手机外观上一般都应该包括至少一个液晶显示屏和一套按键（部分采用用触摸屏的手机减少了按键）。部分手机除了典型的电话功能外，还包含了 PDA（个人数字助理）、游戏机、MP3、照相、录音、摄像、GPS 定位、上网等更多的功能。

手机类型顾名思义就是指手机的外在类型，现在比较常用的分类是把手机分为折叠式（单屏、双屏）、直板式、滑盖式、旋转式、侧滑式等几类。

（1）折叠式手机。折叠式手机是指手机为翻盖式，要翻开盖才可见到主显示屏或按键，且只有一个屏幕，则这种手机被称为单屏翻盖手机。目前，市场上还推出了双屏翻盖手机，即在翻盖上有另一个副显示屏，这个屏幕通常不大，一般能显示时间、信号、电池、来电号码等功能。

（2）直立式手机。直立式手机就是指手机屏幕和按键在同一平面，手机无翻盖。也就是常说的直板手机。直立式手机的特点主要是可以直接看到屏幕上所显示的内容。

（3）滑盖式手机。滑盖式手机主要是指手机要通过抽拉才能见到全部机身。有些机型就是通过滑动下盖才能看到按键；而另一些则是通过上拉屏幕部分才能看到键盘。从某种程度上说，滑盖式手机是翻盖式手机的一种延伸及创新。

（4）旋转式手机。和滑盖式差不多，最主要的是在手机盖 180°旋转后看到键盘。

（5）侧滑式手机。是滑盖式的变种，通过向左或向右推动屏幕露出键盘来进行操作。对于大屏幕触摸式操作的智能机来讲，侧滑大大加快了打字的速度，增强和优化了玩游戏时的体验，使此类智能手机更受欢迎。

4．对讲机

在专用移动通信系统中，最简单的是点到点对讲电台。用两部以上的电台设置在不同的地点，按规定的频率和约定的通信时间，即可彼此呼叫，建立通信联络。这类电台多数只传输单工或双

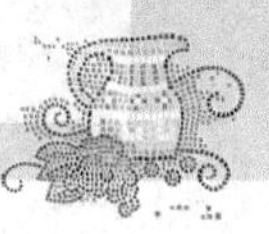

工电话，在配置相当的接口设备后，也可以传输低速数据或传真业务。对讲电台是一种沿用较长时间的移动通信设备，目前仍在大量使用，而且日益向小型化、智能化方向发展，其用途也逐渐向人们的生活领域扩展。

对讲机一般分为两类，普通手持式和多功能手持式。普通手持式对讲机售价低，采用充电电池，品种型号多，能满足一般单位使用。除此之外还有同频机、异频机。同频机是指单机—主机—单机之间可以任意通话。而异频机则只能与主台通话，因此，保密性能比较强。多功能手持式对讲机属中高档类，采用充电电池，有自动搜索空间频道、多功能扫描、液晶显示、键盘式输入频率、储存频率输入记忆系统、差转功能、自动切断电源等 20 多个功能，此外，有的机型还拥有编码、解码装置，只要通过总台接入程控电话中，便像使用电话一样与有线电话进行通话。几款对讲机如图 3.9 所示。

图 3.9　几款对讲机

5. 无绳电话

无绳电话属于无线通信，是一种新型的电话终端设备。它利用小功率的无线信道取代送话器、受话器与电话设备之间的电缆。

无绳电话机由主机（或座机）和副机（手机）组成。主机通过用户线与交换机相联，副机通过“无线电”与座机相通。手机内装有送话器、受话器的按键盘，使用者通过这些部件可以像使用普通电话机一样呼叫市话网的任一用户。另外手机内装有蜂鸣器，可以随时接收通过座机传送过来的呼叫信号，与主叫用户通话，所以使用无绳电话机可以在远离座机的地方随意打电话或接听电话，是一种十分方便的电话通信工具。功能较强的无绳电话机除具有无线手机外，在座机上还配有一套通话装置（免提或带线绳手柄）和拨号盘。当手机拿走后，本身还可以像普通电话机一样使用。无绳电话机的机座和手机之间还可以进行内部通信联络，即可利用座机随时呼叫手机人员并通话。

无绳电话机密度较大时会相互干扰，为减轻干扰的程度，无绳电话机的手机和座机发射功率不能太大。因此，无绳电话机的主、副机之间的通信距离不能太远，在空旷地区一般为 300m 左右，如果在建筑物内，通话距离要短些。虽然无绳电话机使用距离较近，但因其价格较低，又可在一定范围不受限制地打电话，因此仍很受用户欢迎。

3.2.2　手机的使用与维护

由于手机的生产厂家不同，型号不同，其外部结构，键盘及显示屏也不同，具体的操作键也

有所区别，但其基本操作程序是统一的。

下面只介绍手机的基本操作方法、主要功能以及手机的维护和常见故障的排除。对于具体的手机使用请参照相应的使用说明书。

1．手机的基本操作

一般手机包括了以下最基本的操作。

（1）手机的开与关。一般只需按下“开关”键，即可完成手持电话的开机操作。开机后再按一次“开关”键即可关机。

（2）拨叫电话。几乎所有的手机电话在拨叫电话时，都要首先输入所要拨叫的电话号码，然后按“发送”键。但输入所要拨叫的电话号码的方法可以有多种。

（3）结束通话。一般按“结束”键即可结束通话，也有的手机将可折叠的送话器折叠上，即可挂断电话。

（4）接听电话。对于任何话机而言，接听电话必须处于正常使用状态，当电话振铃时，按下“发送”键即可接听电话了。此外，有些手机通过设置，也可按下除“开关”键之外的任意键接听电话。对于某些折叠型手机，也可直接打开折叠受话器接听。

2．手机的其他主要功能

除最基本的拨叫和接收电话外，手机还有如下一些其他主要功能。

（1）音量控制。一般通过音量的调整，可以调节听话筒和铃声的音量。

（2）自动重拨。自动重拨最后一次未拨通的电话号码。

（3）误拨号纠错。当用户拨错号码时，可以清除已键入的一个或多个数码，重输正确的数码。

（4）加键盘锁。一般将手机键盘加锁后，手机将不能拨打电话，但仍能接听电话。

（5）自动应答。进入自动应答状态，有来话时，话机可自动进入接听状态，无需按任何键。

（6）电话本功能。手机的电话本功能可以将一些常用的电话号码及人名等信息保存进来，以备需要时使用。

（7）快速拨号。把存储在电话本内的电话号码直接快速拨出去。

（8）单键拨号。用户事先将某一键设定为某一电话号码，拨号时，只需按下事先设定的对应键即可。

（9）话筒静音功能。可以在通话时关闭话筒输入，而不中断话路，以便与他人的谈话不传到对方。当需要将话音送出时，可取消静音。

（10）免打扰来话屏蔽功能。当用户因忙于其他事无暇接听来话时，可以用此功能提示对方暂时不要来电话打扰。

（11）漫游服务。移动电话网是公众电信网的一部分，不同地区的移动电话局之间能够办理联网漫游服务。若申请该项服务，可到所属移动电话局办理漫游服务。漫游一般分人工漫游和自动漫游两种。人工漫游时，用户应使用所漫游地区相应的电话号码；而自动漫游，无论用户身处何处，其拨号程序都与归属地区相同。

（12）收发短信息。用户可以通过手机向其他手机发送短信息，也可以接收其他手机用户发来的短信息。

（13）双频功能。双频功能是指该手机可以在 GSM 900MHz 和 GSM 1800MHz 的频率下使用，而且可以在两种频率之间相互切换使用。这样可以减少手机离开覆盖区的可能，可以稳定有效地使用手机。目前，还有的手机具有 3 频功能，这样手机可以在更大的区域内使用。

（14）通信录功能。用户可以在手机中建立通信录，通信录中可以记录通信联系人的各种信息，包括姓名、地址、电话、传真、手机、E-mail 地址、重要日期等。通信录建立后，用户可以方便地查询这些信息，还可以利用这些信息方便地打电话、发短信等。

（15）来电、来信记录功能。当用户没有能够及时接听电话或收取信息时，系统会准确、详细记录来电话人的电话号码或信息内容。当再次开机时，系统会用某种方式提示用户未能及时接听电话或接收信息，并可查看来电话人的电话号码或阅读信息内容。

（16）访问 Internet 功能。用户可以利用手机提供的浏览器，上网查阅所需要的各种信息。当然，是否能实现此项功能，取决于服务商是否提供此功能，以及用户是否订购了此功能。

（17）彩信功能。彩信其全名为“多媒体信息服务”（MMS）。彩信手机的最大特色是在普通短信的基础上，增加了对多媒体的支持。用户通过彩信手机可以传递包括文字、图像、声音、数据等各种多媒体格式的内容和信息。

（18）照相和摄像功能。手机中配有照相机镜头或摄像头，就可利用手机进行多种模式的拍照或一定时间的录像。

（19）蓝牙功能。蓝牙是一种短距的无线通信技术。使用了蓝牙技术的手机，可以将手机以无线方式连接到其他蓝牙设备上，并且直接与这些设备交换数据。

（20）还有一些手机具有 MP3 播放器功能、掌上电脑功能、电子邮件功能、语音记事功能等。

总之，随着手机的不断发展，手机的功能将越来越多，一些新型手机也将不断涌现。

3. 3G 手机

3G 是英文 3rdGeneration 的缩写，指第三代移动通信技术。相对第一代模拟制式手机（1G）和第二代 GSM、TDMA 等数字手机（2G），第三代手机一般地讲，是指将无线通信与国际互联网等多媒体通信结合的新一代移动通信系统。第三代手机与前两代手机的主要区别是在传输声音和数据的速度上的提升。3G 网络有更高的数据传输速率，可以达到 300KB/s 以上，因此它能够处理图像、音乐、视频流等多种媒体形式，提供包括网页浏览、电话会议、电子商务等多种信息服务。

为了提供这种服务，无线网络必须能够支持不同的数据传输速度，也就是说在室内、室外和行车的环境中能够分别支持至少 2MB/s（兆字节/秒）、384KB/s（千字节/秒）以及 144KB/s 的传输速度。

目前，国际上 3G 手机有 3 种制式标准：欧洲的 W-CDMA（宽频分码多重存取）标准、美国的 CDMA2000（多载波分复用扩频调制）标准和由我国科学家提出的 TD-SCDMA（时分同步码分多址接入）标准。

3G 手机完全是通信业和计算机工业相融合的产物，和此前的手机相比差别实在是太大了，因此越来越多的人开始称呼这类新的移动通信产品为“个人通信终端”。即使是对通信业最外行的人也可从外形上轻易地判断出一台手机是否是“第三代”手机。第三代手机都有一个超大的彩色显示屏，往往还是触摸式的。3G 手机除了能完成高质量的日常通信外，还能进行多媒体通信。用户可以在 3G 手机的触摸显示屏上直接写字、绘图，并将其传送给另一台手机，而所需时间可能不到 1s。当然，也可以将这些信息传送给一台电脑，或从电脑中下载某些信息；用户可以用 3G 手机直接上网，查看电子邮件或浏览网页；将有不少型号的 3G 手机自带摄像头，这将使用户可以利用手机进行电脑会议。

3G 手机和以前的普通手机相比，一般有以下区别。

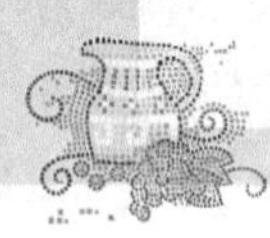

① 大部分的3G手机正反都会有摄像头，正面用于视频电话时自拍，反面用于平时拍照。

② 3G手机因为要处理大量的电影、音乐等数据，处理器比一般手机更强。

③ 3G 手机的软件对网络的支持更好，可以随时上网寻找需要的东西。

4．智能手机

（1）智能手机简介。

智能手机（Smartphone）是指“像个人电脑一样，具有独立的操作系统，可以由用户自行安装软件、游戏等第三方服务商提供的程序，通过此类程序来不断对手机的功能进行扩充，并可以通过移动通讯网络来实现无线网络接入的这样一类手机的总称”。

智能手机的诞生，是掌上电脑（PocketPC）演变而来的。最早的掌上电脑是不具备手机的通话功能的，但是随着用户对于掌上电脑的个人信息处理方面功能的依赖的提升，但又不习惯于随时都携带手机和PPC两个设备，所以厂商将掌上电脑的系统移植到了手机中，这才出现了智能手机。“智能手机”这个说法主要是针对“功能手机（Feature phone）”而来的，本身并不意味着这个手机有多“智能（Smart）”；从另一个角度来讲，所谓的“智能手机”就是一台可以随意安装和卸载应用软件的手机（就像电脑那样）。“功能手机”是不能随意安装卸载软件的。智能手机比传统手机具有更多的综合性处理能力。智能手机之间的应用软件互不兼容。因为可以安装第三方软件，所以智能手机有丰富的功能。

（2）智能手机的特点与不足。

智能手机具有以下五大特点。

① 具备无线接入互联网的能力，即支持GSM网络下的GPRS或者CDMA网络的CDMA 1X或3G（wcdma、cdma-evdo、TD-scdma）网络。

② 具有PDA（个人数字助理）的功能，包括PIM（个人信息管理），日程记事，任务安排，多媒体应用，浏览网页等。

③ 具有开放性的操作系统，拥有独立的核心处理器（CPU）和内存，可以安装更多的应用程序，使智能手机的功能得到无限扩展。

④ 人性化，可以根据个人需要扩展机器功能。根据个人需要，实时扩展机器内置功能，以及软件升级，智能识别软件兼容性，实现了软件市场同步的人性化功能。

⑤ 功能强大，扩展性能强，第三方软件支持多。

智能手机的不足之处是，价格普遍较高，易用性较差，新手需要慢慢适应。那些对电脑以及手机不是很熟悉的人来说，如果想玩转一部智能手机，不花点时间好好钻研钻研是不行的 ，毕竟如今的智能手机就好比是一台缩小版的个人电脑。

（3）3G智能手机的基本要求。

① 高速度处理芯片。3G智能手机不仅要支持打电话、发短信，它还要处理音频、视频，甚至要支持多任务处理，这需要一颗功能强大、低功耗、具有多媒体处理能力的芯片。这样的芯片才能让手机不经常死机，不发热，不会让系统太慢。

② 大存储芯片和存储扩展能力。如果要实现3G的大量应用功能，没有大存储器就完全没有价值，一个完整的GPS导航图，要超过一个GB的存储空间，而大量的视频、音频还有多种应用都需要存储。因此要保证足够的内存存储或扩展存储，才能真正满足3G的应用。

③ 面积大、标准化、可触摸的显示屏。只有面积大和标准化的显示屏，才能让用户充分享受3G的应用。分辨率一般不低于320×240。

④ 支持播放式的手机电视。以现在的技术，如果手机电视完全采用电信网的点播模式，网络很难承受，而且为了保证网络质量，运营商一般对于点播视频的流量都有所控制。因此，广播式的手机电视是手机娱乐的一个重要组成部分。

⑤ 支持 GPS 导航。它不但可以帮助你很容易找到想找到的地方，而且 GPS 导航还可以帮助找到你周围的兴趣点，未来的很多服务，也会和位置结合起来，这是手机特有的特点。

⑥ 操作系统必须支持新应用软件的安装。有可能安装各种新的应用软件，使用户可以安装和定制自己的应用。

⑦ 配备大容量电池，并支持电池更换。3G 智能手机无论采用何种低功耗的技术，电量的消耗都是一个大问题，必须要配备高容量的电池，1500mAh 是标准配备，随着 3G 的流行，很可能未来外接移动电源也会成为一个标准配置。

⑧ 良好的人机交互界面。

（4）智能手机的主要操作系统简介。

智能手机是一种运算能力及功能比传统功能手机更强的手机。使用最多的操作系统有 iOS、Android、Symbian、Windows Phone 7 和 BlackBerry OS 等。他们之间的应用软件是互不兼容的。在这里主要介绍 Android 和 iOS 两大操作系统。

Android 操作系统最初由 Andy Rubin 开发，最初主要支持手机。2005 年由 Google 收购注资，并组建开放手机联盟开发改良，逐渐扩展到平板电脑及其他领域上。从 2008 年推出第一台 Android 手机 G1 开始，在 2011 年第一季度，Android 在全球的市场份额跃居全球第一。如今 Android 已经成为了现在市面上主流的智能手机操作系统。

Android 一词的本义指“机器人”，该平台由操作系统、中间件、用户界面和应用软件组成。Android 系统的底层操作系统是 Linux。Linux 作为一款免费、易得、可以任意修改源代码的操作系统，吸收了全球无数程序员的精华。另外，Linux 作为一种嵌入式操作系统，使得 Android 能够很方便地被应用、移植到各种平台并快速发展。同时，Android 平台较快的版本更新速度使得手机硬件性能不断向最优方向发展，也使得 Android 可玩、好玩、容易玩的特征越来越显著。Android 机型数量庞大，简单易用，相当自由的系统能让厂商和客户轻松地定制各样的 ROM、桌面部件和主题风格。简单而华丽的界面得到广大客户的认可。

iOS 作为苹果移动设备 iPhone 和 iPad 的操作系统，在 App Store 的推动之下，成为了世界上引领潮流的操作系统之一。原本这个系统名为“iPhone OS”，直到 2010 年 6 月宣布改名为“iOS”。iOS 的用户能够使用多点触控直接操作。控制方法包括滑动、轻触开关及按键。此外通过其自带的加速器，可以令其旋转设备改变其 y 轴以令屏幕改变方向，这样的设计令 iPhone 更便于使用。

最早的 iPhone OS 1.0 内置于 iPhone 一代手机里，借助 iPhone 流畅的触摸屏幕，iPhone OS 给用户带来了极为优秀的使用体验。iPhone OS 2.0 随 iPhone 3G 发布的 App Store 诞生。App store 为第三方软件的提供者提供了方便而又高效的一个软件销售平台，在软件开发者与最终用户之间架起了一座沟通与销售的桥梁，从而极大地丰富了 iPhone 手机功能应用。iPhone OS 3.0 开始支持复制粘贴功能。

在 iPhone4 推出的时候，苹果决定将原来 iPhone OS 系统重新定名为“iOS”，并发布新一代操作系统：“iOS 4”。在这个版本里，开始正式支持了多任务功能。苹果在 iOS5 中加入了 Siri 语音操作助手功能，用户可以与手机实现语言上的人机交互，该功能可以实现对用户的语音识别，完成一些较为复杂的操作，使用 Siri 来查询天气、进行导航、询问时间、设定闹钟、查询股票甚

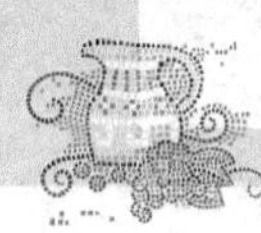

至发送短信等功能，方便了用户的使用。总之，iOS 是苹果的又一个成功的操作系统，能给用户带来极佳的使用体验。

5．手机使用的注意事项

（1）使用手机时，应注意以下事项。

① 使用手机，要做到五防：防震、防碰撞、防潮、防水、防灰尘。

② 在飞机内不能使用手机，用户将手机带上飞机时，一定要关掉电源。

③ 在雷管附近或有爆炸危险的环境内，不要使用天线电话机，因为它在一定条件下，会起到干扰引爆的作用。

④ 用户使用手机时，其信号是从空中传播的，采取一定的方法就可以收到传播的信号，听到用户的谈话。因此，国家机关的公务员切勿通过移动电话交谈国家机密，以免泄密。

（2）智能手机使用的注意事项。

① 防范病毒，注意备份。智能手机和台式机、笔记本一样，都是基于一套开放的平台，所以中病毒是很容易的事情。因此，随时备份重要资料是使用智能手机时必须要做的工作。

② 预防死机，预防速度变慢。既然智能手机的操作系统是和台式机 Windows XP 是一个性质的开放式操作系统，受到非法程序干扰而死机也就司空见惯了。所以最好不要肆意安装各种应用软件。另外，软件装多了，文档存多了，手机的数据读写速度也会变慢，这和“死机”的道理相同。

③ 减少耗电。智能手机的 CPU、屏幕等硬件的耗电量都是不可忽视的，这些硬件很容易就将电量耗尽，再加之现在的智能手机也越来越追求时尚轻薄，其电池容量就显得较小。这方面是没有解决办法的，只能是提醒智能手机用户，尽量别没事儿老玩儿手机。

④ 软件最好安装在 SD/MMC 卡里，一些必须装在机里的就没办法了，这样可以把白屏的几率降到最低，因为白屏通常是由软件错误引起。

⑤ 不要乱删手机内存里的东西。

（3）使用 SIM 卡的注意事项。

① 不要触摸 SIM 卡的金属面；

② 请将 SIM 卡尽量远离磁场和其他电器；

③ 插入或者取出 SIM 卡之前请一定关闭手机电源；

④ 禁止在有外部电源相连时插入或者取出 SIM 卡。

6．手机的日常维护

（1）经常保持手机的清洁。手机外壳可用湿布和中性洗涤剂擦洗，注意不要使用家用清洁剂，尤其是含油基的清洁剂。

（2）手机的检修应由合格的技术人员负责，不要自己擅自拆修或改装。

（3）电池的维护。手机使用的电池为充电镍铬电池。电池的性能及形状依据各类型机而定。各类镍铬电池若经常不进行充分的放电和充电，就会产生一种称为存储效应的记忆效果。这种存储效应会使电池的储电量降低，或耗电过快，而影响手机的操作性能和使用。

解决的方法是让电池充分放电后，再充电。可以使用手机电源告警信息提示，待屏幕信息消失后，才开始充电。如果充电效果不理想，也可将要充电的电池放置两三个星期，再充电。

（4）充电器的维护。在使用充电器时，要保持充电器各接触点清洁，尚未完全失效的电池切不可接近高温环境。使用人员不要自行拆开充电器机身或自行修理。需要修理时，应送到维修部门。不可以使用未经邮电无线部门认可的充电器代替原配的充电器。

7．手机常见故障的排除

（1）手机不能开机。

① 需要检查电池，电池是否充电。

② 电池的放置位置是否正确。

③ 电极是否清洁、干燥。

（2）手机不能呼叫。

① 检查显示屏上的信号强度计，若信号弱，则移到开阔的位置再呼叫；若在楼里，则移到靠近窗口再使用。

② 检查网络选择的设置。尝试人工选择，或者选择另一个网络。

③ 检查网络运营地区图，是否超出界限。

④ 检查呼叫禁止、固定拨号和封闭用户组设置。是否显示限制呼叫。

⑤ 是否已达到呼叫费用上限。使用 PIN 码复位上限或者与服务供应商联系。

⑥ 是否插入了用户新的 SIM 卡。检查是否有了新的限制。

（3）不能接听电话。

① 检查显示屏上的信号强度计，若信号弱，则移到开阔的位置再呼叫；若在楼里，则移到靠近窗口处。

② 检查呼叫转移及呼叫禁止的设置。

③ 检查振铃及振动呼叫的设置。如果振铃及振动呼叫两项都设置为关，则不会有声音的提示。

（4）手机不能开锁。

① 是否插入了新的 SIM 卡。要输入新的 PIN 码。

② 是否记忆了开锁编码。按“选单”键可以改变开锁的编码。

（5）SIM 卡不工作。

① 检查 SIM 卡是否插入正确位置。这时可以重新插一次 SIM 卡。

② SIM 用的时间长了或者经常拔插会引起卡与手机的接触不良，此时就需要检查 SIM 卡及电话的电极，如果不干净，要用无静电的布小心清洁。

③ 检查金色的卡片是否有明显的受损或有划伤。若是，将卡片交给服务供应商处理。

（6）电池不充电。

① 检查充电器是否连接正确。

② 检查充电器电极是否清洁，是否干燥。

③ 检查电池电极是否清洁，是否干燥。检查电池温度是否过热。充电前电池要先冷却。

④ 是否使用了旧电池。电池使用了几年后，性能会降低，需要更换电池。

8．智能手机常见故障的排除

（1）触摸屏失灵，无法操作。

① 屏幕表面可能存在静电干扰，轻按下电源键关闭屏幕，再点亮屏幕，这时可能就正常了。

② 手上或触摸屏上有油或者水时，导致触摸屏失灵。用干布将手机表面擦干，击两下开机键（锁屏键），让触摸屏自身重新校准。

（2）手机使用中突然重启或自动关机。

① 智能手机就像电脑一样，有一个复杂的操作系统，如果不是频繁重启或某种操作下必须重启，一般可能属于正常现象。

② 手机在受到震动时，电池松动也可能造成的手机自动关机或自动重启。请检查电池并插好。

③ 在手机上安装的一些第三方软件可能导致手机的重启或者死机，这时要恢复出厂设置或卸载与手机不兼容的软件。

（3）通话中黑屏后，无法再点亮屏幕。

① 检查感应光传感器表面是否清洁。

② 透光性不好的保护膜也可能会引起接近光传感器误判已经和人脸接近，故将 LCD 关闭，进入省电模式。解决方法是将手机的触摸屏保护膜撕掉或更换透光性好的保护膜，或者在保护膜接近光感应器的位置挖孔（接近光感应器一般在手机听筒附近）。

（4）感觉智能手机待机时间短。

延长手机待机时间的解决方法有以下几点。

① 出门前充满电，开启手机的省电模式。

② 在不使用 WLAN、蓝牙、GPS 或者数据业务时，请将相应的功能关闭。

③ 不使用的软件，要关闭以节省功耗。

（5）充电或使用过程中手机发烫。

手机上网对射频或者玩对 CPU 要求较高的游戏时，射频 PA 或 CPU 在高频运转，功耗较大，手机会有一定量的发热，属于智能手机常见现象。为减少手机发烫，应注意以下几点。

① 请避免在太阳光直射环境中充电或长时间使用。

② 关闭不使用的后台程序。

③ 充电的同时，最好不要玩游戏。

④ 屏幕亮度调整到适合自己的亮度，推荐使用自动调节亮度。

⑤ 通话时尽量选择插入耳机。

3.3 传真机

在现代化办公与商务往来中，传真机被广泛使用，它是办公自动化中不可缺少的通信设备。目前，各类传真机如雨后春笋般地蓬勃发展。各种规格、型号和功能的传真机给办公自动化及各类文件、文书及信函的传递、收集带来了极大的方便，为国际国内市场带来了勃勃生机。本书将主要以目前在我国广泛使用的 3 类传真机为例，介绍传真机的使用与维护。

3.3.1 传真机概述

所谓传真通信是把记录在纸上的文字、图表、图片、相片等静止的图像变换成电信号，经传输线路传递到远处，在接收方获得与发送原稿相似的记录图像的通信方式。因此，传真就是一种传输静态图像的通信手段。由于传真可以将原稿的真迹准确地传输给远距离的接收方，所以有人称之为远距离复印。传真机则是用来实现传真通信的终端设备，是完成传真通信的工具。传真机不仅能传送信息的内容，也能传送信息的形式，不但可以传递文字、数据、图表，还可以传递签名、手迹、印章等。因此，传真机具有特殊的应用价值。

使用传真机为信息的传递提供了方便、快捷的通信方式，既节省时间、节省费用，又可提高办事效率，在当前信息社会中，传真通信赋予了现代化通信新的生命。

1．传真机的发展

（1）传真机的发展过程。早在 1843 年，英国物理学家亚历山大·贝恩就根据钟摆的原理提出了传真的基本理论。直到 1982 年，美国贝尔实验室制造了以电子工程为基础的世界上第一台实用传真机，使传真技术进入了实用阶段。

从传真机诞生到 20 世纪 60 年代，传真技术的发展非常缓慢，一直停留在一类机阶段。

自 60 年代至今随着半导体技术、集成电路技术及计算机的出现与发展，使传真技术与传真设备有了很大的进步和发展。这时，出现了采用频带压缩技术来提高传真速度的二类机。1974 年，日本研制成功了世界上第一台三类机，使传真技术的发展进入了一个崭新的阶段。

原国际电报电话咨询委员会（CCITT）在 1968 年、1976 年、1980 年和 1984 年先后提出了文件传真机（也称真迹传真机）的一类机（G1）、二类机（G2）、三类机（G3）和四类机（G4）等国际标准建议，为传真机的规范和发展奠定了基础。

自 70 年代开始，世界各国相继在公用电话交换网上开办传真业务，从而使传真机的应用和生产得到广泛的发展，并使传真成为发展最快的一种通信业务。

（2）传真机的发展趋势。随着科学技术、经济的发展，对信息的需求越来越迫切，传真机作为一种现代通信与办公自动化的手段，需求量也越来越大，同时也促进了传真通信技术向更高层次发展。

今后传真通信技术的发展方向如下。

① 传输高速化。传真机的速度越快，通信成本越低，工作效率越高。因此，不断提高传输速度一直是传真机追求的目标。

② 传真通信网络化。由于利用电话交换网进行传真通信还存在一定的局限性，有些传真业务无法实现。为此，传真通信网的研究和发展是传真通信发展的必然趋势。目前，一些传真网已在使用。

③ 传真功能多样化、综合化。现在每年都有新的传真机种上市，而且它的功能越来越多，越来越齐全。即使是普通型的传真机，也都有自动拨号、差错控制、自动显示、自动诊断等功能，而且很多传真机都加装了大容量的存储器，增加了实现存储转发、无纸接收、密码通信、高速读取、自动切纸等功能。

同时，现代传真通信要求传真机的功能综合化，即将多种功能综合在一个机器中，例如，将传真功能与电话、打印、复印、扫描等功能综合在一起的一种多功能综合终端。

④ 大屏幕液晶显示。目前流行的 3 类传真机的液晶显示功能有限，只能显示机器的工作状态和工作方式，不能显示图文信息。大屏幕液晶显示器可以直接显示图文信息，将收到的文件显示在屏幕上。用户可根据显示的信息，决定是否打印，或打印哪一部分，从而节约了记录纸。

⑤ 技术性能智能化。为了更好地服务于用户，减少人工干预，进一步提高操作的自动化，将传真技术与人工智能技术、模式识别技术等相结合，也是传真技术发展的一个重要方向。

⑥ 传真设备小型化。传真机的体积小，重量轻，便于携带，是高速发展的信息业对传真机的要求。随着扫描与记录技术和传真图像信号处理技术的进步，传真机必将向小型化、便携式方向发展。

2．传真机的分类

从传真机使用以来，传真机的功能日益齐全，种类日益增多，其分类方法也多种多样。

（1）按用途分类。

① 文件传真机。文件传真机又称为真迹传真机或图文传真机，主要用于传送文字、图表或图

片。它能将发方亲笔的手迹、印刷的文件、复杂的表格和图形变成一连串代表黑色或白色的电信号，收方的传真机收到后就可复制出和原稿一样的复印件。由于它只能传送和接收黑白两种色调，所以这种传真机又称黑白传真机。

文件传真机是利用市内或长途电话交换通路，在任意两个电话用户之间进行文字和图像资料传送的。它是目前用途最广、用量最大的传真机，广泛应用于各行各业的各个领域。

根据原国际电报电话咨询委员会（CCITT）建议，国际上将文件传真机按技术特性和速度分为以下4类。

- 一类机，简称G1（GROUP-1），即“6分钟机”。此类传真机属早期产品，我国20世纪60年代多为此类机。这类机收发兼用，采用滚筒扫描方式，设备粗糙，体积较小，价格低廉。一类机属于低速机，传输时间的标准是6min（扫描旋转数180 r/min）传输一页A4规格的文件。
- 二类机，简称G2（GROUP-2）机，即“3分钟机”。此类传真机通常称为中速机，其标准传输速度是3min传送一页A4规格文稿。它与一类机的主要区别在于调制方式与传输控制程序不同。
- 三类机，简称G3（GROUP-3），即“1分钟机”。此类机属高速机，可在1min内发送一页A4文件。此类机功能较强，具有多种通信方式，既可人工收发（手动收发）、自动收发、定时收发、预约通信、连续预约收发、查询、中继等，也可进行复制。

三类机是以数字信号进行传输的传真机，常称之为数字传真机，它以图像的统计特性为理论基础。对传真信号进行数字化编码，以减少传真信号的冗余度，从而提高传输效率。

- 四类机，简称G4（GROUP-4）机。目前，一、二、三类机多是利用电话网进行传真，由于馈线传输质量的限制，接收的图像质量与传输时间已达极限。而四类机是利用数据网进行传真，可超越一、二、三类机的上述极限，得到理想的传真效果，是一种高速度、高质量的传真机。考虑其向上兼容性，四类机经适当的调制处理，也可以在公用电话交换网上支持并兼容三类传真机的通信功能。

由于目前使用最多、最广的就是三类传真机，因此本书不作特别说明时，所指的传真机均指三类传真机。两款文件传真机如图3.10所示。

图3.10　两款文件传真机

② 相片传真机。相片传真机主要用于传送相片，大量用于新闻出版、公安、武警等部门。

例如，报纸上常见的新华社传真照片，就是利用相片传真机传送的。相片传真机传送黑、白信号，并能传送较多的中间层次（如深灰、浅灰等多种色调），图像清晰、逼真。相片传真机一般用一条电话电路传送，由于扫描线比较细密，传送速度较单路文件传真机慢。

③ 报纸传真机。报纸传真机实际上是一种大滚筒高速真迹传真机。它可传送整版报纸。目前，

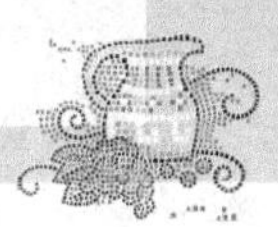

报纸传真机一般利用微波信道传输。

④ 信函传真机。信函传真机一般由高速文件传真机配合一些自动化设备（如自动拆封装置）构成。它用于邮局内部，能把待寄件自动拆封，自动送入高速文件传真机，把信函传送到收方邮局；收方的传真机收妥后自动封好信封送出机外，以便投送给收信人。

⑤ 气象传真机。气象传真机被用来发送、接收气象图，以便及时预报气象消息。它主要用于气象、军事、航海、航空、渔业等部门。气象传真一般采用无线发送方式，如无线短波，超短波和微波信道。

（2）按占用频道分类。传真机按占用频道分类，可分为单路、话路、数据网、短波、超短波、微波、光导、通信卫星等。

（3）按传递色调分类。按传递色调分类可以将传真机分为黑白传真机、相片传真机和彩色传真机等。

前面已经介绍的文件传真机一般只能传递黑白两种色调，故又称为“黑白”传真机。由于目前广泛应用的黑白两值传真机不能表现彩色图文的彩色原形，这就要求传真机具备多值处理功能，从而出现了彩色传真机。彩色传真机可分为多色彩传真机和双色彩传真机。双色彩传真机是一种处理红黑双色的双色传真机，它是一种简易彩色传真机。

（4）按记录方式分。按记录方式分可以将传真机分为热敏纸传真机和普通纸传真机。

目前流行的非普通纸 3 类传真机一般为感热记录方式。这种记录方式要使用价格较高、容易退色且不易长期保存的热敏纸，但这种传真机价格比普通纸传真机价格要低些，因此适合传真量不太大的用户使用。普通纸记录方式是用低价格的普通复印纸，印出的图文也可以长期保存，但机器价格要稍高一些，比较适合传真量较大或需要经常保留传真信息的用户使用。由于普通纸传真机所用的纸张成本较低，目前多数用户都使用普通纸传真机。

普通纸记录方式主要有 3 种：一种是热转印记录方式，它是通过受控加热，将加热墨带（色带）上的固体油墨溶化而转印到普通纸上；另一种是激光记录方式；第 3 种是喷墨记录方式。这 3 种方式中，热转印记录方式价格便宜，但要采用特殊的色带，运行成本较高。激光记录方式不但记录质量高，而且具有放大、缩小、复印及指定复印页数的功能，但机器价格较高，主要用于高档机中。喷墨方式也具有较高的记录质量，价格低于激光记录方式的机器。

3.3.2　传真机的特点与功能

1．三类传真机的特点

（1）与一、二类传真机相比的特点。三类传真机相对于一类机和二类机，在技术上有了划时代的进步，是微电子技术、光学技术、数据通信技术与精密机械技术等共同发展、相互促进、综合利用的结晶。三类传真机大都有以下特点。

① 将传真的接收与发送合为一体，而且具有复印功能。

② 可以使用公用电话交换网或专用电话线进行信息传递。

③ 可直接传送多种幅面的文件。

④ 传输图像时，先是将模拟图像信号转换成数据图像信号，之后用编码方法对图像进行数据压缩；其次减少占用话路的时间与传真过程中的附属时间，从而实现高速传输。

⑤ 具有多档传输速率。可以根据传输线路的实际情况，由高速到低速自动切换。

⑥ 采用大规模集成电路与中央处理器，实现数字化与高度自动化，如自动进稿、输纸和切纸，以及故障的自动诊断等；采用固体化器件，使传真设备小型化，易于规格化，并提高了可靠性。

⑦ 能够与二类传真机兼容通信。在通信线路的传输质量不好时，可以自动降为二类机的通信方式。

（2）与其他通信方式相比的特点。传真机之所以被现代办公中广泛应用，是因为它具有以下一些其他通信方式不具备的特点。

① 速度快。目前一般传真机的速度已达到几页/秒至十几页/秒，这比信件、电报、电传等要快得多。

② 用途广，能方便地传递图文真迹。传真机不仅可以传送文稿、数据和图表，还可以保持原样地传送图像、手迹、印章等图文真迹，这是电报、电传等无法实现的。

③ 准确性高。传真机可以将文件原稿上的信息准确无误地传送给对方，几乎没有失真，而电报、电传等都需要经过几道处理程序才能传到对方，不仅速度慢，而且出错的可能性也较大。

④ 传真机操作简单、易学易用。使用传真机传送信息，不需要使用键入方式输入资料，只需将原始资料放入机内即可传送，操作人员无需受专门复杂的训练即可发出和接收公文，甚至可以在无人操作的情况下，自动发送和接收文件。

（3）传真机的性能特点。下面介绍一些类别的传真机的主要性能特点，供用户选购传真机时参考。

① 办公室用传真机。也称为传统的通用传真机，它是目前市场上的主流产品。它的主要性能特点如下。

能随时发送、接收、打印资料；具有复印功能，对于需要硬拷贝输入的任务，办公室用传真机是最佳选择；具备自动切纸功能及配备收纸器部件，用起来较为方便。

② 家用传真机。随着人民生活水平的提高，加上传真机价格的降低和尺寸的缩小，家用传真机也逐渐多起来了。其性能特点：配有监视来话的线路，将话音传给电话机，而把传真件送给传真机；为了降低价格，便于推广，一般不配备自动切纸器及文件馈送器；通常配备一个“接口”，以便让传真机与应答机协调工作；配备有一些单钮拨号按钮，以便对常用电话号码编程；一般都具有复印功能，可当复印机使用。

③ 电脑传真机。具有传真能力的计算机称为电脑传真机。只要有一台个人电脑，配备一块传真卡，加上相应传真软件的支持，则成为功能强大的电脑传真机了。它是集微机与传真机于一身的新型通信设备。其主要性能特点如下。

电脑传真可使文件在电脑和对方传真机之间来回传送，效果比两端都使用的一般传真机好。但传真文件只能是电脑制备的，如输入到计算机的文字文件，数码照相机拍摄的照片，计算机处理的图形文件等。像报纸杂志上的文章、照片就很难直接传真转发了。但如果将报纸杂志上的图文，通过扫描仪扫入计算机中，也可传送；能自动保存传真活动的记录，便于事后查寻；用户可安排空闲时间发传真。传真卡及软件的套件比买台传真机便宜；若使传真机软件与通信管理软件及 E-mail（电子邮件）联合使用，则构成完整的通信解决方案。不仅能传真信息，还可以发送、接收和管理 E-mail；在最后打印传真件时，可把它打印在打印机所能接受的纸上。

2．三类传真机的主要功能

（1）拨号功能。

① 直接拨号。直接拨号，是利用操作键盘上的“0～9”数字键，直接拨对方的电话号码。

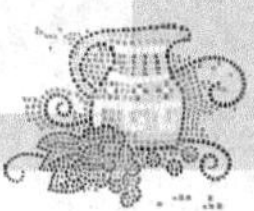

② “一触键”拨号。“一触键”拨号，又称单触拨号，是指操作人员事先设置对方的电话号码，之后利用键盘上的任意键来代替它。

③ 缩位拨号。缩位拨号又称双触拨号，是指用两位序号数字来表示常用的电话号码，事先设置好后，当要打电话呼叫对方时，只需按下与其对应的两位数字代码键，便能进行自动拨号呼叫对应的用户。

④ 分组拨号。将单触键分为几组，每一组对应于一批级别和类型比较接近的用户号码，并把它存入某一个按键中。拨号时，只要调用这项功能，按下这个键，这些电话号码便会依次送出，分别建立呼叫联系。

⑤ 全拨号。这是一个存有全部单触拨号的按键，按它时，单拨号所登记的全部电话号码便分别依次送出，从而分时地与它们建立呼叫联系。

以上④、⑤两种功能一般只有带存储板的传真机才可实现。

⑥ 自动重复拨号。在通信拨号中，若主叫方呼叫对方时，由于占线等多种原因，而不能呼叫出对方，便在机内设置了自动重复拨号功能，来实现自动重复呼叫。

自动重复拨号的次数与重复拨号的间隔，是由用户选择的。每次自动重复呼叫的间隔在 5min 左右，重拨次数一般选 1 ~ 8 次。如果机器占线时，人工按“#”键，即可达到一次重复拨号的目的。

（2）各种发送/接收功能。

① 人工发送/接收。人工发送/接收是收发双方都需要人工操作，方可进行通信。主要是呼叫的建立、传真机的接入等需要由人工操作相应的按键才可实现。

② 定时发送。定时发送功能是由机器自动地在指定的时间，拨叫对方电话号码，线路接通后，可把预先放置好的文件发送给对方。定时发送必须将发送的开始时间和对方的电话号码预先存于本机。

③ 轮询发送。轮询发送又称为查询发送，通过该功能，用户可以自动启动对方传真机，查询该机是否要传递过来信息。具有该功能的传真机必须具有相互配合的查询识别码。发送时，预先放置好待发送的文件，收到对方的轮询信号后机器自动启动，将文件发送出去，轮询时，一般都带有地址加密。

④ 顺序同文同报发送。顺序同文同报发送功能是一发多收传送及多发多收传送。它是把原稿架上的一份报文顺序地传送到多个用户或将多份报文顺序地传送到多个用户的通信方式。

传送时，由机器自动地按预定的不同地址，分别叫通对方，将文件发送出去，它是一种多址发送方式。

⑤ 预约发信。在接收文件的过程中插入发信业务，以便在接收文件结束时，双方机器能立即互换工作状态，将预约的发送文件发往对方。

⑥ 自动应答/接收。在传真机昼夜连通的线路上，可随时收到呼叫并自动应答。当电话按用户设置振铃后，传真机自动做出应答，收到标志信号后，接收文件，将其打印出来。只要传真机上的纸足够用于文件传输，传真机将自动接收文件，可实现无人值守。

⑦ 定时多路预约接收。定时多路预约接收是在预定的时间内自动接收由多个地址（可达上百个）发来的稿件。

⑧ 定时轮询接收。在预定的时刻自动拨叫对方的电话号码，接收对方轮询发送的文件。这时收发双方的机器都处在无人看守的情况下工作，机器必须能够互通，并应核对地址密码。

（3）存储器代替功能。

① 存储转发。具有存储转发功能的传真机能将接收到的文件存入本机的存储器中，然后发给另一台远端传真机。存储转发分为一般情况下的存储转发、保密通信情况下的存储转发和中继广播的存储转发。

② 存储器接收（无纸接收）。通常情况下，当记录纸用完或发生纸堵塞时，传真通信就不能正常进行。有存储器接收功能后，当记录纸用完或发生纸堵塞时，就能自动把发来的文件存储到存储器中，在重新装上记录纸或排除纸堵塞后就会打印出存储的文件。这实际也是传真机的一种无纸接收的方法。

③ 存储器发送。传真机预先将文件扫描存入存储器中，然后再传送给远端传真机，此功能可实现延时发送。

④ 存储器查询。把文件存到要查询的传真机的存储器中，当对方查询时只需接收存储器中的文件即可。

（4）文件的特殊处理功能。

① 复印。用户将欲复印的文件放入传真机的自动送纸系统，然后按“复印”（COPY）键即能在其记录纸上复制原稿副本，将传真机当成复印机使用。有些型号的传真机通过选择，还能使复印件增黑或变浅。

② 自动缩小。传真机在传真通信中可能传送多种幅面的原稿，而不影响传真接收副本位置。自动缩小功能，是当收方的记录纸小于发方原稿尺寸时，由发方将原稿按一定的比例自动予以缩小，使其适应收方记录纸规格。

③ 中继转发与中继顺序同报。中继转发是为了向许多个远方终端发送同一原稿，而通过中继传真机的顺序同报功能，把原稿向多个终端转送，从而减少了中央传真机的通信使用时间与长途线路的占用时间。

④ 中间色调。在高速传真三类机中均设有中间色调功能，其目的是为了使传真的原稿能重现出丰富的中间色调图像，并复制出清晰、柔和乃至层次分明的图片。

⑤ 保密通信。保密通信功能又称亲展通信功能。当进行保密通信时，收方把收到的内容暂存入在存储器开辟的“保密信箱”中，不打印原稿，而是由特定掌握专用密码的人，通过操作方能显示出原稿。

⑥ 节省发送。在发送传真机扫描完传真文稿后，对文稿中的空白行进行压缩或删除，或将有文字信息的内容进行纵向的压缩，在保证不影响传送文稿可读性的前提下，压缩了文稿的传送长度。

（5）自动纠错与自检功能。

① 自动纠错功能。自动纠错功能能够准确地判断电话线路由于干扰而引起的传输数据错误、重发错误数据段，既保证了原稿准确再现，减少干扰影响，又提高了传送的可靠性。

② 自检功能。传真机中一般设有自检功能。自检功能可随时检查出卡纸、记录纸用完、原稿阻塞及通信错误等并告警指示，同时还具有传感器检测、感热记录头的打印检测，存储器、调制解调器检查等多种自检功能。当传真通信中发生故障时，可将错误代码打印出来，供分析及查找故障原因。

（6）其他功能。

① 液晶显示和接收/发送端识别功能。可以预先登记数十个发送端识别名称，包括发送人姓

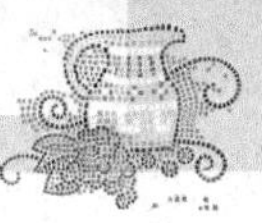

名、地址、邮政编码、电话号码等，并对这些信息确认后进行接收/发送选择。

② 报告与清单的打印。三类传真机通常都有报告与清单的打印功能。报告主要有工作报告、查询通信报告、预约查询报告、存储器传递报告、出错报告和断电报告；清单有初始功能设置清单、电话号码清单等。对于这些报告及清单，有的是自动打印，有的则根据需要随时手动打印。打印报告与清单方便了双方用户，使传真通信更为实用。

③ 电话留言。在操作人员外出或休假时，由传真机来自动处理外部打入的电话和传真的记录功能。电话留言实际上就是将一部留言电话很好地同传真机组合到一起。

④ 远端操作。远端操作就是操作人员在远离传真机的地方对传真机的留言、无纸接收的传真文件，通过音频电话或传真机进行远端提取的操作。

⑤ 远程诊控。远程诊控就是操作人员在远程通过电话网，对使用中的传真机进行诊断、设置及控制的操作。部分比较高档的传真机大都具有此项功能。

目前，流行的许多传真机除了能保证基本的收、发传真操作之外，一般都有以上介绍的部分功能，在这些功能中有些是特殊的功能，如节省发送、电话留言、远端操作、远程诊控等，而所有这些特殊功能，都要通过一定的特殊设置才能实现。

3.3.3　传真通信的基础知识

1．传真通信的传输信道

（1）传输信道的分类。传输信道指的是以传输介质为基础的信号通路。具体地说，传输信道就是由有线或无线电线路提供的信号通路。传输信道在传真通信中占有很重要的位置。下面介绍常用传输信道的分类。

① 按传输介质分类。传输信道按传输介质分，可分为有线信道与无线信道两类。前者包括明线、对称电缆和光纤；后者包括地波传播、短波、超短波或微波无线电接力、人造卫星中继以及各种散反射信道。

② 按信号分类。传输信道按允许通过的信号类型分，可分为模拟信道与数字信道两类。模拟信道允许通过连续的模拟信号，典型的模拟信道就是模拟电话信道。模拟信道的质量用信号在传输过程中的失真及输出信噪比来衡量。数字信道只允许通过离散的数字信号。当然因为传输介质的性质是模拟的，因此必须加上某些设备（如调制解调器）才能构成数字信道。数字信道的输入与输出均为比特（bit）流，特性用平均差错率及序列的统计特征来描述。数字信道便于传输数据，模拟信道也可以传输数据，但同样需要用调制解调器，以使原始的数据信号与信道相匹配。

③ 按利用的线路分类。传输信道按利用的线路分，可分为二线传输和四线传输。二线传输是指通信两个方向的传输发生在同一个频带内，过去曾由一对线提供，故称为二线传输。四线传输是指两个方向的传输发生在相互分离的频带内，过去曾由两对线提供，故称为四线传输。

④ 按传输方向分类。传输信道按传输的方向分，可分为单工信道、半双工信道和全双工信道。单工信道是指只能沿一个方向传输的信道；半双工信道则是指可以沿着两个方向进行传输，但不能同时进行传输的信道；全双工信道是指可以沿着两个方向同时传输的信道。四线信道一定是全双工信道，二线信道在传输数据时，只能是半双工信道或单工信道，而在传输电话时可以是全双工信道。

⑤ 按使用方式分。传输信道按使用方式分，可分为专用（租用）信道和公共（交换网）信道。

专用信道是两点或多点之间的固定线路，尽管它可能是从电信局租用的，但与公共交换网不发生关系。公共信道是通过交换机转接为大量用户服务的信道，从用户到用户的路由可能经过多次转接，路由不固定。

（2）利用公用电话网进行传真通信。公用电话交换网是由电信部门建立、经营，为公众提供电话服务的交换网。交换网提供一种接续的通路，是话务设备的主要部分。各话局的中继线和所有用户话机的用户线，都必连接在交换网上才能进行交换接续。交换网的主要功能是提供直接通话的通路和通话用的直流电源，以及发送各种信号和进行局间的通信配合等。

利用公用电话网进行传真通信，在网路的组织上是非常有利的。我国在 1984 年 9 月开始允许传真机进入公用电话交换网。

（3）利用租用专线进行传真通信。利用租用专线进行传真是点对点或多点之间通过固定的专用线路进行传真通信。由于这种方式不与电话交换网发生任何关系，所以会使传真质量有很大提高，但由于它只能进行点对点通信，因此三类机传真机的许多功能，如自动呼叫轮询、自动拨号等功能不能发挥作用。因此，这种方式只适合于一个部门或一定区域内大面积租用专线。

（4）利用传真通信网进行传真通信。利用公用电话网进行传真通信，虽然比较方便、经济，但电话网是为传输话音而设计的，对实现传真通信存在一些难以解决的问题。一方面利用电话网进行传真通信，只能限定点对点接续，业务性能简单，不能很好发挥传真机的许多特有功能；另一方面电话电路的脉冲干扰、瞬时中断、相位抖动、相位失真等对话音影响不大，但会严重影响传真质量。为了解决上述问题，使之既能最大限度地利用电话网，又能充分发挥传真通信的特点，目前世界上的一些国家和地区已在发展和使用传真通信网。

传真通信网是把公用电话网与数字网结合在一起进行传真通信的网络，它具有以下特点。

① 传真通信网的工作方式是把传真信息存储在传真网内，利用高速数字电路在同一时间进行双向通信，有效地利用模拟信道，降低了通信费用，提高了通信质量。

② 可以进行一发多通信、无呼叫自动发报、无人自动发报及亲展通信等，从而充分发挥了传真机的特殊功能。

③ 可以通过中心局的中心计算机将计算机与传真机互连，以分别处理数据与图像和实现两者间的数据通信。

（5）利用综合业务数字网实现传真通信。随着社会活动的高度化，社会对通信的需求也越来越多样化。在这种情况下作为通信手段的电话、传真、数据通信等应根据需要提高使用效率。为此，有必要把单独发展起来的各通信系统连接在一起构成效率好的综合通信系统。

综合业务数字网（ISDN）是指能同时传送话音与非话音业务的数字通信网，由各种数字终端机、数字传输设备、数字交换设备相互连接而成，是包括电话、传真、图像通信、数字通信、电报、用户电报在内的电气通信综合数字网。在 ISDN 网中，传真机和其他非话音终端设备一样，可直接通过数字用户线和市内交换机连接。而对于使用模拟公用电话网的用户，必须通过接口才能和综合业务数字网相连接。

ISDN 用于传真通信的一个重要特点是可以同时进行传真通信的话音通信，即在发送传真文件的同时通电话。用户 A 可将事先准备好的文件传送给用户 B，并在电话中进行说明、讨论。用户 B 可在收到的文件上边讨论边修改后再回送给用户 A。经过讨论取得一致意见后，用户 A 可再将改正的文件发送回用户 B。这样的通话、通信方式比其他网络分别使用两条线路进行电话与通信方便得多，工作效率显著提高。

ISDN 网中的传真通信可靠性更高，成本更低，并能适应各种不断发展的新技术与新设备的要求，便于提高整个网络的综合业务能力，而且，现在的四类传真机完全符合 ISDN 系统标准，因此国际 ISDN 领域正在大力发展这种传真通信。

2．传真机的主要参数

传真机的种类、型号很多，选购时要根据需要选择，其主要参数依据就是传真机的主要技术参数。这些参数决定了传真机的性能以及该机与其他型号传真机之间的互通性。

（1）扫描方式与扫描方向。传真机的扫描方式共有两种：一种是滚筒扫描（见图 3.11），另一种是平面扫描，（见图 3.12）。滚筒式扫描主要用于中、低速传真机，现已不多见；平面扫描主要用于高速传真机，它是当前传真机的主流扫描方式。

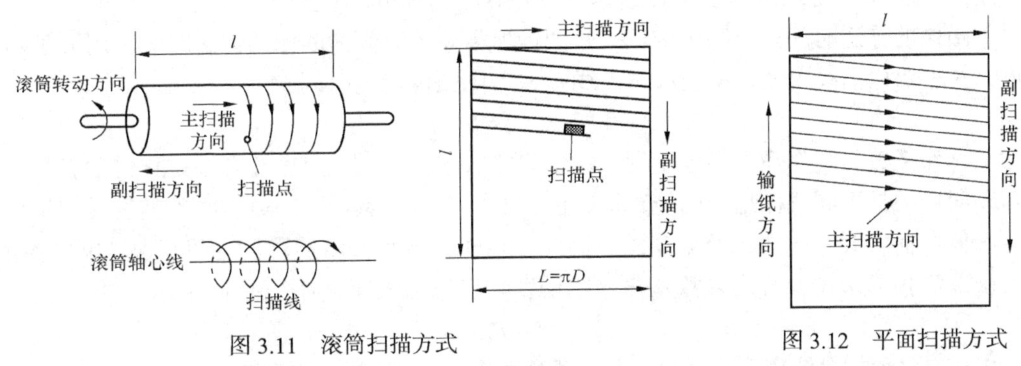

图 3.11　滚筒扫描方式　　　　图 3.12　平面扫描方式

扫描方向分为主扫描与副扫描。对滚筒扫描来说，沿着滚筒圆周的扫描方向为主扫描方向，沿滚筒轴线方向为副扫描方向；对平面扫描来说，其主扫描方向是沿着原稿幅面宽度从左扫到右，而副扫描方向则是输纸的反方向，即从上到下。当发送机的扫描方向确定后，接收机的扫描方向必须与发送机一致，称为同步。

（2）扫描点尺寸。无论传真机发送图像还是接收图像，都是利用扫描把图像分成许多称为扫描点的微小单元。扫描点也称为像素，其大小决定了图像的复制效果。扫描点越小，复制出的图像越逼真，但整幅图像传送的速度也就越慢。若扫描点过小，也会导致发送时间过长、干扰增大，并给信号处理带来困难。一般来说，用于传送手抄件或打字文件的传真机，扫描点直径在 0.2～0.25mm 为宜，而对于传送照片图像的传真一般取 0.1mm 也就够了。

（3）扫描线长度。扫描点沿主扫描方向扫描一行的距离称为扫描长度（l），其单位为 mm。在滚筒扫描中扫描线长度即为滚筒的周长。在平面扫描中，扫描长度等于扫描头的宽度。由于平面扫描器在送纸时，国际上建议以 A4（210mm×297mm）为标准，扫描线有效长度不得小于 193mm，进口的传真机大多以此为标准。我国常用文件的尺寸是以 B4（186mm×263mm）为标准的。扫描线的有效长度为 165mm。从互通性的角度来讲，应选择第 1 种标准，在使用时，应尽可能利用其扫描线长度的有效值，一般文稿或图表的实际长度可达 180mm。

（4）扫描行距和扫描线密度。扫描行距是指两行扫描线之间的距离，用字母 P 表示，单位是 mm。扫描的行距越小，图像传递的质量越高，但相应的发送时间要延长。它的选择应与扫描点的尺寸和记录方法相配合。

扫描线行距的倒数称为扫描线密度 F，它表示每 mm 内扫描线的条数，单位为 Line/mm（线/毫米）。通常把扫描线密度近似的作为分辨率的单位，用于传送文字，扫描线密度在 3.85Line/mm

就可以了，如要传送图形或相片，则应在 7.7Line/mm 以上。

（5）扫描速度。扫描速度又叫扫描线频率，是指每分钟传送的扫描线数。

主扫描速度是指单位时间内对图像进行主扫描的次数。

副扫描速度是指在单位时间内扫描元件在副扫描方向上所扫描的距离。它是建立主、副扫描之间联系的一个重要参数。

在滚筒扫描中，主扫描速度 N 为滚筒转速，单位为 r/min（转/分）。副扫描速度 V 为光学系统和记录器移动的速度。

在平面扫描中，主扫描速度 N 为每分扫描的行（线）数，单位为 Line/min（行/分或线/分）。常见的扫描线频率有 60 Line/min、90 Line/min、120 Line/min、180 Line/min、360 Line/min 等。副扫描速度 V 为记录纸走纸的速度。传送速度越快，传送时间相应越短。

（6）图像的传送时间。传真机传送一张图像所需要的时间为图像的传送时间。用 L 表示扫描线长度，F 表示扫描线密度，N 表示扫描线频率，则图像传送时间 T 为

$$T = 60FL/N \tag{2-1}$$

（7）合作系数。合作系数是表示发送图像和接收图像的长度尺寸符合一定比例的参数。如果收发两端所用的是不同式样型号的传真机，但他们的合作系数相同，就能收到与发送图像呈比例的记录图像，而不会发生图像畸变现象。因此，合作系数是表示传真机之间互通性能的参数。

对于滚筒扫描来说，合作系数是扫描线密度乘以扫描滚筒直径，用 M 表示，即

$$M = FD$$

式中，F 表示扫描线密度，D 表示扫描滚筒直径。

对于平面扫描来说，合作系数为

$$M = FL/\pi \tag{2-2}$$

式中，F 表示扫描线密度，L 表示扫描线长度。

此外，$\pi M = FL$，称为合作因数。

如果两台传真机之间的合作系数相同，就可认为它们是能够互通的。在接收机产生的传真记录与原稿在尺寸上可能不同，但所复制的图像的尺寸与原稿是成比例的。在实际的传真通信中，只要收发机双方的合作系数相差不超过 2%（即每一台设备的允许偏差为±1%），图像的畸变就可以忽略。通常单路文件传真机的合作系数是 264，相片传真机的合作系数是 352。

3. 用公用电话交换网作传真通信的通信方式

当前，各国的电话网都是很大的公用模拟通信网。在实现长途自动化的国家，用户可以直接拨号呼叫全国任一用户。利用公用电话网进行传真通信，在网络组织上是非常有利的，已有许多国家从 1980 年开始在公用电话网上开展传真业务。很多国家和地区开展了公用传真业务，实现自动拨号的国家和地区在逐步扩大。图 3.13 所示为利用公用电话交换网电路进行传真通信的框图。

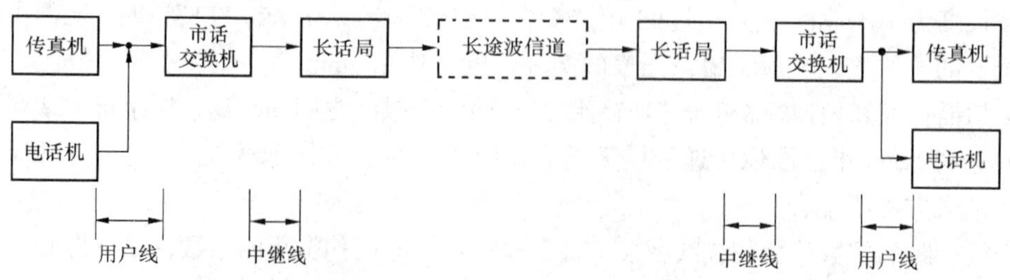

图 3.13　利用公用电话交换网电路作传真通信

3.3.4　传真机的工作原理与传输规程

1. 传真机的工作原理

传真通信系统和其他通信系统一样，由发送、接收以及通信线路 3 部分组成。要将一张原稿完整地由发送方传送到接收方，首先就要将传真图像经发送方进行图像扫描、数字化处理、编码及调制成模拟信号，送往传输线路，经线路传送到接收方后，经过解调、译码、记录转换以及接收扫描，最后还原出与发送图像一致的图像信息。

传真通信的基本原理可用图 3.14 表示。

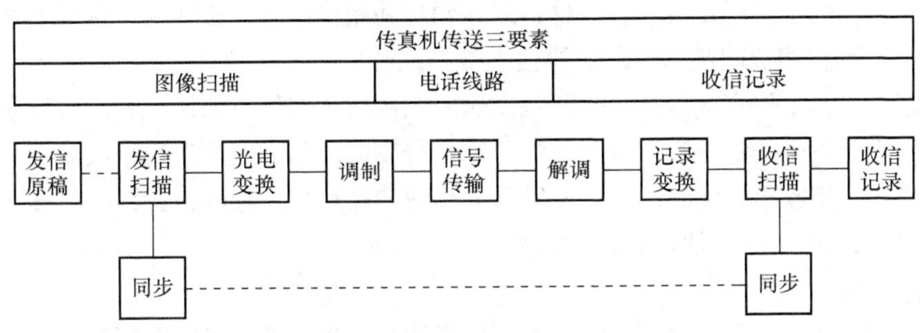

图 3.14　传真通信的基本原理

下面以三类传真机为主，介绍传真机的基本工作原理，其他机型类似。

传真机的基本工作原理可以归纳为 5 个环节，即发送扫描、光电变换、传真信号的调制解调、记录变换和接收扫描。

（1）发送扫描。在传真通信中，首先要将发送的原稿在输纸机构的拖动下，由发送扫描器进行扫描。发送扫描就是把二维的图像信息分解成许多微小像素，并依照一定的顺序将每个色泽深浅不一的信息转换成一维的随时间变化的电信号。

目前，发送扫描的方式有以下 3 种。

① 机械扫描方式。机械扫描方式的扫描点在图片上的运动是靠机械设备来完成的。

② 电子机械扫描。这种扫描方式的扫描点在主扫描方向上移动是靠电子方法来完成的；而在副扫描方向上的移动是用机械方法完成的。这里所说的主扫描是指图像在水平方向上的分解与合成，而副扫描则是指图像在垂直方向上的分解与合成。

③ 电子扫描。它的主扫描和副扫描均用电子的方法实现。

（2）光电变换。光电变换是把由发送扫描送来的各个像素随时间变化的光信号转换成与光信号强弱相对应的电信号。通常使用的光电转换器件有 CCD（电荷耦合器件）光电转换器和 MOS（金属氧化物半导体器件）图像传感器等。

（3）传真信号的调制解调。在发送方把通过光电信号转换得到的电信号转换为适合传输的信号叫调制；在接收方把被调制的信号复原叫解调。传真是以数字信号处理为基础的通信设备，而目前使用最广泛的传输信道——电话交换网属模拟信道。所以，为了在模拟信道上传输数字信号，就必须采用调制解调器。发送时，对信号进行调制，即进行数/模（D/A）转换；而接收时，对传真信号进行解调，即进行模/数（A/D）转换。这种对数字与模拟信号转换的部件称为调制解调器。

常见的 V.27ter 调制解调器是普通电话交换网中使用的标准化 4 800bit/s 或 2 400bit/s 调制解调

器；而 V.29 话路是使用的标准化 9 600bit/s 调制解调器。

此外，在进行调制之前，为缩短图像信号的传送时间，一般要进行编码处理，以删除图像信号具有的冗余度。当然，进行编码处理的信号解调后还要进行解码处理。

（4）记录变换。把被解调和译码后的图像信号记录在记录纸上，做能量变换。记录能量的方法有电、光、热、磁、压力等。另外，根据记录图像的再现能力，记录还分黑白两值记录、半色调记录、图片全色调记录与彩色记录。所以，记录输入的能量随记录方式的不同而不同。

（5）接收扫描。把随时间序列变化的一维像素，还原组合成具有与原图像相同的二维图像信息的过程，该过程是发送扫描的逆过程。

在传真通信中，同步是为使收发扫描位置相互正确对应，即发送原稿上的像元位置与记录纸上旋转同步和相位同步。同步主要有两种：旋转同步和相位同步。旋转同步保证发送扫描速度和接收扫描速度一致；相位同步保证发送原稿左端扫描开始点的一致。

概括起来讲，整个传真过程是将一张待发送的图像稿（文件、信函、相片或图表）通过发送扫描，对原稿进行图像分解，经光电变换将图像信号变成电信号，再进行调制放大后，通过传输线路送到接收端，接收端将收到的电信号转变成相应的能量，再经收信扫描，将输入的能量按一定的顺序记录在记录纸上，还原成原图像稿。

2．传输规程

要使信息能在两个传真机之间正常传送，还必须有使收、发二者之间相互协调一致的约定。例如，如何区分传送的是先导序列还是正式文稿，对发送文件尺寸有何限制，何时完成传输等问题，这样的约定称为规程。确切地说，传真机的传输规程（又叫通信规程）就是管理和控制传真机在发送与接收通信过程中的一系列规章标准。

根据原 CCITT 对在公用电话交换网上传送传真文件的规程规定，传真通信过程分为 5 个阶段，如图 3.15 所示。

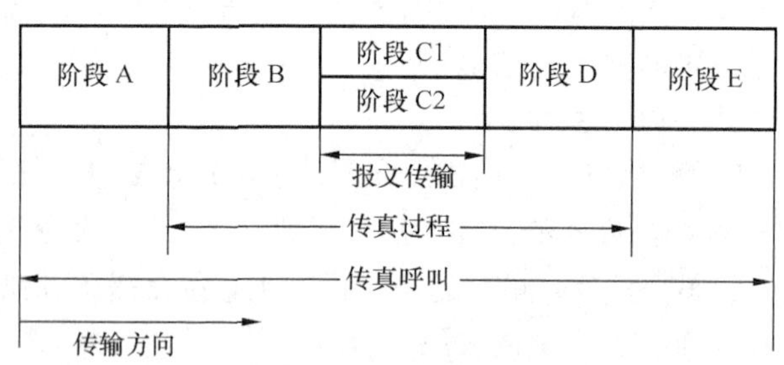

图 3.15 传真通信过程的 5 个阶段

（1）阶段 A——呼叫的建立。由发送方传真机拨接收方传真机的电话号码，同时发送主叫单音，用以标志该呼叫来自传真机，而不是电话。接收方传真机首先收到振铃，在其自动摘机后应答发送方传真机的呼叫，从发送方发送被叫站标志信号。

（2）阶段 B——报文前的信息交换过程。接收方发送本方标志，告诉对方本方传真机的性能及可选择性。发送方收到这一消息后，可手动或自动进入传真的发送操作中。发送时，发送方先发送一个命令信号（DCS），根据接收方传真机所选的功能设置接收规格，然后发送一个高速训练信号，测试所建链路的通信质量。

接收方收到发送方的这些信息后，检查训练信号的正确程度，判断是否可以进行传真通信，

然后将检查结果及影响发送方的 DCS 命令的情况，以接收证实信号（CFR）的方式返回发送方传真机。当发送方从收到的 CFR 信号中证实双方已成功地通过训练，且接收方已做好准备后，该阶段结束。

（3）阶段 C——报文传送过程。报文传送过程分为 C1 和 C2 两个阶段。C1 阶段是确认可以发送信息后，将报文中的同步、差错检测和纠正线路监测安排在报文传输的同一段时间内，并控制过程的全部信号。C2 阶段是发送方传真机发送图像信号，接收方传真机接收图像信号。

（4）阶段 D——报文传输后过程。发送传真机在发送完一页图像信号后，发送一个控制规程命令，然后发送一个过程结束信号。接收方接到此信息后，检查传送的图文数据是否完整，若完整则发送一个成功接收的证实信息。

（5）阶段 E——呼叫释放阶段。发送方传真机发送一个切断信号给接收方传真机，然后挂机，断开连接的两部电话线路。

至此，整个传真通信过程全部结束。

3.3.5　传真机的组成

目前，三类机几乎占据我国所有的传真机市场。为了适合使用和维护传真机的需要，将重点介绍三类机的基本结构和使用方法。其他机型与此类似，可参照学习。

1. 三类传真机的基本构成

三类传真机的构成可以用如图 3.16 所示的组成原理图概括。

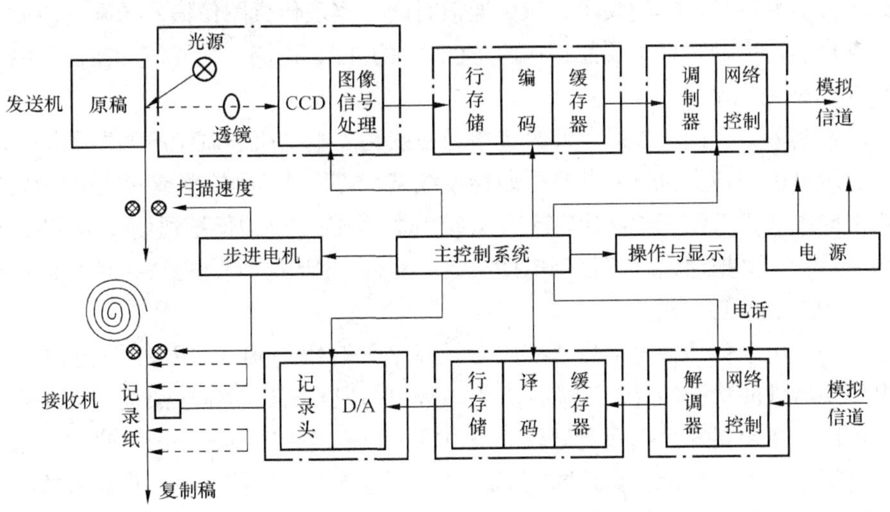

图 3.16　三类传真机的组成原理图

（1）自动给纸单元。这一单元由步进电机、机械传动机构、原稿托盘及稿纸接盘、传感器及开关组成。其主要作用是在主机控制下，使原稿沿扫描单元的要求通过。当一页或多页原稿放在文件托盘上时，主机将检测文件稿有还是没有，纸的宽度是多少。若有稿件，主机将使原稿进行导进，主机随时监控导进情况，当原稿结束时将停止导进。当有多页原稿时，将继续多页原稿的导进。

（2）光电变换与图像信号处理单元。光电变换单元由光源、反射镜、透镜、光电耦合器件 CCD 等组成。它的作用是当原稿图像经过这一单元时，系统将原稿扫描并逐行地将其分解成图像，经

过 CCD 器件变换成相应的电信号。

（3）编码、译码单元。该单元由行存储器、软硬件构成的编码、译码运算器和发送接收缓冲存储器组成。在图 3.16 中，将该单元按编码和译码的不同功能分为两个部分，是为了更好地理解该单元的作用。

单元编码的作用是利用图像的统计特性，实现编码数据压缩，把传真信号变成相应的码字，以消减传真信号的冗长度，减少发送的数据量，从而大大提高通信效率。

由于编码器输出的是不均匀的数据，为使不均匀的编码数据能以固定的传输速率在信道上进行传输，并使传输效率达到最高，必须在三类传真机中设置缓冲存储器。可见，缓冲存储器的作用是实现速率匹配和自动调节供给调制器的数据量。

收信时的解码过程和发信时的编码过程相反，因而同样需要设置缓冲存储器，其作用是将输入的均匀数据变为不均匀的数据，送给解码器进行解码。

（4）调制解调器。一、二、三类文件传真机都是通过一条模拟电路进行通信的传真机，但是，三类文件传真机是数字传真机，编码数据压缩后的传真信号是数字信号，所以从缓冲存储器或信道编码器输出的信号无法直接送往模拟信道进行传输。再加上数字信号具有低频和高频频率，而电话线路只能传输 300 ~ 3400Hz 范围的频率。若不经过调制，传输后定会造成信号失真，在接收端无法准确地再现原来的图像。为解决数字信号在模拟信道上的传输问题，人们采用了调制解调的方法。这里调制器的作用是完成 D/A 转换，使之适合在模拟信道上进行传输。

解调器的作用则是把接收到的模拟信号恢复成数字信号，即完成 A/D 转换任务。所以，调制解调器是三类文件传真机的重要组成部分，它不仅要解决数字信号在模拟信道上的传输问题，还要适应三类文件传真机高速率的要求，减少通信时间，实现传真图像信号的高速传输，同时还要适应数据传输自动操作的特点，要能遵循原 CCITT 的 T.30 建议（文件传真在公用电话交换网上的传输规程）的有关规定。

（5）网络控制单元。网络控制单元是连接通信线路、电话机和调制解调器的接口。该单元的主要功能是实现电话与传真机分时共享一条传输线路（电话交换网线路或专线电话线路）。平时它将通信线路倒向电话机一侧，当需要进行传真通信时，网络控制器便把通信线路倒向传真机一侧。传真通信结束后，它又把通信线路接到电话机上。另外，网络控制器还要担负线路状态的维持和信号传输方向的控制等功能。

（6）记录头。记录头是将电信号变换成与原稿像素相对应的可视图像的电子器件，它完成的功能与光电变换器件的功能相反。三类传真机中常用的记录头通常是感热记录头或静电记录头。感热记录头已成为主导器件。实际上记录头是由按一定密度排成行的一组发热体和相应的控制电路所构成，占据的长度与记录行宽相同。记录时，在控制电路的控制下，将输入的图像数据转换成一行一行排列整齐的光学图像。控制信号是由解码单元译码数据也就是图像数据，控制相应的发热体，若输入信号为“1”，相应发热体发热，为“0”则不发热，发热体与热敏记录纸接触时，使相应的像素单元变黑。不发热的热体单元所对应的像素单元仍为白色。

（7）步进电机驱动单元。无论是发送方读出图像信息，还是在接收方记录图像信息，都要由步进脉冲驱动，每输入一个脉冲，电机就转动一个角度，一步一步地拖动原稿或记录纸一行一行地前进。这里，步进电机的控制信号与驱动信号电路是必不可少的。该单元的控制信号通常是由微处理器产生的。

三类传真机一般有两个步进电机，一个带动输送原稿的机构，称为发送电机；另一个带动输

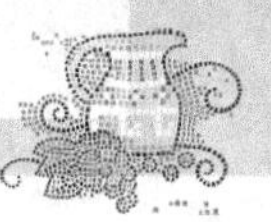

送记录纸的机构，称为接收电机。这两个电机的步进脉冲都由系统控制电路控制，经过驱动电路输入步进电机，驱动步进电机转动。有些三类传真机是将发送和接收两项功能由一个步进电机来完成的。

（8）操作及显示单元。操作及显示单元是进行人机信息交换的功能部件，主要包括由各种开关、按键组成的键盘和液晶显示器。键盘上有数字键、单触拨号键和各种功能键，用于设置机器的工作方式和工作状态，操作人员通过操作这些按键，可控制机器进行相应的动作。显示器用于显示时间和机器的当前状态。某些普及型传真机不带液晶显示器，采用发光二极管（LED）显示。

（9）主控制系统。主控制系统是三类传真机的核心，是整机的指挥系统，通过它完成对整机的指挥、管理和控制。它是根据操作人员设置的机器工作方式、工作状态和机器的接口部件检测到的状态信号，对整机的各部件进行实时控制，自动完成传真收信、复印等操作，同时使三类文件传真机的通信全过程按照原 CCITT 的 T.30 建议规定的传输规程进行。

主控制系统一般由 CPU、ROM、RAM、接口、时钟电路、控制电路等构成。主控制系统的控制功能大致有如下几种。

① 整机工作方式控制。三类机的工作方式有发送方式、接收方式、复印方式和输出工作报告方式。主控制系统控制机器当前采用哪种工作方式工作。

② 工作状态控制。如复印方式中有无缩小或放大，发送时扫描密度为 3.85 Line/mm、7.7 Line/mm 还是 15.4 Line/mm 等，都是由主机系统控制的。

③ 图像信号的控制。如图像信号的扫描是二值扫描，还是伪灰度扫描；图像信号的编码是一维编码，还是二维编码等。

④ 机械部件的控制。如步进电机步距的控制等。

2．传真机电子电路与机械装置

概括地说，传真机包括电子电路与机械装置两大部分。

（1）电子电路部分。传真机的电子电路包括电信号转换、数据压缩电路、调制解调电路、传感器电路、开关电源电路、液晶（LCD）显示电路以及操作控制电路等。

一般来说，绝大多数传真机的电子电路都集中在一块主 PC 板与一块副 PC 板上，并采用大规模集成电路（LSI）芯片组成。为了简化结构，减小传真机体积和降低成本，可将大多数功能综合在一块 LSI 芯片上，并称其为传真机标准处理器。

（2）传真机的机械结构。传真机的典型机械结构如图 3.17 所示。它主要可分为两部分：上部分为读取系统单元，下部分为记录系统单元。

① 读取系统单元。读取系统单元有一文件原稿托盘，上面托置文件原稿。自动送纸机构由主分离辊和分离板组成，它们将放置盘内的原稿文件逐张拉出，当原稿经过两个送纸辊间的玻璃靶时，被光源发出的光照射，反射光线强度随文字或图像而变化，反光镜和透镜部分按顺序将反射光传到光电转换器，光电转换器再将入射光变成电信号，从而使原稿表面的信息被传感器读取，读取后原稿由原稿回收机构排出。

在读取系统单元的两个送纸辊间，安装有图像拾取位置传感器和图像拾取传感器。原稿在被图像拾取位置传感器判断为已到拾取位置之前是连续导进的。当到达拾取位置时则暂停，然后是一边步进地导进原稿，一边由图像拾取传感器拾取每一条扫描线图像信息。

拾取位置传感器一旦检测到原稿的末端，则通信控制器发出一页原稿结束信号。在证实接收后，印出发送结束标志。然后原稿再次靠输纸滚轮连续导进，收集于原稿输出箱内，并由原稿输

出传感器检测原稿是否输完。这时，计数器记录发送原稿页数。

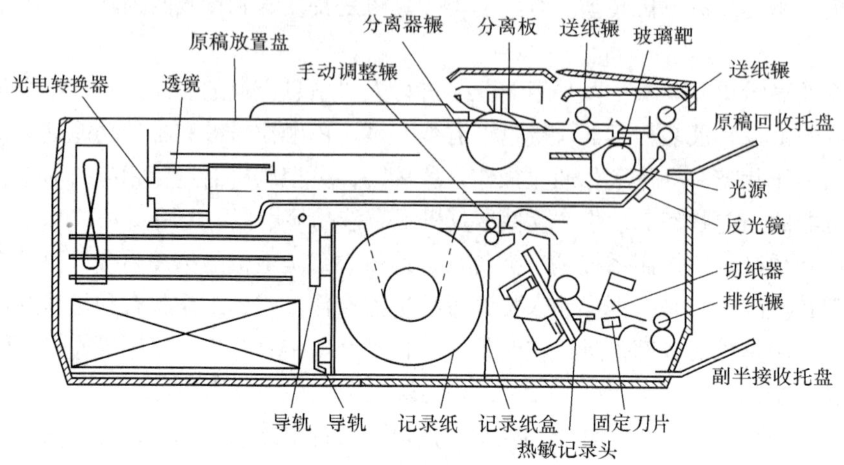

图 3.17　三类传真机的典型机械结构图

原稿导进是否正常，由拾取位置传感器、原稿输出传感器及定时器、计数器等配合判断。过了规定的时间或规定的步进电机驱动步进数，只要传感器末端还未检测到原稿，就以导进异常而给予“阻扰”显示。

② 记录系统单元。记录系统单元是一个记录纸接收机构。记录纸由纸卷放出，并由手动辊输送到记录台。感热记录头装在记录台上，以便将图像数据写在记录纸上。压纸辊传送记录纸，同时使记录纸紧贴热敏打印头。切纸器由活动刀片和固定刀片两部分组成，它可切断来自压纸辊的记录纸。排纸辊将切好的记录送往回收盘。

在记录扫描的过程中记录纸以记录头每记录一条扫描线就前进一步的方式导进。如果为单页接收，则记录完本页的最后一条扫描线时，再从这一位置开始，继续将记录纸导进到额定的裁纸位置，然后驱动裁纸刀将纸裁断，并立即输出，记录纸的前端再退回到规定位置。如果是连续接收，则每页记录纸的前端不做退回动作，只在页与页之间的规定位置上使用裁纸刀动作。

记录完毕的记录纸，输出到输出箱内，并由输出传感器检测是否输出完毕。同时由计算器累记接收页数。

在切纸器的前面机器装有记录纸前端位置传感器，在它的后面装有记录纸输出传感器。记录纸的导进是否正常，由记录纸前端位置传感器，记录纸输出传感器及定时器，计数器相配合来判断。过了规定的步进电机驱动步数，还未检测到记录纸时，同样以导进异常处理。

现代传真机全部具有传真与复制两种工作方式。以传真方式工作时，传感器读取的图像信息被传送到其他传真机的记录系统上；以复制方式工作时，图像信息被传送到本机的记录系统上。

3.3.6　传真机的安装与检测

在安装传真机前，为了对传真机的外形和部件有一个概貌的了解，先给出一种传真机的前视图（见图 3.18）和后视图（见图 3.19），供学习时参考。

1. 安装传真机对环境的要求

安装传真机时，首先要考虑传真机对环境的要求，可从以下几点考虑。

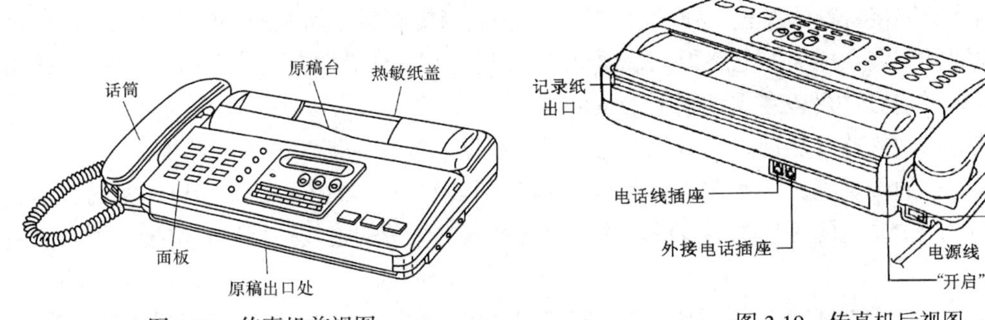

图 3.18　传真机前视图　　　　图 3.19　传真机后视图

（1）应避免安装在阳光直射和温度比较高的地方。

（2）要远离空调、电暖器等大功率电器。

（3）机器放置要平稳，且保持通风、清洁。使用的环境温度应在 5 ~ 35℃，湿度保持在 30% ~ 85%。

（4）机器前后要留有充分的空间，以便于操作和防止收发稿件时阻塞。

（5）避免安装在潮湿、多尘和易振动的环境中。

（6）不要与瞬间功耗大的机器使用同一电路。

2．安装注意事项

（1）明确供电电压与工作电压。在安装时，必须先判明机器的工作电压与所用的市网电压，正确接入电源后，才能加电开机，以免烧毁机器。

（2）接好地线。对用户电源插座中的地线，一定要正确接好。防止零线与地线混线或代替地线，两者必须分开，以确保机器和人身安全。

（3）注意断电操作。在调整内部开关和插拔电路板时，必须断开电源，以免造成故障和损坏机器。

3．传真机的安装过程

（1）选择放置位置。按照传真机的安装环境要求，选择合适的场地和放置位置。

（2）开箱并清点实物。开箱后对照箱中设备清单逐一检查，查看是否有误。

（3）设定电源电压。根据该传真机的工作电压确定电源电压是否与之相匹配，若不匹配，要进行调整。

（4）安装附件。将原稿托架、原稿退出托架及记录文件托架等附件安装好。

（5）接通电源。按传真机所需电压接通电源。

（6）初始设定。首先要了解传真机的各种功能和作用，根据需要进行初始设定。设定主要包括软设定和硬设定。需要注意的是，机器在出厂前已进行过设置，完全能够满足一般的使用要求，若无特殊功能要求可暂不设置，机器会自动选用出厂时设置的默认值。

软设定是指通过传真机面板的键盘操作来设置一部分服务功能和必要的工作状态。计算机技术应用到传真机以后，极大地丰富了传真机的功能，很多功能采用程序控制，所以软设定的内容是多种多样的，一般包括年、月、日、时间的设定、电话号码设定（缩位拨号、一触键等）、识别发送人、查询口令、自动接收的开关信息证实、缩小功能的管理报告等。而管理报告中又有总页数记录报告、传输工作状态报告、配置报告和中继转发报告等。

硬设定指对各种开关（调制解调器的基率、自动纠错功能开关等）状态，衰减器、均衡器、

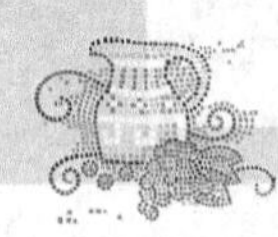

微电保护、网络板和接口等的设置。硬设定主要是对传真机电路板上所配的 DIP 开关状态进行设置。这些开关通常安装在相关的电路板上，通过它可以改变电路的结构，从而达到改变参数或功能的目的。具体设定方法可以参看该机器的说明书。

（7）连接电话和线路。目前，传真机与电话机及线路的连接一般为插入式连接。

用插入式连接的传真机，一般在后部有两个插座，其中标有“TEL”的是接电话机的，标有“LINE”或“TEL LINE”的是接电话线的。连接时，用随机所带的连线接好后，将插头插入插座内即可。

图 3.20 给出了传真机的连接示意图，其中传真机与电话机线路的连接为插入式连接。

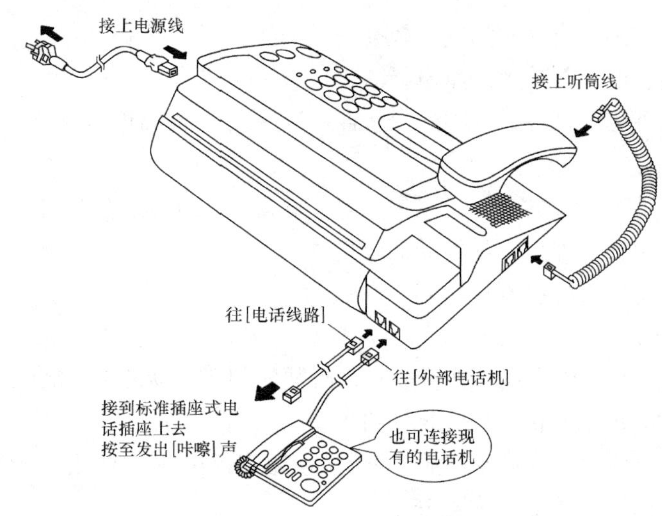

图 3.20　传真机的连接

连接传真机电路和线路的方法如下。

① 按说明书中的接线图将外线（进户电话线）与相应端子（LINE）相连接。

② 将电话机的线与相应端子（TEL）相连接。

③ 将机器的电源线插入 3A 以上的插座盒子。

④ 将地线与机器后面接线盘上的接地端子相连接。

4．传真机的脱线测试

当机器安装、设定全部完成后，需进行脱线测试，即进行复制、调制解调器的高低速测试，RAM、ROM 等测试。以免机器安装不良，误认为是线路或对方机器故障所致。

脱线测试中，首先可以进行复印测试，其方法如下。

（1）打开机器电源，取一张标准样张，放在原稿托架上。

（2）根据原稿情况，调整对比度、清晰度（扫描线密度）。

（3）按下“复印”键（COPY），就可完成复印操作。

（4）复印完毕检查样张，然后改变对比度、清晰度进行复印，再检查复印效果。一般清晰度应在 90%以上。同时还要检查切纸器等部件功能是否正常。

5．传真机的在线测试

当脱线测试通过后，应按照操作规程与另一点的传真机进行一次传真通信测试，也就是在线测试。通过在线测试可以对传真机的整机、发送功能和接收功能进行测试。测试方法与一台标准

传真机接通，没有标准机也可与其他能正常工作的传真机接通，然后双方收发若干张文稿，来检查机器的发送、接收和显示等功能。

下面以 OF-17 传真机为例，对在线测试加以说明。

OF-17 传真机整机测试的步骤如下。

（1）将自动接收功能置于“开”，确认“自动接收”指示灯亮。电话摘机后，指示灯应熄灭。

（2）话机摘机并按“开始”键（START 键），确认“传真”指示灯亮。经过大约 35s 后，机器的报警指示灯应点亮，并伴随报警声。报警灯和报警声应持续到挂机或按“停止”键（STOP 键）为止。

（3）将文件放在自动文件进稿器上，在文件送入机器之前按“复印”键（COPY 键）并取出文件。此时机器的报警灯应点亮。

6．接收操作测试

接收操作测试步骤如下。

（1）用另一电话呼叫装好的传真机，传真机应能响应呼叫，“自动接收”指示灯应熄灭，“传真”指示灯应点亮。

（2）在上述条件下经大约 5s 后，机器的报警指示灯应点亮并伴随有报警音信号，然后自动停止接收操作。

（3）从远方传真机接收传真信息。

7．发送操作测试

发送操作测试步骤如下。

（1）用三类机方式向装好的机器发送传真信息。

（2）在一次传送过程中不要挂机，当机器发送结束后应有话机摘机报警音，并持续到话机挂机为止。

3.3.7　传真机的使用方法

各种型号的传真机使用方法有所不同，有的会差异很大，因此使用前应仔细阅读说明书。这里介绍传真机的一般操作方法。

1．操作面板上的主要控制键

由于各种型号的传真机操作面板上的布局，各控制键名称和数量都有所不同，因此很难统一介绍。这里只介绍一些主要的控制键的名称与它的主要功能。

传真机上常用的一些控制键的名称及主要功能如下。

（1）功能键（FOUNCTION）。用于选择传真机的各种功能。若该操作面板上有液晶显示器，选择时有关功能的信息提示会显示在该显示器上。

（2）开始键（START 或 ON LINE）。按此键开始发送或接收文件。

（3）复制键（COPY）。按此键开始复制原稿托架上的原稿文件。

（4）停止键（STOP 或 REJECT）。用于停止当前的操作，并使机器返回到待机状态。

（5）重拨键（REDIAL）。用于自动重拨最后输入的电话号码。使用时只需按一下该键即可重拨。

（6）通话请求键（VOICE REQUEST）。按该键，可向对方的传真机操作员发出要求以电话对话的请求信号。再按一次该键，可以取消请求，“通话请求”指示灯灭。

（7）单触拨号键。单击其中的任意一键，可将已存储在该键中的电话号码自动调出拨号。由于各机单触拨号键的个数不同，可存储的电话号码数也就不同。

（8）传送清晰度键。用此键可以选择传送文件的清晰度。若选择高清晰度的传递，可提高图像清晰度，则输送时间较长。

（9）原稿浓度键（ORIGINAL）。用于调节原稿传送及复印时的对比度和图像灰度。通常有深色、正常和浅色几个选项。

（10）清除原稿键（CLEAR ORIGIXAL）。使原稿快速从机器中排出。

（11）轮询键（POLLING）。进行轮询通信预约。

（12）显示选择（DISPLAY）。用显示器件显示日期（DATE）、时间（TIME）、页号（PAGE）、故障代码（E：）等。显示选择按键用于选择此显示器件的显示内容。

（13）拨号键盘。它是像普通电话机一样的拨号键盘。使用拨号键盘可以拨号输入数字，有的还可以输入字符。如有的拨号键盘数字“3”上标有“DEF”3 个字母，表示该键可以输入 3、D、E、F，这 4 个字符。通常是第一次按输入数字，再按一次转到下一字符输入，4 个字符可循环转换输入。

下面以 SFX-11BH 传真机为例，进一步对操作面板功能进行介绍。

SFX-11BH 传真机的操作面板，如图 3.21 所示。

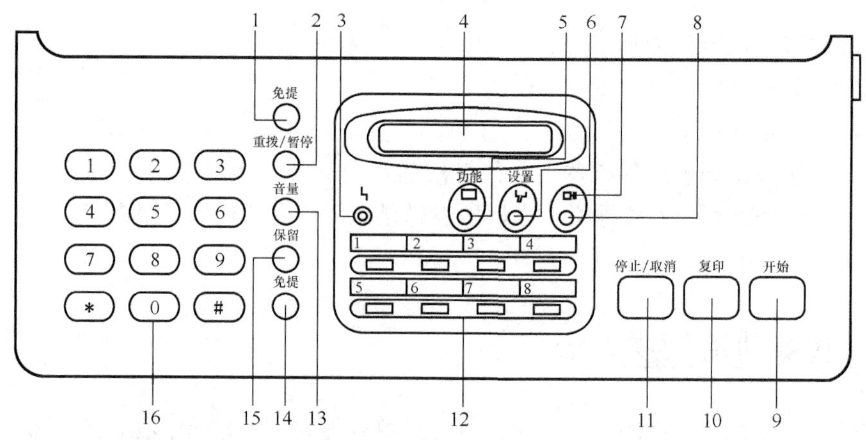

图 3.21　传真机的操作面板

SFX-11BH 传真机的操作面板上各功能键名称与功能如下。

（1）快速拨号键。用于短缩拨号键。

（2）重拨/暂停键。重拨先前拨过的号码或产生拨号时暂停。

（3）错误灯。表示发送失败。

（4）显示屏。显示操作情况、对方号码及机器信息。

（5）功能键。用于选择各项功能。

（6）设置键。用于设定功能。

（7）应答灯。表示已启动附加答录机功能。

（8）应答键。选定附加答录机功能。

（9）开始键。开始发送或复印功能。

（10）复印键。选用复印功能。

（11）停止/取消键。中断或取消功能。

（12）单触键。用于单触拨号传送。

（13）音频键。转用音频。

（14）免提键。用于免提拨号。

（15）保留键。电话对话时可暂时搁置。

（16）数字键。用于拨号或设定功能。

2．操作面板上常用的指示灯

一般传真机操作面板上常用的指示灯如下。

（1）电源指示灯（POWER）。当机器电源插入电源插座，并打开机器电源时，该指示灯亮。

（2）准备好指示灯（READY）。机器处于正常的待机状态。

（3）发送状态指示灯（TRANSMI）。当传真机发送文件时，该指示灯亮。

（4）接收状态指示灯（RECEIVE）。当传真机接收文件时，该指示灯亮。

（5）报警指示灯。当传真操作中发生错误，该指示灯会闪烁或点亮。通常发生通信错误，文件或记录纸堵塞，切纸器发生故障，传真机过热等，该指示灯均会点亮。故障排除后，"报警"灯自动熄灭。

（6）自动接收指示灯。当传真机处于自动接收状态时，该指示灯会点亮。

（7）记录纸指示灯（RECORD ROLL）。通知操作员，更换记录纸。

（8）重发指示灯（RESEND）。通知操作员，重发前页。

（9）等待指示灯（WAIT）。接受等待。

3．传真操作前的准备

从传真机的正常使用及对传真机的维护要求上讲，在发送传真文稿前，要检查发送的文稿并做好发送文件的准备工作。在进行传真发送时，对发送稿有如下要求。

（1）文稿用纸厚度要在 0.06 ~ 0.15mm 之间，否则不易传送。

（2）写在透明纸上的文稿传送效果不好，不宜传送。

（3）发送的文稿宽度及长度要符合所用传真机的要求。一般的传真机以 A4 ~ B4 宽度的扫描居多。在发送文稿时，文稿的宽度不能超过传真机扫描器所允许的宽度。

（4）传真文稿上的墨、胶水及涂改液要完全干透，方可传送。

（5）有明显折痕、弯曲、潮湿以及纸不平或切得不整齐的原稿不能直接发送，可用其复印件发送。

（6）传送的文件上，不可以有铁夹、订书钉、别针等坚硬物品，否则会破坏传真机的扫描系统，造成机器故障。

（7）由于传真机的扫描器不能正确分辨黄色、带绿的黄色及浅蓝色，所以应避免传送用这些颜色编写的文稿。

（8）必要时使用文件传送透明胶套（又称为运载片）发送文稿。对于发送过小的文件（如小于最小发送尺寸的文件）、有撕裂的文件、过薄的文件及有易脱落的书写文件时，在发送时应将文件放入透明胶套中进行扫描。

4．传真机的基本操作

传真机的基本操作包括文稿的发送、接收和复印。发送和接收是在两台传真机之间进行传真通信，而复印则是在本机上进行操作。

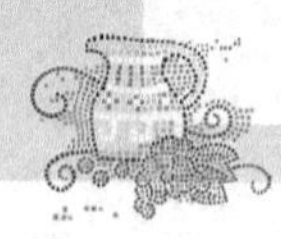

（1）发送操作。

① 开机后，安装好稿件。安装稿件时，要根据发送文件的宽度，调整原稿文件发送架上的宽度，以文件放入后不起褶且不易左右移动为宜。一般应将稿件的正面向下，只有极少数传真机在发送文件时，要求文稿字面朝上。

② 根据发送文件的图像深浅及对图像清晰度的要求，调整清晰度和对比度。一般是通过操作面板上的“传送清晰度”键，选择文件的清晰度。通过“原稿类型”键选择原稿的对比度。通常有标准、浓、淡 3 种，若不选择，则机器按标准方式传送。

③ 给接收方打电话。通常拨打电话有多种方式。

- 电话拨号。拿起电话，用拨号键盘的数字键直接拨对方电话号码。
- 用“单触拨号”键拨号。将已存储在机器中的电话号码通过该号码对应的单触拨号键拨出。其拨出方法是：按下要拨的电话号码对应的单触拨号键。
- 快速拨号。利用存储键的组合，在按下一定的功能键后，使用这一组合进行快速拨号。
- 开始发送。当完成了电话号码的拨发，并且电话链路也由程控交换机建立好之后，在发送人员听到对方传真机发出的呼叫信号时，就可以按“开始”键（START），则开始传送文件。这时可以放下听筒。

以上操作完毕，装上的稿件发送结束时，机器可自动恢复到待机状态。

（2）接收操作。传真文稿的接收比发送简单得多，一般可分为自动接收与手动接收两种。

若传真机处在自动接收状态下，传真机会自动处理和应答传真通信过程中的所有过程，而不需要操作人员介入。

若传真机处于手动接收状态，就要操作员进行手动接收。当有电话接入时，操作员听到传真信号或被告之对方要发传真后，按“开始”键（START），机器则进入接收状态，开始接收文稿。

在收发过程中，有必要中断传真机时，任何一方都可按“停止”键（STOP），中断传真发送。

（3）复印操作。复印操作的步骤如下。

① 将要复印的文件放到原稿发送架上，并向文件进口移动文件，使其达到进口底部位置。

② 选择合适的清晰度和对比度，以得到良好的复印质量。

③ 按“复印”键（COPY），开始复印。

3.3.8 传真机的选购

目前市场上传真机品种繁多，型号各异，其价格不等。功能从仅有收发和复印的简易型传真机，到能自动送稿、自动切纸、自动应答等自动化程度很高的传真机。那么，如何才能选择一台符合自己需要，而价格又适当的传真机，是接下来要讨论的问题。

在选购传真机时，首先遇到的信息是传真机生产厂家提供的技术指标。技术指标的高低实际上反映出一台传真机的内在价值，所以，应对它有一个较为详细的了解。符合原 CCITT 建议的三类传真机，它们的基本技术指标是一致的，一般可以互通。但不同的厂家、不同型号的传真机，又往往各具特点，在功能上和指标上也略有差异。

一台传真机最基本的要求，就是能够在公共电话交换网上进行通信。有的传真机（主要是中、高档机）还能够在专线方式下使用。在专线方式下，两台传真机直接用两根导线相连后，便可进

行通信，无需任何其他中间交换设备。

传真机的基本要求满足后，选择传真机通常应根据用户的业务量、使用场合与要求、维修难易程度、可接受的价格等因素综合考虑，是选购便携机、台式机还是激光传真机、喷墨传真机等。待类型选定之后，具体就好选择了。现针对不同用户的不同情况，提出几点建议，供选择传真机时参考。

1．业务量不大的小单位及家庭

对于这类用户，尤其是现在越来越多的 SOHO 一族，他们的家就是办公室，在家里接受公司、客户发来的传真是经常的事情，以选用小巧的便携式传真机为宜，其原因如下。

（1）便携式传真机属小型机，但一般三类机的主要功能均具备，包括发送、接收、复印、打印通信管理报告、一定数量的缩位拨号键和键盘拨打电话等功能。有些便携机还具备发送标记、自动切纸以及录音电话等辅助功能，使用起来比较方便。

（2）便携机一般比较小巧，占用面积不大，对于房屋不太宽裕的用户比较实用。

（3）价格较低。

基于上述理由，选用便携机比较经济实惠。但也需要指出：许多新型便携机的集成化程度越来越高。有些便携机甚至把所有的功能都集成在一块电路板上，给以后的维修带来一定困难，如果出现故障（局部损坏），常常需要更换整个电路板，使维修费用相对提高。

2．业务量大的大中型企业、事业单位

这类用户以选用中、高档台式传真机为宜，其理由如下。

（1）可减少更换记录纸的次数。一般便携机使用的记录纸纸卷较小，如 A4×50m、A4×30m 等，而台式机除 A4 尺寸记录纸外，还有 B4 尺寸的，且纸卷都比较大，如 A4×100m 和 B4×100m，使记录纸更换次数减少。

（2）性能更好、功能更丰富。例如，清晰度的调整可以达到超精细；传递速度有了大幅度提高，可达每幅数秒；具有多达几十个缩位拨号键；大容量的存储器用于存储和无纸接收，以及先进的自动背景控制等，这些功能都将给用户提供许多便利条件。

（3）台式机的各种功能一般都分布在不同的电路板上，如图像板、调制解调板，主控板等，维修起来比较方便。

3．要求较高的专业技术部门

这类大单位用户如新闻、通信、气象等部门，应尽量选购高档台式传真机，如高档激光传真机等。它除了具备普通台式机的所有功能之外，还具有其他一些特殊功能，如超强型图像处理功能以及更大容量存储能力等。

3.3.9　传真机的维护与保养

在传真机的使用过程中，为了延长传真机的使用寿命，保证传真质量，有效地发挥传真机的作用，要做好传真机的保养和维护工作。

由于传真机是当今通信科学高度发展的产物，它是集数字通信、光电扫描和机械传动等技术为一体的现代通信设备，因而在使用和维护上，都有自身的特点和要求。下面重点介绍传真机的使用注意事项，传真机的日常维护和保养，扫描部分与机械部分的定期清洁与维护以及传真机常见故障的排除方法。

1．传真机的使用注意事项

（1）注意传真机的安装位置。传真机应放在室内的平台上，左右两边和其他物品保持一定的空间距离，以免造成干扰和有利于通风，前后方请保持 30cm 的距离，以方便原稿与记录纸的输出操作。传真机应避免受到阳光直射和热辐射，传真机的外壳都是由工程塑料制成的，长期处于阳光直射的环境下，会造成传真机外壳的老化变色。请勿将机器置于潮湿、灰尘多的环境，一旦尘土进入传真机的光学扫描系统，会影响传真机发送和复印的质量。不要把传真机安装在有振动和不稳固的地方以及冷、暖机附近。传真机在使用过程中会产生一定的热量，如果太靠近热源，造成传真机散热不良，这对传真机是不利的。

（2）尽量使用单独的电源插座。尽量不与噪声大的机器例如空调、打字机等易产生噪声的机器共用一个插座，以免干扰传真机接收和发送信件的质量。一些大功率用电设备工作时会产生干扰，有可能对传真机的正常工作产生影响。

（3）雷雨天气注意防止雷击。近年来，雷击已经成为电器损坏的一大元凶，尤其是网络上的电器。在遇有闪电、雷雨时，传真机宜暂停使用，并且拔去电源及电话线，以免雷击造成传真机的损坏。

（4）不要频繁开关机。因为每次开关机都会使传真机的电子元器件发生冷热变化，而频繁的冷热变化容易导致机内元器件提前老化，每次开机的冲击电流也会缩短传真机的使用寿命。

（5）尽量使用标准的传真纸。请参按传真机说明书，使用推荐的传真纸。劣质传真纸的光洁度不够，使用时会对感热记录头和输纸辊造成磨损。记录纸上的化学染料配方不合理，会造成打印质量不佳，保存时间更短。

（6）不要在打印过程中打开合纸舱盖。打印中请不要打开纸卷上面的合纸舱盖，如果真的需要必须先按停止键以避免危险。同时打开或关闭合纸舱盖的动作不宜过猛。因为传真机的感热记录头大多装在纸舱盖的下面，合上纸舱盖时动作过猛，轻则会使纸舱盖变形，重则会造成感热记录头的破裂和损坏。

（7）不要随意更换电源线。传真机原机所带电源线的插头都是 3 针式插头，中间 1 针起保护接地作用。若将其拔掉或改用两针插头，则对安全不利。

（8）合纸舱盖的动作不宜过猛。传真机的感热记录头大多装在纸舱盖的下面，合上纸舱盖时动作过猛，轻则会使纸舱盖变形，重则会造成感热记录头的破裂和损坏。

（9）不宜发送的资料和稿件。有装订针、大头针之类硬物的图文资料，以及墨迹或胶水未干的稿件不宜发送。这是因为上述硬物容易划伤扫描玻璃或其他装置，引起传真机故障。而稿件上的墨迹或胶水未干则易弄脏扫描玻璃，造成传真机发送质量下降。此外，还应注意不发送和复印过厚的文件以及被弄湿的文件。

（10）不要把传真机当作复印机来使用。最好不用传真机的复印功能来复印资料，重要资料要用静电复印机复印后保存。传真机完成复印功能的主要部件是感热记录头，它是传真机最重要的部件之一，靠自身发热工作，因此应尽量减少其工作时间，以延长传真机的使用寿命。另外，用热敏纸记录的文件不宜长期保存。这是因为热敏纸上的化学染料不稳定，时间长了或受阳光照射后，热敏纸上的字会逐渐退色。因此，对于重要的、需要长期保存的文件，一定要用静电复印机复印一份长期保存。

（11）不要长时间不开机。使用传真机不多的单位，要每半年开机 4 小时以上，以免传真机镍铬电池的电压低于正常值。

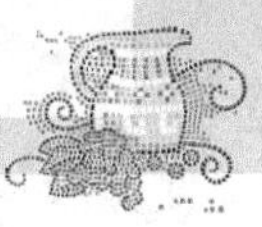

（12）注意供电电源的稳定性。注意传真机所连接的供电电源是否稳定，是否存在经常性的大幅波动现像，若存在，应尽早考虑配备合适的电源稳压设备。

2．传真机日常维护和保养

对使用的传真机要经常进行日常维护工作。下面介绍日常维护传真机的主要工作。

（1）保持机器表面的清洁。使用传真机时，应注意保持机器表面的清洁，不要随意往机盖上放其他物品。传真机的外壳及其他部件一般可用干布擦拭，切勿使用苯或稀释液擦拭，它们会损坏机壳，或者使机壳变色。为了保证机器的清洁，还要注意使用环境的空气清洁度，应尽量减少室内的烟尘。

（2）做好记录头的清洁工作。传真记录头的洁净与否，是传真效果的重要保证，应注意经常清洁。当发现记录头上有黑色灰尘时，应及时清除。清除时，要先切断电源，打开操作面板，取出记录纸，然后用干净的软布蘸化学纯酒精轻轻地擦记录头及记录头盖。

如果传真机刚接收了大量文件或进行复制工作，记录头可能发热，这时不能马上用蘸酒精的软布去擦，必须等记录头充分冷却后，再去清洁，否则可能损坏记录头。

（3）定期清洁传真机内部。对于传真机内部，除了每半年将合纸舱盖打开使用干净柔软的布或使用纱布蘸酒精擦拭打印头外，还有滚筒与扫描仪等部分需要清洁保养。因为经过一段时间使用后，原稿滚筒及扫描仪上会逐渐累积灰尘，最好每半年清洁保养一次。当擦拭原稿滚筒时，一样必须使用清洁的软布或蘸酒精的纱布，需要注意的是不要将酒精滴入机器中。而扫描仪的部分（如 CCD 或 CIS 以及感热记录头）就比较麻烦，因为这个部分在传真机的内部，所以需要工具的帮忙。一般来说会有一种清理工具，蘸了酒精以后，由走纸口送入传真机，进行复印功能时，就可以清洁扫描仪玻璃上的灰尘。切不可直接用手或不洁布、纸去擦拭。

3．传真机的定期维护

传真机应进行定期预防性维护，传真机的预防性维护间隔依赖于许多因素而变化。一般正常使用情况下，每隔 6 ~ 12 个月对机器进行一次预防性维护检查。一般正常使用情况是指传真机在通常的办公室环境下工作。

（1）预防性维护检查。确定传真机是否需要进行预防维护检查，一般可以从以下几方面考虑。

① 传真机的外部附着块状的土、灰或其他污垢。如果外部脏了，里面也难免需要清洁。

② 传真机接收的纸页不正常时，可能传真机内部有毛病，虽不严重，但也足以削弱整个机器的工作能力。

③ 在接收和传送时，机器有不正常声音。

如果每天只用传真机传送或接收两三页文件，则可每间隔三四个月进行一次一般性清洗。即使有的机器很少使用，但灰尘仍可侵蚀和影响机械部件的正常功能，也需要定期进行预防性维护。

（2）维护机器内部时要注意的问题。在维护机器内部时，首先要仔细查看外观，并注意以下问题。

① 参看操作手册。减少传真机出问题的重要手段是经常阅读设备的操作手册。要认真地阅读设备制造厂家提供的全部操作手册，让手册常在手边，有问题的时候就可参看它。在进行维护时更应注意参看操作手册。

② 在维护设备时，应先清除外部灰尘和土，用干布擦拭传真机的每个部件。不要用除尘喷射器，防止把灰尘和尘土吸回设备里。对一些难接触到的地方，可用软刷。一定要清洁排气孔，因为这是灰尘隐藏的地方。

③ 检查软线和插头。传真机上的软线和插头也可使传真机出毛病，所以，一定要把它们固定好并确保它们不被损坏。有些人把机器后面连接机器的导线弄成一卷乱线，这卷线中只要有一根坏的导线或一个坏连接器就会引起灾难性的后果。当检查软线时，要解掉任何结，仔细查看连接插头，接触线的端头一定要牢固，没有损坏或弯曲。

如果觉得线坏了或电话线有问题，就应予以更换，也可用三用表测试线的导通性及检查电话线是否短路。

④ 内部预防维护。定期进行维护时，用户可以打开机箱，以充分查看传真机内部，如光学器件、压纸卷筒、打印头和其他部件。大多数传真机可用移动挡板的方式查看荧光灯（送文件时为了照亮纸页）。这一挡板经常设置在机器的底层或背部。如果拿开这一挡板，另外的内部部件就显露出来了。

对大多数预防性维护任务，这样的拆卸是必要的，但要适可而止。

⑤ 在拆卸传真机前，必须取掉所有附件，像电话手机、自动文件馈送装置、纸的托盘、电动机面纸的卷筒等。对于大多数机器，这些附件可以拿掉，或取出查看一下固定附件的小螺钉，不要简单地用力拉下这些螺钉。取掉附件可使全部的机器拆卸更容易些，也可防止小的金属和塑料部件破碎。

⑥ 注意拆卸。大多数传真机可直接拆卸，但一定要注意，典型的、交流工作方式的机器由上顶和下底件组成。松开两个或更多的螺钉，取下机箱的顶部。这些螺钉通常在机器的背面，有时也在机器的两边。取下底层的螺钉就可卸下底板。

⑦ 注意静电。人体内的静电可能会损坏主电路板上的集成电路和部件。所以不要接触任一部分，除非首先排除了人体静电。如果打算处理电路板，应使手腕带上接地环，这种环在大多数电子设备商店里有卖，可按照它的使用说明使用。

⑧ 注意观察，熟悉机器内部。花点时间熟悉传真机内部对了解机器结构和拆卸后的安装都是十分必要的。同时，还要注意光学部件、打印头、压纸卷筒、纸传送装置、主电路板等。除非必须维护这些部件，应避免接触这些部件，特别是光学部件和打印头，它们是传真机里最容易损坏的部件。

（3）光学扫描部分的定期维护。传真机的定期维护一般可分为两部分进行，即光学部分和机械部分。

传真机的光学部分是将传真稿件由图像转换为电信号的关键部件，长时间使用后会在光电扫描窗、光路及扫描镜头上聚集很多灰尘，从而直接影响到传真扫描稿件的扫描质量，造成传真稿件传送不清晰，或用传真复印时复印不清楚等问题。所以，对传真机的光学部分需要定期维护和清洁。

对传真光学部分的清洁又分为简单清洁和定期清洁两种情况。

① 光学扫描部分的简单清洁。对传真机光学部分的简单清洁是很容易的，可根据脏污程度，一个月或半个月进行一次。具体方法是：将传真机上盖打开，用干净的棉花杆蘸适量的清洁剂，如高度纯酒精等，擦拭光学扫描的阅读玻璃及玻璃正面的白色反射板，直至玻璃看上去透明洁净为止，然后再用干净的干脱脂棉擦拭一遍，将其表面残留的余液擦去。

② 光学扫描部分的全面清洁。对传真扫描部分的全面清洁必须是有专业人员在场的情况下，将传真机拆开并取出光学系统后方可进行。此项操作最好由经过训练的专业人员进行。

对传真机光学扫描部分的全面清洁一般包括：对光学阅读玻璃正、反面的清洁；对光学反射

镜的清洁；有些还应包括对光学成像透镜的清洁。对这些部件具体清洁的方法基本上同简单清洁的方法一样，只是在对清洁液的选择上和对清洁用具的使用上有所不同。由于棉花杆在进行这一清洁时，其上的棉绒容易脱落，所以在此一般不提倡使用棉花杆，建议使用专用于清洁的麂皮。

对于光学扫描部分的全面清洁一般都是送到传真机维修店中进行。此种清洁一般约为半年到一年进行一次。

（4）机械传动部分的定期维护。传真机的机械传动部分是将传真稿件反馈入传真机，以及将接收到或复印到的稿件打印出来等传动系统中的关键部件。对此类部件的维护，其主要内容是给关键部位的齿轮组加润滑油。

在机械传动部位施加的润滑油，必须是特种、特制的白色润滑油，此种润滑油具有良好的电气绝缘性能及机械润滑性能，切忌随意使用市售润滑用黄油。此种白色润滑油可以在一般的录像机维修店中买到。

添加润滑油应以适量为度，切不可滥施、多施。

对机械传动部分的维护一般以一年一次为度。在对传真机的切纸刀系统进行清洁和加油时，注意在操作过程中切不可用手去触摸刀口或切口等部位。

4. 传真机易损易耗件的保养

传真机易损易耗件的保养也是很重要的。因为这些部件容易损坏，若不及时保养和维护，必定会影响机器的正常使用和部件的使用寿命。

（1）橡皮分离片的保养。用软布蘸酒精将它擦干净，如果太脏，可用 50 号砂纸打磨其分离部件一面。

（2）自动文件输送辊的保养。如果自动文件输送（ADF）辊的海绵状表面塞进了纸屑、灰尘等，用刷子将它刷净。胶轮如果太脏可用酒精擦拭。

（3）发送导板的保养。如果在发送板上扫描面积内的白色表面上有脏物，用软布蘸酒精将它擦拭干净。彻底消除由于脏污而形成的任何不均匀性，清洁时应尤其注意它的两端。

（4）发送文件轨道机械的保养。应经常清洁发送文件轨道机械，注意清除纸屑、灰尘等一切杂质，尤其是在文件输送辊上不要有任何脏物。

（5）荧光灯的更换。如果荧光灯的两端发黑或因使用太久亮度变暗或工作超过 1 万小时后，需要更换一只新灯管。

（6）检验印戳。通过检查印戳，保证其能正常工作。讫印不显时，应及时加入墨水或印油。如已磨损，则应更换新的。

（7）记录纸轨道机械的保养。检查有无损坏和磨损等任何异常现象，并清除纸屑和纸片，对切纸机构及周围应格外仔细地检查。

（8）机械部分松动的处理。对机械部分的松动应结合日常维护及时拧紧。对正常磨损的零部件，应及时进行更换。

5. 传真记录纸的保管

市场上的热敏传真机使用的记录纸一般是热敏纸。由于热敏纸经过化学处理，上面涂有化学物质，受热后会变色、褪色，因此应妥善保管。

（1）防止记录纸与酒精、稀料、汽油、氨等接触，避免放在高温下，否则会变色。

（2）不要把记录纸放在日光能直接照射到的地方，以防记录纸逐渐退色。

（3）不要随便打开包装，储存地点应避免高温、潮湿。热敏打印纸在 24.4℃，湿度为 65%的

状态下，一般可保存 5 年以上。

（4）用热敏纸打印的稿件及已开封的纸应保存在 40℃以下阴暗的地方。

（5）不宜将两张已复制图文的热敏纸，画面相对重叠存放，因为这可能导致纸上的图像模糊不清或倒印到另一个图像上。

6．传真机收发装置故障的检修顺序

传真机收发装置的故障检修，一般应按照以下顺序进行。

（1）故障情况检查。查出故障的现象及其产生的原因，如果收发装置在一定程度上或者局部不能工作，可试着做一下复制、自测试（自我诊断）和通信试验。

（2）单元检查。通过复制、自测试和通信试验，确定产生故障的位置，查明它是产生在发送单元、接收单元还是线路部分。

（3）故障原因查寻。根据故障现象和错误代码，利用替换法、分割法等测量手段查寻产生故障的原因，确定故障单元。

（4）故障单元的修理。修复或更换有故障的部件，并在该级采取可能的措施，防止故障再次发生，保证以后正常工作。

（5）修复检查。在收发装置的维修工作结束以后，应将其完全恢复原状，并通过复制、自测试和通信试验进行检查，确定收发装置工作正常。

7．传真机常见故障的排除

传真机的很多常见故障的解决方法，经常是很简单的，所以在出现故障时，不要急于同维修部联系维修，最好先自己进行检查和排除一下，以节省时间和减少麻烦。

（1）原稿堵塞。在发送和复印文件的过程中，如果文稿不符合规定或输入不当，会被卡住。发生稿件堵塞的情况一般有两种处理方法：一种是打开前盖，将卡住的原稿取出；另一种是将输送导板轻轻用手指向上抬起，用另一只手将稿纸拉出。

如果原稿已有折皱，请使用运载片将其夹住进行发送，或者复印后用复印副本发送。

（2）记录纸堵塞。一般记录纸堵塞时，蜂鸣器鸣叫，有些机型在显示屏上给出提示。这时应先打开上盖（有自动和手动两种），将卡住的记录纸及残余纸片进行清除，当记录纸前端有破损或折皱时，用剪刀剪去，将纸重新装好，然后关好上盖。

（3）电源已打开，但显示屏不显示。检修顺序如下。

① 检查电源插头是否插好。

② 用万用表或验电笔插入电源插座，检查电源插座是否有电。

③ 检查电源开关是否处于开的位置。

④ 检查电源保险丝是否熔断。若上述检查均正常，显示屏仍不显示，可送到专业维修店检修。

（4）不能自动接收文件。检修方法如下。

① 检查“自动接收”（AUTO RECEIVE）指示灯是否点亮，如果没点亮，检查电话筒是否挂断。

② 检查是否将传真机设置在“自动接收”方式。

③ 传真机是否装有记录纸。

（5）手动接收。

① 检查开关状态是否设置正确。

② 是否先按“开始”键（START）或传真键，听到传真信号后再挂电话。如果不是这样，请按照正确的操作规程重新进行传真。

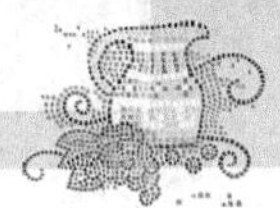

（6）电源接通但不能发送。

① 检查待发送的稿件放置得是否正确。

② 检查对方接收机内是否有纸，或记录纸装得是否合适。

③ 是否听到对方传真机传过来的信号后，才按“开始”键（START）。

④ 在传送过程中，传输速率不断地下降，可能是信道质量差，可推迟一段时间，再次发送。

⑤ 对方机器的 ID 数据（ID 是指发送传真的操作者或单位的名称或英文标志字串）的某些参数（如口令等）的设定是否统一。

⑥ 对方传真机是否工作正常。

（7）无法拨号。

① 检查电源是否接通正常。

② 检查线路插头的接线是否良好。

③ 检查“拨号模式”键的设置是否适当（音频式为“T”，脉冲式应选择“P”）。

（8）接收的图像变形。

电话线中的噪声可能造成图像变形。为判断变形是否由噪声引起，可请求对方重发一次传真。若重发传真仍造成图像变形，可进行以下检查。

① 检查记录头是否有污垢，若有则需要清洁。

② 用其他文件复印一个副本，若复印同样变形，则本机可能有故障，可送维修站维修。

3.3.10　传真机应用实例

本节将以 SHARP FO-560 传真机为例，介绍传真机的安装、设置、拆装以及简单的故障排除示例。

1．FO-560 传真机的安装

（1）安装环境。三类传真机属于精密仪器，为了保证其安全、稳定、正常运行，应选择在没有阳光直射和远离热源辐射、防潮防尘和易操作的环境中安装传真机；应将机器平稳放置；应避免溅水和接触化学品；要保证电源供电质量及做好地线。

图 3.22　SHARP FO-560 传真机外型图

（2）机器安装步骤。SHARP FO-560 传真机（见图 3.22）的安装步骤如下。

① 将电话手柄放在手柄座上，将电话连接线（RJ-11 插头）分别插入电话手柄和传真机的相应插口，如图 3.23（a）所示。

② 将文稿托盘和记录纸托盘安装到传真机的相应位置，如图 3.23（b）和图 3.23（c）所示。

③ 将通信连接线（RJ-11 插头）的一端插入传真机的 TEL LINE 插口，将另一端插入或接入电话用户接线盒的相应位置，如图 3.23（d）所示。

④ 将电源线一端插入传真机的电源插座，另一端插入带有接地线的 220V 交流电源插座。

⑤ 如有条件可将机壳接地点与地线进行连接。

⑥ 将电话拨号方式开关（DIAL）设至“T”（音频）或“P”（脉冲），根据需要可对扬声器音量（SPEAKER VOLUME）旋钮及电话振铃音量开关（RINGING VOLUME）进行适当调整。

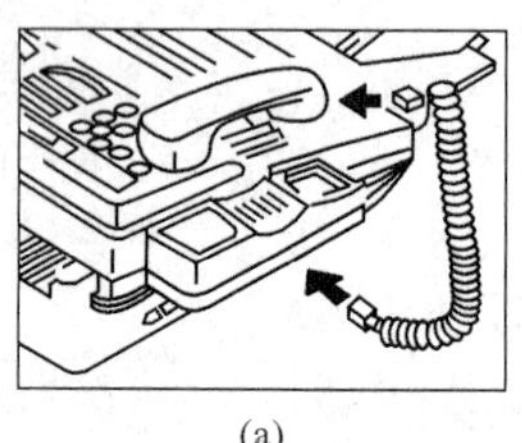
(a)

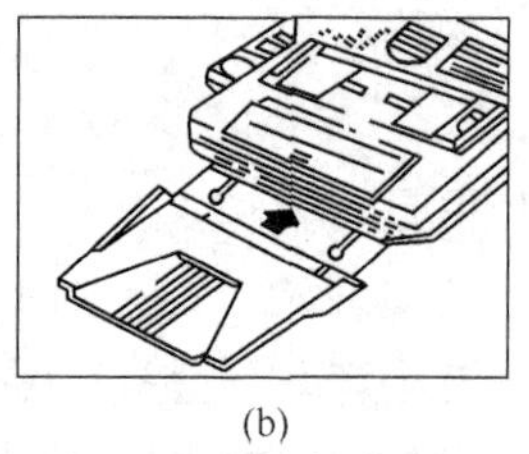
(b)

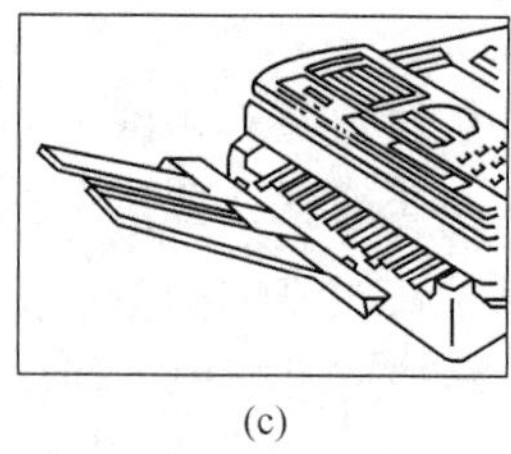
(c)

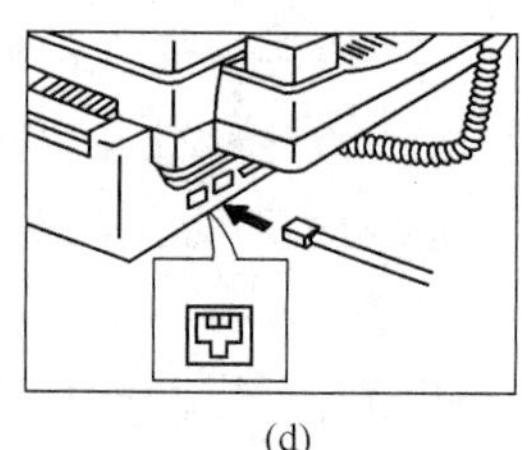
(d)

图3.23　FO-560传真机的安装示意图

⑦ 根据需要可将传真接收方式开关设置为手动（MAN.）或自动（AUTO）方式。

⑧ 打开记录纸箱盖，将幅面为216mm、轴芯直径为25mm的记录纸按要求进行安装，并扣紧记录纸箱盖。

⑨ 接通传真机电源2～3s后，LCD显示屏上将显示日期、待机等信息。

⑩ 参照使用说明书进行复印操作，检验传真机工作是否正常。

2．FO-560传真机的调整与设置

三类传真机工作方式的选择和各参数的设定，是通过改变硬件开关的设定和运行机内程序（也称“软开关”）进行的，以满足使用者对机器的不同需求。

FO-560传真机的硬件开关有电话拨号方式选择开关（DIAL）、电话振铃音量开关（RINGING VOLUME）、传真接收方式选择开关和扬声器音量控制（SPEAKER VOLUME）电位器等。软开关有若干组与之对应的功能参数可供选择。

（1）电话拨号方式选择开关。传真机左侧的DIAL开关可以选择电话拨号方式，如将开关设至“T”（TONE的缩写）位置时，即选择了双音多频（DTMF）拨号方式；否则便选择了“P”（PULSE的缩写），即10PPS脉冲拨号方式。

（2）扬声器音量控制旋钮。传真机左侧的SPEAKER VOLUME旋钮可以改变扬声器音量，向L（LOW的缩写）方向旋转音量减小，向H（HIGH的缩写）方向旋转音量增大。

（3）电话振铃音量选择开关。传真机左侧的RINGING VOLUME开关可以改变电话振铃音量，共有H、M、L三个位置，可将振铃音量按高、中、低进行选择。

（4）用户软开关的设置。FO-560共有15个用户软开关，用户可根据需求的不同，通过对这些开关进行状态或参数的设定即可。其开关含义和参数如下。

① 精细分辨率开关（FINE PRIORITY）。在发送传真或文稿复印时自动选择精细分辨率方式选择参数1，自动选择标准分辨率方式选择参数2。

② 自动应答振铃次数开关（NUMBER OF RINGS）。在传真机被设置为AUTO（自动）接收方式时，此开关决定机器启动前的振铃次数。参数0～9与振铃次数对应。

③ 记录纸长度开关（LISTING SIZE）。在接收传真或打印报告时，如要求记录纸为A4长度可选择参数1，如记录纸长度不确定时可选择参数2。

④ 自动列表开关（AUTO LISTING）。在记录发送/接收业务报告的存储器满时，如要求自动打印报告可选择参数1，否则可选择参数2。

⑤ 重拨间隔开关（RECALL INTERVAL）。在自动呼叫遇对方忙时，使用参数1～5确定自动重拨的时间间隔为1～5min。

⑥ 重拨次数开关（RECALL TIMES）。在自动呼叫遇对方忙时，使用参数1～9确定自动重拨次数。

⑦ 手动应答振铃次数开关(NUMBER OF MAN.使用参数 0 ~ 9 ANS.)。在传真机被置于 MAN.(手动)接收方式时，确定机器转为接收前的振铃次数。选择参数 0 机器不转入接收，选择参数 1 ~ 9 可确定 1 ~ 9 次振铃。

⑧ 自动传真/电话转换开关(AUTO CHANGEOVER)。在传真机被置于 AUTO(自动)接收方式时，如果有传真呼叫，即启动机器自动进入接收状态；如果有话音呼叫，传真电话即可自动振铃。参数 1 为进入自动转换方式，参数 2 为关闭自动转换功能。

⑨ 电话/传真遥控号码开关(TEL/FAX REMOTE #)。在与传真机并接的话机上输入该号码，可将收到的传真呼叫转送到传真机。参数为 0 ~ 9 的一位编码，使用时在话机上按此编码和“*”键即可。

⑩ 通信报告打印方式选择开关(PRINT SELECT)。决定传真机通信报告打印方式的参数为 1 ~ 4，参数 1 为当出现通信错误、定时或查询时打印报告；参数 2 为仅在发送完成后打印报告；参数 3 为发送或接收完成后打印报告；参数 4 为不打印报告。

⑪ 错误纠正方式开关(ECM MODE)。该模式有两个参数。参数 1 为关闭错误纠正；参数 2 为与另一台带 ECM 功能的传真机进行通信，其错误信息在接收端打印之前会自动重发。

⑫ 切纸方式开关(AUTO CUTTER MODE)。该模式有两个参数。在进行传真接收或文稿复印时使用参数 1，记录纸不切割；使用参数 2，按文稿长度自动切割记录纸。

⑬ 收集打印开关(RETRIEVE PRINT)。使用远程收集功能时，此开关工作。如需将传真机收到的图文信息写入存储器中而不自动打印，可选择参数 1；如需将传真机收到的图文信息写入存储器并自动打印，可选择参数 2。

⑭ 自动附页开关(AUTO COVER SHEET)。在接收传真完成后，传真机会将接收日期、时间、发送人、发送方传真机号码等相关信息作为附页打印输出。选择参数 1，自动附页功能可用；选择参数 2，关闭自动附页功能。

⑮ 复印方式开关(COPY SCANNING)。该模式有两个参数。如选择参数 1，传真机按实际尺寸打印输出；如果被复印的文稿宽于 B4 时，选择参数 2 可自动缩小比例复印。

3．FO-560 传真机常见故障的排除

(1)文稿不能推进。

① 故障描述。发送电机不转，文稿不能推进。

② 故障分析。此类故障主要出现在文稿传感器、发送电机及其驱动电路。该传感器的输入输出端分别为 CNFS-2 和 CNFS-3，直接接到#1 门阵列芯片 IC8。正常时 CNFS-2 端对地电压应为 2.5 ~ 3.5V，如该电压值偏离较大，故障可能因+5V 电源与 CNFS-2 端的电阻阻值变化引起。

③ 检查方法。测量 CNFS-2 端对地电压，如实测为 0V，说明在+5V 电源与 CNFS-2 端的电阻值变大。

④ 排除故障方法。更换 220Ω 电阻。

(2)屏幕显示“DOCUMENT JAM”，按任何键都不起作用。

① 故障描述。LCD 屏幕显示“DOCUMENT JAM”，按任何键都不起作用。

② 故障分析。传真机进纸通道因纸屑或其他异物阻塞出现的文稿被卡。

③ 检查方法。抬起操作面板，检查文稿进纸通道有无纸屑或其他异物。

④ 排除故障方法。清洁文稿进纸通道。如继续显示“DOCUMENT JAM”，则是因错误信息被存入存储器中，此时应清除存储器中的内容。其方法为：关掉机器电源，打开记录纸箱盖，同

时按下并保持“TALK”键和“POLL”键并打开电源，待 LCD 屏幕显示“MEMORY CLEARD”后，机器即可恢复正常。

（3）不能自动切纸。

① 故障描述。接收和复印后不能自动切纸。

② 故障分析。在保证用户软开关设置正确的前提下，应重点检查切纸电机及其驱动电路是否异常。FO-560 传真机的切纸刀采用了独立的电机驱动，当电机或其驱动电路以及传动机构出现异常时，均可能导致切纸刀不能正常工作。

③ 检查方法。首先要检查传动机构的转动情况。卸下电话手柄架，用左手轻转切纸电机的传动螺杆，只要切纸刀旋转过程不受阻，即可证明其传动机构工作是正常的。然后根据切纸电机绕组阻值的测量情况来判断该电机是否正常，如果阻值非 0 即为正常电机。最后检查电机驱动电路，通电测量 #1 门阵列芯片 IC8 的输出 CUTC 信号电压值，如该电压值为 0V，说明 IC106（7406）芯片已损坏。

④ 排除故障方法。更换损坏元器件。

（4）记录纸不走纸。

① 故障描述。LCD 屏幕显示“PAPER JAM”，记录纸不走纸。

② 故障分析。当记录纸出纸通道上存在纸屑、异物或切纸刀未复位时，都会造成记录纸阻塞现象。

③ 检查方法。检查记录纸出纸通道有无异物，检查切纸刀位置是否正常。

④ 排除故障方法。打开记录纸箱盖，清洁记录纸出纸通道，重新安装记录纸，并使其穿过切纸刀，扣紧箱盖后再送电试机。如 LCD 屏幕还显示“PAPER JAM”时，则可卸下电话手柄架，用左手轻旋切纸电机传动轴，使切纸刀回至正常起始位后再送电试机。如经上述处理后 LCD 屏幕继续显示“PAPER JAM”时，则是由于这一错误信息被存入存储器中，需清除存储器中的内容后才可恢复正常工作。

（5）屏幕显示“PAPER JAM”，按任何键都不起作用。

① 故障描述。LCD 屏幕显示“PAPER JAM”，按任何键都不起作用。

② 故障分析。传真机因切纸刀不到位而引起的记录纸受阻。

③ 检查方法。打开记录纸箱盖，检查记录纸出纸通道有无纸屑或其他异物。

④ 排除故障方法。清洁出纸通道，旋转切纸传动齿轮，将切纸刀复位，重新安装记录纸。

（6）文稿副本上有纵向白道。

① 故障描述。记录纸上有白竖条。

② 故障分析。热敏打印头不能使记录纸的相应位置受热而导致此故障的出现。此时有两种可能：一是打印头表面粘有污物；二是打印头内部的个别发热单元开路。

③ 检查方法。打开记录纸箱盖，观察热敏打印头表面是否有污物或烧黑的痕迹。

④ 排除故障方法。用脱脂棉蘸少许酒精轻擦打印头表面，待酒精完全挥发后再观察复印效果，如故障继续存在，那只能更换该打印头了。

（7）文稿副本颜色很淡。

① 故障描述。复印副本颜色很淡。

② 故障分析。模/数转换器（IC4）的参考电压 UREF 过低会出现此故障。如果二极管 D104 击穿，势必造成 IC4 的 UREF +直接接地，其参考电压 UREF 为 0V。

③ 检查方法。测量二极管 D104 是否击穿。

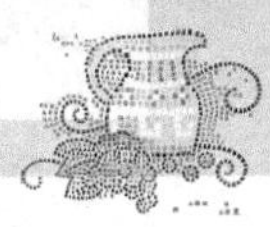

④ 排除故障方法。更换损坏元器件。

（8）接收正常，发送过程中机器自动拆线的故障。

① 故障描述。接收正常，发送过程中机器自动拆线，屏幕显示“LINE ERROR”。

② 故障分析。三类传真机属于半双工通信，在建立通信前都要接收和发送传真控制（握手）信号，从接收正常可断定其收发通道是正常的，若出现发送异常往往是因通信线路的质量变化引起的，此时应适当地提高输出电平参数（详见 FO-560 传真机的设置与调整）。

③ 排除故障方法。将输出电平由出厂默认值的−11dBm 试调至−8dBm。

（9）LCD 屏幕无显示。

① 故障描述。开机后 LCD 屏幕无显示，但传真机可以正常工作。

② 故障分析。如果传真机可以工作，说明 LCD 屏幕外的各部分都是正常的，故障范围可限定于 LCD 屏幕自身。因 LCD 屏幕损坏的可能性极小，故电源未接通便是导致故障的主要原因了。

③ 检查方法。打开传真机底板，检查电源插件的连接情况。

④ 排除故障方法。将电源连接插件 CNPN 重新插好。

（10）传真机不能工作。

① 故障描述。传真机不能工作，LCD 屏幕也无显示。

② 故障分析。没有+5V 电源时，可导致传真机整机不工作。

③ 检查方法。在线检查传真机电源部分，首先用万用表对工频整流器 D701 的交流输入及直流输出电压进行测量，以确认 D701 是否损坏；如有条件，可用示波器观察变压器 T701 各绕组的电压波形，该波形如为矩形波；最后再测量三端稳压器 IC702 的输入和输出电压，如电压为 0V，说明 IC702 损坏。

④ 排除故障方法。更换损坏元器件。

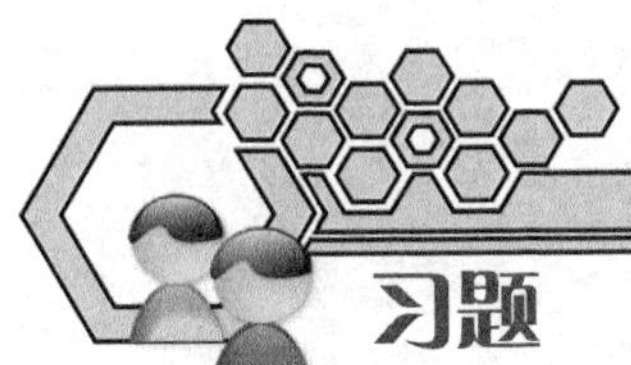

习题

1. 简述电话机的工作原理。
2. 什么是程控电话交换机？它有什么特点？
3. 电话机通常分为几类？各类有哪些电话机？
4. 简述按键式电话机的基本组成及主要优点和功能。
5. 程控电话机一般可提供哪些服务？
6. 何谓集团电话？选购集团电话有哪些注意事项？
7. 手机除一般电话的通信功能外，还有哪些主要功能？
8. 使用手机应注意哪些事项及做好哪些日常维护工作？
9. 什么是传真机？
10. 根据原国际电报电话咨询委员会（CCITT）建议，文件传真机分为几类？
11. 滚筒扫描和平面扫描的方向是怎样定义的？
12. 什么是扫描长度、扫描行距、扫描线密度和扫描速度？它们是怎样表示的，各自

的单位是什么？

13．什么是合作系数？合作系数的作用是什么？

14．简述三类传真机的主要功能及特点。

15．传真通信的基本过程是什么？通信过程中，传真机各部分的主要功能是什么？

16．什么是传输规程？简述按传输规程规定传真通信过程的 5 个阶段。

17．安装传真机对环境有哪些要求？要注意什么问题？

18．简述安装传真机的过程。

19．一般传真机操作面板上有哪些控制键？其主要功能是什么？

20．简述传真机的 3 项基本操作步骤。

21．使用传真机应做好哪些日常的维护与保养？

22．传真机的定期维护包括哪两部分？各部分怎样维护？

23．简述传真机收发装置故障的检修顺序。

24．简述 FO-560 传真机的安装步骤。

25．FO-560 传真机有哪些用户软开关？

26．采用什么方法可以简单判断传真机电机是否损坏？

第4章 复印与复制设备

在日常办公事务中，办公人员常要对文件图片等资料进行复制存档，或对文件进行批量复制，分发给各有关机构的人员阅读，这是办公事务中最为经常性的一项工作。在办公自动化系统中，广泛采用复印机、一体化速印机、扫描仪、光盘刻录机等现代化办公设备来完成这些工作。

复印机和一体化速印机主要完成纸面文稿的复制工作，其中复印机常用于复制份数较少的文稿，而一体化速印机常用于复制份数较多的文稿。扫描仪主要用于将书面资料原样复制到计算机中，而光盘刻录机主要用于将电脑资料复制到光盘之中。以上信息复制设备各有特点，在办公使用过程中，注重发挥各自特点，将会达到事半功倍的效果，提高办公效率。

本章知识要点

- 重点掌握静电复印机的工作原理，熟练掌握静电复印机的操作方法，了解静电复印机的基本维护要点。
- 了解一体化速印机的印刷过程。
- 掌握扫描仪的基本工作原理，了解其主要技术指标，掌握使用方法。
- 掌握光盘刻录机常见种类及其工作原理，掌握光盘刻录机的使用方法。

4.1 静电复印机

4.1.1 静电复印机及其分类

1．静电复印机的发展简史

静电复印机的发展经历了一个漫长的过程。从 1935 年开始，美国人 C. F .Carson（卡

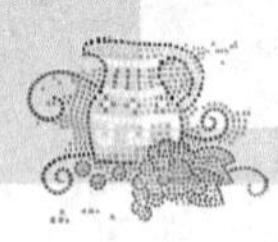

尔逊）和他的助手经过 3 年多的努力，静电复制方法获得成功，于 1938 年诞生了第一张复制品。由于科学的进步与发展，硒及其他光敏材料的发现，电晕充电、转印技术的应用以及显影方法的改进，1950 年世界上出现了第一台手工操作的平板式硒静电复印机。人们对此不断加以改进完善，终于在 1954 年用转鼓式静电复印机代替了平板式静电复印机。现在的静电复印机已达到很高的自动化水平。

静电复印机的发展，从转印方式来讲，主要经历了硫磺板原始复印、平板式复印、转鼓式复印 3 个阶段。硫磺板原始复印，是在锌板上涂一层硫磺薄膜，再在暗室中用手绢摩擦硫磺表面使之带上静电，再经过若干工序，使文字显现在硫磺薄膜上。平板式复印，是在镀有硒箔的铝基平板（硒板）上，依次完成充电、曝光、显影、消电、转印、固化、清洁等工序后完成一次复制任务。转鼓式复印，是把多项工序依次间隔作业法改为多项工序同时进行、连续作业的一种先进的复印技术，现被绝大多数复印机所采用。

2. 静电复印机的技术组成

静电复印机的组成，包括了机械技术、电子技术、电摄影技术、光学技术 4 个方面，这 4 个方面的优劣，决定了静电复印机的性能、效率、质量等的好坏。

（1）机械技术。机械技术在静电复印机中除用于传动部分外，同时还在以下方面起着重要的作用。

① 幅面放大、缩小机构（与光学系统配合而成）。

② 单页旁路装置。

③ 纸的传送机构。

④ 灯光扫描、各种链条、齿轮、导轨、轴承等传动机构。

（2）电子技术。静电复印机中，电子技术一般都用于微动开关、继电器、电磁阀和电磁离合器的控制。这些器件通过计算机的控制，对静电复印机的复印过程实行全面的管理，微型计算机的应用确保了复印质量的可靠性，提高了复印速度，简化了操作方法，它还为静电复印机的小型化、智能化创造了条件。

（3）电摄影技术。静电复印机中的电摄影技术，主要是光导材料——转鼓（平板）的敏化技术，曝光、显定影方法等。

（4）光学技术。光学技术主要包括镜头的结构及选用，反光镜的反光性能及移动和控制，灯光扫描的控制，不同原稿经过曝光对光导体材料产生潜像等。

3. 复印机的分类

复印机多种多样，性能各异，目前尚无统一的分类方法，大致可从以下几个方面分类。

按体积分类，可分为：大型工程复印机、中型复印机、小型复印机、超小型复印机和微型复印机。

按复印机的用途，可分为办公用复印机、工程图纸复印机、全彩色复印机、特殊用途复印机等类型。

按机器的外型结构分类，复印机可分为落地式复印机、台式复印机和便携式复印机。

按复印速度分类，可分为低速机（复印速度为 12 张/分钟以下）、中速机（复印速度为 15 ~ 35 张/分钟）和高速机（复印速度为 36 ~ 70 张/分钟）超高速机（复印速度为 70 张/分钟以上）。

按光导材料分类，复印机可分为硒（Se）、硒—碲合金（Se-Te）、氧化锌（ZnO）、硫化镉（CdS）、有机光导体（OPC）等感光鼓复印机。

按静电潜像的方式分类，复印机可分为放电成像法（卡尔逊法）、逆充电成像法（NP 法或 KiP 法）、持久内极化成像法（PIP）、电荷转移成像法、充电成像以及屏内（栅极）离子流法和磁记录法。

按显影方式分类，复印机可分为干式显影和湿式显影两种。其中干式显影又分为双组分显影和单组分显影。

按复印纸张分类，复印机可分为普通纸复印（间接法）和涂层纸复印（直接法）。

目前，应用最广泛的是普通纸静电复印机（干式间接法），通常说的复印机就是指这一类复印机。

4.1.2　静电复印机的工作原理

1．基本工作原理

静电复印机是用电摄影方式对原稿进行摄影，将原稿上的图文内容投影在某种光导材料制成的光导体鼓面上，利用静电效应，在导体表面带上电荷，形成与原稿图文内容一样的潜像，由这些电荷吸引带有异性电荷的色粉微粒，这样在光导体表面就会显示出色粉图像。经过转印，将光导体表面的色粉图像印影到复印纸上，再经某种定影方法，即可得到所要复印品。这就是复印机的基本工作原理。

2．光导体

光导体是静电复印机的心脏，通过它把光信号转换为电信号，从而形成静电潜像，这是由于光导体具有光电导性。在黑暗的状态下，它的电阻值很大，是绝缘体，能够保存电荷；而在光照的状态下，它的电阻值便急剧下降而成为导体，能够在 0.1s 内使光照表面迅速放电。光导体的结构如图 4.1 所示。

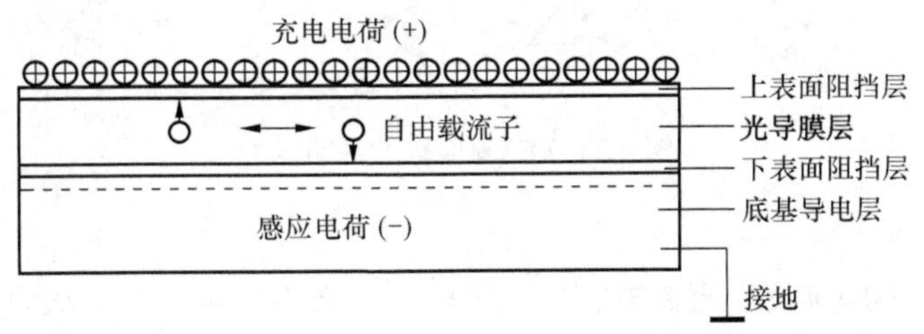

图 4.1　光导体结构

光导体的结构包括 4 层：上表面阻挡层、光导膜层（或称储藏层），下表面阻挡层和底基导电层。上表面阻挡层的作用是限制电荷跑入导体内部，并且保存沉积在表面层上的电荷。当电晕放电装置进行充电时，光导体的下面即感应生成一个大小与充电电荷数量相等，但极性相反的电荷。因此光导体相当于一种平行板式电容器，实际上是一种电荷的储藏装置。

常用的光导体材料有硒（或硒合金）、硫化锌、氧化锌等。用硒（或硒合金）制造的光导体（硒鼓），由于其具有制作容易、价格低廉、寿命校长（可复印几万次，甚至可高达十几万次）并且可以进行二次镀膜等优点，因而得到广泛应用。硒鼓的缺点是光灵敏度（对光反应的速度，类似于照相胶卷的感光度）不够高，黑白对比不够强烈，图像层次不够丰富，表面强度小等特点（所以只宜用细软布或皮毛清扫鼓面）。

硒鼓的结构形状如图 4.2 所示，是空心金属辊（筒体），通过链传动驱动硒鼓转动。按照制造方法的不同，硒鼓有两种形式：一种是直接把硒蒸镀在铝合金圆辊上；另一种是把硒蒸镀在金属薄片上，制成硒片，再把硒片贴到金属圆辊表面上。

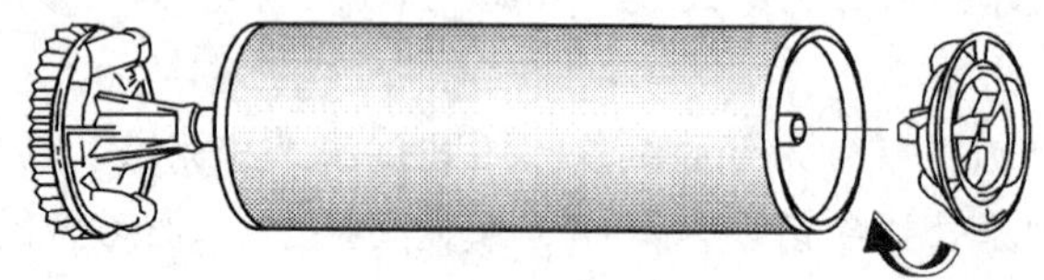

图 4.2　硒鼓部件

4.1.3　静电复印机的复印过程

目前使用的静电复印机，其复印过程必须经过充电、曝光、显影、转印和定影 5 个工序。图 4.3 为静电复印过程中 5 个基本工序的示意图。

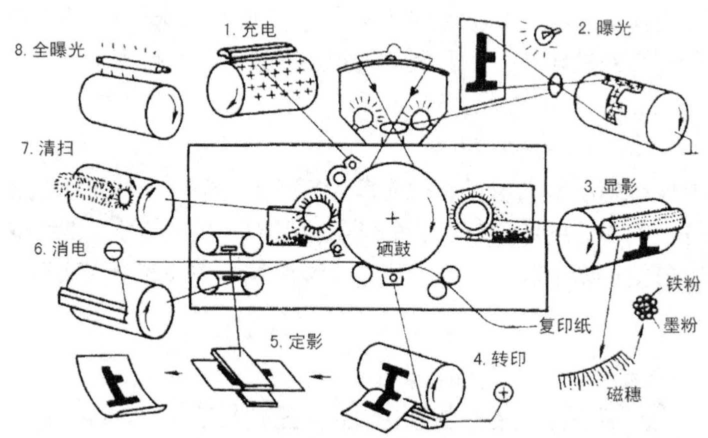

图 4.3　静电复印机的复印过程

1．充电

充电电极对光导体施加高压直流电，使气体电离，产生电晕放电，从而使光导体表面带正电荷（或带负电荷）。

2．曝光

把待复印的稿本倒扣在原稿台上，硒鼓转动，经光源对原稿扫描光照后反射出来的光像，通过光学系统被传送至光导体上（即光导体被曝光），由于光像是由明暗不同的光点组成，光导体上光强的地方跑掉的电荷多，光暗的地方跑掉的电荷少。因此，光导体表面形成一种肉眼观察不到的、由电荷组成的静电潜像。

3．显影

硒鼓继续转动，鼓面上的静电潜像转到显影剂箱的位置。箱内有一根带磁性的显影辊，由于箱内装的墨粉掺入了经过防氧化处理的铁粉，铁粉吸引墨粉，一串串地挂在此显影辊上，就形成了磁刷（或磁穗）。磁刷上的墨粉遇到静电潜像，由于静电潜像的电场吸引力比铁粉与墨粉间的静电吸引力大，因此墨粉吸附到静电潜像上。至于没有电荷的空白地方，自然不会吸引墨粉，这样，

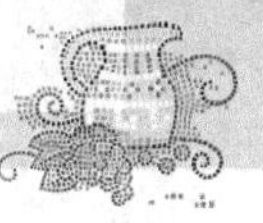

墨粉就在硒鼓表面形成墨粉图像。由于铁粉的电性与静电潜像的电性相同，同性电荷相斥，于是又落回显影剂箱里，这一道工序称为显影。

4．转印

带有墨粉图像的硒鼓表面与输纸机构送来的空白复印纸接触时，它们彼此贴合，在纸的背后，从转印电极的电场给纸充以比硒鼓更强的正电荷，把在硒鼓表面上的带负电的墨粉吸附到纸上，在纸上形成墨粉图像，这一道工序称为转印。

5．定影

转印到纸上的图像，很容易被擦掉，因此必须把图像固化在纸上，对墨粉图像加热（或采用冷压的方法），使墨粉融化渗入纸中，从而形成牢固、耐久的图像，这一道工序称为定影。

剩余的消电、清扫、全曝光等环节是为下一次复印做好准备。

4.1.4　静电复印机的组成

1．静电复印机的基本组成

目前，国内外生产的静电复印机规格繁多，性能各异。随着微电子技术等的发展，新一代功能更齐全的复印机也在逐渐问世，但无论其功能如何，从复印机原理来看，静电复印机主要可以划分成 5 大系统：曝光系统、成像系统、输纸系统、控制系统和机械驱动系统。5 大系统内各部分之间的工作功能以及各系统之间的配合关系，构成了静电复印机如前所述的工作过程。图 4.4 所示为静电复印机 5 大系统工作功能网络图，图中的虚线图框表示系统的范围。图 4.5 所示为静电复印机的内部结构示意图。

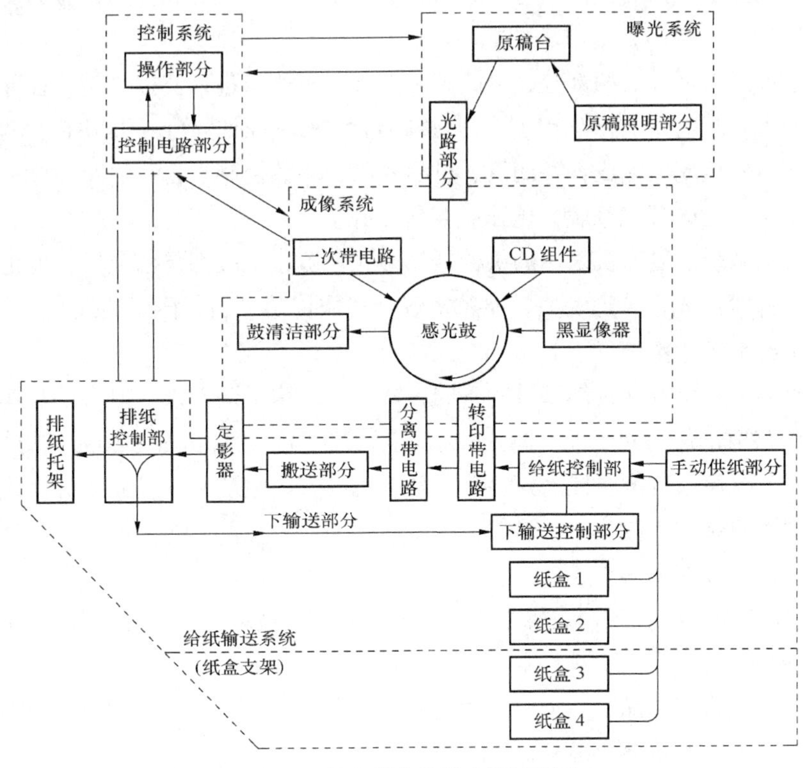

图 4.4　静电复印机的功能网络图

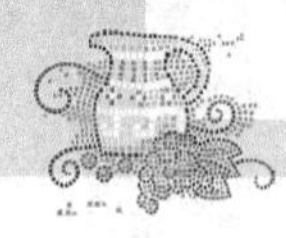

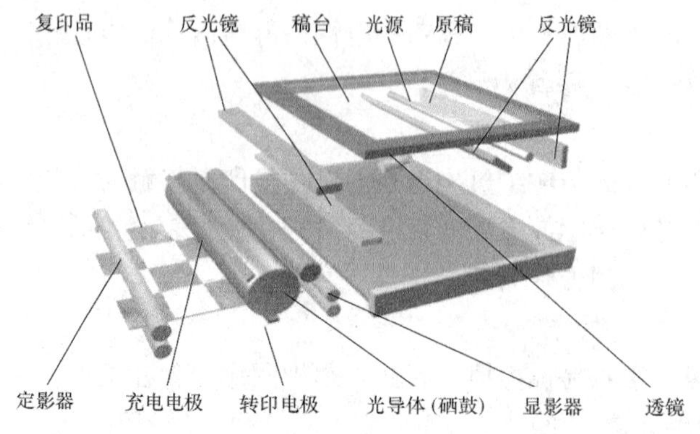

图4.5　复印机内部结构示意图

（1）曝光系统。由光源（灯）、光路系统（原稿玻璃、反射镜、物镜等）及光缝调节装置等组成。将原稿影像投射到光导体上，进行曝光，使光导体表面产生静电潜像。

（2）成像系统。成像系统主要包括：光导体部分，它是复印机的心脏，通过曝光使光导体表面电荷受光作用而留下原稿潜像；充电部分，由高压发生器和电晕发生器等组成，利用电压电离空气，将正、负电荷吸附在光导体表面上，使之带电；显影部分，由显影剂（载体、色粉）、搅拌器和箱体（显影箱、色箱）等组成，向静电潜像提供色粉，形成色粉像；转印部分，主要由转印充电器所组成，将光导体上的色粉像转印到纸上；定影部分，由热源（如定影灯）、热辊等组成，使纸上色粉像压定成形；清洁部分，包括清洁残粉系统和消除残电荷系统，由清洁装置（清洁刮板、磁辊、收集器等）、消电装置（灯或电晕放电器）等组成。

（3）输纸系统。输纸系统由供纸盒、搓纸轮、导纸辊、托纸板和传输辊检测器组成，完成纸张输入、转印、分离、定影、输出等功能。

（4）控制系统。它可分为两部分：电路控制部分，一般由各种监控电路、各种传感控制器、程序控制所需的延时继电器电路（定时器）及接触器组成；智能部分，一般由微处理机（计算机）、存储器及I/O接口等组成，完成各种测量、过程控制、印数控制、自我诊断和显示、自动调节各参数实现智能复印、与外界联系输入输出信息等工作。

（5）机械驱动系统。复印机采用的机械传动形式较多，一般都是由电机、齿轮、皮带、链、钢丝绳、轴承部件等组成，传递动力，使整机各个动作传动平衡，协调一致。

2．复印机的外形结构

由于复印机的生产厂家和具体型号的不同，其外型结构千差万别，但由于其基本原理是一致的，所以其外形结构也是大同小异，图4.6为美能达复印机（Minoltaep 2030）的外形结构。

为了扩大复印机使用范围，提高其性能，复印机厂家还生产了许多复印机辅件，安装这些辅件之后，复印效率将会大大提高。

常见的复印机辅件如下。

（1）自动翻转送稿器。复印时，将原稿自动输入到稿台玻璃上，它可以自动检测原稿的尺寸，并对原稿进行翻转。

（2）分页器。可将复印品分页或分组处理，从而便于装订和分发多页复印文件。

（3）大容量纸盘。可最多存放1000页复印纸。

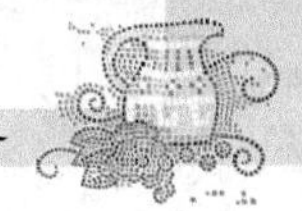

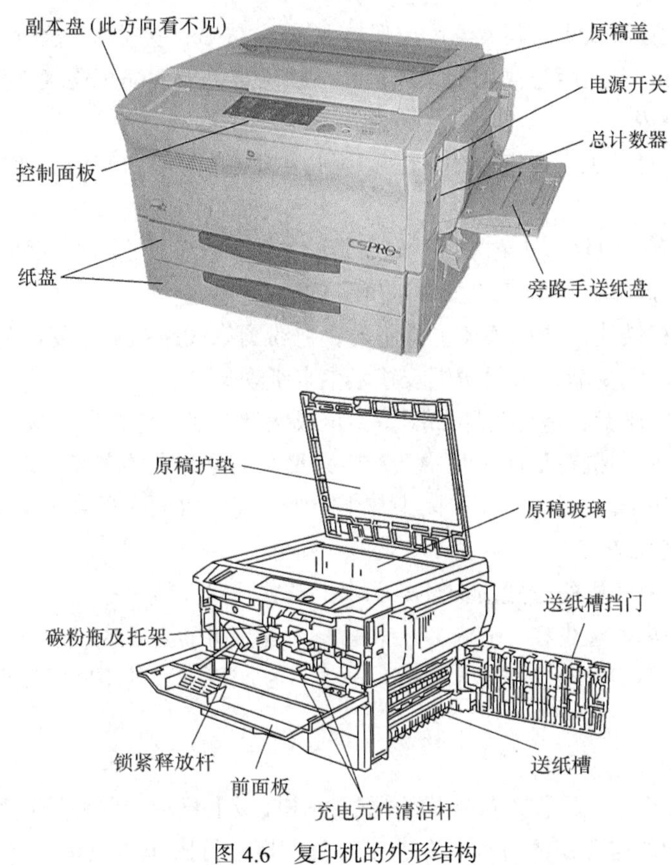

图 4.6　复印机的外形结构

（4）双面复印组件。可进行双面复印。

（5）控制卡。可有效地控制启动，记录并查询复印张数，便于客户管理复印机的使用。

（6）工作台。

4.1.5　静电复印机的使用

1．复印机的安装与工作环境

一般来说，复印机对工作环境、场地的要求并不高，通常情况下都能正常工作。但并不是说复印机的安放可以不考虑场合地点随便乱放，因为不良的环境对机器的寿命和复印质量会有较大的影响，以及对操作带来妨碍，因此在安放和安装复印机前，先要认真阅读说明书，并按说明书中提出的具体要求来执行。

（1）电源接地。一般复印机的电源电压为 220V±10%，采用单相交流电，电源频率 50Hz。复印机应避免接在电源电压变化较大的电网中，因为电压波动会造成复印机工作不稳定或复印性能变化，复印质量难以得到保证，为了保证复印机正常工作，应考虑给复印机配备交流稳压电源。除此之外，复印机在接电时应将复印机可靠接地，否则复印纸在充电、转印过程中会带有大量电荷，而这些电荷是通过纸路静电消除装置消除的，若没有可靠接地，纸与光导体会黏在一起，不易分开，造成卡纸。再则，复印机金属外壳不接地，易造成触电事故。所以复印机一定要可靠接地。

（2）环境温度。复印机使用环境温度应保持在 10～35℃的范围内。温度过低会对光导体有影响，会造成复印质量差；温度过高则会造成机器散热困难，大大缩短连续工作时间，所以复印机应放置在通风的环境内。

（3）环境湿度。复印机应在室内相对湿度 20%～35%的环境中使用。如果湿度偏高，会出现以下现象。

① 可能会引起高压电极打火花现象，轻者影响复印质量，严重时会损坏光导体，使光导体表面电位不易保持，引起显影后的色粉图像浓度降低。

② 可能引起色粉结块，造成载体搅拌不匀，色粉图像线条粗糙，复印品的分辨率下降。

③ 可能造成复印纸受潮，引起输纸装置发生卡纸现象。

④ 可能影响转印质量，造成复印品图像不全或图像偏淡，定影时复印纸起皱。

（4）通风防尘。复印机在复印过程中会产生大量对人体有害的臭氧，因此复印机房内要保持良好通风。同时机房内又要保持干净，因为灰尘会污染复印机的光学系统，使反射率和解像度降低，造成复印品的底灰增大。

（5）安置条件。复印机的安置应保证处于水平位置，要保持平稳，无晃动，机器四周要留有一定的空间，后部距离墙至少在 10cm 以上。另外，复印机的安置应避免阳光直射，附近不要有氨、酸等有害物质，不能有明火或热水器等。总之，复印机安置的空间既要便利于操作又要利于保养。

2．复印机的操作

复印机在使用过程中，操作人员首先应通过操作面板上显示的各种符号和提示来判断机器的工作状态，根据不同的需要键入各种指令，来对复印机进行操作和控制。

复印机的按键一般采用各种符号来表示相关功能，或用各种提示符来表示某些信息或机器的状态，因此要熟练操作各种型号的复印机，就必须将操作面板上的各种显示符号及提示符号的含义了解清楚。复印机的按键和指示器都有统一的符号来表示其功能和作用。下页图 4.7 是中国编制的复印机图形符号（ZBY314-85）。

下面介绍复印机的操作步骤。

（1）机器预热。操作第一步是打开复印机电源开关，机器进入预热状态，操作面板上出现预热等待信号。

这时热辊定影加热灯点亮对热辊加热，当定影温度上升到规定温度时，面板上的等待信号灯由原来闪烁发光变为长亮，这表示机器预热结束，接下来便可以进行复印。

（2）放置原稿。放置原稿前，要仔细看一下原稿上字迹、图像的清晰度和色浓度，以作为调节复印浓度的参考。原稿放置在稿台上，不同型号的复印机有不同放置原稿的方法。一般有两种：一种是将原稿放置在稿台的中间；另一种是靠边放置在定位线上。

（3）复印纸尺寸选择。根据所需复印件的尺寸要求，将纸装入相应的纸盒里，按纸盒选择键，选中所需复印纸尺寸的纸盒即可。如果机器带有自动选纸功能，那就不必再按纸盒选择键了，机器会自动检测原稿尺寸或根据特殊操作要求自动选择纸盒。

（4）设定复印倍率。一般复印机都带有复印缩放倍率的功能。使用时可根据原稿件的尺寸与所需复印件的尺寸，来选择合适的复印倍率。复印机的复印倍率有两种方式：一种是固定缩放倍率，缩放只有固定的几档，如 A4-A3、B5-B4、A4-B5 等；另一种是无级缩放倍率，它是用百分比来表示的，如一般复印机的缩放倍率可在 0.5～2.0 任意改变，即表示原稿件尺寸与复印件尺寸

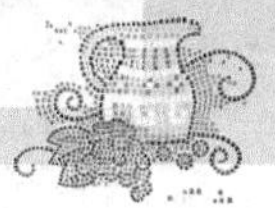

之比可在 0.5 ~ 2.0 随意选择，这给实际应用带来了极大的便利。

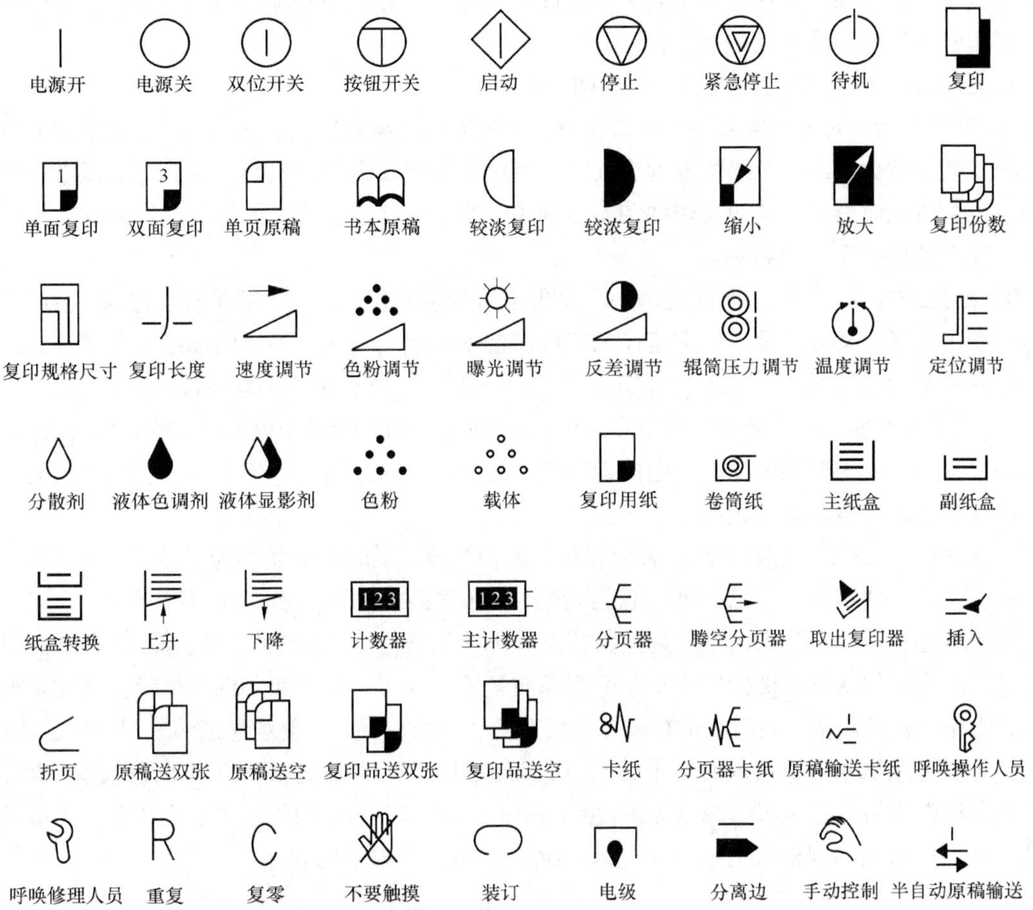

电源开　电源关　双位开关　按钮开关　启动　停止　紧急停止　待机　复印
单面复印　双面复印　单页原稿　书本原稿　较淡复印　较浓复印　缩小　放大　复印份数
复印规格尺寸　复印长度　速度调节　色粉调节　曝光调节　反差调节　辊筒压力调节　温度调节　定位调节
分散剂　液体色调剂　液体显影剂　色粉　载体　复印用纸　卷筒纸　主纸盒　副纸盒
纸盒转换　上升　下降　计数器　主计数器　分页器　腾空分页器　取出复印器　插入
折页　原稿送双张　原稿送空　复印品送双张　复印品送空　卡纸　分页器卡纸　原稿输送卡纸　呼唤操作人员
呼唤修理人员　重复　复零　不要触摸　装订　电级　分离边　手动控制　半自动原稿输送

图 4.7　中国编制的复印机图形符号（ZBY314-85）

（5）调节复印浓度。复印机都带有浓度调节键，使用时可根据原稿件的纸张、字迹的色调深浅来选择复印浓度。通常纸张底色较浓，如画片之类可将复印浓度调浅些；如字迹、线条较淡，则可将复印浓度调深些。如果复印机带有自动浓度选择功能，应优先采用自动方式。当采用自动方式不能满足复印要求时，可再用手动方式来选择适合的复印浓度。

（6）设定复印份数。试印后，当复印件的质量被认可后，就可用数字键输入所需复印的份数。如果选错了复印份数可按清除键，然后再重新设定。一切就绪，按下复印键即可开始复印。

4.1.6　静电复印机的保养与维护

1．复印机消耗材料

（1）复印纸。复印纸用特殊方法生产，可以防止油墨污染，并具有吸附或半吸附性的复印机用纸，均称为复印纸。复印纸按照复印成像的方式不同可分为涂层纸和普通纸两种。涂层纸用于直接法复印机，普通纸用于间接法复印机（即普通纸静电复印机）。

在复印工作中，静电复印机经常发生卡纸现象，这是静电复印机不易避免的问题。原因是多

方面的，除了机器本身结构问题外，还与操作方法、机器所处的工作环境的温度、湿度、使用纸张以及机器的日常维护保养等因素有关。因此，选好、用好、保存好复印纸对于保证复印品的质量和复印机的使用寿命是至关重要的。

性能优良的复印纸应当从以下几个方面体现。

① 纸张湿度。如果湿度太高，那么墨粉就不可能完全粘在纸上，然而，湿度太低则静电荷变得过强，纸张就会缠绕在机器的各种表面上，其结果是造成卡纸。同时，纸张卷曲或者表面凹凸不平，也会由此而产主不良的复印件和卡纸现象。为确保复印纸合适的湿度，应采取防潮包装，以免受环境温度、湿度的影响。

② 纸张的挺度。挺度是保证复印中不发生卡纸的主要条件之一。纸张挺度过软，会出现卡纸故障；纸张过硬，又可能跳出规定流径的路线产生不希望出现的后果。假如纸张突然跳开，会将松散的墨粉由影像区弹飞，从而损坏影像的质量，因此纸张不宜过软也不宜过硬。

③ 纸的电性能。纸的绝缘电阻应在100～2000MΩ。如果纸张绝缘电阻太大，同时又太干燥，在复印过程中，由于摩擦等原因，会使纸带静电过大，不易分离，产生卡纸，供纸时还会出现叠张。因此要求纸的电性能一定要好。

④ 纸张的平整度。纸要平整，表面光洁，裁切整齐，纸的四角要均为直角，四边平直，无毛边，长、宽尺寸要标准，当纸张通过机器特别是在被加热定影时，纸张才不会弯卷。

综上所述，复印时应当使用正规的复印纸，不要用其他类型的纸张来代替。复印纸的保管必须正确，因为纸的状态不良会造成复印的图像质量差、复印品起皱和卡纸等故障，这就要求在保存复印纸中要注意防潮，避免放在有阳光直射和尘土太大的地方，要注意通风，切勿堆放在地上，最好堆放在专用纸架上。堆放时要十分平整，防止用线绳捆绑，避免纸张压出折痕或破裂。

复印纸的规格分为A型、B型和C型，其中C型复印纸很少用到，常用到的是A型纸和B型纸。其中最常用的规格有A3、A4、B4、B5。复印纸的规格见表4.1。

表4.1 复印纸的规格

纸的标准	幅面尺寸（ms）	纸的标准	幅面尺寸（ms）
A0	840×1188	B1	728×1028
A1	594×840	B2	514×728
A2	420×594	B3	364×514
A3	297×420	B4	257×364
A4	210×297	B5	182×257
A5	148.5×210	B6	128.5×182

（2）墨粉。目前显影材料有两种类型，一种叫双组分，由墨粉和载体组成（显影粉呈黑色，所以叫墨粉）。另一种叫单组分是不需要载体的。目前在静电复印机中双组分占77%，居主流地位。

静电复印常见的墨粉是一种含有热熔性脂、颜料及其他材料的微细粉末，其粒径应在2～25μm范围内，是随用随添的直接消耗材料。

（3）载体。静电复印中，携带墨粉并使墨粉与静电潜像充分接触和吸附的介质称为载体。根据显影方法的不同，光导体表面极性或墨粉极性要求的不同，载体的形式也有所不同。常用的载体有玻璃球、钢球和铁粉以及二氧化硅、钙、镁、铅的硅酸盐粒子等材料。载体在显影剂中有着重要的作用。

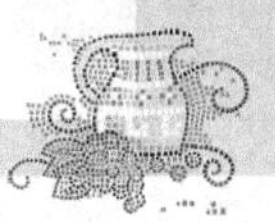

① 使用载体可减少墨粉的飞扬。

② 静电墨粉与载体相互摩擦，能使静电墨粉带上电荷，载体起到了中间介质作用。

载体虽然是循环反复使用的，但有一定使用寿命，一般为 20000～60000 张不等，所以也是一种不可缺少的消耗材料。

2．复印机的保养

由于许多静电复印机部件的表面精度要求很高，如光学元件、光导体等在工作时不能有任何污染，因此，操作人员每天都应在复印工作前及复印结束后进行例行保养。保养工作的范围如下。

（1）复印工作前，先查看工作电源的电压是否符合复印机要求。

（2）将复印机室打扫干净，将台板、桌面的灰尘擦净，保持室内空气清新。

（3）揭开复印机外罩后，将复印机稿台盖板表面及其他外表面清洁干净。

（4）将当天需用的复印纸抖松，避免复印时纸张贴合过紧，搓纸困难。

（5）揭开稿台盖板，清洁稿台玻璃。同时检查电晕丝和光导体是否有污迹或残粉，如有则应该用清洁棉或毛刷清洁。

（6）每日复印量较大时，复印完毕后，需清洁一下清洁装置内积存的色粉。

（7）复印完毕后，切断复印机电源，罩上外罩。

复印机除日常保养的项目外，还需要根据一定的复印张数和复印工作时间，进行定期保养，定期保养可分为 3 级。

（1）一级保养由操作人员来完成。一般在复印份数达到 2000 张时，就应进行一次一级保养。如果日复印量达 3000 张以上，则当天复印工作结束后，就应进行一次一级保养。

（2）二级保养由维修人员与操作人员一起完成。二级保养的间隔时间主要以复印份数的多少来决定。由于复印机结构和性能有差异，型号不同，因此，两次二级保养间隔期中的复印份数也不相同，通常复印数达到 15000～20000 份时即应保养一次。当然，也可按照维修手册中的期限规定进行保养。

（3）三级保养又称为强行保养，由维修人员来进行。静电复印机通常达到光导体规定的使用寿命期限时，如当硒合金鼓复印 100000 张，硫化镉复印 50000 张，氧化锌复印 2500 张时，复印机就必须进行三级保养。

3．复印机的日常维护

复印机的故障常出现的部位是：光学部分，其故障有各反射镜面受到污染，镜面有划伤，镜面松动，光路有异物堵塞等；电器部分，主要问题是各电晕电极的接触不良或受污染，电极丝断裂及电晕电极上有异物等，造成电晕电极放电困难；纸路系统，此处出现的问题最为多见，主要是卡纸现象，一般出现在机器的纸盒部位、转印及输入定影部位和输出定影部位。

（1）复印机的光学系统的清洁。复印品出现质量问题，多数是复印机受到污染而引起的。造成这些污染的原因主要是：显影过程当载体载带墨粉向光导体输送时，少量墨粉在机内飞扬，造成机内其他部件的污染；转印过程中残留在光导体上的墨粉，仍会有少量墨粉在机内飞扬；操作人员在清洁复印机的过程中，由于疏忽，用不干净的手去碰触机中的主要部件（如光导体等）。光学系统的清洁，可采用以下几种方法。

① 用橡皮气球把光学元件（透镜和反射镜）表面的灰尘及墨粉吹去，也可用软毛刷（最好是专用的镜头毛刷）轻轻弹刷，把嵌在各个缝隙中的灰尘除去。

② 用光学脱脂棉或镜头纸，轻擦光学元件表面。如果表面较脏则不能用此方法，因为有较大

的硬颗粒灰尘留在光学零件表面时，擦拭反而会损伤表面，此时必须用橡皮气球将灰尘完全拂去后才能擦拭。

③ 光学零件表面如果有油污、手指印等污迹，可用光学脱脂棉蘸少量的清洁液擦洗。

（2）防止或减少卡纸。复印机出现卡纸现象是一种常见的故障。频繁地出现卡纸故障会导致纸张、墨粉和其他消耗材料的严重浪费，影响复印工作的效率和复印机的使用寿命，加快设备部件的过早损坏。

卡纸的危害性不可忽视，应当采取一定的措施来防止或减少卡纸情况的发生，方法如下。

① 严格选择、裁切和保管复印用纸，注意保持工作间的温度和湿度，防止复印纸过分干燥和受潮。

② 加强设备的日常保养和定期检修，对容易卡纸的部位，要特别注意检查部件的磨损及清洁情况。

③ 操作过程中，一旦发现卡纸故障，就要及时处理，并找出原因，排除隐患。如发现有部件变形或磨损现象，应及时更换，严禁勉强开机和凑合使用。

④ 按操作规程要求，认真进行操作，切不可盲目开机或没弄清机器的使用要求情况下随便用机。

4．复印品常见质量问题

复印品的好坏不仅与复印机的性能和质量有关，更与使用者对其性能的掌握有关，如果能熟练掌握复印机的使用性能和调节功能，将会发挥复印机的最佳性能，复印出层次丰富、纸面清洁、图像清晰的复印品来。

下面通过对复印品质量问题的分析，将会对熟悉复印机性能，掌握复印技巧有很大帮助。

（1）反差过大或过小。复印品的原稿图像，无色部分（明区）与有色部分（暗区）亮度的差别，称为反差。明暗差别程度大，即黑白对比强烈，称为反差高或反差大；反之，则称为反差低或反差小（见图 4.8 和图 4.9）。

图 4.8　反差过大

图 4.9　反差过小

原件经过复印后，其反差均有一定程度的增加，对于字符和线条为主的原件，反差适当增大有利于表现其清晰程度；而对于图像原件如果反差过大，就损失其应有的层次。一些型号的复印机带有 Photo（照片）功能，在复印图像时，使用此功能可增加复印品的层次。

（2）底灰。一张刚完成的复印品，在其表面空白区域布满灰朦朦细微黑点，仿佛纸面撒过墨粉而未处理干净，称这些细微黑点为复印品的底灰（见图 4.10）。

底灰将影响复印品的清洁、美观及图像的清晰。底灰严重，将使复印品图像和字迹辨别困难，以致成为废品。复印品出现底灰现象，首先要考虑与底灰有直接关系的部件，如光学部分的镜头、反光镜、原稿玻璃等，这些部件引起光路不清洁，都会造成底灰过大；其次考虑显影部分的载体

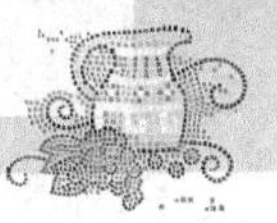

因长久使用而疲劳；另外，硒鼓疲劳和电源电压过低都会产生底灰。

（3）定影不牢。复印纸经转印将墨粉像吸附到复印纸上后，必须经过定影装置的定影，方可成为一张完整的复制品。当复印品与其他物品接触时，复印品表面字迹出现脱落。这一现象被称为复印品定影不牢（见图 4.11）。

图 4.10　底灰

图 4.11　定影不牢

影响复印品定影不牢的因素主要在定影系统。但其他一些情况也不可忽视，如复印纸受潮严重、复印纸太厚，使用的墨粉型号不匹配等，都会导致定影不牢。相反，如果定影区的温度过高，复印品就会出现烘焦现象，称此现象为定影过度。

（4）复印品图像带状不均匀。复印品图像的字迹沿输出垂直方向引起浓度有深有浅的起伏变化称该图像为带状不均匀（见图 4.12）。

引起图像带状不均匀的原因较多，其中因充电电极瞬间接触不良而引起的较为多见。由于这种瞬间接通和断路引起光导体断续充电，导致最终的图像出现时有时无的起伏，字迹呈现时深时浅的带状不均匀现象。

（5）跳影。复印品输出后，其表面图像在输出方向上出现前后双像，这种现象称为复印品图像跳影（见图 4.13）。在进行连续复印时，如果消电电极受严重污染或电极丝断裂，由于消电电极无法消除光导体表面的残留电荷，再次充电时，残留电荷（原潜像）又得以加强，剩余电位升高，又由于光导体（现在多为鼓基）圆周长度与复印纸长度不等，所以曝光时，原稿光像使光导体留下新的潜像。而残留潜像电荷区域因已得到加强，虽说在曝光后转变为明区，但残留潜像区域的电荷仍无法完全逃掉，使光导体上又留下一个较弱的原潜像。显影时，新潜像与原潜像电荷同时吸附墨粉，加之两个潜像的原像相同，所以，两个深、浅不同的墨粉像同时出现在光导体表面前后两个区域，造成复印品图像跳影。

图 4.12　带状不均匀

图 4.13　跳影

（6）复制品有纵向黑色条纹。黑色条纹出现时（见图 4.14），要察看复制品上这些条纹是有否规律性的。假如是有规律的，要重点检查光电导体是否被划伤，光电导体划伤部分会失去光电导体的特性，充电、曝光后，无论划伤部分在亮区或暗区，都具有吸附墨粉的特性，在转印、定影以后就在复制品上留下黑色条纹，而且是有规律的。如果是无规律的黑色条纹，则应重点检查高

压充电电极丝是否脏，在脏的地方容易形成尖端放电区，在此部位充电量大，曝光、显影、转印、定影以后就会留下一条可见底灰，形成黑色条纹。除此之外还要检查一下扫描台的光路是否清洁，清洁电极是否脏，清洁刮板是否有损伤。

（7）图像虚。图像虚的复印品，往往出现在使用时间较久或刚刚经过分解维修、排除故障的机器上（见图 4.15）。除了考虑可能引起图像虚的部件外，还要考虑在维修中拆装的部件有没有装反及装配不当的地方，如反光镜镜片装反，反光镜镜片、镜头安装距离不当等，都可能引起复印品图像虚。另外，硒鼓的光电导性能降低，载体吸附墨粉性能降低了，或使用时间久了，硒鼓与显影辊距离太近等都会引起复制图像虚。

图 4.14　有纵向黑色条纹

图 4.15　图像虚

5．复印人员的劳动保护

众所周知，某些高技术的迅速发展，由于它本身并未完善，所以也带来一些有害于人体健康的问题，对此不能掉以轻心。

（1）静电复印机的公害。

① 硒（Se）感光鼓是有毒物质，硒鼓是主要毒源的制造地。因此，操作人员在使用时必须注意硒的毒害，不得用手触摸硒鼓，不得接触皮肤，更不得将硒鼓剥离、气化，废硒鼓也不能随意丢弃。

② 复印机放出的臭氧。当臭氧过多的吸入体内，会引起胸疼、肺功能受损、人体缺氧和严重损伤人体的中枢神经系统。

（2）复印机操作人员的劳动保护。针对复印机的危害，应采取什么样的防护措施呢？这就要求复印机房必须设在通风较好的地方，保持复印机房的通风是防止有害气体浓度上升的一个简单易行的好办法。同时，操作人员应尽量减少在复印室内停留的时间，为了防止粉尘飞扬，应在复印机房的门窗上安装吹吸两用换气扇。

此外，复印机在工作中能释放出很强光线，这些强光含有大量的紫外光，因此操作者在每次放下资料复印时，必须掩上复印机盖板，以免眼角膜受伤。

以上介绍的复印机危害并不可怕，只要将复印室劳动保护设备配备齐全，保证良好的工作环境，同时，操作人员平时注意加强自身保护，是可以完全避免复印机对人身健康造成的危害的。

4.2　一体化速印机

4.2.1　一体化速印机的结构

一体化速印机是一种新型的现代化办公设备，集制版、印刷于一体，通过数字扫描热敏制板成像的方式工作，实现高清晰印刷质量，印刷速度在每分钟 100 张以上的印刷设备。同时它还具

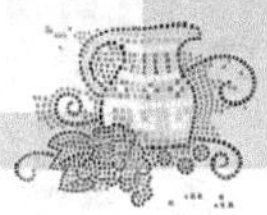

有对原稿缩放印刷、拼接印刷、自动分纸控制等多种功能，是学校、企事业单位理想的办公设备。下面以理光 DX3440c 型一体化速印机为例，介绍一下它的结构组成。

1．机器的外部部件

一体化速印机外部部件主要由以下几部分组成，如图 4.16 所示。

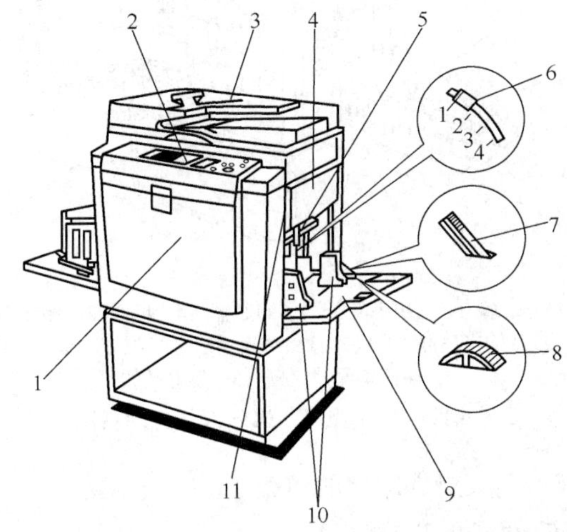

1．前盖 2．控制面板 3．曝光玻璃盖 4．版纸盘 5．搓纸辊压力杆
6．分离压力杆 7．进纸导向板锁定杆 8．纸盘侧向微调旋钮
9．进纸盘 10．进纸导向板 11．进纸盘下降键

图 4.16　一体化速印机外部部件结构图

（1）前盖：打开前盖，可进入其内部，在此可以更换机内部件，例如，更换油墨盒，更换印刷滚筒等。

（2）控制面板：操作控制键和指示灯均位于该面板。

（3）曝光玻璃盖：或自动送稿器（ADF），放下此盖压住曝光玻璃上的原稿，如果配备了 ADF，在此处装入一叠原稿，它们可以被逐页自动送入。

（4）版纸盘：装入版纸时开启此纸盘。

（5）搓纸辊压力杆：用于根据纸张厚度调整搓纸辊的接触压力。

（6）分离压力杆：用来调整分离辊的压力，可以防止多张进纸。

（7）进纸导向板锁定杆：用于锁定或释放进纸导向板。

（8）纸盘侧向微调旋钮：用于侧向移动进纸盘。

（9）进纸盘：在该纸盘上放置用于印刷的纸张。

（10）进纸导向板：用来防止纸张歪斜。

（11）进纸盘下降键：按该键降低进纸盘。

2．机器的内部部件

一体化速印机内部部件主要由以下几部分组成，如图 4.17 所示。

（1）曝光玻璃：用来放置原稿。

（2）卸版单元：打开此单元可取出卡住的版纸。

（3）卸版盒：用过的版纸被存放在这里。

（4）纸张输出侧导向板：用来对齐输出纸盘上的印件。

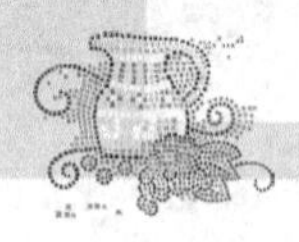

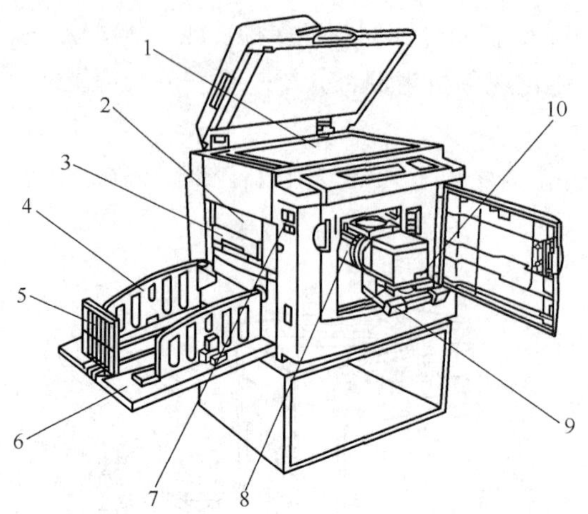

1. 曝光玻璃 2. 卸版单元 3. 卸版盒 4. 纸张输出侧导向板
5. 纸张输出尾部挡板 6. 输出纸盘 7. 主开关 8. 印筒单元
9. 印筒单元锁定杆 10. 墨盒托架

图 4.17 一体化速印机内部部件结构图

（5）纸张输出尾部挡板：用来对齐印件的前缘。

（6）输出纸盘：完成的印件被输出到这里。

（7）主开关：用来接通或断开电源。

（8）印筒单元：版纸卷在该单元上。

（9）印筒单元锁定杆：抬起该杆可释放并拉出印筒单元。

（10）墨盒托架：在该托架上放置墨盒。

3. 操作面板

操作面板上设有各种功能的操作按钮以及各种功能的显示指示，操作者通过操作面板控制机器的运行，同时也可获得机器运行的状态。图 4.18 所示为操作面板示意图。

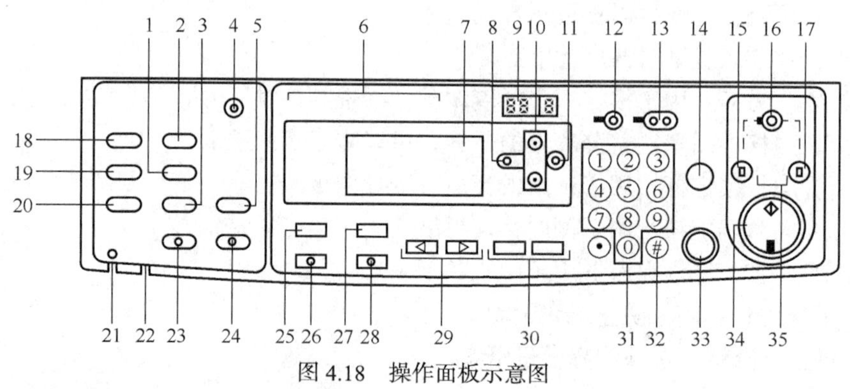

图 4.18 操作面板示意图

操作面板各种操作按钮及其功能如下。

（1）【省墨】键：按该键进入节省模式。

（2）【记忆/分班】键：按该键选择记忆或分班模式。

（3）【消除边影】键：按下以选择印件上的消除页边。

（4）【用户工具】键：按此键更改缺省设置以适合您的要求。

（5）【图像浓度】键：按该键可使印件变深或变浅。

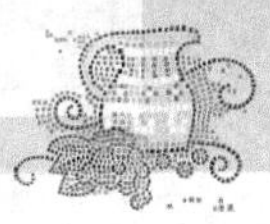

（6）指示灯：显示错误和设备状态，包括彩色印筒指示灯、主计数器指示灯、添加油墨指示灯、版纸用尽指示灯、装纸指示灯、卸版指示灯、卡纸指示灯、打开门盖指示灯等。

（7）面板显示屏：面板显示屏显示设备状态、错误信息和功能菜单。

（8）【取消】键：按该键以取消选择或输入项，并返回上一屏。

（9）计数器：显示输入的印刷数量，印刷时，显示要印刷的剩余数量。

（10）【U】和【T】键：按该键在面板显示屏上选择项目。

（11）【OK】键：按该键确认选择或输入项。

（12）【程式】键：按该键输入或调用用户程序。

（13）【清除模式/节能】键：按清除模式键清除先前作业设置；按节能键可切换节能模式。

（14）【试印】键：按该键进行试印。

（15）【制版】模式选择键：按该键选择制版模式。

（16）【自动循环】键：按该键通过一步操作就能进行制版和印刷。

（17）【印刷】模式选择键：按该键选择印刷模式。

（18）【精细】键：按该键选择精细图像。

（19）【保密】键：按该键印刷机密文件。

（20）【延印送纸】键：按该键选择延印送纸印刷。

（21）数据输入指示灯（绿）：灯亮表示等待制版和印刷的数据已在设备中；灯闪烁表示正在接收数据，或正在进行制版或印刷；灯灭表示制版和印刷已完成。

（22）错误指示灯（红）：灯亮表示发生错误，制版和印刷停止；灯灭表示正常状态。

（23）【作业重设】键：按该键取消来自选购 PC 控制器的数据。

（24）【暂停电脑信号】键：按该键暂停联机印刷。

（25）【原稿类别】键：按该键选择文字、照片、文字/照片或淡色模式。

（26）【缩小/放大】键：按该键以预设比例缩小或放大图像。

（27）【原稿合并】键：按该键可将两份原稿合并到一份印件上。

（28）【原大】键：按该键进行等倍尺寸印刷。

（29）【W】和【V】键（调速）：按该键可调整印刷速度。

（30）【图像位置】键：按该键可使图像前后移动。

（31）数字键：按这些键输入需要印刷的数量或选定模式的数据。

（32）【q】键：按该键在选定模式下输入数据。

（33）【清除/停止】键：按该键取消已输入的数字或停止印刷。

（34）【启动】键：按该键开始制版或印刷。

（35）处理指示灯：显示制版到印刷的过程。

4.2.2　一体化速印机的工作原理

一体化速印机是采用电子扫描方法阅读原稿件，热敏头根据电子扫描所得到的原稿内容打印在热敏蜡纸上制成印刷用版，最后以自动油印的方法进行印刷，整个过程自动化程度很高，操作非常简便。印刷过程可分为卸版、扫描、制版、挂版、进纸、印刷、出纸等步骤。

1. 卸版

在制新纸版前，必须先将滚裹在滚筒上已印刷过的纸版卸掉。

卸版过程分为两步，卸版机构示意图如图 4.19 所示。其中，左图表示滚筒与印刷相反的方向转动，卸版轮转动并接近于滚筒；中间的图表示纸版前沿卷起的部分被卷夹在上、下卸版轮之间，使纸被卸下并送往废版盒；右图表示废纸版被压板压缩，以节省废版盒内的空间。

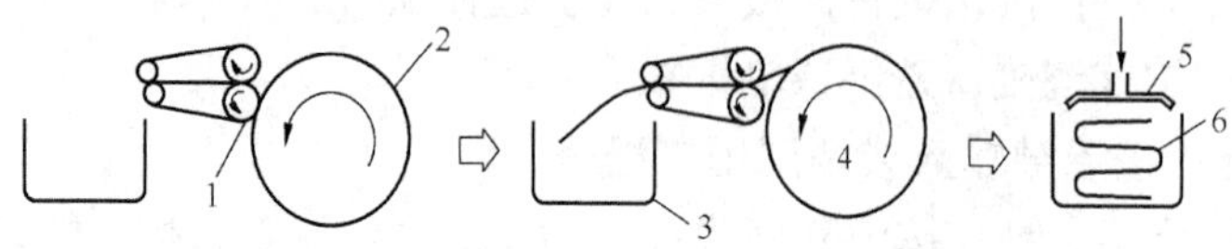

1. 卸版轮 2. 纸版 3. 纸合盒 4. 滚筒 5. 压板 6. 充版

图 4.19 卸版机构示意图

2. 扫描

输入原稿时，原稿的图文通过反射镜、镜头照射到电荷耦合器上，即把扫描信号以像素形式暂存于电荷耦合器中，再将像素模拟信号通过 A/D（模/数）转换器转换成数码信号。该数码信号经调制后，送到热敏打印头的控制电路，用以控制热敏打印头的动作。图 4.20 为光学制版系统的原理图。

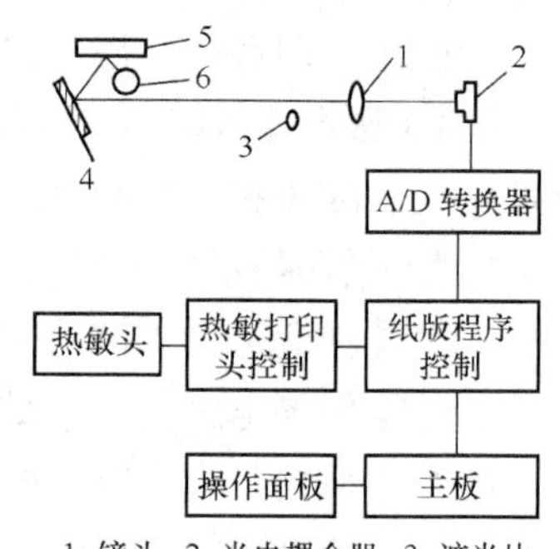

1. 镜头 2. 光电耦合器 3. 遮光片
4. 反射镜 5. 曝光玻璃 6. 曝光灯

图 4.20 光学制版系统的基本原理图

3. 制版、挂版

原稿图文经扫像、模数转换、调制后的信号，送到热敏打印头控制器，从而使控制热敏打印头在热敏蜡纸上打出与原稿图文相应的矩阵蜂巢状的孔，完成制版工作。挂版是将打印好的纸版挂包在滚筒上，挂版在输入原稿时就进行了。

4. 进纸

进纸机构由纸轮、上、下层分离轮、第二层上、下进纸轮等组成。进纸轮输送印纸，分离片和上、下层分离轮组成中央分离机构，从防止送纸过程中发生送多张印纸或卡纸故障，进纸机构的作用是有效地将单张印纸送入印刷滚筒的下方。

5. 印刷

将纸张从进纸台上送入印刷滚筒的下方。油墨通过供墨装置流入印刷滚筒，再从滚筒上的钢网、油网和印刷纸版上的孔印在印纸上，这样印纸上形成与原稿一致的油墨图像。

6. 出纸

利用分离爪及风扇吹风，把印刷后的纸张从滚筒上分离并送到接纸台上，完成印刷。

4.2.3 一体化速印机的操作方法

1. 使用一体化速印机进行印刷前的准备工作

（1）纸张装入过程，如图 4.21 所示。

（2）调整一体化速印机的输出纸盘，如图 4.22 所示。

1 小心打开进纸盘。

2 向前移动进纸导向板锁定杆，调整导向板使之与纸张尺寸匹配。

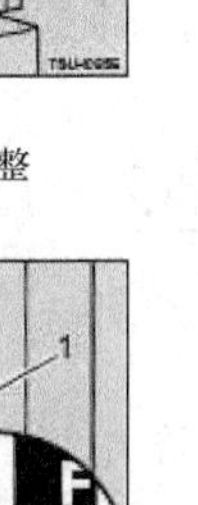

3 将纸装入进纸盘。

4 请注意务必让进纸导向板与纸张轻轻接触。将锁定杆移回原位。

图 4.21　装纸过程

1 打开输出纸盘。

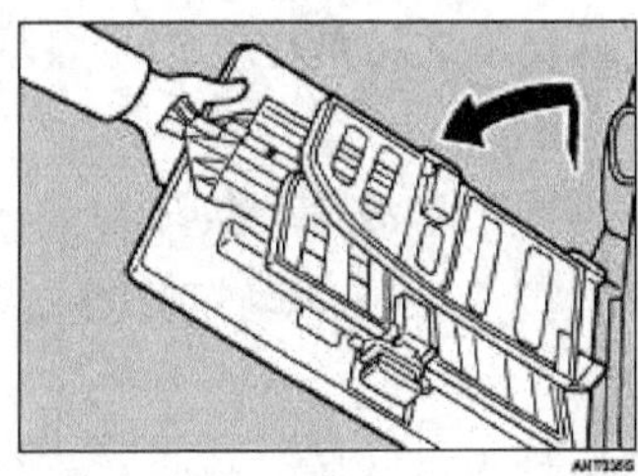

2 抬起纸张输出导向板，将宽度调整到纸张尺寸。

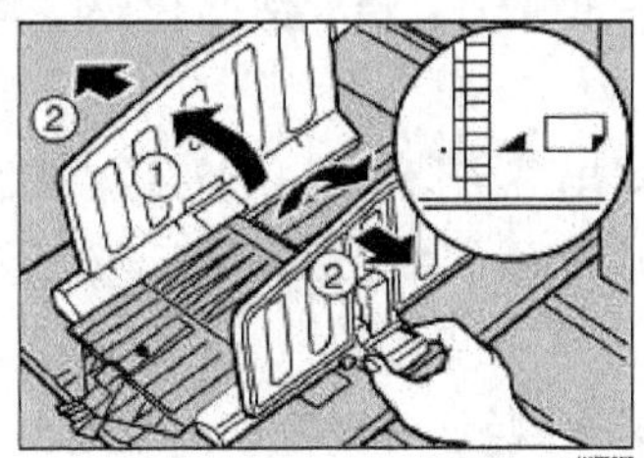

3 抬起纸张输出尾部挡板，移至与印刷纸尺寸匹配的位置。

4 抬起纸张输出尾部挡板，调整到与纸张尺寸匹配的位置。

图 4.22　调整输出纸盘

2．制版

（1）确认没有残留先前的设置。如果先前的设置仍存在，请按【清除模式/节能】键，然后输入新的设置。

（2）放置原稿。原稿的处理方式有两种，分别是利用曝光玻璃盖和自动送稿器（ADF），放下曝光玻璃盖压住曝光玻璃上的原稿即可，也可以使用 ADF，在此处装入一叠原稿，它们可以被逐页自动送入。

（3）确保【制版】模式选择键亮起。如果不亮，请按【制版】模式选择键。

（4）进行必要的设置后，按【启动】键制版开始。

3．印刷

（1）确保【印刷】模式选择键亮起，机器进入印刷模式。

（2）使用数字键输入所需的印刷数量，可在 1（最小）和 9999（最大）之间设置印刷数量。

（3）按【启动】键后，机器开始进行印刷工作，当完成印刷张数后，机器会自动停止工作。

（4）印刷作业完成时，按【清除模式】键，清除先前输入的作业设置。

4.2.4　一体化速印机的维护与保养

1．常见故障排除

各类一体化速印机都具有故障自我诊断记忆功能。当机器发生故障时，操作面板上就会根据故障发生的部位显示故障代码符号，并停机。每一个故障代码和符号代表着某一种故障的性质及其故障发生的部位。图 4.23 所示为理光 SS810 一体化速印机操作面板显示的故障和故障部位符号图。操作者和维修人员可以根据操作手册上的故障代码及符号了解故障性质及故障部位，从而可以针对故障点进行检查及排除故障。

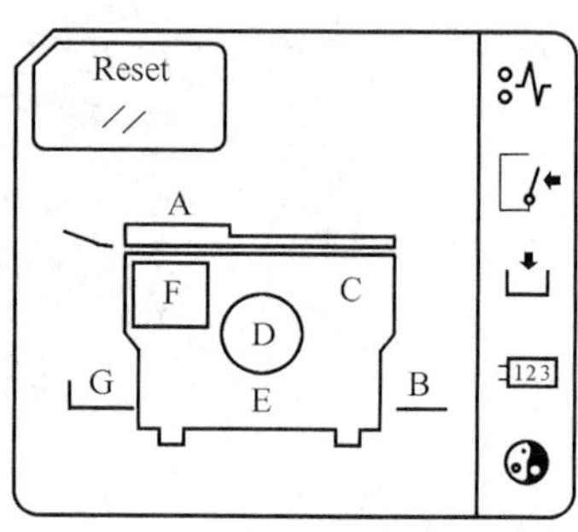

图 4.23　故障和故障部位符号图

自诊记忆一般由故障代码与符号组合而成。代码表示故障部位，符号表示故障性质。图 4.24 所示为理光 SS810 一体化速印机常见故障的自诊记忆代码。

（1）当出现如图 4.24（a）所示的符号时，机器出现卡稿故障，故障在稿台部位，排除方法可打开稿盖，取出原稿纸，再重新盖好稿盖，按下重置键（Reset）。这时故障代码即消失，表示可重新输入原稿。

（2）当出现如图 4.24（b）所示的符号时，机器出现卡纸故障，故障在进纸部位。排除方法先清除卡着的纸张，检查送纸压力杆、分离辊压力杆所在位置是否与印刷纸张的厚薄相符合。如不符应改变压力杆所在位置。卡纸故障排除后，按下重置键，消除故障代码，再按“启动”键，继续印刷。

（3）当出现如图 4.24（c）所示的符号时，机器出现卡版故障，故障在纸版部位。排除方法是抬起稿台活动扣，并将稿台推向最前端，检查纸版部位，清除卡着的纸版，然后复原。按重复键消除故障代码，再按制版键即重新开始制版。

（4）当出现如图 4.24（d）所示的符号时，机器出现纸张缠绕在印刷滚筒上的故障。排除方法是按下卸版开启按钮，打开废纸版门，即可从印刷滚筒上取出缠绕的纸张。如纸张被滚筒夹着无法取出，可再打开前门，按下滚筒转动钮，使滚筒单独转动，这时便可以将卡纸取出，关好前门、废纸版门，按下重置键消除故障代码，按下启动键继续印刷。

（5）当出现如图 4.24（e）所示的符号时，纸张缠绕在印刷滚筒上，同时进纸部又出现卡纸故障。排除这种复合故障时，可参考（2）、（4）方法进行排除。如果仍无法排除故障，应取出印刷滚筒清除卡纸。取出滚筒的方法是：打开前门，按下滚筒转动钮，当听到“哗、哗”声响时即可将滚筒拉出，同时用手按住绿色手柄里的松开手把，把滚筒顺导轨拉出，一直拉到限位处，这样可以方便地将缠绕在滚筒上的纸张取下。故障排除后按原样装好，按重置键消除故障代码，再按“启动”键继续印刷。

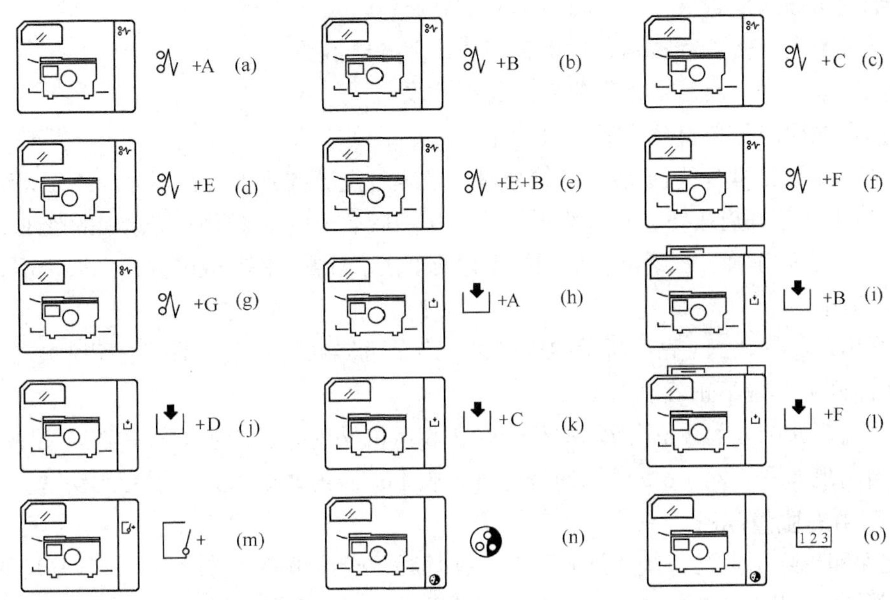

图 4.24　常见故障自诊记忆代码

（6）当出现如图 4.24（f）所示的符号时，机器卸版部出现卡版故障。排除方法是按下卸版开启按钮，打开废纸版盒盖，拿出废纸盒，从卸版器出口处清除卡着的纸版，然后装回废纸盒并关好废版盒盖。按下重置键消除故障代码，再按下启动键继续印刷。

（7）当出现如图 4.24（g）所示的符号时，机器出纸部出现卡纸故障。排除方法是按下卸版部开启钮，打开卸版盒盖，清除卡着的纸张，关好卸版盒盖，按“重置”键消除故障代码，再按下启动键继续印刷。

（8）当出现如图 4.24（h）所示的符号时，原稿放置位置不符合要求，或表示未设定印刷张数。排除方法是重新将原稿正确地放入稿台，调节原稿导面板的开挡尺寸，使之适合原稿的尺寸，如果是未设定印刷数量，则应重新键入所需印刷张数的数字键。按下重置键消除故障代码，再按下制版键或启动键，机器便开始工作。

（9）当出现如图 4.24（i）所示的符号时，表示纸张已用完，需要添加纸张，添纸方法很简单，只需将所添加的纸张抖松理齐，放入进纸台。按下重置键消除故障代码，再接下启动键继续印刷。

（10）当出现如图 4.24（j）所示的符号时，表示机器需要更换油墨。具体更换方法如下。

① 拉开前门。

② 放下油墨架，把用完的油墨盒取出。

③ 把新的油墨盒放入油墨架。

④ 关闭前门，按下空转键，把油墨送入滚筒内，机器转动一定时间后会自动停下。

（11）当出现如图 4.24（k）所示的符号时，表示机内纸版纸已用完，应添加纸版蜡纸，具体方法如下。

① 打开稿台，拉高稿台扣杆，然后把稿台向后推移到“?”标志位置上。

② 按图中箭头的方向把压力杆拉起，松开压在纸版卷面上的压力杆。

③ 把用完的纸版空卷筒取出拿走，并取出旧纸卷筒上的侧挡，将其插入新的纸版卷筒。

④ 将新纸版卷插入机内。

⑤ 把纸版头插入压辊底下，再将压力杆推到原位。

⑥ 转动纸版卷，使纸版拉紧，按下裁剪键，剪齐纸版头。

⑦ 听到“哗、哗”声后，把纸版剪离的部分取出。

⑧ 把稿台拉回原处，直到自动扣紧为止。

（12）当出现如图 4.24（l）所示的符号时，废纸版盒满或放置位置不正确或无废纸盒故障。排除方法是按下卸版开启按钮，打开废纸版门，从门后取出废纸版盒，将盒中的废纸版倒出。装回废纸盒，位置要放正确，否则仍会出现故障代码。按“重置”键，故障代码即会消除，再按“启动”键继续印刷。

（13）当出现如图 4.24（m）所示的符号时，表示机器的稿台门、前门、印刷滚筒、送纸台、卸版门等各门开关位置不正确。

（14）当出现如图 4.24（n）所示的符号时，表示机器内装有彩色滚筒并在应用中。

（15）当出现如图 4.24（o）所示的符号时，表示机器需要插入计数器专用钥匙。

2．印刷中的质量问题

一体化速印机除了上述一些常见故障外，有时还会碰到印刷品质量问题，最常见的印刷品质量问题有底色灰、印刷品有白条纹和黑条纹。排除印刷品质量问题的一些方法如下。

（1）印刷品底色很脏。造成印刷品底色脏的原因主要是滚筒与压力辊上沾有油墨。解决的方法就是将这些油墨擦干净。

（2）印刷品上有白色或黑色条纹。这种问题一般都是在制版时引起的。如稿盖、曝光玻璃、热敏打印头有灰尘或有其他脏物，就会引起纸版的质量问题，从而造成印刷品上产生白条纹或黑条纹。排除这类故障的方法就是清洁稿盖、曝光玻璃和热敏打印头。清洁时用棉布和少许酒精擦洗稿盖内的曝光灯及玻璃。

（3）日常保养。一体化速印机在日常使用中，要由操作者进行经常性的保养，这种保养方法称为日常保养，日常保养以清洁为主，通常在每天工作结束时，对机器的外表及使用时暴露在外的部分要作一次清洁工作。清洁工具以干净的棉布和清水为主。热敏打印头通常以 500 个版为一个保养周期，在做保养工作时要切断电源，注意安全。

（4）定期保养。一体化速印机除日常保养外，还需对机器做定期检查。检查时发现问题要及时排除。定期保养工作分 6 个月期检查保养和 12 个月期检查保养。其检查保养内容参见有关手册。

4.3 扫描仪

4.3.1 扫描仪及其工作原理

1．扫描仪简介

扫描仪是一种捕获图像并将之转换为计算机可以显示、编辑、储存和输出的数字化输入设备。扫描仪是除键盘和鼠标之外被广泛应用于计算机的输入设备。可以利用扫描仪输入照片建立自己的电子影集；输入各种图片建立自己的网站；扫描手写信函再用 E-mail 发送出去以代替传真机；还可以利用扫描仪配合 OCR 软件输入报纸或书籍的内容，免除键盘输入汉字的辛苦。

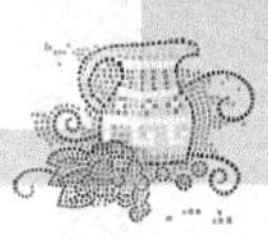

扫描仪的种类繁多，其分类方法如下。按所支持的颜色分类，可分为单色扫描仪和彩色扫描仪。按扫描仪的宽度和操作方式分类，可分为大型扫描仪、台式扫描仪和手持式扫描仪。按扫描仪所添加的配件又可为进纸式扫描仪，它可以连续扫描多页照片或印刷品；幻灯片扫描仪，用来扫描透射性文件，如投影片和幻灯片。扫描仪外形如图 4.25 所示。

2．扫描仪的工作原理

扫描仪的关键部件是电荷耦合器件（CCD），电荷耦合器件一般由数千个光电元件排成线性阵列，这些光电元件对光照的强度变化很敏感。扫描仪工作时，光源（冷极荧光管）产生的白光逐行照亮原稿，原稿每一行的反射光经过光学透镜依次投射到电荷耦合器件上，原稿上的每一点与电荷耦合器上某一个光电元件相对应。原稿黑的地方，投射给对应的光电元件的光就弱，光电元件就输出一个低电压；原稿上白的地方情况正好相反，因而就产生一个高电压；至于介于黑白之间的灰色则转换成相应的电压。这样，扫描仪利用 CCD 器件再加上光源与光学镜头，就能“看见”黑白原稿了，如图 4.26 所示。彩色扫描仪为了提取原稿中的彩色信息通常是利用滤色镜分别扫描来实现，由此可见它与黑白扫描仪的工作原理基本上是一样的，只不过是更加复杂一些罢了。

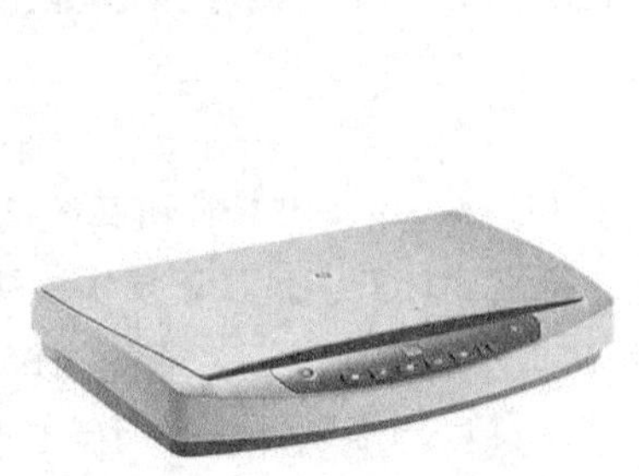

图 4.25　HP4500c 扫描仪外形图

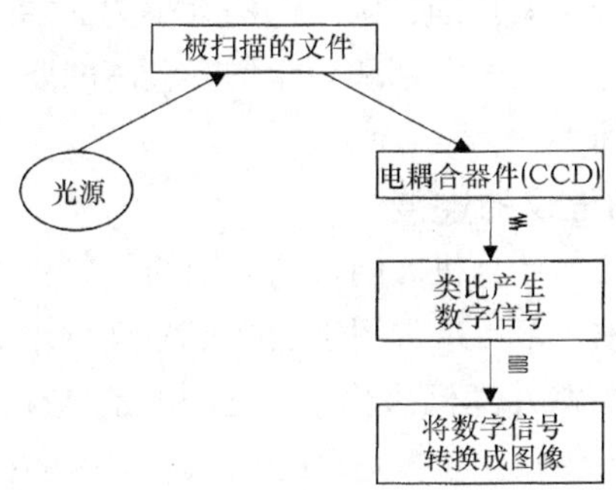

图 4.26　扫描仪光电转换原理

4.3.2　扫描仪的主要技术性能指标

1．分辨率

分辨率是扫描仪的重要性能指标，扫描仪的分辨率是指在原稿的单位长度（常用英寸 in）上抽样的点数。分辨率决定了扫描仪所记录的图像细致度，其单位为 dpi（点数每英寸）。dpi 的数值越大，扫描的分辨率和得到的图像文件也就越大。较高的分辨率可以提高扫描图像的品质，但它确实是有限度的，当分辨率大于某一个特定的值之后。只会使图像文件增大而不易处理，并不能对图像品质产生显著的改善。对于大多数的应用而言，扫描到 300dpi 就已经足够了。

针对分辨率来说，必须特别注意所谓光学分辨率（或称真实分辨率）和插值分辨率的区分。光学分辨率就是扫描仪的实际分辨率，而插值分辨率则是通过软件运算的方式来提高分辨率的数值。光学分辨率是决定图像清晰和锐利度的关键因素。插值分辨率或者说是软件提高的分辨率，对一些特定的工作，如扫描黑白图像或放大较小的原稿十分有用。

2．色彩位数/灰度级

色彩位数是指扫描仪能够扫描出的颜色种类数。目前扫描仪可以分成黑白与彩色两大类。目前市场上销售以彩色扫描仪为主，彩色扫描仪可以辨识的色彩数越多，所获得的色彩效果品质越

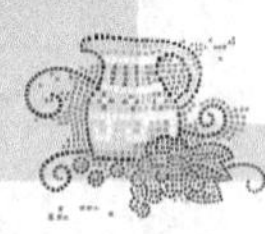

高。目前，常见的彩色扫描仪可以支持 36 位色的真彩色，相当于可记录 687 亿种色彩，在这种情况下，可以获得栩栩如生的效果。

3．最大扫描规格

最大扫描规格指一次可以扫描的最大区域。目前中档台式扫描仪均可扫描 A4 幅面或 A4 加长幅面的图像。高档的扫描仪还可扫描 A3 幅面的图像。

4.3.3 扫描仪的使用与维护

1．扫描仪对计算机软硬件要求

图像扫描仪需要有很大的存储空间。扫描同一张图片，不同的颜色模式，其大小有很大的差别，例如全部使用 75dpi 分辨率扫描图像，采用黑白模式文件为 0.067MB，灰度模式文件为 0.31MB，彩色模式则文件为 1.56MB。当然选择不同的分辨率，文件的大小也有相当大的差异。例如扫描一幅 A4 幅面的彩色图像，如果用 75dpi 分辨率扫描，约需要 1.56MB。如果分辨率提高一倍，用 150dpi 的分辨率扫描，则文件的大小为 6.23MB。如果以 300dpi 扫描，文件的大小将为 24.9MB。因此，对计算机的内存和硬盘均有较高的要求，至少应有 32MB 以上的内存和 240MB 以上的空闲硬盘空间。

2．扫描仪的连接

扫描仪与计算机之间目前常用的接口有 3 种：串行接口、SCSI 小型计算机系统接口及 USB 接口。其中，串行口常用于低档扫描仪与计算机的连接，价格比较低，且易于操作，缺点是速度比较低。小型计算机系统接口 SCSI 是 ANSI 标准的接口，大量地应用于台式扫描仪。SCSI 并行口一次可传输 8 位，是 APPLE MAC 机的标准配置。USB 接口扫描仪可以直接与主板连接，并能实现热插拔，即插即用。不同接口的扫描仪有不同的连接方式，如图 4.27 所示。

硬件连接完毕后，需要进行扫描仪驱动程序的安装。将装有驱动程序的光盘或软盘插入相应的驱动器中，运行其中安装程序 setup.exe 或 install.exe，安装过程只要按着安装程序提示进行安装就可以了。由于每种扫描仪的安装程序各有不同，不再详述。

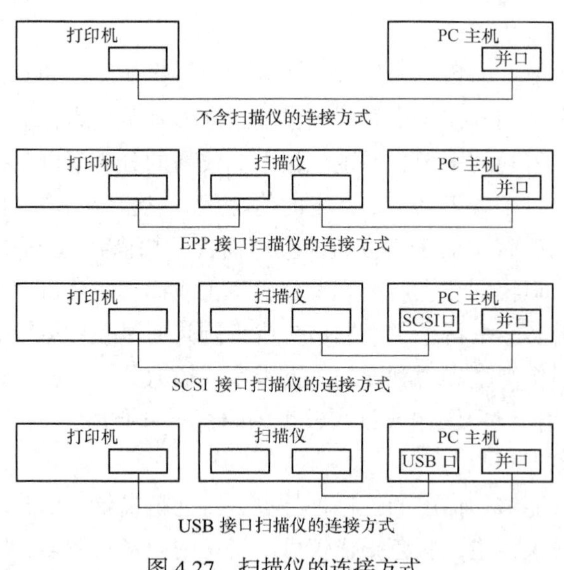

图 4.27　扫描仪的连接方式

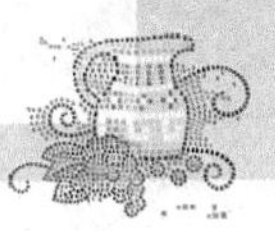

3．扫描过程

扫描仪连接完毕后，进行自检，自检一切正常后，即可用来扫描图片和各种文本了。平板扫描仪一般不能作为独立的设备，而是作为一种计算机的外设使用。一般扫描仪均需要通过附带的驱动程序来进行工作。

使用扫描仪，电脑主机必须提前打开。

使用扫描仪通常有 3 种形式。

（1）直接按下扫描仪上相应的扫描按钮。需要说明的是，部分扫描仪并没有此类按钮。使用这种方式扫描，只能使用扫描仪设定的选项进行工作。

（2）使用扫描仪驱动程序中附送的配套扫描软件进行扫描。这种方式可对扫描过程中的多种属性进行设置调整，是最常用和最方便的一种方法。

（3）使用第三方图像处理软件中的扫描仪接口，进行扫描工作。例如 Windows 中的 Imaging、Office 中的 Photo Editor 和著名的图像处理软件 Photoshop 等均有图像扫描接口，单击相应选项可进行扫描，还可在该软件中对扫描的图像进行编辑修改。

打开扫描仪的上盖，然后放置原稿，原稿应面朝下，顶部应与扫描板前端对齐，原稿放好后应盖上扫描仪上盖，就可以扫描了。如原稿是一本厚书，则应先复印成复印件，然后再扫描。

不同的扫描仪其具体扫描过程略有不同，可参考相关的使用手册。

4．扫描仪的维护

扫描仪在使用过程中有以下几点注意事项。

（1）扫描仪应避免震动和碰撞，在室内搬运时应小心平稳，需要长距离搬运时，必须先将固定螺栓复位。

（2）避免将物件放在扫描板玻璃和外盖上。

（3）扫描时，如原稿不平整，可轻压上盖，注意不可太用力。

（4）应保持扫描仪的清洁，扫描仪板上如有污垢，可用软布蘸少量酒精擦拭。

（5）不要拆开扫描仪或给一些部件加润滑油。

4.3.4　惠普 HP4500c 扫描仪的使用方法

下面以惠普 HP4500c 扫描仪为例介绍扫描仪的基本使用方法。

1．惠普 HP4500c 扫描仪概述

该扫描仪采用全速 USB 2.0 接口，让扫描的图像传入计算机的速度加快 40 倍；HP 独有的双 CCD 技术，快速实现照片、文件及幻灯片的照片级完美扫描；高达 2400dpi 的光学分辨率以及 48 位色彩深度，实现文本、图形及照片的清晰扫描；轻松扫描厚书，获取清晰图像及可编辑文本；全新水平式横向设计，使用方便，更节省宝贵的办公空间；7 个前面板快捷按键，可更快地将扫描的照片、文本及图像上传至网站、发送电子邮件、进行打印等。

2．惠普 HP4500c 扫描仪的使用

用 USB 线将扫描仪与电脑相连，接通电源，安装好附带的驱动程序后，即可使用。

（1）打开 HP 控制器。在计算机“桌面”，单击 HP 控制器（HP Director），即可启动扫描仪驱动程序，在主控窗口中，有“扫描图片”、“扫描文档”、“制作副本”、“查看打印”和“帮助”等选项，单击相应按钮可完成扫描图片、扫描文档和打印等项操作，如图 4.28 所示。

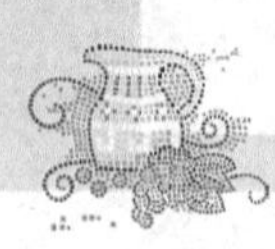

图 4.28　HP 控制器

（2）扫描图片。

① 单击“扫描图片”按钮，进入图片扫描界面，单击“预览”按钮，可查看初步效果。单击“接受”按钮后，即开始扫描，如图 4.29 所示。

② 在正式扫描之前，一般为了达到更好的效果，一般还要调整扫描属性，这些属性有“调整尺寸”、“变浅变深”、“锐化”、“色彩调整”、“分辨率”、“黑白阈值”、“镜像”、“颠倒颜色”、“消除杂纹”、“复位工具”等选项，通过调整这些属性，可以扫描得到对比适度、色彩丰富的图像文件，如图 4.30 所示。

图 4.29　图片扫描

图 4.30　扫描属性调整

③ 扫描结束后，打开 HP 图片库，图像文件默认地保存在“我的文档”。如果有必要可将文件移动到相应的文件夹内，如图 4.31 所示。

④ 扫描完成的图像文件，可以进行相应的打印操作。在 HP 图片库界面的右侧有一组图片操作按钮“创造性打印”、“照片打印”、“快速打印”，“发送电子邮件”等，可完成图片打印、发送电子邮件等功能。

（3）扫描文档。现在的扫描仪不但可以扫描图片还可以自动识别图片中的文字，识别图片中的文字主要应用了 OCR 技术。所谓 OCR 技术，就是光学字符阅读技术，它通过扫描仪，将带有文字的原稿扫描成图像文件，由程序进行自动识别文字，并转换为可编辑的文件。

在 HP4500c 扫描仪驱动程序中已经结合了 OCR 技术，给使用带来了极大方便。下面介绍具体使用方法。

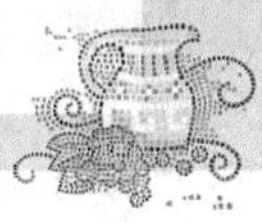

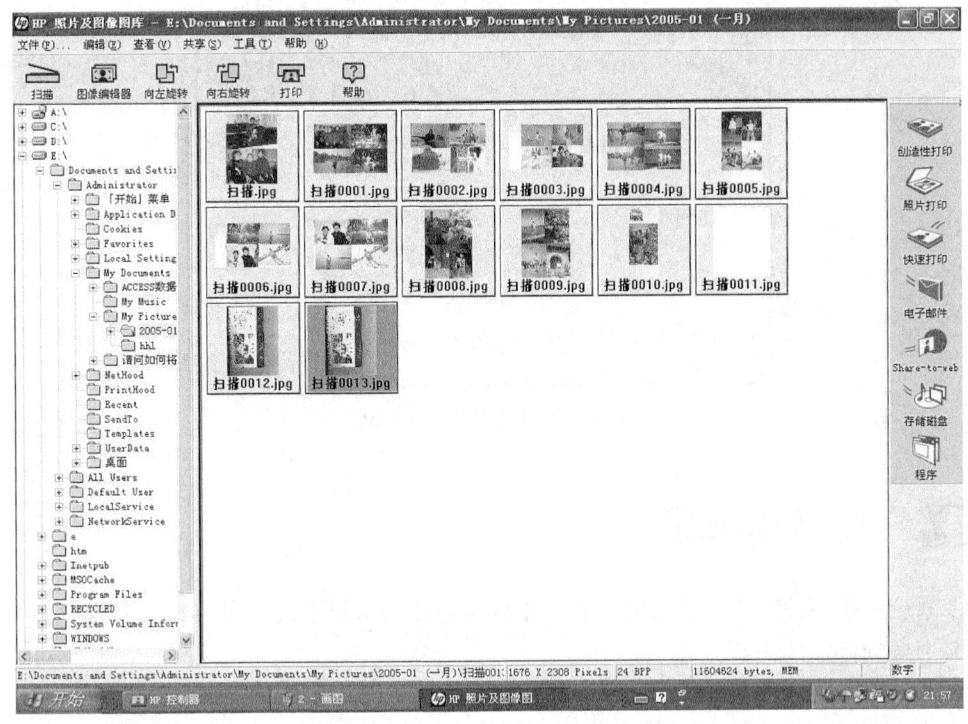

图 4.31 保存文件

① 选择 HP 控制器中的“扫描文档”选项，弹出扫描文档选项设置对话框。对话框设置的属性主要是“扫描内容”和“存放位置”。一般情况下扫描文件存放位置应选择“写字板”，以利于后面的编辑修改，如图 4.32 所示。

② 单击“扫描”按钮，开始扫描，扫描过程与扫描普通图像文件操作完全一致，如图 4.33 所示。

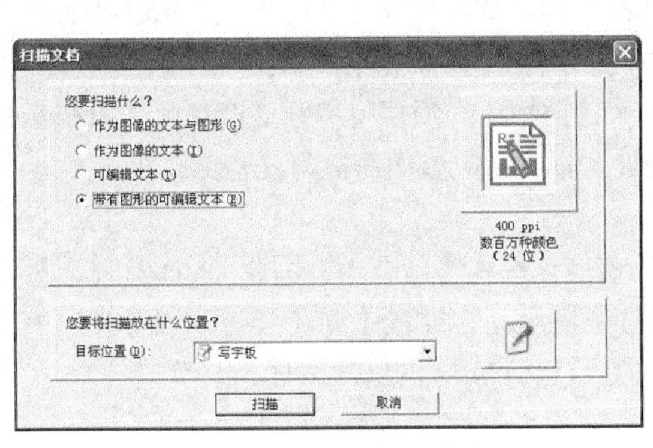

图 4.32 扫描文档选项设置

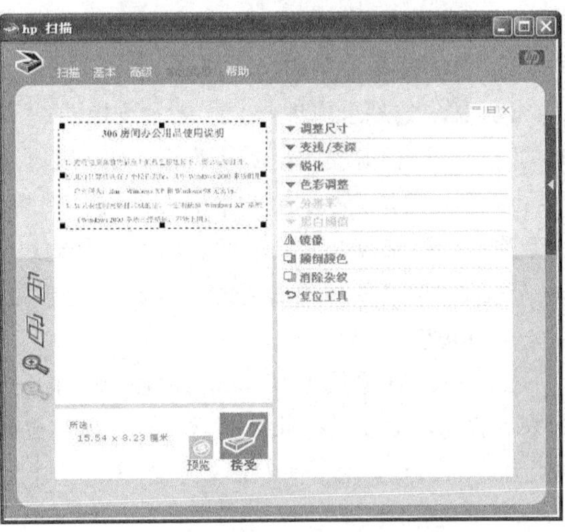

图 4.33 扫描文档

③ 扫描结束后，电脑会直接打开写字板，文字已经自动识别完毕。用户只需要进行编辑校对即可，如图 4.34 所示。

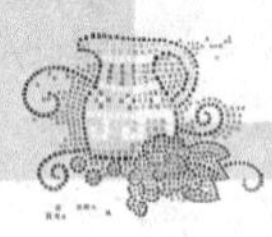

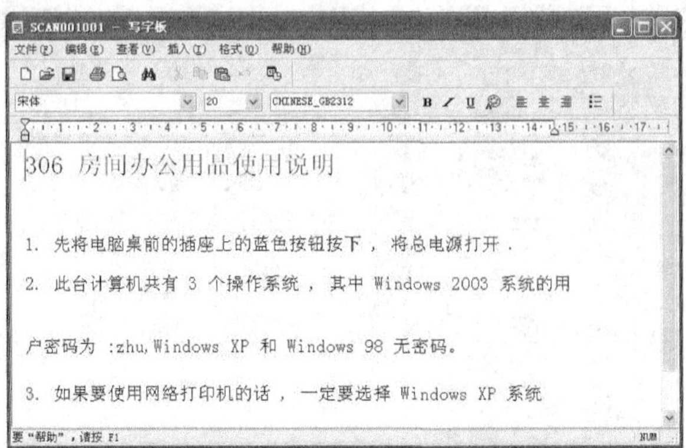

图 4.34　使用写字板进行文字编辑

4.4 光盘刻录机

光盘刻录机是一种特殊的光盘驱动器，不仅可以正常的读取光盘数据，而且还可以将计算机中的数据刻录到特定的光盘中。

4.4.1　光盘刻录机的种类与工作原理

目前，常用的刻录机 CD-R、CD-RW、DVD-RAM 和 COMBO 等种类，各自工作原理和使用的光盘不尽相同。

1．CD-R（CD-Recordable）

其工作原理是通过大功率激光照射 CD-R 盘片的染料层，在染料层上形成一个个平面和凹坑，光驱在读取这些平面和凹坑的时候就能够将其转换为 0 和 1。由于这种变化是一次性的，不能恢复到原来的状态，所以 CD-R 盘片只能写入一次，不能重复写入。

2．CD-RW（CD-ReWritable）

CD-RW 的刻录原理与 CD-R 大致相同，只不过盘片上镀的是一层 200 ~ 500 埃（1 埃=10^{-8}cm）厚的薄膜，这种薄膜的材质多为银、铟、硒或碲的结晶层，这种结晶层能够呈现出结晶和非结晶两种状态，等同于 CD-R 的平面和凹坑。刻录数据时，高功率的激光束反射到 CD-RW 盘片的特殊介质，产生结晶和非结晶两种状态，并通过激光束的照射，介质层可以在这两种状态中相互转换，达到多次重复写入的目的。因此，更准确地说，CD-RW 应该叫可擦写光盘刻录机。

3．DVD-RAM

DVD-RAM 采用了 0.74μm 道宽和 0.41μm/位高密度记录线等新技术，因此 DVD 盘片虽然看起来和普通的 CD 没有什么两样，但是却有更大的存储容量。单面单层 DVD 容量为 4.7GB，单面双层 DVD 为 9.4GB，而双面双层的容量达 17GB，DVD-RAM 可以重复擦写。

4．COMBO

COMBO（康宝）驱动器就是把 CD-RW 刻录机和 DVD 光驱结合在一起的“复合型一体化”驱动器。简单地说，COMBO 就是集 CD-ROM、DVD-ROM、CD-RW 三位一体的一种光存储设备，由于具有三重本领，所以迅速在高端电脑中普及开来。

另外，刻录机从结构形式还可分有内置和外置两种。内置产品节省空间、价格比较便宜；外置产品有比较良好的散热性，独立供电，又便于携带，但是价格相对比较高。

4.4.2　光盘刻录机的技术指标

1．接口规格

目前，刻录机与主机相连的接口主要有 IDE、SCSI、USB 和 IEEE1394 等，采用 USB 接口的外置式产品由于其支持热拔插、携带安装方便的优点，逐渐成为刻录机的主流。

2．刻录速度

刻录机和普通光驱一样也有倍速之分，只不过刻录机有 3 个速度指标：刻录速度、复写速度和读取速度。例如某刻录机标称速度为 32×12×40，说明此刻录机刻录 CD-R 盘片的最高速度为 32 倍速，复写和擦写 CD-RW 盘片的最高速度为 12 倍速，读取普通 CD-ROM 盘片的最高速度为 40 倍速。1 倍速为 150KB/s，32 倍速就是 4800KB/s。

3．缓存

为保证刻录质量，高速刻录时除了对盘片的要求比较高以外，缓存大小也十分重要。在刻录开始前，刻录机需要先将一部分数据载入到缓存中，刻录过程中不断从缓存中读取数据刻录到盘片上，同时缓存中的数据也在不断补充。一旦数据传送到缓存里的速度低于刻录机的刻录速度，缓存中的数据就会减少，缓存完全清空之后，就会发生缓存欠载问题，导致盘片报废。目前，市场上的光盘刻录机的缓存容量一般在 512KB ~ 2MB，大的有 8M 或更高缓存的产品，建议选择缓存容量较大的产品，尤其对于 IDE 接口的刻录机，缓存容量很重要。

4．支持格式

一般的刻录机都支持 Audio CD，Photo CD，CD-I/MPEG，Cdrom/XA，CD-EXTRA，I-TRAX CD 与 CD-RW CD 等格式。而最新的 CD-RW 刻录机将支持 CD-UDF 格式，在支持 CD- UDF 格式的软件环境下，CD-RW 刻录机具有和软驱一样的独立盘符，用户无需使用专门的刻录软件，就可像使用软驱、硬盘一样直接对 CD-RW 刻录机进行读写操作了，这样就大大简化了光盘刻录机的操作，给用户带来了极大的方便。

4.4.3　刻录软件 Nero 8.0 的使用

刻录光盘的工具很多，使用最方便、应用最多的是 Nero，Nero 是德国 Ahead 公司出品的，也是全球应用最多的光介质媒体刻录软件。使用 Nero 可让您以轻松快速的方式制作您专属的 CD 和 DVD。不论是所要刻录的是资料 CD、音乐 CD、Video CD、Super Video CD、DDCD 或是 DVD，所有的程序都是一样的。使用鼠标将档案从浏览器拖曳至编辑窗口中，开启刻录对话框，即可激活刻录作业。

1．认识 Nero 8.0

Nero 8.0 发布于 2007 年是目前最新版本，除了针对 Windows Vista 操作系统做出优化外，它还为用户带来了全新的用户界面，从而大大提升了“创建和管理数字媒体项目”的工作效率。例如，在产品启动页，任何形式的多媒体编辑都可以一键实现，Nero 8 还将完全支持高清视频，包括高清光盘视频的播放。

Nero 8.0 的程序组非常强大，其中的 Nero StartSmart 是 Nero 8.0 程序组的“大总管”。运行 Nero StartSmart，所有 Nero 8.0 已经安装的组件都可以从中调用。Nero StartSmart 主界面上方有 5 个按钮，如图 4.35 所示，分别为“开始页面”、“翻录和刻录”、“创建和编辑”、“家庭娱乐”和“备份”。在窗口中单击相应任务的按钮，即可进入相应的应用程序，再根据软件向导就可以完成指定的工作。

图 4.35　Nero StartSmart 界面

（1）翻录和刻录。“刻录与翻录”页面如图 4.36 所示，在此模式下，可以复制无复制保护的 CD 和 DVD，也可以将数据或音频文件刻录到 CD、DVD、Blue-ray 光盘和 DVD 上，其集成的 SecurDisc^{TM} 技术可以创建具有密码保护或数字签名的光盘，以确保文档的安全性。此模式包含的选项有：翻录音频 CD、刻录音频 CD、刻录 Jukebox 光盘、刻录音频光盘、刻录视频光盘和复制光盘，分别以不同的形式完成光盘的刻录和翻录工作。后面会详细介绍此模式下的“刻录视频光盘”和“复制光盘”的操作过程。

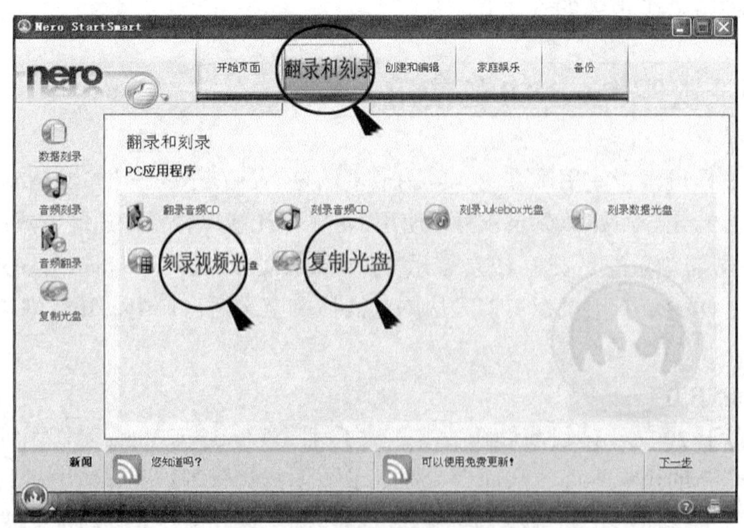

图 4.36　“刻录与翻录”页面

（2）创建和编辑。在此模式下，可以编辑高清晰的视频文件、创建照片文件的动态幻灯片放映，还可以把 MP3 的歌曲混合串烧在一起。此模式包含的选项有：编辑照片、制作照片幻灯片、混合、编写和组合、编辑和录制声音文件、创作、编辑和采集、创建光盘标签或封面和转换音频文件，轻松的组织和管理多媒体文件，为光盘的刻录做好准备工作。

（3）家庭娱乐。使用 Nero 8 可以享受最佳品质的影音效果，可以使用电脑录制需要的电视节目，还可以使用时间再现功能，不再错过任何电视节目。此模式包含的选项有播放音频、播放视频和幻灯片、查看照片；还有与电视和网络相关的操作：通过电视管理媒体、观看直播电视、管理 Internet 服务、共享音乐、照片和流式电视。可见 Nero 8.0 已不只是一个单纯的刻录软件，还是一个多媒体开发与制作的平台。

（4）备份。使用 Nero 8 不必再担心丢失重要的文件。如果系统崩溃或某个分区被损坏，Nero 8 内置的 SecurDisc™ 技术和高级备份功能可以保护数据安全。界面友好的用户向导能够指导快速和轻松地备份、恢复和验证的数据，而且自定义自动功能可以确保及时进行备份。此模式包含的选项有：复制数据、还原备份、安排备份、创建灾难恢复光盘和复制光盘。

2．用 Nero 8.0 刻录 DVD 视频文件光盘

（1）刻录格式的选择。启动 Nero StartSmart，如图 4.36 所示，在“翻录与刻录”模式下，单击“刻录数据光盘”选项卡，页面将会跳转到视频光盘刻录格式对话框，如图 4.37 所示。此模式下包含三种光盘的刻录格式，即 Video CD、Super Video CD 和 DVD 视频文件，在这里以“DVD 视频文件”刻录为例，介绍 DVD 视频文件光盘的刻录过程。

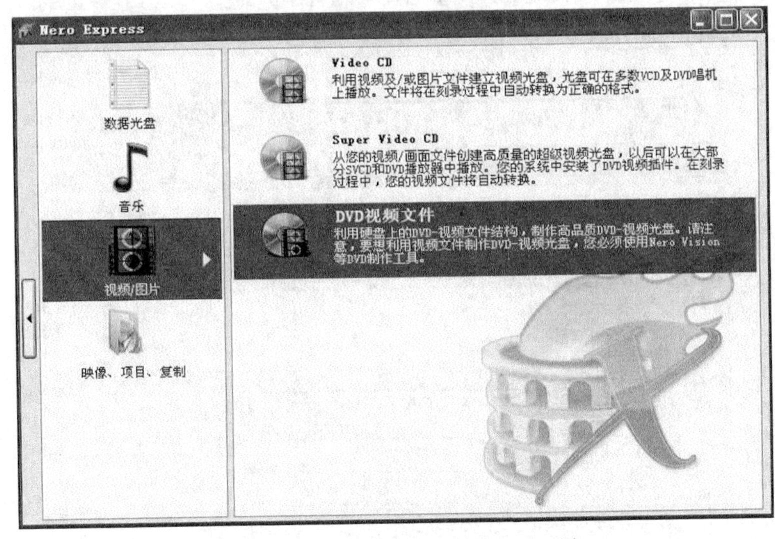

图 4.37　“视频光盘刻录格式”选项卡

（2）添加 DVD 视频文件。单击“DVD 视频文件”选项卡，弹出如图 4.38 所示添加文件和文件夹对话框，然后选择存储在电脑硬盘上需要刻录的 DVD 视频文件，再点选“添加”按钮，进入如图 4.39 所示文件添加完成对话框。

（3）最终刻录设置。对已经添加的文件认真检查，确认没有多余或遗漏文件之后，单击对话框（见图 4.39）右下角的“下一步”按钮，此时将弹出“最终刻录设置”按钮，如图 4.40 所示。在这个对话框里，可以为即将刻录的光盘命名，以及选择要刻录的份数等。

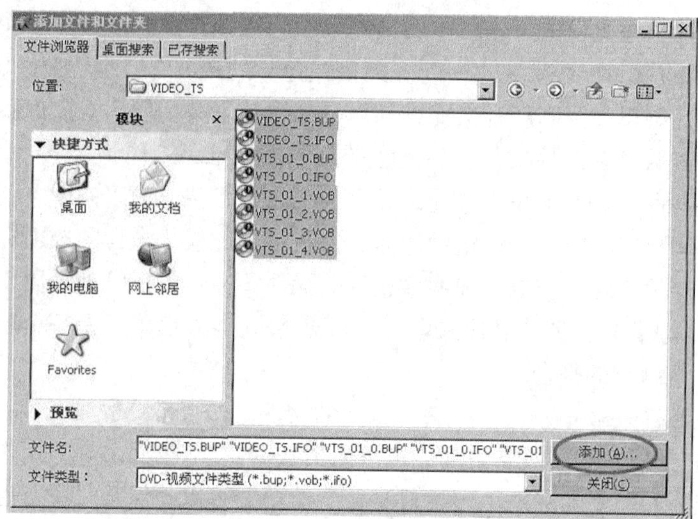
图 4.38　添加文件和文件夹

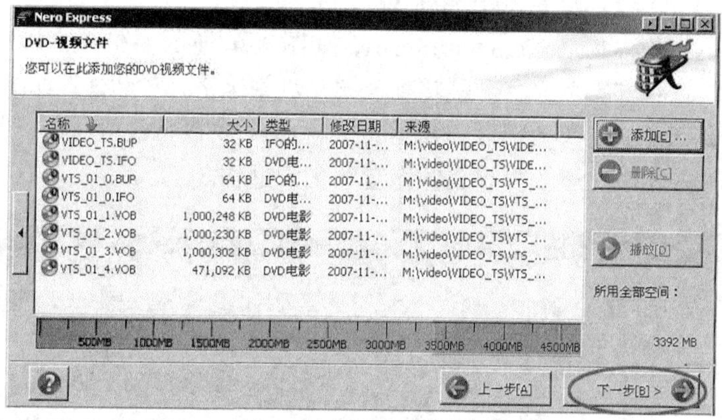
图 4.39　文件添加完成

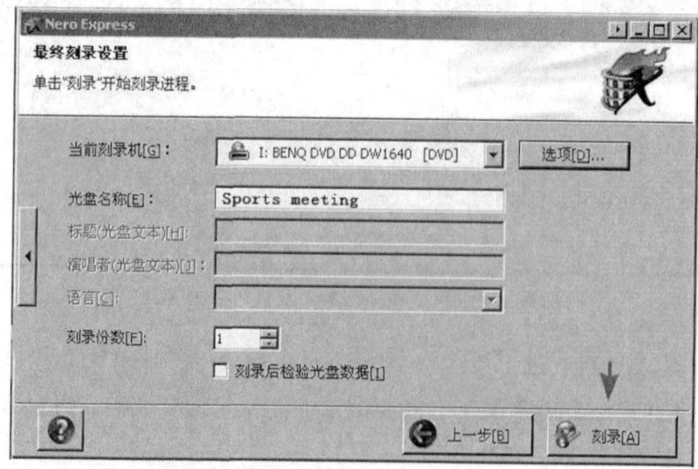
图 4.40　最终刻录设置

（4）刻录。确认设置无误后，单击“刻录”按钮刻录机开始刻录，如图 4.41 所示。刻录完成后，会弹出刻录完毕对话框，单击“确定”按钮后刻录机自动打开光驱，完成刻录工作。

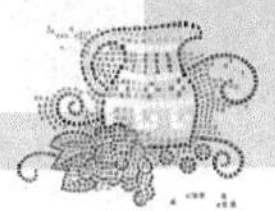

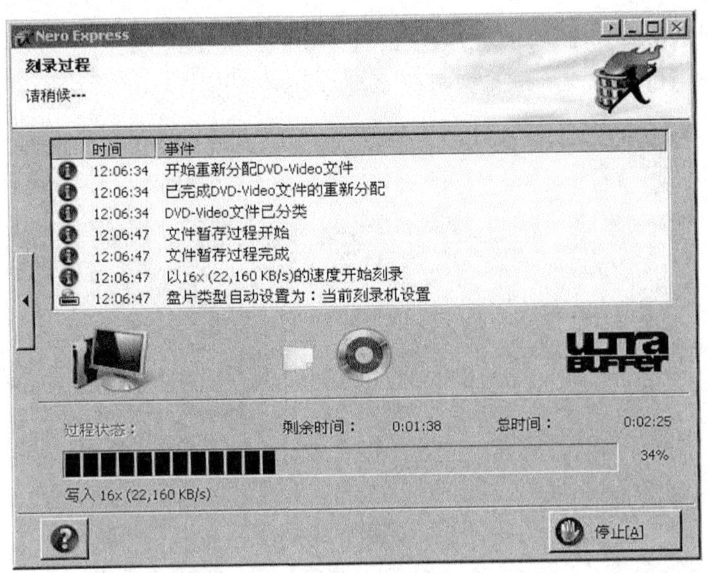

图 4.41　开始刻录

3．用 Nero 8.0 进行光盘复制

（1）复制格式的选择。启动 Nero StartSmart，如图 4.36 所示，在“翻录和刻录”模式下，点击“复制光盘”选项卡，页面将会跳转到光盘复制选项对话框，如图 4.42 所示，此模式下包含三种复制形式，即“复制整张 CD”、“复制整张 DVD”和“光盘映像或保存的项目”，在此以“复制整张 DVD”为例，介绍光盘的复制过程。

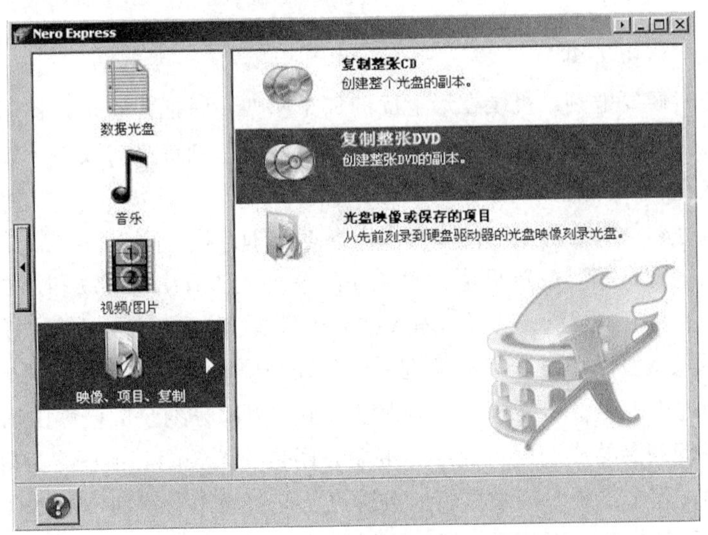

图 4.42　光盘复制选项

（2）刻录设置。点选“复制整张 DVD”选项，进入“选择来源及目的地”对话框，如图 4.43 所示。在对话框里需要根据光驱配置情况选择源驱动器和目标驱动器，并将母盘和空白 DVD 光盘准确地插入相应的驱动器。若要快速刻录，可勾选“快速复制”模式；若取消勾选“快速复制”模式，可根据硬件配置情况选择合适的刻录速度。一般刻录速度低点，可能会保证更好的刻录质

量。如果需要复制多份，只需在刻录份数栏内选择份数。最后应该注意的是，某些光盘可能无法被复制，原因可能是母盘有保护信息或母盘本身数据有错误。

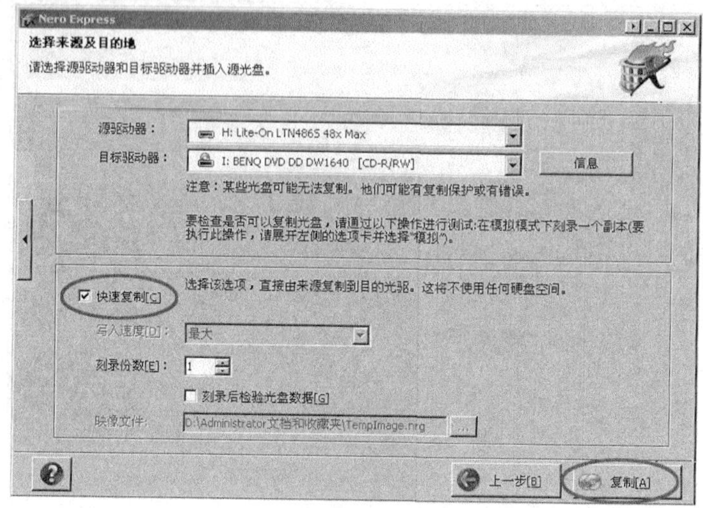

图 4.43 “选择来源及目的地”对话框

（3）刻录。确认各项设置无误后，单击“复制”按钮刻录机开始进行复制刻录，进程与 DVD 视频文件刻录类似。

4.4.4 刻录光盘时的注意事项

刻录光盘时应注意以下事项。

（1）在安装的时候要把刻录机装在最上面的那个座架，而把普通光驱装在下面靠近硬盘的座架，即尽量使刻录机与硬盘等设备离远一些，这样会有利于刻录机的散热。较好的散热可以延缓刻录机各部件的老化，从而延长刻录机的使用寿命。

（2）平时要做好刻录机的防尘工作，可以定期地对刻录机外壳进行清洁，及时除掉壳体上的灰尘。同时机箱和电脑桌等要放置平稳，避免在刻录机工作时出现震动和摇摆。

（3）平时尽量不要用刻录机去听歌、看 VCD、安装软件、拷贝数据等这样一些读盘工作，这些工作应交给普通光驱去做。以避免刻录机的过分频繁使用，加速激光头的老化。

（4）在刻盘的过程中尽量不要执行其他程序，虽然大部分刻录机宣称在刻盘时可以运行其他程序，不过为了保证刻盘的成功避免盘片的报废，还是建议关闭其他程序为好。

（5）在刻录的过程中不要对刻录机面板按键进行任何操作，特别是弹出仓门钮，在刻录过程中弹出仓门，轻则盘片报废，重则损坏机芯和激光头。另外，在进行刻录中不要随意关闭刻录软件，中止或取消刻录，否则极容易损坏盘片或者造成盘片中的数据损坏而不可读。

（6）可以尝试在 CD-R 盘上的空余空间中续写（多次记录）数据，不过千万要注意刻录软件上的相关操作选项，否则就不是续写数据而是覆盖数据了。

（7）刻录工作完毕后应及时将盘片取出。因为如果盘片留在机体内，在下次开机时，光驱将会自动检测到有盘片而自动读盘。久而久之就会因为激光头的频繁使用而缩短它的寿命。

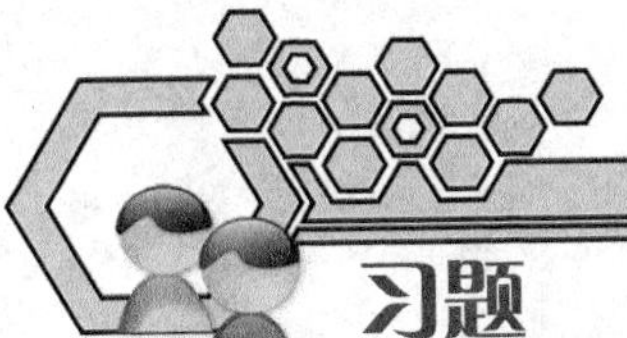

习题

1. 静电复印机包括哪 4 个方面的技术？
2. 光导体在静电复印机中的作用是什么？常见的光导体材料有哪些？
3. 静电复印过程中要经过哪几个基本工序？各自起什么作用？
4. 常见的复印纸有哪些规格？如何正确地保管它？
5. 什么是载体？它在复印过程中起什么作用？
6. 如何保持复印机光学系统的清洁？
7. 如何防止和减少复印机卡纸现象？
8. 一体化速印机具有哪些主要功能和主要特点？
9. 简述一体化速印机的主要工作原理。
10. 简述扫描仪的工作原理。
11. 扫描仪的技术性能指标有哪些？
12. 常见的扫描仪有哪 3 类接口？它们与主机是如何连接的？
13. 简述光盘刻录机的种类与工作原理。
14. 使用光盘刻录机应该注意哪些事项？

第5章 影像设备

随着科技的发展和社会的进步，摄像机、照相机及激光影碟机等影像设备已经成为人们办理公务、日常生活中离不开的一种重要设备。它们的操作和维护方法，是人们急需掌握的技术和基本知识。

本章主要学习摄像机、照相机及激光影碟机等影像设备的基本原理及使用方法。在本章中力求选用最先进的机型设备，结合影像领域的新技术进行系统阐述，具有较强的针对性和实用性；强调一些基本的操作技法，重点突出实际操作与设备的维护。

本章知识要点

- 了解数码摄像机的技术特点；重点掌握数码摄像机的保养与维护，数码摄像机的操作方法与节目制作流程。
- 了解传统照相机和数码照相机的主要部件性能及如何选购照相机；掌握怎么使用照相机及日常维护照相机，重点是照相机主要部件的性能和操作。
- 掌握激光影碟机的基本原理和分类；重点掌握 DVD 的使用与维护；了解制式分类。

5.1 数码摄像机

5.1.1 摄像机概述

摄像机技术的发展，经历了真空管、晶体管和微电子集成电路等几个阶段，不断向数字化、小型化、智能化方向发展。虽然摄像机厂家各异，品种众多，但其基本结构和基本原理是相同的。摄像机根据性能和用途大体可分为广播级、业务级和家用级 3 个质量等级。

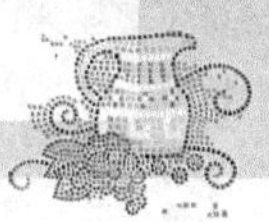

广播级摄像机应用于广播电视领域，图像质量最好，性能全面稳定，适合在电视台演播室和现场节目制作的场合下使用。广播级摄像机的各项技术指标及图像质量都是最好的，属高质量电视摄像机，但此类摄像机一般体积大、重量大、价格昂贵。

业务级电视摄像机的图像质量较好，但没有广播级摄像机所需的一些特殊功能设计，如光学滤波器等。在技术指标上与广播级摄像机没有太大差别，主要是元器件的质量等级不同，业务级电视摄像机也更加小型化，重量轻，价格相对较低廉。适用于广播电视制作、新闻采集等机动灵活的摄像工作，同时也被广泛地应用于电化教育、闭路电视、工业、交通、医疗等领域。

家用级摄像机则属经济、小巧、操作简单、自动化程度高的摄录一体机。这是一种家庭文化娱乐用的摄像机，主要用于旅行、婚礼、生日、聚会等场合，此类机型往往还带有一些简单特技功能，如淡变、定格、叠化、划变等，丰富拍摄效果。相对于以上两个等级的摄像机来说，家用摄像机以其价格便宜、功能齐全、拍摄照度要求低、使用简单轻便等诸多优点，而日益受到人们的欢迎并日益普及。

5.1.2　数码摄像机及其特点

微型数码摄像机（Mini Digital Video Cassette）是目前家用摄像机市场的主流，1998 年日本的两大摄像机制造商松下和索尼联合全球 50 多家相关企业联合开发出新的 DV（Digital Video 的缩写）——数码视频摄像机。DV 摄像机记录视频不是采用模拟信号，而是采用数码信号的方式。这种摄像格式的核心部分将视频信号经过数字化处理成 0 和 1 的信号，并以数字记录的方式记录在磁带上或内置硬盘中。视频信号的转换和记录都是以数字的形式存储，从而提高了录制图像的清晰度，使图像质量轻易达到 500 线以上。在现有的电视系统中，其播放质量达到专业级摄像机拍摄的图像质量，并且使用 PCM 数字立体声技术记录声音信号，DV 摄像机采用的是数码录像带，其体积小、录制时间长。各厂家还统一了视频格式，省却了选购时的麻烦。VHS、VHS-C、S-VHS、8mm、Hi8 等格式的家用摄像机市场逐步走向萎缩而淡出市场，DV 摄像机使家用摄像机实现了由模拟到数字的转变。

目前，采用先进的内置硬盘或闪存为记录媒介的数码摄像机已经在市场上普及，由于记录存储方式的转变，机型体积也有所减小。数码摄像机正向更小、更轻、图像质量更好的方向发展。

与从前多种格式的家用摄像机相比，数码摄像机具有以下的特点。

（1）声画清晰，图象、声音都采用数字记录方式，录复、转录过程中无衰减。

（2）内存大，录制时间长，并且具有 USB 接口，可方便地将视频图像数据传输到电脑，利用先进的计算机视频处理技术实现非线性后期编辑制作。

（3）多功能化。内置编辑软件，数码摄像机也有像数码相机的静态图像拍摄功能，来抓拍静态图像，实现数码摄像机和数码相机的双重功能，根据需要可以随机进行编辑处理。

（4）操作方便简单。外形小巧，便于携带，一键启动，自动化程度高。数码摄像机具有自动白平衡调整、自动聚焦、自动增益、电子防抖等先进技术的运用，使操作变得更加智能化。

总之，数码摄像机以其小巧机身、丰富的功能、高品质的声画效果和可以连接计算机，实现非线性编辑等诸多优点，而日益受到人们的欢迎。

5.1.3 数码摄像机的选择

目前数码摄像机市场品种繁多，功能各异，价格从数千乃至数万不等。在机型选择上应充分考虑实际用途和需要。以下几个方面为选择机型提供参考。

1．像素

数码摄像机中 CCD 图像传感器的像素数是衡量摄像机性能的重要指标，它决定着图像的清晰度，因此像素指标往往会成为机型选择首先考虑的指标。目前普遍的数码摄像机的像素数都在 80 万以上，有不少已达 1000 万以上。

2．镜头

镜头的好坏对于衡量一款数码摄像机的成像质量是非常重要的。首先，高品质的大口径镜头可以得到更大的通光量，从而保证影像的还原效果。所以，摄像机在同等技术指标的条件下，镜头口径大，一般成像质量也会高。如果口径太小，那么再高的像素，在光线较暗的情况下也不会拍出好的效果。

其次，选择时也要考虑镜头光学变焦倍数，光学变焦倍数越大，拍摄的场景大小可取舍的范围就越大，拍摄构图、场景调度也就越方便。目前用于数码摄像机上表现较为出色的主要是“徕卡”和“卡尔·蔡司”等镜头系列，而且这些镜头基本上都具有 10 倍以上的光学变焦能力，完全能够满足我们日常的拍摄需要。而那些标称值非常高的“数字变焦”功能，如 200 倍、700 倍等，由于在使用时影像品质劣化非常明显，所以基本上没有什么实际使用意义。

因此在选择数码摄像机的时候，优质镜头加上大范围光学变焦能力也是不可忽视的。

3．CCD 图像传感器

CCD 图像传感器是数码摄像机的图像感光器元件，也是数码摄像机的核心部件，不少消费者在选择数码摄像机的时候，非常关心像素和镜头方面的性能，却常常忽视了一个非常重要的部件 CCD。从理论上来说，CCD 的尺寸越大，意味着数码摄像机的成像质量越好，进而可以得到更加真实的画面。但是实际上随着家用数码摄像机体积不断地减小，其 CCD 尺寸也在缩小，如目前市场上主流的低端新、老机型，CCD 尺寸已经从 1/4 英寸缩小到了 1/6 英寸。而中高端机型由于采用了 3CCD 的设计，所以在画质还原方面可以得到更为鲜明和更有层次感的影像。对于使用者来说，选择大尺寸 CCD 或者 3CCD 设计的数码摄像机往往可以得到较好的画质。

4．数码静像拍摄功能

数码摄像机都具有数码静像拍摄功能，由于数码摄像机本身的技术特性和设计要求与数码相机不同，图片质量不能与数码相机相比。所以这种拍照功能，只能当作一项附加功能来看，而不应成为选购的主要因素。

5．存储方式

目前，数码摄像机以内置闪存、硬盘为记录媒介，与磁带数码相比内置硬盘数码摄像机抛弃了庞大、复杂的机械系统，使机型的重量更轻，体积更加小巧可爱，方便携带和使用，记录影像的时间也大大延长；采用 MPEG4 格式拍摄动态影像分辨率更高，可使用 USB 接口直接将拍摄内容上传到计算机上。硬盘和闪存两种存储介质比较各有优缺点。硬盘耗电多、怕摔、重量大，但是读写速度快，而闪存体积小、重量轻、耗电少、不怕摔，读写速度稍慢。

6．售后服务

数码摄像机是技术含量较高的科技产品，所以一旦出现问题往往只有厂商才能够解决。有鉴于此，是否能够提供完善、便捷的售后服务是消费者在选择数码摄像机时需要考虑的一个重要因素。

5.1.4　数码摄像机的操作

1．准备工作

（1）电力。摄像机的工作离不开电力，为摄像机提供电力的方法有两种：使用交流适配器和蓄电池。使用交流适配器能保证摄像机长时间不间断地工作，如拍摄会议、报告、演出等。使用交流适配器时要根据现场情况提前做好准备工作，检查现场要有交流电源，计划好电源线长度。不过，即使是在使用交流适配器的情况下，也最好准备一块电池，因为使用适配器的摄像机不便移动，如有特殊情况需要机动拍摄时就很难做到了。使用电池时，首先，要根据拍摄的内容估计所需的时间及手中电池的容量，来计划出携带电池的数量。特别值得注意的是，说明书上所给出的电池使用时间只能作为参考，因为真正的使用时间，会因使用情况的不同而有很大变化，如摄像机所用的充电电池在使用过程中有容量逐次下降的问题，新电池也许可以达到说明书中所标出的容量，但旧电池却达不到。其次，同一块电池的使用时间长短与摄像机的使用操作有关，例如，用太多的时间去取景、频繁的使用变焦键等都会消耗电力。

此外，如果外出需拍摄时间较长时，还必须随身携带充电器，以便及时充电。

（2）液晶显示屏及目镜。液晶显示屏和目镜是观察拍摄内容的反馈窗口。对液晶显示屏可根据现场光线情况，调节亮度和对比度，达到图像清晰、色彩还原正确；摄像机目镜上设有一个“目镜校正器”，因考虑到人的视力各不相同，为了使每个人都能看清楚目镜里的拍摄画面，调整它可以使目镜的屈光度改变，以适应人眼的观察习惯。如调节不准，极易造成拍摄时判断失误，聚焦不准，并且不清晰的画面还容易造成眼睛疲劳，不利于拍摄。

液晶显示屏在开启的状态下比较费电，在预感电力不足的情况下，可以关闭液晶显示屏，通过目镜监视拍摄，以节约电力获得更多拍摄时间。

液晶显示屏和目镜中的监视内容是指导拍摄、构图和判断画面是否清晰的参考，同时摄像机的许多工作状态指示也是通过显示屏和目镜显示的，因此一定把显示屏和目镜的调节当成一项很重要的工作来做。

（3）硬盘或存储卡空间。注意检查剩余硬盘或存储卡空间量，对无用的录制内容要及时清除，以保存足够的存储空间，满足拍摄需要。

2．机器调节

机器调节是摄像机操作的主要内容，包含电源开启、变焦、光圈调节、快门速度选择、调白平衡等几方面的内容。一般家用摄像机都设有自动装置，电源开启后机器调节工作自动完成。高端机型一般备有自动、手动选择功能，特殊情况可选择手动调节，如镜头焦距、快门速度、白平衡调整等。

（1）曝光控制。曝光一词源于照相技术，指的是由照相机镜头控制进光量，使底片感光的过程。由于摄像机与照相机的成像原理大致相仿，因此在摄像领域也引用曝光一词来说明摄像机的成像过程。和照相机一样，摄像机的曝光度也有一个正确的数值。若曝光过度，亮区呈现一片白色，没有细节、层次；若曝光不足，所拍出的图像昏暗，并且有明显的颗粒状杂波。因此，控制

正确曝光也是摄像机重要的调节内容。

光圈是摄像机控制曝光的主要方式，和照相机构造原理基本相同，光圈大小一般由光圈数值表示：2、2.8、4、5.6、8、11、16、22，光圈值越大，表示进光的口径越小，光圈越小表示进光的口径越大。由于微型机多采用自动光圈控制，从摄像机镜头上看不到这组数值，使用中摄像机根据自己内设的测光控制电路，对整个图像进行亮度平均测量，对比内存标准亮度值后，驱动光圈控制电机，从而控制摄像机的正确曝光。但自动光圈系统也会带来一些不足之处，需要在实际拍摄过程中引起注意，如在强烈的阳光下、背景有强光或明暗反差较大的情况下，拍摄的画面会因光圈自动收缩、扩张而时亮时暗。因此，对于自动摄像机应尽量避免在光线反差强烈、背景有强光的情况下进行拍摄。而有手动功能的摄像机要设置为手动控制，然后手动调整光圈，达到正确曝光值。

（2）聚焦。聚焦是使拍摄对象在靶面上清晰成像，从而获得高质量的画面。由于摄像机的寻像器能把成像的效果直接反映出来，因此聚焦是否准确的依据是看目镜内的图像是否清晰。聚焦有自动和手动两种方式，在大型机或家用高端机型的镜头上均有手动聚焦环，数值表示为：1.2、1.5、2、…、∞等。可由操作者手动调焦。微型机由于机身结构较小，镜头多为内藏式，因此在镜头设计上没有聚焦环、光圈环等手动调节装置，代替它们的是电动按键。英文标识是 FOCUS 键和“+”键、“−”键，调焦功能是一样的。

（3）变焦。在摄像机上，较为引人注意的是形似翘翘板的变焦钮，它的前端标识是“T”，表示向远处推进，后面是“W”，表示向后拉开。所产生的实际效果是：前者向被摄对象推进，主体景物逐渐变大，拍摄范围变小；后者是被摄景物趋向变小，拍摄范围变大。变焦功能使拍摄者在机位固定的情况下，得到被摄对象不同大小的影像，也就是不同的景别，同时它的连续变化过程又是构成运动摄像技法的基本方式之一。在实际操作中，变焦钮是最经常使用的功能键之一。

一般摄像机对变焦倍率都有明显标识，如索尼 HDR-CX180E 型摄像机：30 倍光学变焦，350 倍数字变焦（Digital Zoom），但有一点需要了解清楚，所谓光学变焦就是改变镜头的焦距值，焦距值的改变不影响摄像机拍摄景物的成像质量，而数字变焦的原理是依靠数字电路技术，使原来的图像放大，是以牺牲画面质量为代价的。因此，在较为正式的拍摄中不要使用数字变焦功能，在选购时更不要对变焦倍数盲目求大。

（4）白平衡。白平衡（White Balance）在摄像机上一般简写为 W.B，是摄像机使用前的一项重要调整工作。摄像机和人眼不同，它更精确但缺少宽容度，为获得正确的色彩还原，一定要正确调节摄像机的白平衡。由于各种光源的色温不同，一张白纸在阳光下呈现白色，在室内灯下则呈现橙红色，而在灯光下呈现白色的物体，在室外阳光下又呈现出浅蓝色。由于人脑有固有的记忆模式对以上的色彩差异给予一定的抵消，不会造成明显的不适。摄像机则不同，它会明显反映出这种色彩差异，摄像机的白平衡调整就是解决这个问题，它是通过调整红、绿、蓝三基色的电信号比例，使摄像机得出正确的色彩还原。

白平衡的调节方式有自动和手动两种。当摄像机操作控制键放在自动档（AUTO）时，摄像机就会自动进行白平衡调节，一般来说自动调节白平衡能够满足拍摄的基本要求，但不适合特殊光线的创作要求。

手动调节白平衡时，首先将摄像机操作控制键打到手动档（MANUAL），然后把镜头对准一块白色物体，有些摄像机的镜头盖就是为调白而设计的，按“W.B”键 3s 以上，寻像器内的白平衡字符开始闪烁，待闪烁停止后说明手动白平衡调节完毕，即可进行拍摄。

实际拍摄中如出现色彩偏蓝或偏红，室内、室外有较大色差，都是白平衡没有调整好的原因。

3．录制和重放

所有数码摄像机都具有录、放双重功能。录制操作是由右手大拇指来完成的，当拇指按下“REC（录制）”红色按钮时，摄像机便进入录制状态，在目镜中出现 REC 字样，此时所拍摄的内容全都被记录下来。在目镜前面还有一个红色指示灯也会亮起来，提示被摄对象已经开机录制。只要按一下“REC”键就可以了，不要一直按着，当再次按下“REC”键时录制停止，进入录制等待状态目镜内的 REC 字样消失，出现 PAUSE（暂停）字样。

要想看一看所拍摄的内容，就需要使用摄像机的重放功能：将录制开关由 CAMERA 转为 VTR（或 PLAY），此时的摄像机功能设置就像一台录像机一样。打开液晶显示屏，操作机器面板上的 REW、F.FWD、PLAY 等功能键放像，录制内容就会从显示屏上播放出来，同时还可以监听到录制的同期现场声。

对于一台摄像机人们除了关心摄录的图像、声音的高质量外，也关心摄像机的操控性及各种特技的实用性。

图 5.1　HDR-CX180E 数码摄像机

现以索尼 HDR-CX180E 为例简要分析一下微型数码摄像机的技术特点。索尼 HDR-CX180E 数码数码摄像机如图 5.1 所示。

这款小巧时尚的高清 HDR-CX180E 摄像机存储容量达到 32G，光学防抖，低照度，自动对焦。录制操作简易方便，3 英寸触摸显示屏幕采用可旋转的设计方式，在各种角度都可以轻松完成拍摄，结合全中文菜单界面，任何用户都可以在短时间里掌握它的操作。

HDR-CX180E 使用 30 倍光学变焦和 350 倍数码变焦，420 万像素，大大提高了画面清晰度、对比度，呈现出高品质动态影像和生动逼真的静态照片。

机身的顶部设计了拨轮，并且拨轮采用二维设计，一只手即可实现开关机控制及 MODE 功能切换，更增加了拍摄的稳定性，避免在 MODE 功能切换时引起的画面模糊，拨轮前方为快门按键，可控制拍照；再前方为变焦拨杆，该变焦滑拨杆使用手感好，定位准确。这样，一只手就可以完成拍照和录像的全过程。

SONY 电池电量显示系统，一直以来都很实用，在这部数码摄像机上也不例外。电池智能电量显示可以在不开机的情况下轻松知道电池剩余电量，可以合理分配拍摄时间，避免错过拍摄重要场面的遗憾。而在拍摄状态下，电池智能电量显示能够精确到分钟来显示剩余的电池电量。这样一来，对于电池的电量就会有一个直观并且准确的认识，可以更好地安排拍摄进程。

5.1.5　数码摄像机及附件的保养与维护

1．摄像机的保养与维护

摄像机是一种高科技产品，它由精密的光学系统、电子处理系统和准确可靠的机械结构组合而成，一旦因使用不当而出现故障，非专业人员难以维修，为了充分发挥其使用效能，延长使用寿命，除要掌握它的各项功能和正确使用方法外，还应了解以下一些维护性使用常识。

（1）防尘。数码摄像机应当工作和存放在清洁的环境中，这样可以减少因外界灰尘、污物、油烟等污染而引发故障的可能性。因为灰尘、油烟等落入机器内就会影响摄像机的工作性能。另外，当磁头与磁带相对高速运动时，落在磁头或磁带上的灰尘会像沙粒一样损伤磁头和磁带。户外拍摄时注意扬尘，扬尘容易刮伤镜头或渗入，对焦环等机械装置造成损伤。因此，使用摄像机

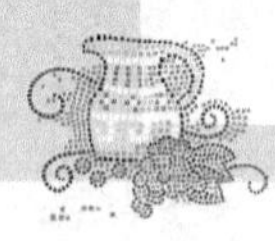

要非常注意机器的保洁工作，每次完成拍摄后都应该做一次认真地清理工作，清理时要使用专用的毛刷和气球。不要在不干净的环境中打开带仓换带，以免灰尘进入机器内部。

（2）防强光。千万不要把摄像镜头对着强烈的太阳或其他强光源，因为强光会导致 CCD 图像传感器的永久损坏，使图像质量下降或完全不能使用。在日出、日落的精彩时刻，或有云层、树叶遮挡住大部分阳光的时候，允许对着太阳进行短时间的拍摄。使用灯光照明时，摄像机与灯光应有足够的距离，防止强灯光直接照射在摄像机上。摄像机停止使用时，应随即关闭电源，放进背包，避免在阳光下暴晒。

（3）防震。数码摄像机属于精密机械设备，任何震动尤其是剧烈的震动、碰撞都会对设备产生损伤。因此，拍摄时要做到手不离机或机不离身，保证摄像机不会碰撞到硬物或摔伤，不用时最好放回摄像机套或摄影包里。使用过程中要轻拿轻放，避免使摄像机受到强烈的震动或冲击。

（4）防潮。数码摄像机如果存放或工作在湿度较大的环境中，不仅容易造成电路故障，而且容易使摄像镜头发霉。视频磁头也是个易磨损部件，要定期更换。但视频磁头的寿命除了取决于磁头的材料外，还与使用环境中空气湿度密切相关，空气湿度越大，视频磁头磨损越快。一般情况下，磁头工作在相对湿度为 40%时寿命最长。在使用中如果遇到不小心溅水受潮等情况，应该立即将电源关掉，然后擦拭机身上的水渍，自然风干几个小时后，再测试摄像机是否已经有故障。注意，千万不要马上急着开机测试，否则可能造成摄像机电路短路受损。在拍摄过程中，如果出现摄像机结露告警，无法开启时，可在常温下放置一小时，待结露消失后继续使用。

（5）防磁。数码摄像机是光电一体的精密设备，光电转换是其主要的工作原理，关键部件如 CCD 芯片对强磁场和电场都很敏感，它们会影响到这些部件的正常性能发挥，直接影响拍摄效果，如图像变形、扭曲等，甚至导致数码摄像机无法工作。因此，摄像机不能靠近有磁力线的物体，如马达、变压器、扬声器、磁铁等，因为摄像机对磁场非常敏感，不仅这些，就是收音机、电视机天线也能使摄像机摄取的图像变形，最好也不靠近。

摄像机长期不用时，一定卸下电池，存入摄影包内。每隔 6 个月至少运行 1 次，每次通电 2～3h。当机器出现故障时，要与品牌指定维修部门联系，非专业维修人员不得自行拆装摄像机。

2．镜头的保养与维护

镜头是摄像机的眼睛，需要格外的精心保护。在镜头的高级光学玻璃上有一层精密的镀膜，十分容易受到损坏，因此要严禁任何异物接触镜头，特别是人的汗液、唾液呈碱性能腐蚀镜头镀膜，并可引起霉斑。当发现镜头沾上灰尘时，一定要用专用的镜头纸和气球来清理，不可直接用手触摸或对着镜头用口吹气。为镜头配置一片 UV 镜，即可滤去空中的紫外线，使远景清晰，色彩还原更加真实，又可很好地保护镜头。镜头霉变和潮湿有很大关系，因此在雨天拍摄后，建议擦干后置于干燥箱中。其实干燥箱可自制，到超市购买一个密封性好一点、大小适中的塑料储物箱，收集一点干燥剂（许多电子设备包装中，或部分小食品包装中都有）置于箱中即可。

在使用中要养成良好的习惯，像保护眼睛一样地爱护摄像机的镜头，拍摄间隙中及时盖上镜头盖，这一点对摄像机镜头的保护非常重要。

3．电池的保养

电池是摄像机的动力源泉，维护工作的好坏直接影响到它的使用效率。目前市场上的电池种类很多，如镍—镉电池、镍—氢电池及锂电池等，各种电池的性能指标及使用要求也不尽相同。使用时要根据电池种类，认真阅读电池使用说明，然后严格按其使用规定执行。有些电池种类具有记忆特点，也就是当电池内的电力未用尽时就充电，久而久之电池便产生记忆，无法充进多余

电力，缩短使用时间。

对于充电时间，则取决于所用充电器和电池，以及使用电压是否稳定等因素。通常情况下给第一次使用的电池，或好几个月没有用过的电池充电，锂电池一定要超过 6h，镍—氢电池则一定要超过 14h，否则日后电池寿命会较短。而且电池还有残余电量时，尽量不要重复充电，以确保电池寿命。因此，最好是每次要将电池内的电力用尽后，再及时充电为好。勿使电池正负极短路，避免火烤和受到强烈冲击，保持电池清洁置于清凉干爽的地方保存。一定要使用专用充电器充电。

4．磁带的保养

早期的一些数码摄像机采用的存储介质是磁带，因此这里简单一下磁带的保养。磁带的保养特别要注意的是：防潮、防磁、防尘。在潮湿的环境下，磁带很容易发霉，使用时会造成录像机磁头污染。强磁场会影响磁带，使成品带退磁或产生杂波信号，造成磁带性能质量下降，灰尘附在磁带面上后，会使磁带在运行中被划伤，同时也会污染录像机磁头，因此要保持磁带存放场所的清洁。不要随便打开磁带内盒，用完的录像带要及时放入包装盒内保存。

长期存放应将磁带倒到头，让有带子的一头在下边立着存放，并将防误抹片去掉。半年左右快速倒带一次，避免因久存不用造成磁带粘连和磁层间的相互干扰。

5.1.6　电视节目的制作

电视节目制作是将前期采录的节目素材资料进行编辑组合、制作片头和片尾、叠加字幕、配画外音等艺术处理，以达到播出要求的过程。单纯使用简单的拍摄方法所拍出的画面，只能说是得到的“素材”，而不是“成品”，即电视节目作品。由此可见学习电视摄像，摄像机操作与前期拍摄只是其中的一部分，后期制作更是一个重要环节，是对前面所拍素材的一次重新整合和再创作。电视节目制作涉及电视画面取材、电视画面编辑、电视音乐与音响等方面，因此了解和掌握电视节目制作概念和基本流程是非常必要的。

电视摄像既是一种技术，也是一门艺术。在各类艺术门类之间，任何一门艺术都不是独立存在，它们之间都是一种相互影响、相互借鉴的关系。电视作为一门综合性艺术，在电视摄像与摄影艺术之间有着许多相通之处，如在基础构图、光线造型、色彩的感情倾向性等方面。具体分析如下。

摄影作品的特性是纯空间的，它只有一个画面，一个视角。电视图像的特性则是时空结合的，这决定它不仅可以像摄影图像那样，在空间中展现形象，而且可以利用时间因素，用一个长镜头或若干分镜头去表现动态事物。因此，电视图像突破了摄影艺术的画面单一、视点凝固的束缚，可以多侧面、多角度地表现物体形象或场景环节。摄影图像是静态，而电视图像由于有了时间因素，不仅可以利用静态造型的全部技巧，而且可以利用运动造型技巧来表现运动形象。

摄影是瞬间完成的，电视摄像艺术则是在时间的流程中依次完成的。欣赏摄影作品可以不受时间的限制随心所欲，细细品味。电视图像却受时间限制，一个画面、一个镜头会在极短的时间内在屏幕上消失。所以要求电视摄像的每一个镜头，都必须做到中心内容和主体形象明确，以便在很短的时间内让观众看清形象、看懂内容。

因此，要掌握电视摄像技法，不仅要懂得摄影艺术之中的各种空间造型技巧和手段，还要掌握各种各样的融入时间因素的运动造型技巧，才能较好地用电视摄像所特有的艺术表现手法去塑造视觉形象。

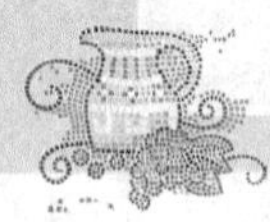

1．拍摄技法

学习电视拍摄方法，应由简到繁，循序渐近。了解掌握了基本操作程序后，便可有目的地练习一些基本拍摄技法，下面就介绍一下有关拍摄技巧方面的知识。

（1）持机方法。摄像机一般是架在三脚架上进行拍摄的，但作为家庭或业余摄像通常是用肩扛或手持方式拍摄，为了保证图像的稳定和操作上的灵活，这就需要有一套较为正确的姿势加以扶持以及呼吸方法上的配合。其基本持机方式概括下来有以下几种。

① 扛机立摄。适用于机型较大的专业级摄像机。方法是将机器置于右肩上，用双手牢固地支撑住，然后右手掌穿过扣抓皮带环，控制录制键和变焦键；左手握住聚集环，负责手动聚焦和平衡稳定摄像机，必要时还要调节控制面板上的功能键。双腿自然分开，上身保持挺直。水平摇动镜头时，注意要以腰部为轴均匀转动。走动拍摄时，应双眼睁开，以便可以用眼睛的余光观察到前面和周围的情况。向右移动是视觉盲区应注意安全。肩负式持机的特点是操机稳定，机动性强，利于各种运动拍摄。

② 举机立摄。适用于体积、重量较小、带液晶显示屏的小型数字摄像机，是一种单手持机方式，右手完成摄像机的托举、开启、拍摄、变焦等操作。方法是右手掌穿过扣抓皮带环持机置于胸前，手臂自然弯曲，左手协助稳定机身。注意持机右手臂不可过于僵直，否则容易引起疲劳而抖动，影响拍摄质量。特点是视野开阔，拍摄灵活方便。

③ 抱持式拍摄。抱持式也是一种较为实用的持机方式，适用于专业、家用多种机型。采用抱持式拍摄，身体姿势可根据需要采用站立式或低角度跪摄。特点是摄像机的拍摄角度控制十分灵活，仰拍、俯拍或平拍非常方便。数字数码当需要节省电力关闭液晶显示屏时也采用此种方式。先用左手托住机身底部，置于身体靠右侧，翻起眼罩调节好目镜角度，拍摄时右手控制录制钮和变焦钮。

另外，正确使用三脚架也是保证拍摄成功的重要手段之一。三脚架在使用长焦拍摄和推、拉、摇等运动镜头或长时间拍摄时，能保持稳定和提高画面质量。另外，一些特殊拍摄方式，如微距、定时间隔、自拍等必须使用三脚架才能完成拍摄。安放三脚架一定注意要保持调整云台水平，操作摇柄旋转摄像机时前后速度要均匀一致，不能忽快忽慢。

拍摄姿势主要有站立拍摄和跪姿拍摄。在站立拍摄时，用双手紧紧地托住摄像机，肩膀要放松，右肘紧靠体侧，将摄像机抬到比胸部稍微高一点的位置。左手托住摄录像机，帮助稳住摄像机，采用舒适又稳定的姿势，确保摄录机稳定不动。双腿要自然分立，约与肩同宽，脚尖稍微向外分开，站稳，保持身体平衡。在摇时应将起幅放在身体不舒服位置，将落幅放在身体舒服位置，在条件允许的情况下尽量做到两脚不动。在实际的拍摄过程中，要结合这几种基本持机方法，根据现场实际情况和机型特点，灵活运用。

采用跪姿拍摄时，左膝着地，右肘顶在右腿膝盖部位，左手同样要托住摄录机，可以获得最佳的稳定性。在拍摄现场也可以就地取材，借助石头、栏杆、树干、墙壁等固定物来支撑、稳定身体和机器。姿势正确不但有利于操纵机器，也可避免因长时间拍摄而过累。

（2）拍摄要领。练习电视摄像，除用正确的持机方式外，还应使拍摄符合下列要求。

① 平。在拍摄中电视画面里的地平线要平。无论采用何种姿势，拍摄时摄像机一定要端平，在液晶显示屏或寻像器上观察，画面都应该是横平竖直。如果线条是倾斜的，画面将给人一种不稳定的感觉，观众会产生错觉。因此，拍摄时要根据被摄物体的水平或垂直线条，与摄像机四周边框的对应关系，随时加以校正。还有，确保电视画面中地平线平的另一个手段是使用三脚架，

利用三脚架上的水准仪可精确调整水平。

② 准。拍摄时，聚焦要求准确。摄像机用自动聚焦基本上可以达到聚焦准确的要求。但手动状态下聚焦就比较难于把握，需要在实践中不断摸索体验才能较好运用。其中一个简单的方法是先将镜头向落幅画面推上，待焦距调实后拉出，即可得到聚焦清晰的画面。

准的另一个含义是拍摄范围的准确，主要体现在运动镜头的起、落幅上，起幅范围一般都经过观察处理。而落幅时，经验不足者往往不知该停何处。有时推、摇过头了，然后再拉回来，不仅画面效果差，还破坏了整个节目的节奏和气氛。应尽量做到一次到位，干净利落。使用时可以在正式开录前模拟几次起幅、落幅的过程，然后进行实际拍摄。

拍摄中“准”还有正确还原色彩、白平衡调整正确、光圈调整准确等意思。

③ 稳。电视画面不稳、镜头晃动会影响画面内容的表达，图像不清，容易造成眼睛疲劳，无法长时间观看。所以保持画面稳定是非常重要的。稳是要求在拍摄全过程中，摄像机始终保持稳定，不要晃动。高质量电视画面的衡量标准之一就是：画面应稳定，无摇晃和抖动现象。所以，持稳摄像机是一项重要的基本功，需要经常训练才能达到要求。

首先站立姿势要自然、舒适，两脚自然分立与肩同宽，重心位于两脚中间，双手配合保持机器的稳定。旋转拍摄摇镜头时以腰为轴均匀转动。需要移动拍摄时，双膝微曲，脚与地面平行擦地移动，最大限度保持机器稳定。机器处于录制状态时，要尽量屏住呼吸，如镜头时间较长，要采用腹式呼吸，呼吸动作匀而浅，胸部不动，从而保持拍摄姿态的稳定。

利用三脚架是减轻画面晃动的有效办法之一，在条件允许的情况下，应尽量利用三脚架，或其他可以支撑的各种支撑物，如身边的树、墙壁、桌椅等。

稳的另一层含义是：除保持拍摄中机器本身的稳定之外，拍摄中不要频繁使用那些漫无目的的推、拉、摇、移等运动镜头，使画面始终处于运动之中。因为，总在运动的画面不符合人们日常观察事物的习惯，所以实际拍摄中要少用、慎用运动镜头，保持整个电视作品节奏上的稳定。

④ 匀。在拍摄运动镜头时，摄像机移动或镜头的运动速度要均匀。推、拉镜头时中间不能有任何停顿；摇镜头时应注意画面移动平滑流畅，不能出现一走一停的现象，而且速度也应前后一致。一般而言，在运动镜头开始后，其运动速度应保持均匀，以形成一个稳定统一的节奏，如行云流水般自然、流畅。

2. 电视画面造型

（1）镜头及其含义。在电视拍摄中，镜头的解释有两种含义：从技术上讲是指组成摄像机的光学部件，由能使景物成像的多组透镜构成。从艺术上讲摄像机不间断拍摄的片断叫一个镜头，也就是一段电视画面。这里要讲的是后一种，它是电视创作的基本艺术语言之一。一部电视作品，就是由许多不同的拍摄方法和长度不同的镜头合理地穿插组合而成的。保持每个镜头的质量是对拍摄人员的技术、能力的考验。所以在实际拍摄前，应该根据所拍摄的内容、题材和现场环境进行必要的镜头设计，掌握基本的拍摄要领和构图技巧是拍摄成功的基础。

（2）景别的运用。景别实际是距离的概念，根据视距远近的不同，被摄主体在画面中所呈现的范围不同。由于呈现的范围不同，也就产生了景别的不同。景别是指被摄主体和画面形象在电视屏幕框架结构中所呈现的大小和范围。不同的景别既可传达不同性质的信息，又可给人以不同的视觉感受。

景别大致可分为远景、全景、中景、近景和特写。景别的划分没有绝对的统一标准，如全景还可细分为大全景、全景、中全景等。景别划分的方法一般有两种：一是以被摄主体在画面中所

占的比例大小为准，凡拍摄主体全貌均为全景，拍摄局部或细节称为中景或近景；另一种是以画框截取人物部位多少为标准，一般多使用后一种方法。

下面就介绍一下不同景别的表现特点。

① 远景。远景是从远距离拍摄所得到的画面景别，属超常视点的景别，能够包括较多的空间景物，易于表现整个环境和总的气势。远景大多用来拍自然环境，表现景物规模、数量、气势、渲染气氛等。在远景中人物并非是拍摄的主体，而是风景或环境场景的陪衬和点缀。

远景镜头给人带来广阔的视野，能起到抒发感情、渲染气氛的作用，给人以心旷神怡、胸怀开阔之感。远景空间范围大，景物比较多，观众欣赏视线随意。因此，拍摄时要保留一定的镜头长度，推、拉镜头不宜太快，以便使人们看清画面内容。

② 全景。全景是一种基本的介绍性景别，全景画面与远景相比，有明显的内容中心和结构主体。重视特定范围内某一具体对象的视觉轮廓形状和视觉中心地位。在拍摄中，能清晰表现场景全貌和人物全身的画面称为全景镜头。拍摄人物头上、脚下要留有空间，其他事物则要保留事物或场景外部轮廓线完整。

全景是画面集纳构图造型元素最多的景别，因此要注意各元素之间的调配关系。全景有定位作用，主要用来交待和表现人物与环境景物的关系、人与人之间的关系和被摄主体的运动姿态、方向、趋势等。全景画面的处理，需要注意保持主体形象完整，但也不能“顶天立地”；既要保持事物场景外部轮廓的完整，又要在主体周围保留适当的环境和活动空间。

③ 中景。成人站姿从膝部往上或坐姿腰腹以上，头部以上留一定空间的镜头称为中景。因影视作品中常常用来展现人物之间对话、交流等，所以也被称为“好莱坞”镜头或 3/4 镜头。中景比较适用于表现人物的语言、表情、姿态手势和人物间的交流、反应等。

中景景别有利于反映人物的动作、姿态和手势，在拍摄中景画面时，要注意保持人物手势动作的完整，避免出现手臂挥出画面。

④ 近景。从人物胸部往上拍，头部以上留一些空间的镜头是近景，也叫胸像。“近取其神”，近景镜头可以使观众看清人物表情和细微动作，也可体现出人物的心理活动和神情特征，使观众仿佛置身其中，容易产生交流感。

近景画面已经超出了人眼的正常视觉感受范围，有对表现事物强行放大的意味。因此，要注意处理好人物的头部姿态、面部表情、人物眼神等细微动作。

⑤ 特写。特写是影视艺术中独特的表现手段，表现人物肩部以上的头像或物体细部的镜头，常用来表现细节和表情。特写镜头有较强的表现力，可揭示人物的内心世界或把被摄主体从其他环境中强调出来。但特写镜头还同时具有很强的主观色彩和感情色彩，有一种暗示和强调的作用，是景别中的感叹号，所以使用时应慎重。

（3）固定镜头和运动镜头。从艺术上划分镜头的运用，可分为两大类：固定镜头和运动镜头。

所谓固定镜头是指摄像机的机身、机位及镜头焦距均不发生变化所拍摄的片段，也叫“固定画面”。其核心一点就是画面所依附的框架不动，从某种程度上来说，固定画面很接近美术作品和摄影照片的形式感。但是，由于电视摄像和电视画面具有时间上的连续性，具有表现运动的特性。例如电视固定画面中的人物或物体可以运动，可以入画出画等，这些都是在美术作品和摄影照片中不可能做到的。所以，当谈起电视摄像中的固定画面时，一定要注意跟绘画和摄影的“固定画面”区分开来。

固定画面在电视拍摄中占有重要的地位。首先，固定画面提供了一个稳定的视点，符合人们

停留细看物体的视觉习惯，能满足观众仔细看清一个具体或细小物体的视觉要求。其次固定画面边框相对固定画面造型具有稳定感，可以使结构具有绘画美的画面。当然，固定画面也有一些不足之处。例如，对于运动轨迹或运动形态较复杂的物体表现力差；另外，也不适合表现比较复杂的空间场景。遇到这两种情况，就需要运用另一种拍摄方法来完成：运动镜头。

运动镜头是相对固定镜头而言的，在拍摄中，变动机位、变动焦距或镜头光轴所拍摄的镜头称为运动镜头。也就是机位、机身和镜头焦距，任何一个部分发生改变，就会产生运动画面。运动镜头克服了固定镜头的弊端，它扩展了表现视野范围，赋予电视以特殊的造型功能。运动镜头能保持时间的真实延续，严守空间的统一，增强了电视画面再现现实的逼真性。运动镜头一般比固定镜头长，因此它包含的内容容量大，传达的信息多。

运动镜头按其运动的方式不同，可以分为推、拉、摇、移 4 种基本类型。

① 推。推是指摄像机向被摄主体方向推进，或变动焦距使画框由远而近，向被摄主体接近的方法。推镜头的表现是由大景别向小景别连续过渡，在推镜头的过程中分为起幅、推的过程和落幅 3 个部分。

推镜头是一种强调手段，可以起到突出主体、突出重点、突出细节作用。推的过程是引导观众视线聚焦的过程，重要的是在于推的是什么，而不是推的过程。在一个推镜头中，最重要的是落幅。它是推镜头的核心和引起推进的动机，镜头最后落在哪儿、落在什么主体上直接关系到整个镜头的表现目的。因此，对落幅画面的内容和构图一定要有明确的设计。

推镜头的技术要求是：起幅、落幅构图精准，过程均匀统一，落幅镜头焦点要实。

② 拉。拉镜头与推镜头过程相反，它是指从局部开始逐渐向外展开。也就是摄像机逐渐远离被摄主体，或变动镜头焦距使画框由近而远，与主体脱离的拍摄方法。

拉是一种展示手段，没有强调的含义，是对环境、空间和气氛的展示。拉镜头中，重要的是起幅。起幅画面中的内容是整个拉镜头的灵魂，所拉出的环境内容应与起幅画面构成一种情节关系。例如，表现主体和主体所处的环境关系、点与面的构成关系等，在拉的镜头中新的视觉元素不断入画，可使画面构成或画面含义发生新的变化。否则，拉之无物，观众就会失望。

拉镜头的技术要求基本与推镜头相同，推、拉镜头是通过改变焦距的方式完成的，使用中要注意调准焦点后再开始拍摄。使用推、拉镜头要充分考虑到它们的表现特点，有明确的使用目的，拍摄中应少用连续的、反复的推拉镜头。

另外，控制推、拉镜头的变焦按钮在操作上需要反复练习，推、拉镜头的过程是否均匀、流畅取决于对变焦按钮的控制。

③ 摇。摇镜头是在拍摄过程中，把摄像机固定在一个支点上，机身位置不变，镜头沿水平轴或垂直轴做扇形或圆形运动时所拍摄的画面。

摇镜头可扩大表现视野，突破边框限制，能建立同一空间中各形象间的关系，形成比喻、并列、因果等相连关系。摇镜头还是表现运动姿态和运动轨迹的主要手段。摇拍的方向和速度可按画面内容、物体运动方向和主题表现需要来定，于是产生了如横摇、竖摇、斜摇和积累式的间歇摇等技法，所谓间歇摇就是在摇的过程中不时地停顿一下，再继续摇。规范的摇镜头由 3 部分组成：起幅、运动过程和落幅。

运用摇镜头时要注意前后构图完整，表现画面内容要有特色，同时摇镜头的幅度不可太大，在没有三脚架辅助的情况下，幅度最好应控制在 90° 左右，最大不能超过 180°，否则难以控制拍摄时的稳定性。

在摇的过程中，控制运动速度要均匀、平稳，符合节目节奏的需要。摇的速度和情绪有一定的对应关系。一般来说，慢速适合表现悲伤、沉重、忧郁等低落的情绪；中速适合表现客观、冷静、悠闲等中性情绪；快速主要用于表现欢乐、兴奋、活泼、激动、紧张等情绪特点。快速地摇，使中间景物全部虚化的技法被称为“甩镜头”，在表现运动或激烈的场面中经常使用。

④ 移。摄像机在拍摄中改变所处位置就是移镜头，把摄像机架在一个运动着的工具上，一边移动一边拍摄。

移镜头是比较复杂的一类运动镜头。简单的移镜头有前移、后移、左移、右移、上移（升）和下移（降）。再复杂一点，镜头可以在平面上向任意方向运动，甚至在立体空间内自由移动，展现多层次空间，表现全方位视觉效果。在一些大场面或复杂空间的拍摄中经常使用移镜头来表现。

移镜头与其他镜头相比，最大的特点是机位的变化，因为机位的改变也就产生视点的变化，其视觉效果和人们在运动时观察客观世界的感觉完全一致，跟随被摄主体拍摄的移镜头容易产生身临其境的参与感。

（4）镜头长度的确定。电视作品是由长度不一的镜头组成的，从摄像机开机拍摄到停机，连续拍摄的一段画面称一个镜头。镜头的长短对主题思想的发挥和画面的表现效果有极大的影响。拍摄、剪辑时，应选择使观众印象最深、最有感染力的镜头，并恰到好处地掌握镜头的长度。

不同景别的镜头视距是不同的，取景范围的大小、画面内容的繁简，对观众看清画面的内容影响很大。为使观众看清画面内容并了解画面的作用，不同景别的镜头长短应当有所不同，原则上是：景别越小时间越短，景别越大时间越长；固定画面较短运动画面较长；欢快的情绪较短悲哀的气氛较长。

在剪辑时，对固定镜头而言，其镜头长短一般处理如下：全景 6s 以上、近景 2 ~ 3s、中景 3 ~ 4s、特写 1.5 ~ 2s；对运动镜头来说，时间长短应以交待清楚所要表现的内容、动作完整、节奏协调为取舍标准。另外，在拍摄中叙述的内容、影片的节奏也都是确定镜头长度的因素。

3. 电视节目制作流程

电视节目制作包括节目生产过程中的艺术创作和技术处理两个部分。前者习惯地称为“软件”，后者则称为“硬件”。在制作的实践中软件和硬件同属于一个完整的节目生产系统的不同部分，不可分割，它们相互依存、相互渗透。

节目制作要重视工艺流程，加强制作节目的计划性，遵循制作流程的科学性，才能有条不紊地进行节目制作工作，提高制作节目的质量和效率。电视节目制作的全过程可以分成若干阶段。一般分为“前期制作”与“后期制作”。这种方法是沿用电影的制作概念。前期制作包括构思创作、拍摄录制；后期制作包括编辑、合成。

（1）前期。包括根据拍摄需要，进行节目构思、分析确立节目主题、进行调查研究、搜集相关资料、草拟节目脚本，最后制定拍摄计划。然后根据拍摄计划，进行拍摄录制。注意在录制过程中要认真进行场记记录，把磁带标号、画面内容、镜头长度及拍摄地点、时间、天气状况等信息详实记录，以备后期编辑需要。前期的准备是节目制作的基础，节目的构思越完善，拍摄条件和困难考虑的越周全，节目制作就会越顺利。某些环节如果处理不当就会影响节目的制作效率和质量，因此，前期工作应引起制作者的重视。

前期制作流程：脚本（文学本）→分镜头本→拍摄计划→实际拍摄→素材。

（2）后期。后期工作主要在编辑机房或计算机上完成，也就是常说的剪辑画面工作。在后期

工作中要结合节目构思主题需要和创作意图，编辑整合零乱的前期素材、建立完整的节目形态，在这个阶段里，主要是围绕“剪辑”进行的。

剪辑就是按照视听规律和影视语言的语法章法，对原始素材进行选择和重新组合。否则，简单拍摄的画面不能很好地讲述事件、表达观念和情绪。所以视听语言的形成与质量，主要依赖于画面组接的质量。具体来说，剪辑担负着叙述事件、连贯动作、场景转换、结构段落、处理时空、组合声画等任务。

后期制作流程：素材审看→素材编辑→修改→合成（同期声、音乐、配音、特技、字幕）→成品。

4．非线性编辑

计算机技术的日新月异引发了电视技术领域的变革。随着多媒体技术在电视节目后期制作中的应用，以硬盘为基础的制作方式即非线性编辑系统应运而生，并以其独有的，传统磁带视频编辑设备无法比拟的优越性而广泛得到应用并得到认可。随着非线性编辑系统在功能、速度、系统的开放性和网络化媒体共享方面的进一步完善与发展，运用计算机技术实现电视节目的后期制作已经成为发展方向。

过去只是专业人员结合专业设备才能掌握完成视频剪辑。现在几乎任何人都可以在家中创建自己的桌面视频作品。视频编辑软件也变得更加智能化，经过简单学习即可轻松掌握，数码摄像机与计算机连接，实现计算机辅助编辑，完成电视节目制作，最终输出节目成品录像带或 VCD、DVD 光盘等。当然，与拍摄技法一样编辑也是整个制作过程中的一个重要环节，需要按照前期构思计划分步进行，以下是进行非线性编辑时需注意的几点事项。

（1）审看素材。审看素材是后期制作的必要过程。审看素材一般是节目创作与剪辑人员一起进行，在认真观看素材的同时，应该针对有需要的镜头或段落作一些必要的书面记录，以备剪辑之用。如磁带编号、画面内容、镜头时间等。同时还应该把前期拍摄过程中的场记表做一次仔细的整理。把本来按照拍摄日程安排的场次顺序和镜头顺序重新按照分镜头稿本的顺序整理出来，方便接下来剪辑影片时寻找画面用。

对审看发现的问题要及时处理，如有些镜头可能达不到设计要求，或拍摄失败，对于这种情况，该补拍的要及时补拍，无法补拍的画面，要研究制定方案，妥善解决。审看的同时还要注意其他相关素材的收集整理，如影片需要的旁白、音乐、动效等，都应在剪辑前把这些素材准备完毕，使剪辑的过程尽可能地集中和便利。

（2）素材采集。在剪辑之前应该首先测试计算机系统的稳定性，素材下载到计算机里后，不能出现素材内容缺失。计算机系统并不具有绝对的稳定性，倘若计算机系统出现不可修复的故障而素材磁带又不复存在，将造成无法挽回的后果。

下面列举一种常用的计算机视频编辑软件 Ulead Video Studio——会声会影。

“会声会影”是一个消费级的视频编辑软件，这款软件可以让用户轻松创建带有生动的标题、视频滤镜、转场和声音的家庭视频作品。“会声会影”的特色是带有一个直观的、基于步骤的界面，可以帮助用户快速入门。按照所提供的步骤，从“开始”到“完成”。

“会声会影”其主要界面包括故事板、素材窗口、监视窗口、时间线、特效窗口等。这里将会声会影的工作界面分为几个区域，从图中可以明显地看出各个区域划分的情况。“会声会影”主界面如图 5.2 所示。

图 5.2 “会声会影”主界面

界面中最上面一行是功能菜单栏，即步骤面板，这些功能选项将直接对视频文件进行处理，从左到右依次选择，它可以控制其他工作区，包括选项面板、时间轴和图库。

中间是预览视频文件的效果区域，像一个放电影的软件界面一样，在这个区域中上面有荧幕，下面有快进、播放、快退、停止等按钮。

在这些按钮下方是工具菜单，和平时用的软件界面不同，一般的工具菜单是在最上方一栏，即“会声会影”步骤面板所在的行。“会声会影”的工具菜单却放在软件界面的正中间，第一个工具就是帮助文件，然后依次是撤销、重复、问号帮助、垃圾桶、存盘等选项。

最右边是存放素材的地方，图库中可以包含视频文件、影像（图片）文件，色彩脚本，需要处理的脚本都放在这里。旁边有一个打开文件的图标，外部脚本可以从这里导入到软件中等待处理。

在整个软件界面的最下面是文件编辑区，即时间轴。在这里有多个轨道，分别可以放入需要处理的脚本、复叠的脚本、标题、音乐、旁白等，然后对其中的素材进行剪辑、编辑。

操作时首先把 DV 摄像机通过 IEEE 1394 连线连接到计算机上，用软件把图像和声音采集到硬盘上。注意，一小时的原始 DV 素材约相当于计算机硬盘 15G 的容量，因此，要确保计算机配置有容量足够大的硬盘。若 DV 摄像机的存储介质是硬盘或闪存，也可直接将素材文件直接拷贝到计算机的硬盘中。

然后根据编辑计划把硬盘上的素材导入软件的素材窗口。通过在监视器窗口进行剪辑取舍，之后把素材拖动到时间线上。在时间线上，可以再次精确地调整素材的长度、出点和入点，并可插入声音或旁白解说，调整声音的位置、大小，设计片头字幕设定文字运动模式。

在特效窗口里还可以选择相应的特效或转场特技，拖动到时间线的视频轨或转场轨上，产生各镜头之间转换的特级效果。

“会声会影”本身采用逐步式方案，步骤显示在程序顶端的菜单栏内，方向为从左到右。单击菜单栏中的步骤，即可直接转到该步骤。选定步骤显示为黄色。

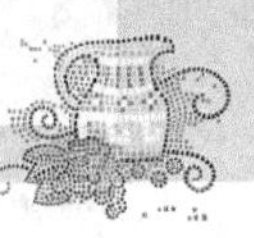

最后，可以将整个影片通过 IEEE 1394 连线输出到 DV 磁带上，供电视台播放或参加各种 DV 影展；或者在计算机内将影片生成为 MPEG-1（VCD）或者 MPEG-2（DVD）等格式直接播放，也可再通过 CD-R 或 DVD-R 刻录成 VCD 或 DVD 光盘，供多媒体播放器播放；甚至可以将影片输出成压缩数据流，以便在网络上传输下载。

（3）画面编辑。首先从整体上把握影片的结构，这个整体可以是整个 DV 电影的结构，也可以是某个段落的结构。“蒙太奇”是镜头与镜头之间、段落与段落之间排列组合的方法。蒙太奇可以分成多种，基本可以分为叙事性蒙太奇和表现性蒙太奇。

叙事性蒙太奇用于叙述故事和交代情节，是蒙太奇中最简明和直接的表现形式。叙事性蒙太奇通常包括：连续式蒙太奇，这是运用最多的一种形式，按照电影的叙事顺序和情节结构的发展，让影片条理分明、层次井然地发展下去；平行式蒙太奇，即把发生在同一时间段内不同场合发生的事件平行地叙述出来；交叉式蒙太奇，把同一时间、不同地点的平行动作或场面交替叙述，使之相互加强，造成惊心动魄的印象；积累式蒙太奇，把一连串性质相近、说明同一内容的镜头组接起来，造成视觉印象的叠加；复现式蒙太奇，让影片前面已经出现的场面重复出现，产生前后呼应的效果；颠倒式蒙太奇，把剧情由现在转到过去，又从过去转到现在，造成倒叙或插叙的效果。

表现性蒙太奇用于加强情绪的渲染力度，追求镜头间的对应和契合，以获得别致的艺术效果。表现性蒙太奇通常包括：象征式蒙太奇，即用某一具体事物和另一事物并列，用以表现这一事物的某种意义；隐喻式蒙太奇，即将外表相同而实质不同的事物加以并列，产生类比的效果；对比式蒙太奇，即把不同内容、不同画面现象的镜头组接起来，造成强烈的对比关系；抒情式蒙太奇，这是电影创造诗意的一种手法。

在剪辑过程中首要考虑的是蒙太奇结构的创建，但在电视艺术语言中，声音也是重要组成部分，而且对电视艺术而言声、画是不可分离的。

声画关系有 3 种：声画同步，即画面的内容就是发声体本身；声画分立，即画面内容不是发声体本身，但表现的是和发声体相对应的人或物，如两个人谈话时画面不是讲话的人，而是倾听的人镜头；声画对位，即画面和声音相互对立，产生特殊的效果。出其不意的声画组合常常使剪辑达到更高的艺术效果。

当然，剪辑还需要考虑画面的特性，它包括镜头画面的分类以及镜头画面的方向。如镜头景距的变化、运动的变化、角度的变化、速度的变化等；镜头画面的方向则包括画面的方向、视觉的方向、事物运动的方向、地形的方向以及镜头轴线的方向。除此之外，还需要考虑画面剪辑的原则，即画面组接的剪辑点正确，包括画面本身和声音剪辑点正确；画面组接的逻辑性正确；画面组接的时间和空间正确；主体动作的连贯；画面造型，包括光影变化和色彩过度、形象对列和构图对位等的衔接正确。最后，还必须注重剪辑的节奏，适当的节奏可以舒缓或加快情节发展的速度，影响整个片子的情绪表达。

（4）影片合成。合成是影片制作的最后阶段，字幕、片头、片尾等是电视节目创作中的组成部分，因此要精心设计。

片头一般都是几组镜头，然后叠加字幕。也有的是使用特定意义的空镜头，配合字幕完成。总之，由于题材、内容、风格和样式不同，设计选择的形式也各有不同。片头不是要做得越花哨越好；片头字幕应起到点睛作用，概括凝练，有一定的寓意。也可以设定一定悬念，以吸引观众的注意。片尾可以是影片的精彩片段、空画面、拍摄现场工作实况等，再配上音乐、滚动字幕来处理。给人以结束感和一个思考、回味的空间。

选择一首好的符合主题需要的主题曲，能赋予画面活力，起到渲染气氛、抒发情感和深化主题的作用。关于影片编辑中的特技处理，要少用、慎用，要有明确的目的性，切记不要滥用技巧、特技，最后喧宾夺主，破坏影片整体效果。

由此看来，片头、片尾、字幕等的设计和样式创作天地十分宽阔，但一个重要原则是设计统一、符合主题需要，与全片的内容和风格和谐一致，字幕、标题制作力求精美。

电视节目制作是一个实践性非常强的工作，不同阶段有其不同的特性，剪辑本身就是一门复杂的学科，也是艺术的再创造，这里只是简单地描述了影片编辑的基本要素和规律。因此，要学习好真正的编辑方法，还需要不断地学习和实践。

最后还要说明一点，如果对编辑的视频要求不高，只想将分散的视频文件连接起来，可以用“格式工厂”等软件，通过“合并”视频的功能，将其合并成一个大的可接播放的视频文件即可。

5.2 照相机

自从 1839 年摄影术发明以来，随着科学技术的不断发展，作为摄影的主要器材，照相机的电子化程度、光学性能和机械精密度越来越高，其性能日臻完善。照相机已经被广泛应用到各个领域，也成为现代办公自动化的一种常用设备。根据成像载体的不同，照相机可以分为两大类：一类是以感光胶片作为载体的传统照相机，另一类是以电子存储器件作为载体的数码照相机。本节将分别介绍这两类照相机。

5.2.1 传统照相机的主要部件

传统照相机（以下简称照相机）发展至今已经十分完善了，尽管其种类、品牌和型号繁多，但它的主要部件都是如下几种。

1．镜头

任何种类的照相机都有镜头。镜头的作用是将被摄景物的影像清晰地记录在胶片或电子存储器件上。

（1）镜头的结构。现代照相机的镜头是由多片凸、凹透镜分成若干组而构成，以提高照相机的成像质量。

（2）镜头的焦距。焦距是镜头的一项重要技术参数。镜头焦距的含义为镜头的光学中心至聚焦平面的距离。焦距通常标示在镜头的镜筒或压圈上。不同焦距的镜头其焦距差别很大，焦距短的只有几毫米，焦距长的可达上千毫米，从而构成种类繁多、性能各异的不同镜头。

（3）镜头的口径。口径是镜头的另一项重要技术参数。镜头口径表示镜头的最大进光孔，即镜头的最大光圈。通常，镜头的口径用最大光孔直径与焦距的比值来表示，标示在镜头的压圈或镜筒上。例如，一只镜头的压圈上标示“50mm　1∶1.4（或 f/1.4）”，其含义是该镜头的焦距为 50mm，最大光孔直径是 35mm（35∶50=1∶1.4）。

镜头的口径越大，其使用价值也越大。大口径镜头可以利用其大光圈在较暗光线下拍摄，也便于使用较短的快门时间和有利于表现画面的虚实效果。

（4）镜头与机身的连接。镜头与机身的连接有两种基本方式：一种方式是镜头固定在机身上，

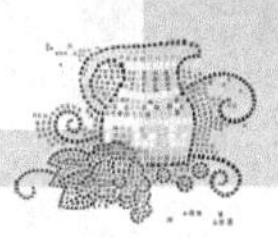

镜头不能更换；另一种方式是镜头可以方便地从机身上装卸，照相机可以随意更换镜头。

（5）镜头的种类和性能。镜头的种类繁多，按焦距能否调节，可分为定焦距镜头和变焦距镜头两大类。

① 定焦距镜头。定焦距镜头是指焦距固定不变的镜头。例如，24mm 镜头，300mm 镜头。

② 变焦距镜头。变焦距镜头的焦距可以在一定范围内自由调节，例如，焦距为 28 ~ 85mm，100 ~ 200mm 的变焦距镜头。变焦距镜头可分为自动变焦和手动变焦两大类。自动变焦镜头用于自动调焦相机，手动变焦镜头用于手动调焦相机。

变焦距镜头的优点是一只镜头能代替若干只定焦距镜头，从而不必在拍摄中经常更换镜头或为拍摄同一景物不同景别的画面而前后走动。变焦距镜头的缺点是因其口相对径较小，不能随意使用短时间快门或大光圈。

2．快门

快门是照相机用来控制对胶片感光时间长短的一种装置。

（1）快门的作用。快门的基本作用是调节对胶片的曝光时间，并与光圈配合达到所需要的曝光量。

（2）快门时间。快门时间的长短用数字 1、2、4、8、15、30、60、125、250、500、1000、2000 等来表示，通常标示在照相机的快门时间调节盘（钮）上。这些数字的倒数（单位：秒）表示对胶片的曝光时间，数字越大，曝光时间越短。相邻两档的曝光时间相差约一倍。

（3）快门的种类。

① 根据快门的所在位置，快门可分为镜间快门和焦平面快门两种。

镜间快门位于镜头中间，由若干片金属叶片组成。快门打开的过程是，叶片由闭合状态从中心向四周开启至全部打开，然后，叶片再从四周向中心闭合。

焦平面快门紧紧位于照相机曝光窗平面的前面，由前后两块帘幕组成。调节快门时间，实际上就是调节先后运动的两块帘幕间的缝隙大小来控制曝光时间的长短。

② 根据快门的控制方式，快门还可分为机械快门、电子快门和程序快门。

机械快门是通过机械装置（弹簧等）控制快门开闭。这种快门的曝光时间只能定级变化，快门时间不能调在两档之间。

电子快门是通过电子延时电路等装置控制快门时间。这种快门的优点是曝光时间的精确度高，快门时间可以无级变化。

程序快门是通过光圈系数与快门时间预先内置组合好的一种快门，分为手控机械式程序快门、自动程序快门和电子程序快门 3 种。程序快门的快门时间和光圈大小无法人为调整。

3．光圈

光圈是指设置在镜头的透镜组中间，由若干片金属薄片所组成可以调节大小的进光孔。

（1）光圈的作用。光圈的基本作用是调节进光照度，与快门时间配合实现所需要的曝光量。光圈的重要作用是根据拍摄意图，通过调整光圈大小，以获得所需要的景深。

（2）光圈系数。光圈的大小用光圈系数或称 f 系数表示。光圈系数有 1、1.4、2、2.8、4、5.6、8、11、16、22、32、45、64 等数值，标示在镜头的光圈调节环上。一支镜头的光圈系数通常只具备其中若干个数值。光圈系数的数字越小，光孔直径越大，进光量越多。相邻两档光圈系数对应的进光量相差一倍。

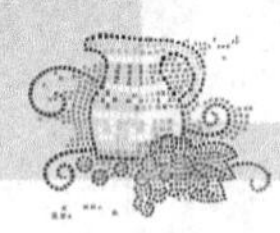

4. 调焦装置

调焦装置的作用是调整像距，以获得清晰的影像。调焦操作可以通过转动镜头上的调焦环（或钮）完成。调焦装置分为手动和自动两种。手动调焦照相机是通过调焦验证装置来检查调焦是否准确的。下面介绍几种常见的调焦验证装置。

（1）中央裂像式。在照相机的取景屏中央有两个半圆合成的小圆形。拍摄时，将被摄主体放在两个半圆上。当调焦准确时，可以看到与被摄体完全一致的清晰影像，如图 5.5（a）所示；当调焦不准确时，两个半圆内的景物的影像彼此错开，如图 5.5（b）所示。中央裂像式调焦屏分为水平裂像、斜线裂像和垂直裂像 3 种，图 5.3 所示为水平裂像式调焦屏。

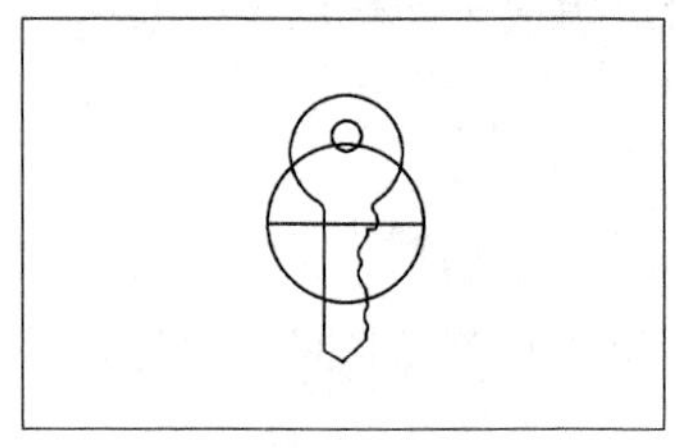

（a）清晰影像

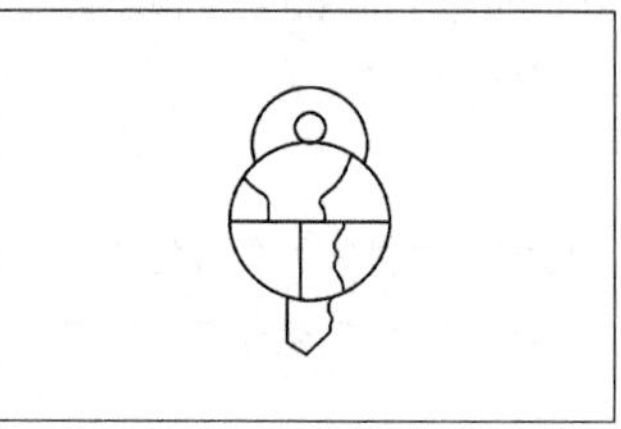

（b）彼此错开的影像

图 5.3　中央裂像式调焦屏

（2）环带微棱镜式。在照相机的取景屏中央有一个圆环，拍摄时将被摄主体放在圆环内。当调焦准确时，圆环内的影像清晰，与景物一致；当调焦不准确时，圆环内的影像模糊。

（3）重影式。在照相机的取景屏中央有一个淡黄色的长方形，拍摄时将被摄主体置于该长方形内。当调焦准确时，长方形内两个影像重叠在一起，如图 5.4（a）所示；调焦不准时，长方形内一实一虚两个影像彼此错开，如图 5.4（b）所示。

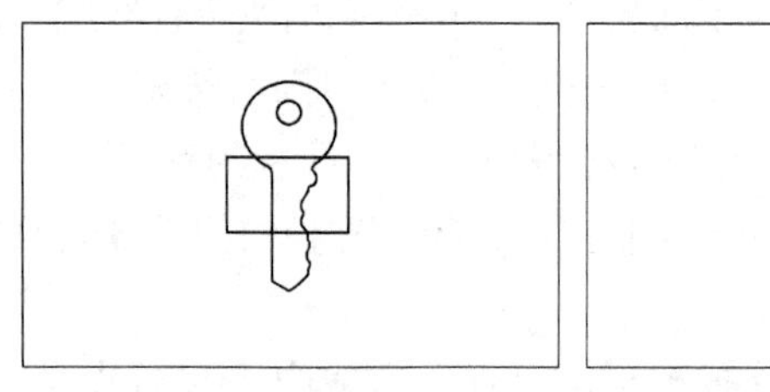

（a）影像重叠

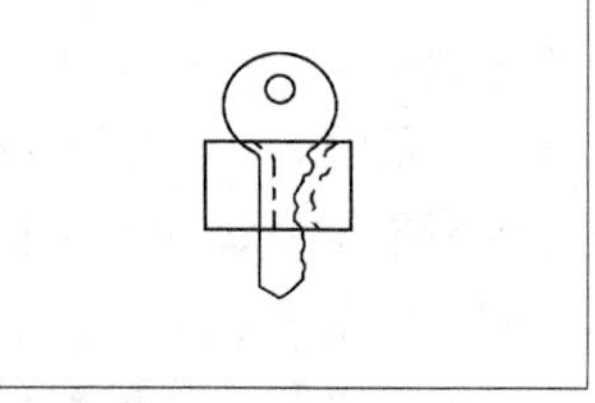

（b）影像错开

图 5.4　重影式调焦屏

（4）磨砂玻璃式。在照相机上方，有一块细致均匀的磨砂玻璃作为调焦屏。摄影者通过直视磨砂玻璃上的影像进行调焦。当影像最清晰时，表示调焦准确。调焦时，为避免外界明亮光线直射调焦屏而降低影像反差，可打开遮光罩或用手来遮挡光线。

（5）距离刻度式。在镜头的调焦环上常用两种颜色标示出距离刻度，分为英尺（1 英尺=30.48cm）和公尺（1 公尺=1m）两种单位。拍摄时，根据目测得到物距，转动调焦环，将与物距相应的距离刻度对准镜筒上的调焦准线即可。调焦准线两侧是景深表。

5. 取景器

取景器是用来观察被摄景物及其范围，确定画面构图的装置，分为同轴取景器和旁轴取景器两大类。

（1）同轴取景器。同轴取景器是直接用摄影镜头兼作取景物镜。

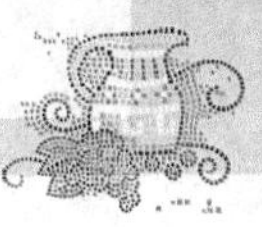

（2）旁轴取景器。旁轴取景器的取景物镜与摄影镜头是分别独立的。由于其取景视点与成像视点不一致，所以存在取景视差，且物距越近，视差越大。

6．自动控制装置

现代电子技术的发展，使照相机的许多操作实现了自动化。这些自动控制装置主要有自动测光、自动曝光、自动调焦、自动显示拍摄信息和自动调定片速等。

（1）自动测光。照相机自身带有测光装置，用来自动测定被摄体的亮度，并将该信息输入照相机的集成电路。

（2）自动曝光。自动曝光照相机都具有自动测光功能，其曝光方式主要有下面 3 种：

① 程序式。

② 快门优先式。

③ 光圈优先式。

（3）自动调焦。自动调焦照相机的调焦由照相机自动实现。拍摄时，将被摄主体位于取景屏中自动调焦区域内，拍摄者只要半按快门钮或按下调焦锁定钮，照相机会针对该区域内的景物自动调焦，且调焦状态被锁定，这时拍摄者可重新组织画面进行拍摄。

（4）自动显示拍摄信息。现代照相机的机身上设有多功能液晶显示屏（LCD），自动显示光圈、快门、闪光灯状态等各种拍摄信息，以供摄影者参考及提醒注意。

（5）自动调定片速。自动调定片速照相机具有自动感应功能（CAS），其特征是在照相机暗盒仓的部位有两排金属触点。这些触点与 DX 胶卷暗盒上的方格图形对应，能自动感应到胶卷的感光度（片速）、画幅数、宽容度等信息。

此外，某些照相机还有自动闪光、自动输片、自动记录拍摄日期等多种自动功能。

5.2.2　传统照相机的操作使用

为了保证照相机拍摄出较高质量的照片，延长照相机的使用寿命，必须学会正确地操作使用照相机。对于一台不太熟悉的照相机，使用前还应该认真阅读使用说明书，了解其各种性能，发挥其所有功能。下面就通常情况下，按照操作顺序，说明操作使用照相机的基本方法。

1．装电池

对于具有测光功能或具有内置闪光灯的照相机，需要安装电池后才能使用。照相机使用的电池有纽扣电池，五号电池和锂电池等多种类型。更换电池时，应先打开电池仓盖，装好电池后再盖严电池仓盖。

注意事项：

（1）清洁电池两极，以防接触不良。

（2）电池的型号和电压应符合照相机的要求，不同型号的电池不能混用。

（3）安装电池时正、负极的方向不要装错。

（4）某些内置闪光灯的 135 袖珍照相机严禁使用镍镉电池，以防损坏照相机。

2．装胶卷

不同型号的照相机所使用的胶卷不同，胶卷的安装方法也有所不同。135 照相机安装胶卷的方法如下。

（1）打开机身后盖。各种照相机的后盖开启方法有时不相同，有的是拔起倒片钮，有的是拨

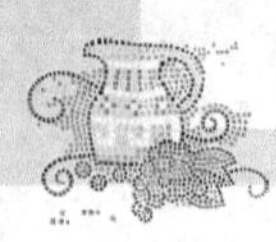

动后盖开启钮。

（2）将暗盒装入机身内的暗盒仓，按下倒片钮，固定暗盒。

（3）将胶卷片头插入卷片轴上的缝隙，并使缝隙内的小齿勾牢片头上的片孔；对于具有自动装片功能的照相机，只需将片头搭到卷片轴上，合上后盖就可自动卷片。

（4）扳动卷片扳手或旋转卷片旋钮至停止位置，使胶卷片头在卷片轴上绕紧一圈以上，同时使胶片片孔与照相机上八牙轮的齿啮合好，并使胶片平展。合盖好照相机后盖。

（5）上弦卷片空拍两张，至计数窗出现数字 1 为止。卷片时注意倒片钮是否跟着反转（通常为逆时针方向）。若反转，说明输片正常；若倒片钮不动，说明装片有误，需检查片头是否松脱。

（6）装片无误后可正式拍摄。每拍摄一张后，拨动卷片扳手或旋转卷片旋钮至停止位置，即可拍摄下一张照片。

注意事项：

① 不要在阳光直射下装卸胶卷。

② 装胶卷时不要触摸压片板和导片轨道。对具有焦平面快门的照相机，不要触碰快门钢片或帘幕，以免损坏。

③ 不要把暗盒装反，使胶片乳剂面朝后。

④ 防止胶片的片头没有在卷片轴上固定牢，胶片孔未与八牙轮啮合好。

3. 调节感光度

装好胶卷后，根据所用胶卷的感光度值，调节照相机上的感光度调节盘，使之与胶卷的感光度值一致，否则，照相机的测光和曝光会出现误差。具有自动调定感光度功能的照相机，只需装入 DX 胶卷，便可省去调节感光度的操作。

4. 选择拍摄模式

使用具有多种自动功能的照相机，应通过转动照相机的曝光模式选择钮选择好拍摄模式，如手控曝光（M），光圈优先式（A）、快门优先式（S）或程序式（P）自动曝光。

另外，可以拨动输片模式选择钮，选择单张自动输片模式（S）或连续自动输片模式（C）；拨动调焦模式选择钮，选择手控调焦模式（M）或自动调焦模式（AF）等。

5. 调节快门与光圈

在曝光量相同的条件下，光圈和快门时间可以有多种组合。一般来说，光圈开大一挡同时快门时间加快一挡，曝光量不变。例如，光圈 f/8、快门时间 1/60s 与光圈 f/5.6、快门时间 1/125s 的曝光量相同。

6. 调焦

转动镜头或机身上的调焦环（见图 5.5），直至被摄主体在取景调焦屏（微棱镜式）上的影像最清晰，或使被摄主体彼此错位的两半影像对齐（中央裂像式），或使被摄主体的两个影像重合（重影式），调焦便结束。

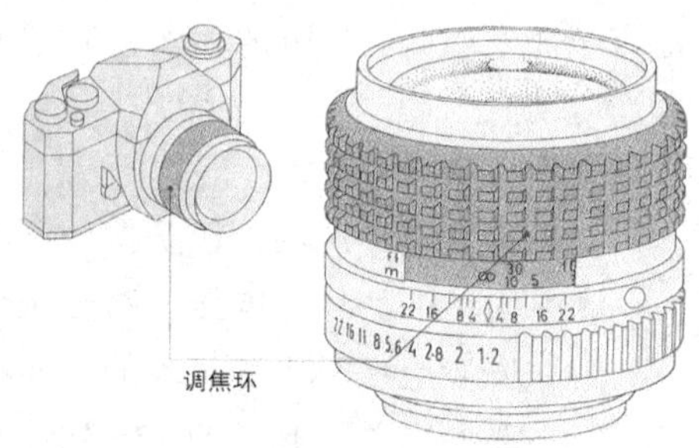

图 5.5 调焦环

7. 持握照相机的方法和拍摄姿势

持握照相机的方法要正确，拍摄姿势要自然、舒适、不紧张，否则不利于拍摄出好的照片。

使用 135 照相机时，一般将左手掌托在机身和镜头下方，用左手大姆指和食指捏着调焦环调焦；将右手大姆指放在机身后侧，中指、无名指、小姆指放在机身前侧，共同持握住机身右端，

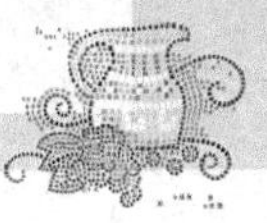

右手食指轻放在快门按钮上，准备按快门钮拍照。眼睛贴在取景目镜处。

持握好照相机后，不论拍横幅或竖幅画面，均采取双脚略叉开姿势并站稳，双肘紧贴在肋部。低角度摄影时，可采取坐式或跪式，肘部支撑在膝盖上以保持稳定。

注意事项：

（1）手持照相机拍摄时，力求使照相机保持平稳，手不抖动。

（2）照相机应端平，使影像中的水平线条保持水平，垂直线条保持垂直（追求特殊效果除外）。

（3）按快门钮时，用食指尖轻轻按到底，避免全手用力引起照相机抖动，导致画面不清晰。

（4）使用长焦距镜头拍摄时，为保证照片清晰，最好使用三脚架，个别单镜头反光照相机还可以预先升起反光镜。

8．卸胶卷

135 照相机的卸胶卷方法是，先按下照相机底部的倒片锁定钮，再将倒片钮掀起，顺时针方向转动倒片钮，将已拍摄过的胶片倒入暗盒。当倒至片头从卷片轴上松脱时（可听到“咔啦”一声，同时握倒片钮的手顿时感到轻松），最好立即停止倒片，避免将片头倒入暗盒，使得暗盒缝隙处漏光。之后打开照相机后盖，取出暗盒。

一些具有电动倒片功能的照相机，一旦胶卷拍完照相机会自动倒片。

注意事项：

（1）防止胶卷没有倒完就打开照相机后盖。

（2）卸胶卷时避免阳光直射照相机。

5.2.3　传统照相机的选购与维护

1．照相机的配置

作为办公设备，照相机常用于拍摄会议、合影、外景、文件、图片等内容。为此，购置功能较齐全，成像质量好，使用方便的中高档 135 单镜头反光照相机较为适宜，并配备几只不同焦距的镜头，供不同场合使用。另外，还需要配备一支闪光指数在 30GN 以上的电子闪光灯和一支三脚架。如果经常需要放大成大画幅的照片，可以购置 120 中型照相机。

2．照相机的选购

照相机属于精密仪器，购买时应该认真仔细检查各部件的性能和质量。重点检查以下 4 个方面。

（1）检查外观。照相机的外包装纸盒不应有破损；对照盒内清单不应有缺件；封装照相机的塑料袋未开封。

照相机的外表面应无裂纹、无碰伤、无划伤。漆层应光滑、均匀。装饰革应平整、无开胶现象。螺钉等零件应齐全，槽口无伤痕。

（2）检查镜头。卸下镜头或打开照相机后盖，将快门调至 B 挡并开启，光圈调至最大。将镜头前、后两端分别朝向明亮处，从镜头一端透过镜头观察镜头内部。镜头的各透镜片应无裂纹、无崩边、无划伤、无霉斑、无大气泡、无开胶、无杂物、无油污、无指纹。再将镜头稍偏离明亮处，从镜头正面侧方向观察镜片表面的镀膜有无划伤现象。

转动光圈调节环、调焦环、变焦环等部件时应该灵活，阻力适中，手感好，无死点，无松动；转动光圈调节环，从最大光圈逐级缩小，光孔应有明显缩小，各级光孔应近似呈正多边形。调至

最小光圈，观察光圈叶片，应无锈斑。

将镜头装到机身上，检查其内在质量。对不同摄距的景物，从取景器中观察其影像，画面边缘影像的线条越清晰，细节越丰富，镜头的成像质量越好。对于短焦距镜头还要注意画面的中心部分与边缘部分不应有明显的明暗差别，位于画面边缘的影像中的直线条不应有明显的弯曲。

（3）检查快门。转动快门调节钮或调节环应灵活，不松动，各挡刻度应定位准确。将快门时间从1s逐级调至1/60s各慢速挡，分别按下快门按钮，应能感到快门时间有明显差别。对于焦平面快门，检测1/125s以上高速挡的方法是将闪光灯充电，打开照相机后盖，对着白墙由低到高逐级选择各挡快门时间并按下快门按钮，在闪光灯闪光的一瞬间，如果看到成像框被照亮的部分是前一次的一半，说明快门时间较准确。

镜间快门的叶片应平整，无变形、无油渍，叶片中心部位无小孔。焦平面快门的帘幕应无变形、无伤痕，两片帘幕之间不应露出缝隙。

（4）检查其他部件。自拍机的上弦扳手应能锁定，释放即时，延时应在8～12s，工作时无中途减慢或停滞现象。

卷片、上弦机构应操作灵活，手感好。

计数器计数准确。打开机身后盖时，计数器应能自动恢复到S处。镜头与机身的连接要严密可靠。装卸镜头既灵活方便、阻力适中，又不松动不漏光。

取景器的反光镜、磨砂玻璃、目镜等应清洁、无划伤、无指纹、无油污。

对不同距离的景物调焦时，镜头调焦距离标尺的指示，调焦验证装置的指示及景物的清晰影像三者应精确一致。对不同亮度物体测光，照相机测光系统的测光指示应反应灵敏，有明显区别。

3．照相机的维护

（1）镜头的维护。镜头是照相机的重要部件，直接影响成像质量。镜头的镀膜和镜片很容易受到损伤，应细心维护。维护镜头的主要措施如下：

① 防止灰尘、唾液、水点、油污、指纹污染镜头表面。为此，可在镜头前方安装一片UV镜或天光镜，保护镜头免受损伤和污染，同时也不影响拍摄。

② 照相机不拍摄时，应将镜头盖盖上。卸下的镜头，还应盖上后端保护盖。

③ 不必经常擦拭镜头。必须擦拭时，应先用橡皮吹气球吹拂掉镜头表面的灰尘，然后用卷有长纤维脱脂棉的细棍端部，从镜头中央向外沿螺旋线方向，边轻擦边转动棉棍，以便始终用干净的棉花擦镜片，并不断更换棉棒。若镜头表面有手印、油污，可在棉花上蘸微量专用镜头清洁液将其轻轻擦除，并立即用干净棉花擦净余迹。

注意事项：

① 镜片上有灰尘时不应用嘴吹，以免沾上唾液。

② 不要用麂皮擦拭镜头，以免麂皮内藏匿的尘粒划伤镜头。

（2）机身的维护。照相机属于集机械、光学、电子于一身的精密设备，为延长其使用寿命，需要认真维护。主要措施如下。

① 照相机应注意防晒、防霉、防潮、防磁、防震、防雨淋、防风沙、防高温。

② 对照相机上所有机件的操作，如拨动输片扳手，转动光圈调节环、快门时间盘、调焦环等，力量要均匀适中，以免用力过大而损坏机件。

③ 照相机使用完毕，应将焦距调至无限远，光圈调至最大；推拉式变焦环缩回，以增强照相机的抗震性能；快门和自拍机保持松弛状态。

④ 长期不用照相机时，应将照相机与皮套分开保存，尤其是在潮湿气候，以防发霉。取出机内电池，打开后盖使计数器复零后再合好后盖，清洁机身，将照相机装入放有干燥剂的塑料袋内密封好，并保存在干燥、清洁的阴凉处。

⑤ 对存放的照相机应隔一定时间取出反复试拍几次，以防机构运转失灵和电子元件老化。

5.2.4　数码照相机的主要部件与性能指标

20 世纪 90 年代，随着数字技术的发展，数码照相机与其他数字化产品一样，以迅猛之势涌入人们的视野，令人目不暇接。不久，数码照相机以其独特的优势迅速在新闻、出版、教育等诸多领域中得到广泛使用。目前数码照相机已经成为办公自动化中不可缺少的一种设备，越来越广泛地受到人们的青睐。根据数码照相机结构的不同，数码照相机可以分为 3 种类型：旁轴取景数码照相机、单镜头反光数码照相机和数码后背照相机。不论哪种数码照相机，其工作原理都是相同的。

1．数码照相机的主要部件

从结构上看，数码照相机与传统照相机相同之处是都有镜头、光圈、快门、调焦装置等部件，主要不同的部件有以下几种：

（1）光电传感器。数码照相机采用光电传感器代替了传统照相机的感光胶片，这是这两类照相机的本质区别。光电传感器是一种感光芯片，位于照相机的焦平面处。它的作用是将接收到的景物的光信号转变为电信号，但是，光电转换器没有胶片那种存储影像的功能。光电转换器主要有 CCD（电荷耦合器）、CMOS（互补型金属氧化物半导体）等几种类型。

（2）存储器。存储器相当于传统照相机所使用的胶片，其作用是保存影像。本身带有存储器的数码照相机称为脱机型数码照相机；本身不带有存储器，必须与计算机相连才能使用的数码照相机，称为联机型数码照相机。脱机型数码照相机的存储器分为内置式和移动式两种。目前绝大多数数码照相机为脱机型，可以使用移动存储器。

（3）液晶显示器。数码照相机除了配备传统照相机的光学取景器之外，还配备了液晶显示器（LCD），以供取景、效果回放、显示菜单、显示拍摄信息、相机状态等，给拍摄者带来很大的方便。使用液晶显示器的最大不足是其耗电量较大。

（4）白平衡调整装置。在摄影过程中，由于不同光源的色光成分不同，所拍摄出来的照片会出现橙红或蓝青的偏色现象。为了避免这种现象，数码照相机通常设有白平衡调整装置。通过该装置的调节，使拍摄的影像的色彩更准确，更接近景物的真实色彩。

（5）输出接口。数码照相机一般都设有与计算机、打印机或电视机相连接的接口，以便于将拍摄的影像输出保存、显示、打印或对影像进行加工、编辑。

2．数码照相机的工作原理

从光学原理上讲，数码照相机和传统照相机都是将景物的光线通过镜头聚焦到焦平面上形成影像。不同的是传统照相机将影像记录在感光胶片上，而数码照相机是将影像记录在感光芯片上。

当光线照射到感光芯片上时，光信号被其转化为模拟电信号，再经过模数转换器（A/D），将这种模拟电信号转换成数字电信号，最后通过数字信号处理器（DSP），将数字电信号按特定的技术格式处理成数字影像文件，存入存储器中，以供回放和输出。

3. 数码照相机的性能指标

数码照相机与传统照相机在结构上有相同之处，也存在着很多不同之处。两者的性能指标，诸如在取景器种类、测光方式、快门时间范围、光圈调节范围、曝光方式、调焦方式等方面基本相同。此外，数码照相机还有它特殊的性能指标，下面介绍其中几项主要性能指标。

（1）像素值。数码照相机的像素值分为有效像素值和最高像素值。有效像素指的是光电传感器上的光敏元件。例如，一台具有 800 万有效像素值的数码照相机，它的光电传感器上的光敏元件应有 800 万个。但是实际上，很多数码照相机会通过插值运算来提高它的总像素值，例如，有的标称为具有 1000 万最高像素值的数码照相机，其有效像素值只有 650 万。因此最高像素值是指经过插值运算后的像素值，有效像素值是真正参与感光的像素值。

（2）分辨率。分辨率是数码照相机的一项重要性能指标，相当于胶卷的解像力，是影响影像清晰程度的一个主要因素。数码照相机分辨率的高低主要由感光芯片上有效像素值来决定。一般来讲，有效像素值越大分辨率越高，影像的细部表现越好，色彩还原越真实，数码照相机的档次也越高。但是，高分辨率的数码照相机所形成的数字影像文件大，要求处理文件的 CPU 运算速度更快，内存和硬盘容量更大，照相机本身的价格也更高。

插值运算后的插值分辨率不能真正提高实际分辨率。表 5.1 列出了数码照相机的分辨率与照片尺寸之间的关系。

表 5.1　分辨率与照片尺寸的关系

照片尺寸（英寸） 分辨率（像素）	4×6	5×7	8×10	11×14	16×12	显示屏
2240×1680（400 万）	最佳	最佳	好	较好	一般	优秀
2560×1920（500 万）	最佳	最佳	最佳	好	一般	优秀
3032×2008（600 万）	最佳	最佳	最佳	好	较好	优秀
3264×2448（800 万）	最佳	最佳	最佳	最佳	好	优秀
3648×2736（1000 万）	最佳	最佳	最佳	最佳	最佳	优秀

（3）传感器尺寸。传感器尺寸即感光芯片尺寸。传感器的尺寸与其有效像素值，共同决定了数码照相机的成像质量。在有效像素值相同的情况下，感光芯片尺寸越大，其单个像素的表面积就越大，照相机在感光灵敏度、动态范围、色彩还原、景深控制等方面便具备更好的效果。但是，具有大尺寸感光芯片的数码照相机其价格会更高，因此，目前多数数码照相机感光芯片的尺寸都较小。另外，大尺寸感光芯片的数码照相机的体积也较大，在超薄型照相机上也不便使用。

（4）存储容量及存储方式。具有内置存储器的数码照相机，其内置存储器的容量一般为几十兆字节（MB）。内置存储器与数码照相机成为一体，随时可以拍摄。但是由于内置存储器容量较小，使得存储影像幅数较少。当内置存储器存满时，须将影像文件输入计算机，空出存储器后才能继续拍摄。

数码照相机的移动式存储器的容量为几个 GB（1GB=1024MB），甚至可达几十个 GB。常见的移动式存储器分为磁性材料类、光学介质类和闪存芯片类几种，其中闪存芯片类最为普遍。衡量存储器性能的两项重要技术指标是存储容量与读写速度。不同类别、不同类型存储器的这两项指标差别很大。

不同品牌的数码照相机由于存储机构的设计不同，使得所使用的存储器的类型也有所不同，

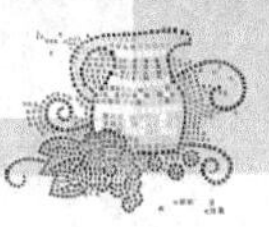

主要有以下几种类型：闪存芯片类存储卡中的 CF 卡（Compact Flash）。CF 卡具备较好的兼容性和可靠性，存储容量大，被广泛用于数码单反照相机。CF 卡分为Ⅰ和Ⅱ两种类型；SD/MMC 卡（Secure Digital/Multi Media Card）的外形较小，存储容量大，读写速度快，除了被用于超薄型的数码照相机外，还被广泛应用于数码影像、数码音频、手机、PDA 等领域；记忆棒（Memory Stick）是 SONY 公司独家开发的存储卡，其外形小，结构紧凑，容量大，主要用于索尼品牌的数码照相机。除此之外，还有微型硬盘、XD 卡、MS 卡、MD 卡等存储器也被数码照相机采用。

由于移动式存储器具有存储满时可方便地更换新存储器继续拍摄的优点，目前脱机型数码照相机大都采用移动式存储器，并且有些数码照相机可以配置多种类型的存储器。从使用角度说，存储器的容量越大越好。

需要说明的是，同一存储器存储不同像素水平的影像文件的数量相差很悬殊，有时达到几十倍。一般说，像素水平越高，存储的影像文件的数量越少。为了提高存储器的利用率，降低单位画幅的存储空间，现在一些数码照相机采用有多种压缩比例的压缩存储方式。压缩存储尽管节省了存储空间，但容易造成数据图像的损伤而降低图像的质量。因此，为了获得高质量的图像，可将拍摄后的影像文件及时输入计算机，空出存储器继续拍摄。

（5）色彩深度。色彩深度反映了数码照相机正确记录色彩的能力，用“位”来表示。色彩深度值越高，数码照相机正确记录色彩的能力就越强，就越能真实地反映景物亮部和暗部的细节，影像色彩越鲜艳、越真实，色彩质量越高。通常，数码照相机的色彩深度为 24 位或 36 位，即 3 种原色中每种原色的色彩深度都是 8 位或 12 位。

（6）白平衡调整。白平衡调整的目的，是为了在不同色温的光源下使景物色彩得以真实的还原。数码照相机采用与摄像机相同的调整白平衡方式，分为手动式与自动式两种。目前数码照相机都具备白平衡调整功能。

（7）感光度。数码照相机的感光度的变化，是通过调节控制光电传感器感光灵敏度的增益电路的工作参数来实现的。通常数码照相机的感光度范围最低为 ISO 50，最高为 ISO 6400。在光线过强或过弱条件下拍摄时，通过调整感光度来获得理想的拍摄效果。

（8）焦距放大率。用来替代感光胶片的是数码照相机的感光芯片，感光芯片通常位于传统照相机的胶片位置。135 传统照相机的胶片画幅为 36mm×24mm，而感光芯片的感光区面积通常比 135 胶片的面积小。这样，在使用同一焦距的镜头拍摄时，感光芯片上的感光影像只是胶片上感光影像的一部分，或者说相当于使用更长焦距的镜头在胶片上的感光影像。例如，使用 20.5mm×16.4mm 的感光芯片，50mm 镜头的数码照相机拍摄的画面，相当于用 85mm 镜头的传统照相机拍摄的画面，后者镜头焦距约是前者镜头焦距的 1.7 倍。感光芯片尺寸越小，焦距增大的倍数越大，这一点在数码照相机的性能指标中通常用“焦距放大率”来表示。这对于习惯用传统照相机的摄影者来说是不方便的。

（9）连拍速度。数码照相机的拍摄过程是将光信号转换为模拟电信号，再转换为数字电信号，最后记录在存储器上，整个过程需要一定的时间。因此，数码照相机的连拍速度要慢于传统照相机的连拍速度。且数码照相机在两次连拍之间需要停顿，这对于需要连续拍摄活动景物是不利的。

（10）取景方式。目前，数码照相机的取景方式有反光五棱镜取景、平视取景，同时还采用彩色液晶显示器（LCD）取景。彩色 LCD 取景方式的优点是更加直观，并能显示存储器中已拍摄的图像，其不足是由于 LCD 的分辨率不高，不容易观察景物中的细节。

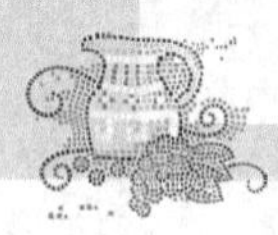

5.2.5　数码照相机的使用与维护

1．数码照相机的使用

由于数码照相机与传统照相机的某些部件完全相同，因此，数码照相机在测光、调焦、曝光等方面的操作与传统照相机是相同的，这里不再赘述。下面仅介绍数码照相机在使用操作方面的特殊之处。

（1）存储器的使用。拍摄前，将数码照相机所要求类型的存储器正确装入数码照相机。如果是使用新的存储器，拍摄前必须先进行格式化。格式化的方法是调出照相机的“设定”菜单（MENU），选定“格式化”（Format）即可完成此操作。有些数码照相机配置的存储器出厂前已经格式化，就不必再格式化。格式化的作用还可以将存储器上的影像信息全部清除。绝大多数数码照相机能自动显示存储器已占用的空间，供拍摄时参考。联机型数码照相机没有存储器，直接与计算机相连使用。

数码照相机的缓冲内存较小，使得连拍速度受到限制，因而不宜用数码照相机进行高速连续拍摄。

（2）压缩存储比例的选择。数码影像是数字文件，往往需要设置一定的文件格式进行压缩保存，以便计算机识别和处理。对影像压缩的文件格式有 JPEG 和 RAW 等，常用的压缩比例为 2∶1、4∶1、8∶1、16∶1，这些文件格式占用存储空间较小；非压缩文件格式 TIFF 所占用存储空间较大。当需要高清晰度图像时，可采用不压缩或低比例压缩存储；当对图像清晰度要求不高，存储器空间不很大时，可采用较高比例压缩存储。拍摄时，可调出“格式”菜单，根据需要进行设定。一般宜选择 JPEG 格式，专业摄影可选择 TIFF 或 RAW 格式。

（3）影像大小的选择。数码照相机的像素值是一定的。在此条件下，可以根据实际需要，调整影像的大小，即影像的像素值。影像的像素值越大，影像质量越高，便于印放成大幅照片，但存储器可存放影像的数量越少；影像的像素值越小，越便于利用网络传输影像，存储器可存放影像的数量越多，但不利于印放成大幅照片。拍摄时，可以调出“影像尺寸”菜单，选择 VGA、2G、3G、6G 或更大的影像尺寸。

（4）白平衡的调整。调整白平衡的作用是为了得到色彩真实的影像或某种特殊色彩效果。对于具有调整白平衡功能的数码照相机，拍摄时可调出“白平衡”菜单，根据拍摄现场光源的情况来选择日光、多云、荧光灯、白炽灯、自动或手动等选项。对于没有白平衡调整装置的照相机，可以将拍摄的影像输入到计算机内，利用所配供的软件进行白平衡调整。有时，为了获得特殊的色彩效果，可以选择与实际光源类型不同的档位调整白平衡。

（5）感光度的设置。数码照相机感光芯片的感光范围一般在 ISO100 ~ 1600，拍摄前应设定适当的感光度。由于数码照相机在高感光度或快门过慢时拍摄的画面效果较差，因此要尽可能选择较低的感光度，曝光时间也不宜过长。

（6）场景模式选择。非专业数码照相机除了设有自动曝光和手动曝光模式外，还设有“场景模式”。这些场景模式有：人像、风景、运动、夜景、慢速，等等。拍摄者可以根据不同的拍摄场景选择相应的场景模式，以获得较好的拍摄效果。

（7）闪光曝光选择。数码照相机基本都设有内置闪光灯，以供光线不足时使用。闪光模式分为：自动闪光、强制闪光、强制不闪光和慢速同步闪光等。一般情况下拍摄可以选择强制不闪光。

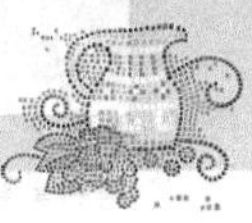

在光线较暗，逆光情况下拍摄可以选择强制闪光，此时要注意防止近景曝光过度，远景曝光不足的情况，纠正的办法是适当增加（减少）近景（远景）的拍摄距离。

（8）信号传送与接口形式。在数码照相机拍摄完毕后，用信号电缆把数码照相机与计算机连接起来，就可以进行数据传送了。首次使用数码照相机时，应安装数码照相机的驱动程序，数据传送功能由数码照相机的驱动程序提供。

不同类型的数码照相机与计算机的连接方式不同，目前数码轻便照相机通常采用 USB 接口与计算机连接，数码单反照相机通常采用 IEEE 1394 或再配有 USB 两种接口与计算机连接。由于 IEEE 1394 接口具有传输速率高、可与多个设备相连、可热插拔等优点，这种连接方式目前最好。另外，有些数码照相机还有视频输出端子，可与监视器连接起来观看图像，与视频打印机连接打印图像。

2．数码照相机的维护

数码照相机除了需要有传统照相机的维护外，还需要有特殊的维护。

（1）感光芯片的维护。感光芯片是光电信号转换装置，若因灰尘进入照相机，使其感光面脏污，便不能得到清晰完整的画面。旁轴取景数码照相机因其内部是封闭的，故灰尘不易进入。单镜头反光数码照相机在更换镜头时容易使灰尘进入机身内部，沾污感光芯片。判断感光芯片的感光面是否清洁的方法是将数码照相机光圈设置在最大光圈系数下，对着干净墙壁等白色物体拍摄，然后在计算机显示器上观察所摄画面。如果画面中有暗色斑团，说明感光芯片的感光面已脏污，需要擦拭。对于单反数码照相机，还可以卸下镜头，打开 B 门，从照相机前端直接观察感光芯片表面是否脏污。

擦拭感光芯片可以到照相机维修部门。自己动手擦拭要慎重，需要有防静电腕带等专门用具，并小心分离照相机的后背与机身，千万不能将他们之间的连线拉扯断，用蘸有清洁剂的清洁纸轻轻擦拭芯片表面，待完全擦拭干净后，将机身与后背安装好。

（2）存储卡的维护。数码照相机的存储卡都比较小巧，从数码照相机中取出或插入存储卡时应谨慎小心，切勿撞击，更不能滑落；存储卡单独存放时，最好保存在原塑料包装盒内，以免受到挤压，或使外露触点损坏；不要将存储卡当作 U 盘使用，因为频繁读取会缩短其使用寿命，同时也容易感染计算机病毒，而导致照相机瘫痪；将数码照相机从寒冷环境移到温暖环境，应停顿一段时间后使用，否则会因存储卡上凝结的雾滴影响信息的存取。

（3）液晶显示屏的维护。液晶显示屏暴露在外容易遭到损伤，因此，要注意防止对屏幕表面的碰撞、挤压、摩擦和暴晒。拍照时，应将相机背带挂在肩上，不拍摄时及时将照相机放入皮套。为了避免显示屏表面被划伤，可以贴上一块保护显示屏的专用保护片。

（4）电池的维护。数码照相机的专用充电电池的寿命，会随着电池的充电次数的增加而减少，原因是充电电池都有记忆效应。第一次使用充电电池时，应将电池充足。当电池中的电量彻底用尽后，再次将电池充足，这样反复几次，以彻底激活电池性能。在以后的使用过程中也要坚持这样做，电池容量便不易衰减。平时使用数码照相机时，要注意节约用电，尽量少使用液晶显示屏，少用闪光灯，少变焦，这样便可延长电池的使用寿命。

（5）其他维护。数码照相机是精密电子产品，使用过程中应注意不要将细小金属物件落入数码照相机内，以免发生短路；数码照相机在使用与存放过程中应尽可能防尘、防潮、防磁、防静电。

3．数码照相机简单故障的排除

使用数码照相机拍摄照片，应该对其工作原理有所了解，否则，数码照相机有可能不工作。下面针对使用数码照相机时常出现的一些不正常现象，给出问题的原因及解决问题的办法。

（1）照相机不能开机。

- 可能原因：没接通电源；电池电力不足；电池安装错误。
- 解决办法：打开电源开关；更换新电池；按正确的极性安装电池。

（2）液晶屏显示的图像不清楚。

- 可能原因：液晶屏显示亮度设置不正确；强光照射液晶屏。
- 解决办法：设置合适的亮度；避免光线照射液晶屏。

（3）闪光灯不发光。

- 可能原因：没有设置闪光灯；闪光灯正在充电；景物光线过强。
- 解决办法：将闪光灯设定为自动、防红眼或强制闪光；待充电结束后再拍摄；使用辅助闪光模式。

（4）照相机不拍摄。

- 可能原因：模式设置错误；没有安装存储卡；存储卡处于写保护状态；前一张照片正在写入存储卡；存储卡无存储空间；快门已损坏。
- 解决办法：将模式调节到拍摄状态；安装存储卡；关闭存储卡的写保护；等待写入完毕；清理或更换存储卡；维修快门。

（5）不能播放图片。

- 可能原因：模式设置错误；显示屏瞬间冻结；图片尺寸过大。
- 解决办法：将模式调节到播放文件状态；等待片刻；更换较小的图片。

（6）显示的景像模糊不清。

- 可能原因：拍摄时收到强磁场干扰；拍摄时照相机抖动；对焦系统失灵；拍摄距离过近；无法对焦；镜头污染。
- 解决办法：拍照时远离手机等强磁场；拍照时持稳照相机；不要让手指遮住自动对焦辅助光或检查对焦系统；使用微距模式拍摄或拉远拍摄距离；使用手动对焦；清洁镜头。

（7）显示的影像过暗。

- 可能原因：景物过暗或逆光拍摄；闪光灯被遮挡；闪光灯亮度不够。
- 解决办法：调节显示屏亮度或使用闪光灯拍照；避免遮挡闪光灯；换用较高闪光指数的闪光灯。

（8）显示的影像过亮。

- 可能原因：景物过亮；设置了闪光模式。
- 解决办法：减少曝光量；取消闪光模式。

（9）显示的照片为单色。

- 可能原因：模式设置错误。
- 解决办法：设定正确的拍摄模式。

（10）电池寿命过短。

- 可能原因：电池未充足电；在低温下拍摄；电池已损坏。

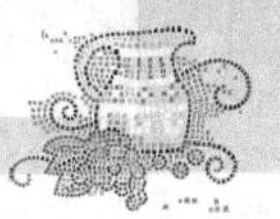

- 解决办法：电池充电要充足；尽量避免在低温下拍摄；更换新电池。

（11）不能正常输出图像。

- 可能原因：照相机电源未打开；电池电量太少；传输电缆连接不牢靠；传输速度设置不正确。
- 解决办法：打开照相机电源开关；更换新的电池或用交流电源供电；重新连接好电缆；在计算机上设置正确的传输速度。

5.2.6　数码照相机的选购

作为一种新型的电子产品，近年来数码照相机呈现出爆炸式的发展，产品的功能日益增多，价格一降再降，品牌型号五花八门。面对这令人眼花缭乱的市场，确定一个正确的选购原则来购置一台合适的数码照相机是十分必要的。

1．数码照相机的选购原则

对于企事业单位或公司用于办公而购置一台几千元甚至上万元的数码照相机，从价格上讲应该是能够接受的。因此，这里主要是针对购置中高档的商用型数码照相机或专业型数码照相机的用户而言的，购置时应主要考虑以下几项因素。

（1）像素水平。数码照相机感光芯片上的像素数量，决定了它的成像质量。原则上说，像素值越高，成像效果越好。目前，1000 万像素的感光芯片是数码照相机的基本配置，将其拍摄的照片放大到 20 英寸（50.8cm），效果仍然很好。专业和准专业数码照相机的像素都在 1200 万以上，甚至有像素超过 2000 万的数码照相机。

（2）感光芯片尺寸。感光芯片的面积越大，数码照相机在景深控制、感光灵敏度、色彩还原性、动态范围等性能就越好。目前小型数码照相机感光芯片的尺寸都在 1/2.5 英寸（1.016cm）以上，准专业数码照相机感光芯片的尺寸都在 2/3 英寸（1.693cm）以上，专业数码照相机感光芯片的尺寸最高可达到全画幅。

（3）光学变焦倍数。具有固定镜头的数码照相机光学镜头的变焦倍数，决定了所拍摄画面的大小范围和拍摄的方便性。目前，数码照相机配备的光学变焦镜头的变焦倍率，小的为几倍，大的有二十几倍。数码照相机的光学变焦倍数适中为好。数字变焦不应作为选购时考虑的因素。

（4）手动功能。一些数码照相机具有较强的手动功能，例如手动曝光、手动白平衡、手动对焦、手动变焦等，这些功能对于表达拍摄者的主观意图，提高图片的艺术质量是十分有益的。不过，虽然一些高级时尚的数码照相机省略了许多手动功能，但是仍然可以拍摄出高质量的画面。原则上讲，功能强大的照相机使用起来较为方便，但有些功能可能不常用，或根本不用，因此，数码照相机功能的多少应酌情考虑。

（5）照相机的品牌。随着商品的市场化，人们的品牌意识越来越强，购买名牌产品已经成了首选，因为品牌就是质量的保证，这一点对于数码照相机也不例外。目前，数码照相机的著名品牌有：尼康、佳能、奥林巴斯、宾得、理光、柯达、富士、索尼、松下、徕卡等。购买时可根据数码照相机的功能配置、外观设计、整体感觉、实拍效果等因素加以综合考虑，从各名牌产品中选择一种。

（6）照相机的附件。数码照相机本身会配置一个存储卡，一般容量不大，如果另外配置一个大容量的存储卡（如容量为 4G 以上），便可以存放更多的影像，使用起来就显得十分方便。如果

经常外出拍照，还应该再配置一个存储卡，另外，需要再配置一块高质量的电池，与照相机本身配有的电池轮换使用，可以避免电池接济不上的尴尬局面。

2．数码照相机的挑选

当确定了购买的数码照相机的品牌、型号之后，在具体挑选数码照相机时，应该认真、仔细地检查照相机的各个部件，其中对外观、镜头、快门、调焦系统、取景系统等部件的检查与对传统照相机的检查方法相似。这里只介绍对数码照相机独有部件的检查，这些检查应该是在多次拍摄、操作下进行的。

（1）感光芯片的检查。将数码照相机的光圈开到最大，对准干净的白色墙面拍摄，如果液晶显示屏上出现斑点或暗区，说明感光芯片上可能有污点，而数码照相机感光芯片上的污点是较难清除的。

（2）白平衡性能的检查。将数码照相机对准不同亮度的物体，观察液晶显示屏上的景物与实际物体的色彩是否一致，若不一致，说明白平衡性能不好。对于具有手动白平衡功能的数码照相机，将白平衡设置在与光线强度相同的档位上，观察色彩还原是否正常。

（3）显示屏的检查。通过液晶显示屏中的菜单，可以查看数码照相机的功能多少、显示屏亮度、对比度的调节范围。观察画面色彩的锐度高低、画面的更新速度快慢。

（4）存储部件的检查。打开、关闭存储卡仓盖应该操作方便。仓盖封闭应严密，锁定开关安全可靠。存储卡的插入和取出方便灵活，无松动现象。向存储卡写入数据和删除数据时，噪音越小越好。

（5）视频功能的检查。将数码照相机与电视机相连，把已拍摄的图片通过电视机显示，以检查数码照相机视频输出的效果。

3．选购数码照相机时易混淆的问题

数码照相机是高新科技产品，其功能繁多、专业性强，很多购买者由于缺乏相关知识，对数码照相机的有关概念容易混淆而产生误解。因此，有必要澄清一些概念，以免购买时造成损失。

（1）CCD 与 CMOS。目前市场上数码照相机的感光芯片主要有两种类型：CCD 和 CMOS。CCD 芯片感光灵敏度高，成像质量好，制造成本高；CMOS 芯片制造成本低，吸收能量少。两者比较，在相同像素值条件下，采用 CCD 芯片的数码照相机拍摄的照片质量好，但照相机的价格也比采用 CMOS 芯片的照相机价格高。

（2）有效像素值与插值像素值。有效像素值是指感光芯片本身具有的像素数量，有效像素值越高，拍摄的照片越清晰。为了弥补实际像素值较低造成拍摄的照片不够清晰的缺陷，数码照相机通过软件用插值计算的方法补充一些像素，称为插值像素。这样在一定程度上可以提高拍摄的图像效果，当然也容易误解为有效像素值提高了。插值像素较有效像素有很大的不足，特别是照片放大后会很模糊。因此，应该关注数码照相机的有效像素的多少。

（3）光学变焦与数字变焦。通过变焦，数码照相机能够拍摄远近不同的景物，使用时很方便。但是只有通过数码照相机光学镜头的光学变焦，才能使远处的景物被拉近后拍摄得清晰、细腻。单纯的数字变焦只是将影像像素点变大，而影像的清晰度却下降了。数字变焦是以牺牲影像质量为代价将远处的景物拉近，因此为了获得高质量的画面，数字变焦的功能不足取。切勿将数字变焦当作光学变焦。

（4）液晶显示器的真彩与伪彩。数码照相机的液晶显示屏有真彩与伪彩之分。真彩显示屏的清晰度高，色彩逼真，质量好，而伪彩显示屏与真彩显示屏有着质的差别，两者不能相提并论。

4．几种数码照相机性能介绍

（1）数码单镜头反光照相机。表 5.2 列出了几种数码单镜头反光照相机的主要性能规格。

表 5.2　几种数码单镜头反光照相机主要性能规格

	尼康 D7000	佳能 EOS 7D	奥林巴斯 E-5
机身特性	APS-C 规格数码单反相机	APS-C 规格数码单反相机	4/3 系统数码单反
有效像素值（万）	1620	1800	1230
传感器类型	CMOS	CMOS	Hi-SpeedLive MOS
传感器尺寸（mm）	23.6×15.6	22.3×14.9	17.3×13
存储卡类型	SD/SDHC/SDXC 卡	CF I/II 卡/UDMA 兼容	SD/SDHC/SDXC/CF I/II 卡
图像格式	NEF（压缩 RAW） JPEG NEF（RAW）+JPEG MOV（H.264/MPEG-4 AVC 压缩）	JPEG；RAW+JPEG	DCF, DPOF 兼容/Exif，JPEG，RAW+JPEG
图像分辨率（dpi）	4928×3264，3696×2448，2464×1632	5184×3456，3456×2304 2592×1728	4032×3042，2560×1920，1024×768
液晶屏尺寸（inch）	3.0	3.0	3.0
感光度范围（ISO）	100～6400，自动	100～6400，自动	100～6400
对焦模式	自动对焦（AF）：单次伺服（AF-S）、连续伺服（AF-C）、自动伺服（AF-A）；手动对焦（M）	自动对焦（AF）：单次伺服，人工智能伺服，人工智能自动对焦；手动对焦（M）	单次伺服（AF-S），连续伺服（AF- C），手动对焦（M）
对焦区域	单点 AF，动态区域 AF（9，21 或 39 点），3D 跟踪，自动区域 AF	单点 AF，定点 AF，区域 AF，19 点 AF 自动选择	单点 AF，11 点 AF 自动选择
快门时间（s）	1/8000～30	1/8000～30	1/8000～60
闪光灯	内置 12GN，热靴	内置 12GN，热靴	内置 13GN，热靴
闪光模式	前帘同步，减轻红眼，慢速同步，后帘同步	自动闪光，评价测光	TTL 自动，手动，防红眼慢同步
曝光模式	自动模式，程序自动（P），光圈优先（A），快门优先（S），手动（M），用户设定	程序自动（P），光圈优先（A），快门优先（S），手动曝光（M）	程序自动(P),光圈优先(A)，快门优先（S），手动曝光（M），曝光包围
场景模式	有	有	有
测光方式	彩色矩阵测光 II，中央重点测光，点测光	63 区测光评价测光，中央重点平均测光，点测光	49 点多模式测光，中央重点平均测光，点测光
白平衡调节	自动，预设（白炽灯，荧光灯，直射阳光，闪光，阴天，阴影），手动	自动，预设（日光，阴影，阴天，钨丝灯，白色荧光灯，闪光灯），自定义	自动，预设（白炽灯，荧光，日光，闪光，多云，阴影）
拍摄模式	单拍（S），低速连拍，高速连拍，安静快门释放（Q），遥控，反光板预升	单拍（S），低速连拍，高速连拍	单拍（S），低速连拍，高速连拍，自拍定时，遥控
连拍（张/s）	1～5，最高 6	最高 8	最高 5

续表

	尼康 D7000	佳能 EOS 7D	奥林巴斯 E-5
自拍延时（s）	2，5，10，20	2，10	2，12
防抖功能	无	无	光学防抖
外形尺寸（mm）	132×105×77	148.2×110.7×73.5	142.5×116.5×74.5
重量（g）	690	820	800
电池类型	锂电池 EN-EL15	锂电池 LP-E6	锂电池 BLM-5
数据传输接口	USB2.0/DC 输入	USB2.0/DC 输入	USB2.0/DC 输入

（2）数码旁轴照相机。表 5.3 列出了几种数码旁轴照相机的主要性能规格。

表 5.3　几种数码旁轴照相机的主要性能规格

	徕卡 V-Lux 2	卡西欧 F1	松下 GH2GK
有效像素值（万）	1410	600	1600
传感器类型	MOS	CMOS	Live MOS
传感器尺寸（英寸）	1/2.33	1/1.8	17.3×13
光学变焦（倍）	24	12	3
数字变焦（倍）	4	4	0
记录媒介	SD/SDHC/SDXC 卡	SDHC/SD/MMC/MMC plus 卡	SD/SDHC/SDXC 卡
图像格式	JPEG，RAW	RAW，JPEG，DCF 1.0 标准，DPOF	JPEG，RAW
最高分辨率（dpi）	4320×3240	2816×2112	4608×3456
液晶屏尺寸（英寸）	3.0	2.8	3.0
感光度范围（ISO）	自动，80 ~ 6400	100 ~ 1600	自动，160 ~ 12800
调焦方式	面部，AF 追踪，多点（11 点），单点高速，单点，定点	自动，微距，泛焦，无穷远，手动	面部，AF 追踪，多点（23 点），单点，手动
焦距范围（等效 35mm 焦距）（mm）	4.5 ~ 108（25 ~ 600）	7.3 ~ 87.6（36 ~ 432）	14 ~ 42（28 ~ 84）
快门时间（s）	1/2000 ~ 60	1/40000 ~ 60	1/4000 ~ 60
最大光圈（F）	2.8(W)，5.2(T)	2.7(W)，7.5(T)	视镜头而定
闪光灯	热靴	内置，热靴	内置，热靴
闪光模式	自动，强制，防红眼，慢速同步	自动，强制闪光，防红眼，柔和闪光	自动，强制闪光，防红眼，慢速同步
曝光模式	程序自动（P），光圈优先（A），快门优先（S），手动（M）	程序自动（P），光圈优先（A），快门优先（S），手动（M）	程序自动（P），光圈优先（A），快门优先（S），手动（M）
测光方式	评价测光，中央重点测光，点测光	多重测光，中央重点测光，点测光	智能多重测光，中央重点测光，点测光
白平衡调节	自动，预设，手动	自动，预设，手动	自动，预设
防抖功能	POWER O.I.S.光学防抖	电子防抖	不支持

续表

	徕卡 V-Lux 2	卡西欧 F1	松下 GH2GK
连拍（张/s）	11	3（闪光连拍最大 7）	5
外型尺寸（mm）	124×82×95	127.7×79.6×130.1	124×89.6×75.8
重量（g）	496	671	434
电源类型	锂电池	锂电池 NP-100	锂电池 DMW-BLC12
视频输出接口	AV 输出	AV 输出	AV 输出
数据传输接口	USB2.0	USB2.0	USB2.0

5.2.7 办公摄影中的几种拍摄方法

照相机与其他办公设备有所不同，仅仅掌握对它的操作未必能拍出较理想的照片。这是因为摄影是一种创作，它需要在熟练使用照相机的基础上，掌握必要的摄影技巧，积累一些拍摄经验，甚至具备一定的艺术修养，才能拍出理想之作。下面谈谈办公摄影中几种常见场景的拍摄方法。

1. 室内会议人物近景的拍摄

拍摄室内会议人物近景时，拍摄者与被拍摄者的距离应在 5m 以上，最好使用中长焦距的镜头，这样透视效果正常，人物面部不会变形，同时也不会干扰被摄者。拍摄的位置一般在人物的侧前方，使得人物的姿态生动，神态自然，影调丰富。利用自然光或闪光灯照明。采用较大光圈或将数码照相机的场景模式调到人像档位，以产生较小的景深，突出主体人物，淡化背景。

要注意前景的安排，例如不要出现水杯过大，麦克风堵住人物的嘴巴等不雅的镜头；如果是淡颜色的背景，用闪光灯作为主要光源正面拍摄人物，应尽可能避免人物在背景上留下人物的黑影；为避免产生人物的红眼效果，拍照时可使照相机稍向一侧偏离，避免人物直视镜头；拍摄戴眼镜的人物时，事先要考虑到眼镜会因闪光灯而产生反光；拍摄人物近景时，要注意人物不要处于一半明一半暗的环境中，更不要出现阴阳脸，万不得已，可以用闪光灯对暗部适当补光，并按亮部进行曝光。

2. 室内会议全景的拍摄

白天室内主要的光源是来自窗外的自然光，这时给拍摄带来的最大问题是，处在离窗远近不同或朝向不同的人、物所受到的光照差别很大。在这种情况下拍摄会议的全景，会因为光比大而不易得到均衡、准确的曝光。同时，室内的自然光较弱，也往往容易曝光不足。由于这些原因，拍摄室内会议全景需要较长时间的曝光，因此要使用三脚架。要用标准镜头，以获得正常的透视效果（由于视角小，不得已也可以用广角镜头）。拍摄的视点可以高一些。利用自然光，按照多数人物面部的亮度或中等亮度的物体进行曝光。光圈开的小一些，以获得足够的景深（例如 f/8 或 f/11）。快门时间可以慢一些（例如 1/15s 或 1/8s），因为会议中人物的动作通常不大，只要快门开启的时刻适宜，这种较长时间曝光不至于产生虚影。若画面中部分景物较暗，可以用闪光灯适当补光，但不要使这部分景物过亮。

如果以机位闪光作为主要光源拍摄，则会产生近明远暗的效果。此时若可能的话，可以选择较暗的景物作前景，较亮的景物（如窗户附近的景物）作背景，适当将闪光灯上扬，按照远处景物的亮度，选择较慢的快门时间曝光，以获得前后亮度接近的照片。

如果会议室完全靠灯光照明，此时光线通常较均匀，可使用三脚架，不加闪光灯，用较慢的快门时间拍摄。要注意灯光的色温，若色温较低，可事先将数码照相机的白平衡调至与灯光类型一致的档位，或用蓝色滤光镜加以校正。

如果是在较大的会堂内拍摄，通常主席台上、台下的亮度会差别很大。从台下向台上拍摄时，可以根据主席台上的亮度曝光，同时利用闪光灯，照亮台下的听众，注意照相机的快门时间应与闪光灯同步；从台上向台下拍摄会场全景时，利用现场光，大光圈、较长的快门时间曝光。此时往往色温较低，注意校正。

3．集体相的拍摄

拍摄集体相应使用中长焦距的镜头，并配上三脚架，这样人物不会发生畸变，最前排与最后排人物的大小也不会差别很大。拍照时，对准中间靠前的一排人物进行调焦。曝光量应以人物面部的亮度为准，特别是夏季室外拍摄时，由于人物衣着颜色较浅，容易曝光不足，因而要适当增加曝光量。光圈可开得小一些，以获得足够的景深，使得所有人物都清晰。使用数码照相机拍摄时，应将场景模式调到远景档位。快门时间可慢一些，因为使用三脚架，不会使画面虚化。如果人物面部的阴影超过面部的四分之一，可用闪光灯补光，曝光量不变，快门时间应同步。逆光拍摄时，可用闪光灯补光，并使用遮光罩。

注意拍摄时要避免人物眼镜的反光；衣着颜色深浅接近的人物尽可能不聚集在一起；人较多时，尽可能不站成一横排；后排人物的头部不要被前排遮挡住；室内闪光摄影时，可通过闪光灯投射到天花板的反射光进行拍摄，以避免在背景上留下明显的人物黑影，但要注意曝光量的确定；室外拍摄要考虑色温的变化；刮风天气，注意人物的头发不要被吹乱；前排坐在椅子上的人，应将两腿靠拢。

4．运动中人物的拍摄

在日常办公、外事活动中，经常会遇到对运动人物的拍摄。此时重要的一点是应当使被摄人物成像清晰。

被摄人物在行走过程中，由于拍摄距离、光线处于不断的变化中，所以有时来不及调焦、测光。在这种情况下，为了保证成像清晰，可使用短焦距镜头，例如35mm或28mm镜头。光圈设置为f/8或f/11。使用超焦距，以获得充分大的景深。拍摄时，只要根据光线的强弱，随时调整快门时间就可以了，基本不必调焦。快门时间可选1/60 s或更短的时间，以便成像不会模糊。如果是在室内，可使用闪光灯照明，事先定好同步快门时间，一般可定在1/60s，这样背景不至于过暗。拍摄时，根据摄距的变化，及时调整光圈以获得准确的曝光。若使用自动化程度较高的照相机，拍摄会更加从容一些。

如果在行驶的车内拍摄，这时被摄人物是坐在座位上，与摄影者的距离相对不变。拍摄时主要的问题是车子在颠簸晃动，容易拍成虚像。若是利用自然光拍摄，快门时间不应长于1/125 s，同时摄影者要牢牢持稳相机；若使用闪光灯，快门同步时间也不易过低，否则背景甚至被摄人物会拍虚。闪光拍摄时要注意车窗的玻璃可能产生强烈的反光，应尽可能避免。

使用数码照相机拍摄时，事先将场景模式调到运动档位。

5．文件、图表的拍摄

拍摄较小的文件、图表，如果有条件可使用翻拍架。若没有翻拍架或对于较大的图表可使用三脚架。用中焦距镜头拍摄，避免产生较大的畸变。照相机位于景物中心的正上（前）方，对着略偏于景物中心的位置进行调焦。用正面光照明，光线没必要很强，重要的是布光要均匀。对于

白底黑字的文件，曝光量应比所测曝光量增大二级至三级，不然白纸会呈淡灰色。光圈应开得小一些，一般不超过 f/11，以便在近距离下获得足够的景深。快门时间可相应放慢，因为静物拍摄不必担心影像虚化。

使用数码照相机拍摄时，事先可将拍摄模式设置到自动调节档位。拍摄较小物体时，可以调到微距拍摄状态。拍摄白底黑字文件时，曝光补偿增加量范围为 1.5 ~ 2.0。

注意拍摄前应仔细观察光线是否均匀，不要让三脚架、拍摄者的影子留在画面上；调焦要精确；仔细观察画面上是否有反光点，若有反光点可在镜头前加偏振镜或略改变拍摄角度加以消除。

5.3 激光影碟机

5.3.1 激光影碟机概述

激光影碟机是一种高级数字视音频设备，它集中了光、电、图、声等各领域的最新科技成果。诸如光存储技术、数字音频技术、数字视频技术、数据压缩技术等，激光影碟机的种类很多，如 LD、CD、VCD、S-VCD、DVD 以及集计算机技术于一体的 EVD、DVD 录像机等。

目前激光影碟机市场技术发展迅速，基于 MPEG-2 标准的 DVD 激光影碟机，因其产品技术新、声画质量好、软件充足、可向下兼容等优点，已成为国内家用视频领域的主流产品。激光影碟机家族中有如下主要成员。

1．CD 激光唱机

CD 是英文 Compact Disc-Digital Audio 的缩写，原意是“数字化精密型唱片”。CD 唱机是利用声槽对激光的反射来拾取录像的信息，激光唱头和唱片没有机械接触，因而不会对唱片造成磨损。另外，激光束检拾信号非常精确，没有噪声和杂波，音色纯正清晰。1982 年 CD 数字音频唱机开始投放市场。

2．LD 激光影碟机

LD 俗称“大影碟机”，是英文“Laser Disc”的缩写。最初是日本先锋（PIONEER）公司的一个品牌，后来被各国电子公司普遍采用，称为镭射影碟机。

特点是由于 LD 激光影碟机没有采用压缩技术，其视、音频信噪比和水平解像度较高，可播放高画质的图像和高宝真的音乐，视听效果最好。但 LD 碟片的体积较大，携带和保存不太方便，并且生产成本较高，一般应用于专业场所。

3．VCD 激光影碟机

它是在激光唱机 CD 的基础上开发出来的，世界上第一台 VCD 就诞生在中国的万燕电子公司。VCD 影碟机比 LD 大碟机重量轻、体积小，同时价格低廉，目前市场仅卖数百元，便于普及。同时 VCD 软件制作成本也相对较低，因而受到人们的欢迎和喜爱。

SVCD 激光影碟机。SVCD 是英文“Super VCD”的缩写，即超级 VCD，是有关部门在国产 VCD 和 SVCD 的格式之争后，授权使用的标准名称。SVCD 在 VCD 的基础上应用更先进的解码芯片，达到高纠错，提高画面清晰度的目的，解像度可达 350 线，还有良好的音响效果和兼容性。

4．DVD 激光影碟机

DVD 是“Digital Video Disc”的缩写，1995 年，由日本日立公司（TOSHIBA）和索尼公司

（SONY）率先推出，1996 年，日本松下公司的 DUC-A1000 在中国市场亮相，1997 年我国的电子企业陆续推出自己的品牌。随着国产技术水平和产量的不断提高，价格逐渐回落，目前国产 DVD 价格在千元以内，并迅速普及，并发展成目前激光影碟市场的主流产品。图 5.6 给出了一款 DVD 激光影碟机的图片。

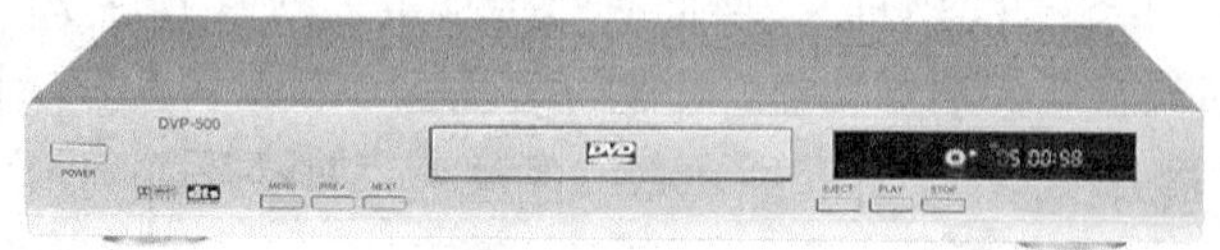

图 5.6　一款 DVD 激光影碟机的图片

DVD 是继 VHS 录像机、CD 唱机、VCD 影碟机之后的又一个划时代的视音频家电产品，DVD 技术集激光、半导体、音像压缩技术之大成，采用 MPEG-2 标准全面提升图像质量，水平解像度可达 480 线，声音处理采用杜比 AC-3 标准，实现多路环绕立体声。DVD 仍然使用 12cm 的光碟，单面播放时间 135min。在一张 DVD 光盘上可同时记录一部电影的多个版本，还能记录 8 种语言和 32 种字幕供用户选择。

5.3.2　DVD 激光影碟机的基本结构

DVD 激光影碟机的系统结构如图 5.7 所示。

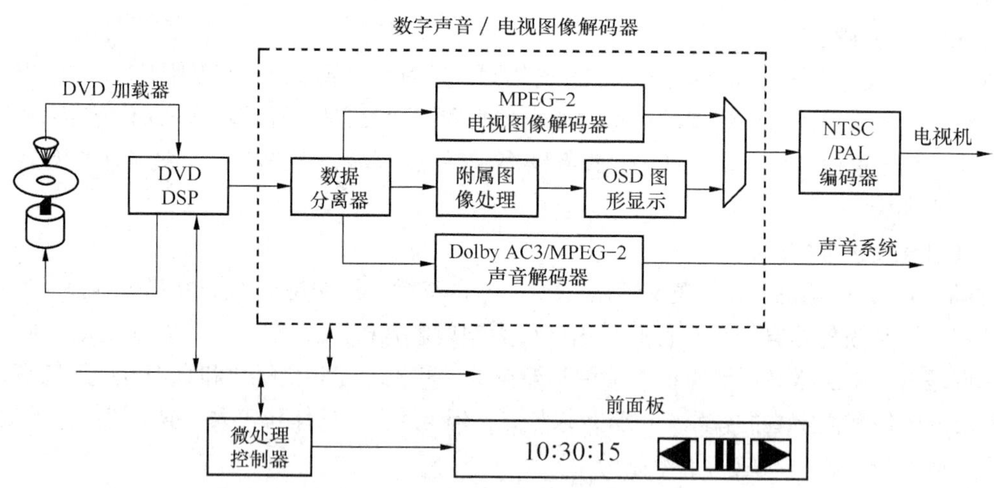

图 5.7　DVD 激光影碟机的系统结构

DVD 激光影碟机主要有以下几个部分组成。

（1）DVD 盘读出机构。主要有马达、激光头和相关驱动电路组成，任务是驱动激光读头读出光盘上的数据。

（2）DVD-DSP 集成电路（解调器）。DSP 是“Digital Signal Processing”的英文缩写，即“数字信号处理”。DVD-DSP 集成电路用来把从光盘上读出的脉冲信号转换成解码器能够使用的数字信号。

（3）数字声音图像解码器。它是由一百多万个晶体管集成的大规模集成电路，任务是分离来

自 DVD 播放机芯数据流中的声音和电视图像数据，建立声音和电视图像的同步关系；对压缩的图像数据进行解压缩（即译码），重新构出广播级质量的电视图像，并且按电视显示格式重组电视图像数据，然后送给电视系统；对压缩的声音数据进行解压缩，重新构出 CD 质量的环绕立体声，并且按声音播放规格重组声音数据然后送给立体声系统。

（4）微处理控制器。这块集成电路实际上是一个微型计算机芯片，用来控制影碟机的运行；管理遥控器或者控制面板上的用户输入，把它们转换成解码器能够识别的命令。

通过对 DVD 工作结构的分析可以看出，整机的关键性器件是大规模集成电路，主要是 MPEG-2 解码器、数字信号解调、图像和声音模/数转换电路，以及微处理器为核心的遥控电路系统等。

5.3.3　DVD 激光影碟机的特点

下面以创维高清 DVD 影碟机为例，分析其功能特点如下。

（1）超强的兼容 DVD、SVCD、VCD2.0/1.1/1.0 、DVCD、MP3、HD-CD、CD、JPEG 等多种碟片格式。可播放碟片类型数据见表 5.4。

表 5.4　可播放碟片类型数据

碟片类型	碟片尺寸	记 录 时 间	记 录 内 容	备　注
DVD	12cm	单面：约 120min	DVD 数据格式视盘：压缩数字音频＋压缩数字视频（动态画面）	DVD EVD HVD
		双面：约 240min		
	8cm	单面：约 80min		
		双面：约 160min		
SVCD	12cm	约 45min	MPEG2 压缩数字音频＋压缩数字视频（动态画面）	SVCD、VCD
VCD	12cm	约 74min	MPEG 1 压缩数字音频＋压缩数字视频（动态画面）	VCD 2.0 VCD 1.1 VCD 1.0 DVCD
	8cm	约 20min		
CD	12cm	约 74min	CD-DA 数字音频	
	8cm	约 20min		
HD-CD	12cm	约 74min	HD-CD 数字音频	
MP3	12cm	约 600min	压缩数字音频	
JPEG	12cm		压缩图片	

（2）兼容数字信号，支持 1080i、720P、576P、480P 等高清格式输出。配备数字 SVGA\VGA 接口。

（3）音频数字信号处理，使用超高频采样，虚拟环绕设定技术，达到完美影院音效。复合视频、S 端子、视频分量输出、内置音频 AC-3 解码器。视频输出可设定为 4∶3 或 16∶9 画面形式。色彩艳丽、图像逼真。

（4）支持 DVD 多角度、多语言、多字幕、多种画面比例模式。录音复唱功能，支持 PAL、NTSC 双制式。用户界面简单，集成度高，使用方便灵活。

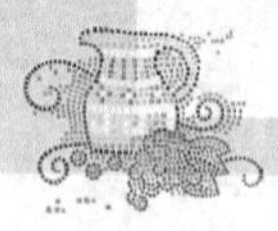

5.3.4 DVD激光影碟机的使用

1．线路连接

DVD在与电视机连接使用时，有AV方式和S端子方式两种选择。注意，在进行系统连接之前，一定要关掉各个设备的电源。

使用AV方式连接，用AV视音频电缆线，电缆共3根，黄色为视频，白红两色为左右音频。把DVD的视音频输出口用AV电缆连接的电视机的视音频输入口，然后把电视机设定在AV状态。

使用S端子方式连接，由于使用了视频分量技术，使图像质量提高，适用于较高档次的设备使用。使用S端子连线DVD的S端子输出到显示设备的S端子输入。

连接各种电缆时，一定要注意连接牢靠，以避免出现的交流噪声。系统连接完毕之后，方可接通设备电源。

2．基本功能键

学习使用DVD激光影碟机之前，一定要了解和熟悉一些基本功能键。

（1）激光影碟机前面板的基本功能键。

① 电源（POWER）：开启或关闭电源。

② 碟片进/出键（OPEN/CLOSE）：碟片托盘弹出或关闭。

③ 播放键（PLAY）：播放影碟。

④ 停止键（STOP）：播放停止。

⑤ 标题键（MENU）：显示影碟机调整菜单。

⑥ 暂停键（PAUSE）：暂时停止，重复按节目继续播放。

⑦ 麦克风插空（MIC）：外接音源输入。

（2）激光影碟机后面板的基本功能键。

① 视频输出端子（VIDEO OUT）。

② 音频输出端子（AUDIO OUT）。

③ S端子输出（SVIDEO OUT）。

④ 射频输出端子（COAXIAL）。

3．播放操作步骤

播放影碟机操作步骤如下。

（1）打开电视机设备电源，选择视频输入（AV）状态。连接功放音响设备时，功放机设定到CD唱机位置。

（2）开机。按下前面板的电源开关，荧光屏显示“LOAD”字样。此时电视机显示DVD字样，说明设备连接正常。

（3）放盘。按下“进/出”盒键，影碟机托盘打开，要播放的一面向下。注意不同尺寸的碟片，要将碟片放入正确的导槽。若碟片脱离导槽，会损坏碟片并使DVD影碟机产生故障。

（4）播放。按下“播放”键。影碟机托盘关闭并开始播放。

目前，市场上DVD品牌众多，在基本播放功能上是相同的，使用时只要认真对照说明书就可熟悉使用。

5.3.5　激光影碟机的选择

激光视频技术也在不断向前发展，目前影碟机市场出现的 DVD 升级产品有 HVD、EVD、DVD 录像机、蓝光 DVD 等。功能也日趋多样化。最近一二年，DVD 机向多样化快速发展，如带有液晶监示器便携式 DVD、DVD 游戏机、卡拉 OK、DVD 机、DVD 电视一体机等。总的特点是集成化、数字化、大容量，图像质量更清晰，使用更加方便。

在机型选择中，要注意根据实际使用需要加以选择，下面介绍一些技术特点。

（1）具有升级功能的机型。DVD 技术日新月异，为了使自己购买的机器能够跟着技术的脚步前进，就需要机器具有智能升级功能。新科 DVD-858、DVD-830，步步高 DVD-AB903K，厦新 DVD-8166，飞利浦 DVD711、DVD781、DVD950 等机型就具有这种软件智能升级功能。不用打开机盖，更不用更换芯片，只要把一张智能升级碟片放入机中，开机播放不到一分钟便可完成整个升级过程，从而使机器获得新的功能而与 DVD 科技保持同步。

（2）杜比数字 AC-3 输出功能。一般来说，当 DVD 机中内置有 AC-3 解码器时，其后背就会有由 6 个 RCA 端子组成的一组杜比数字（DOLBY DIGITAL）AC-3 输出端子，这就是所谓的 5.1 声音输出通道。5.1 中的 5 是指前左、中、前右和两个环绕声道共 5 个相对独立的声道，1 则是指超重低音声道。像索尼 DVP K880D，松下 DVD、步步高 DVD AB903，上广电 DVD-2380，创维 DVD-450、DVD-650S，等机内部就设置了 AC-3 解码器，可直接输出 5.1 声道声音。结合家用音响系统达到音质细节十分丰富，具有真正的立体声效果，实现完美的视听享受。

（3）色差输出功能。色差分量（Component）。色差分量接口是模拟接口，色差输出又叫 DVD 分量视频信号输出或组合信号输出。色差分量接口一般利用 3 根信号线分别传送亮色和两路色差信号。这 3 组信号分别是：亮度以 Y 标注，以及从三原色信号中的蓝色和红色，分别标注为 Pb 和 Pr，或者 Cb 和 Cr，在三条线的接头处分别用绿、蓝、红色进行区别。这三条线如果相互之间插错了，可能会显示不出画面，或者显示出奇怪的色彩来。通过色差端子相连接来播放 DVD 影碟时，获得的图像质量清晰细腻、色彩逼真、层次分明。DVD 影碟机的 3 种视频输出方式，即 VIDEO 和 S-VIDEO 及色差输出，尽管 S-VIDEO 输出的图像质量也很好，但是最优的还是色差输出。值得注意的是，DVD 机上的色差输出端子共有 3 种不同的表示方法，这就是东芝与 JVC 等机型上的 Y、Cb、Cr 和 Panasonic 等机型上的 Y、PB、PR 及 SONY 机等型上的 Y、BY、RY。尽管表示方法不同，但是表示的意义却完全相同。色差输入是今后大屏幕彩电的必备功能之一，因此选购的 DVD 影碟机应该具有色差信号输出功能。

5.3.6　DVD 激光影碟机的维护与保养

1．日常使用中的注意事项

激光影碟机是集声、光、电、微电脑控制和精密机械制造等多种高科技成果于一体的电子产品。使用时需认真维护保养。

首先，影碟机的放置。影碟机在工作时，要散发一定的热量，因此尽量将其置于阴凉通风处，切忌放在阳光直射处或靠近热源（如暖气片）；优质机芯虽具有一定的防震功能，但碟机最好还是放在牢固无震的台架上，不要和大功率音箱置于同一台面。影碟机严禁放在潮湿或易被雨淋的

地方，否则会影响电源的正常工作甚至造成短路。

使用环境应注意防磁，不要在温度过高和过低的环境下使用，一般为 5～35℃。注意保持使用场所和整机清洁。碟机的光头易沾污，故不要将其放在多尘的地方，最好能给碟机做个专用防尘罩。应特别注意防尘，特别是激光读头部分，不用时及时盖上防尘罩。

市场上的 DVD 机一般都是 PAL/NTSC 两种制式兼容，可通过自动或手动转换，使用起来方便。当制式不对时，电视图像出现闪烁或无色彩，要调节电视机制式与其相配。DVD 长期不用时要拔掉电源线，彻底切断电源。

2．碟片的保养

要保持光盘的清洁，手取光盘要拿住盘片边缘或中心孔，不能触摸盘片光亮的一面。不用时及时放入保护盒内，碟片不要存放在温度、湿度很高的地方，避免阳光直射。

放碟、退碟时轻拿轻放，盘片播放时旋转速度很快，对已经变形、弯曲、断裂缺损的光盘不能放入机器使用，以免损坏机器。不要在碟片表面贴标签。

盘片上的指纹或污渍会减弱盘片的反光，并会直接影响信号的品质。清洁时用软布从盘片的中心向外直线抹拭，不要使用清洁剂、稀释剂等溶剂清洗碟片，否则会损坏盘片表面。

3．一般性故障的诊断与排除

激光影碟机是属于精密电子设备，使用中出现故障，要与售后服务部门联系处理，非专业人员不要自行修理。但在要求服务之前，如遇到下列一般性问题，可试用表 5.5 所示的方法解决。

表 5.5　一般性故障的诊断与排除

一般故障处理方法		
故 障 现 象	原　　因	排 除 方 法
无电源显示	电源线未接通	检查电源线和插座连接，电源开关是否打开
不读碟	电源接通	打开电源开关
	盘片颠倒	检查盘片是否标签面向上放入
	盘片污染损坏	检查更换损坏盘片或清洁盘片后使用
	机器受潮结露	取出盘片给机器通电 12 小时
	碟片与机器区码不同	选择同区位碟片
	碟片格式不对	选择机器兼容的格式盘片
无图像	线路连接和 AV 选择	确认电视机已开机并处于连接本机的 AV 状态
	输出视频设置有误	检查菜单中有关视频输出的设定是否正确
	盘片污染	清洁盘片
图像模糊扭曲	盘片污染损坏	检查更换
	制式不同	设定电视机制式
	有其他干扰源	检查排除干扰源
无声音	线路连接和发放器	检查与电视、音响连接线路，确认发放器打开
	静音设置开启	关闭静音
	声道设置有误	选择相应的声道
	操作影响	在“暂停”、“慢进”、“快进”、“慢退”、“快退”等情况下没有声音输出

续表

一般故障处理方法		
故障现象	原　因	排除方法
遥控无效	障碍屏蔽	避开遥控器与机器间障碍物
	超出遥控范围	调整合适距离、角度
	电池不足	确认电池安装正确，电量是否充足
话筒无声	检查话筒	电池是否充足、开关是否打开
音响啸叫	话筒距离音箱太近	调整话筒与音箱的距离、调整放大器音量

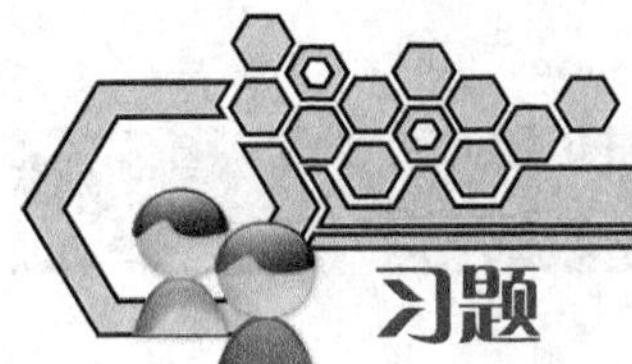

习题

1. 数码摄像机有哪些特点？
2. 摄像机在使用之前，机器调节部分包括哪些内容？
3. 摄像机拍摄的操作要领有哪些？
4. 简述电视节目制作流程。
5. 传统照相机由哪几个主要部分构成？各部分的主要作用是什么？
6. 中央裂像式、微棱镜式、重影式调焦照相机各适合拍摄什么样的景物？如何进行调焦操作？
7. 传统照相机通常有哪些自动控制装置？
8. 简述使用照相机手控曝光模式的拍摄步骤及应该注意的问题。
9. 简述数码照相机特有部件的性能。
10. 数码照相机拍摄的特殊操作有哪些？
11. DVD 激光影碟机的基本结构有哪些？
12. 一般激光影碟机的操作步骤是什么？
13. 如何正确保存影碟机碟片？
14. 日常使用影碟机要注意哪些问题？

第6章 投影设备

随着科学技术的迅猛发展，广泛运用于教育、科研和办公自动化领域的各种投影设备也出现了快速的更新换代，设备不断向小型化、智能化、功能多样化方向发展，本章立足于市场上最新品牌和型号的投影设备进行介绍。

投影设备通常指幻灯机、投影器、数据投影机、视频展示仪等设备。本章对比较常见的几种设备从结构原理、种类特点、技术参数等方面作了介绍，重点对设备的安装调试、线路连接、使用流程和常见故障的排除进行了解析，为便于掌握还配合了简单易懂的示意图。

本章知识要点

- 掌握幻灯机的构造原理和选用，重点掌握幻灯机的维护与常见故障的排除。
- 了解投影器的结构原理、种类和特点，掌握投影器的调试与维护以及常见故障的排除方法。
- 了解数据投影机的规格参数、技术特点，掌握数据投影机的线路连接和安装方法。
- 了解视频展示仪的规格参数、技术特点，掌握视频展示仪的连接方式、使用和维护。

6.1 幻灯机

幻灯机是一种形象化的教学工具。幻灯机的构造简单，体积小，重量轻，便于携带。幻灯机主要用于放映135幻灯片，其操作简单，使用方便，画面形象、逼真。

6.1.1 幻灯机的种类与特点

1．幻灯机的种类

（1）按用途分。幻灯机按用途分为单片插入式幻灯机、卷片式幻灯机和显微幻灯机。

单片插入式幻灯机放映外框分为 82mm×102mm（120 单片）和 50mm×50mm（135 单片）两种。这类幻灯机的特点是可以根据使用需要，随意调换放映次序，增减内容。

卷片式幻灯机能放映有连续画幅的 35mm 宽度的长条片。一般每条都有一个完整的内容，画面一般不会颠倒和遗漏。画幅规格有 18mm×24mm 和 24mm×36mm 两种。

显微幻灯机可直接放映细微的物体，如生物切片、半透明小动物、小植物等，比幻灯片与挂图更生动直观。

（2）按操作功能分。幻灯机按操作功能分为手动式、自动式（包括自动换片与调焦）幻灯机和声画同步幻灯机。

2．幻灯机的特点

手动式幻灯机结构简单，重量轻，价格低廉，一般很少出现故障，适合于片数不多的放映。

自动式幻灯机特点是操作方便，且幻灯片的次序预先要排好，不宜搞乱，适合放映片数较多的场合。

声画同步幻灯机装有同步录音机，将画面的解说词与交换片信号一起录在录音磁带上。放映时可以随解说词自动换片，达到声画同步效果。

6.1.2　幻灯机的构造原理

幻灯机的种类、型号虽多，其结构上却大同小异，光学原理基本相同。幻灯机的光学原理示意图如图 6.1 所示。

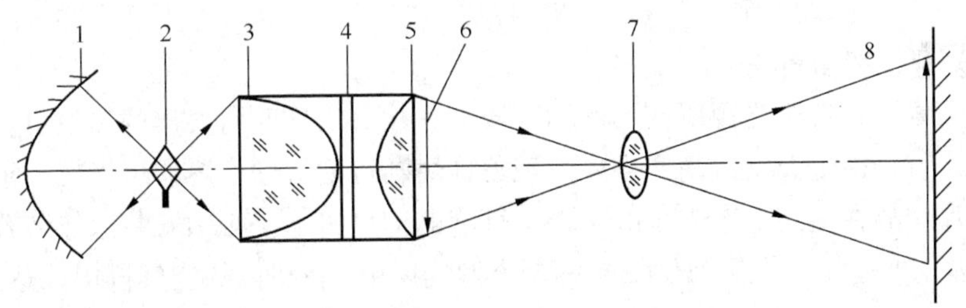

1—反光镜　2—光源　3—凸透镜　4—隔热玻璃
5—凸透镜　6—幻灯片　7—镜头　8—投影幕布

图 6.1　幻灯机的光学原理示意图

1．光源部分

幻灯机靠光源发出光线照亮幻灯片，使图像通过镜头放大成像在银幕上。

对幻灯光源的要求有：点光源，亮度高，色温好，起动快，寿命长。

老式幻灯机光源采用 220V 交流电白炽灯泡，由于电压高，灯丝长，面积大，对成像效果有影响。现在幻灯机采用的是低电压卤钨灯泡，相对来说灯的面积小，成像质量高，但必须装置变压器。卤钨灯泡分为溴钨灯、碘钨灯灯泡等，幻灯机常用的为溴钨灯，通常有 24V，150W 和 24V，500W 等规格。

2．聚光部分

聚光部分包括反光镜和聚光镜组。

（1）反光镜。它的作用是把光源向后发射的光线反射回去，以加强银幕上的亮度。用在光源

后面的反光镜常用金属抛光凹面镜，光源应置在反光镜焦点上。

（2）聚光镜。它由两片凸透镜组成，其作用是汇聚光源发出的光线，并且把通过幻灯片的光线聚到放像镜头上。聚光镜的两片凸透镜之间放置一块隔热玻璃（见图 6.1）。

3．成像部分

成像部分包括放像镜头和银幕，其作用是在银幕上形成一个放大清晰的幻灯片倒像。

（1）镜头的成像原理。镜头由透镜组成。幻灯机是把幻灯片放置在镜头一倍焦距和二倍焦距之间，并且使镜头可在一定范围内移动，这个范围称调焦范围，当镜头移到靠近一倍焦距位置时，银幕上得到的画面最大，当镜头移动到离幻灯片接近二倍焦距位置时，银幕上画面影像最小。

（2）放映镜头的构造。幻灯机放映镜头有的用单片凸透镜做成，它具有结构简单、价格低廉的优点，一般用于低档幻灯机。其缺点是所成的像不仅有一定的变形，而且四周还会出现物体本来没有的彩色边缘，这种现象叫做像差。因此，比较高档的幻灯机镜头是由多片凸透镜和凹透镜组合在一起利用凹透镜所成像差与凸透镜所成像差相反的道理，减少甚至消除像差，使影像更清晰。幻灯机放像镜头通常由 3 片以上的透镜组成，各片透镜之间均有严格的排列间距。为了支撑镜片和防止镜头相对位置变动，通常多将这些镜片组合在一个金属壳——镜头筒内。为了避免光线在镜头筒内互相反射而影响新像的反差，镜头筒内壁多涂无光黑漆。

（3）镜头的焦距。银幕上放映画面的大小与放映距离和放像镜头的焦距有关。放映距离是指镜头到银幕平面的距离。如果放映距离为 D 不变，则放映镜头焦距 f 越短时，映出的画面（W 指宽或高）越大。反之，焦距越长时，画面越小。此外，如果使用同一固定的镜头，则放映距离越远时，映出的画面越大，如以 b 表示幻灯片的宽或高，它们之间的关系是

$$W = Db/f \tag{6-1}$$

4．散热装置、机身部分

（1）散热装置。幻灯机光源所使用的功率较大，故其工作时所发出的热量也较大。如不采用散热除温措施，就会由于温度过高产生如下现象：烧断灯泡灯丝；烤裂反光镜、聚光镜等光学部件；烤坏幻灯片。故在使用功率为 150W 以上灯泡的幻灯机上，必须安装散热装置。一般幻灯机采用风扇驱热法，即在靠近光源部位安装一个小型电风扇，将机内热空气排出以达到散热的目的。

（2）机身。幻灯机有固定不动的物体用来装置各种零件，称为幻灯机的机身，支撑幻灯机各部件的主体。机身也分金属和塑料两种。

6.1.3 幻灯机的选用

幻灯机的选用，根据实际需要除了从用途和功能来选择外，还要从技术性能上来选择，主要考虑以下几个方面。

1．镜头的焦距

一般来说，放映机焦距越大，幻灯机距离银幕越远。反之，镜头焦距越短，距离银幕越近。选用时根据办公室大小和讲台与银幕的远近来决定，短焦距的镜头放在讲台上能放出大的画面，主讲人操作方便。

2．光通量要大

现在幻灯机光源功率比较小，只有 150W。其平均照度为 400 lx 左右。一般于室内照度 80～150lx 以下放映才能达到较好的效果，所以有条件的应选用光通量大的幻灯机，放映效果更好。

3．机械传动要可靠

在正常情况下，采用直片盒导桥推挽式幻灯机对幻灯片适应性最好，一般较少出现卡片。

4．片门温度要低

这关系到幻灯片的使用寿命，温度高容易把幻灯片烤变形，严重时甚至烧焦，这对一些珍贵稀少的幻灯片尤为重要。

5．均匀度要好

要求幻灯机的照度均匀，即放映画面暗点与最亮点的差别越小越好。

6.1.4　幻灯机的维护

为延长幻灯机的使用寿命和保证放映的质量，应对幻灯机进行如下日常维护。

（1）幻灯机内外经常用毛刷和软布清理灰尘和污物。避免用硬物随意挑刮，以免造成部件表面划痕和刮伤。

（2）经常检查机械各部件螺丝是否松动，尤其是片门外。

（3）保持灯泡和反光镜的清洁，不应有印迹，否则影响亮光度。

（4）镜头面必须用镜头纸或麂皮进行擦拭，切不可用其他物品擦拭，以免划伤镜头，不易清除的污物，可用纯酒精擦拭。

（5）传动部分的齿轮和轴定期润滑。

（6）幻灯机长期不用时，定期通电以防机器受潮，零件生锈，镜头长霉斑。

（7）幻灯机长期存放时要保持室内清洁干燥，不可重压、倒置。

6.1.5　幻灯机常见故障及排除方法

幻灯机常见故障及排除方法如表 6.1 所示。

表 6.1　幻灯机常见故障及排除方法

故障现象	产生原因	排除方法
电源接通，幻灯机无电	1．电源插头松脱 2．电源保险丝烧断 3．灯头焊接不牢或熔断 4．开关接触不好	1．接好或插紧 2．检查原因、更换保险丝 3．检修接好或更换新线 4．检修或更换开关
开关接通，灯泡不亮	1．灯泡插脚、插座接触不良 2．灯丝烧断 3．灯头焊接不牢或熔断 4．线路断线或接触不良 5．开关接触不良或失灵	1．插牢或刮磨灯脚或修整灯座 2．更换新灯泡 3．重新焊接灯头 4．检修线路 5．检查开关
幕面亮度不均	1．灯泡位置移动不在中心位置 2．灯丝位置移动，不在玻璃壳中心	1．调整灯泡位置 2．更换新灯泡
幕面亮度偏低	1．灯泡电压不足 2．灯泡老化发黑 3．反光碗镀膜层老化脱落	1．电压增至额定值 2．更换新灯泡 3．更换新的反光碗

续表

故障现象	产生原因	排除方法
焦点发虚，影像模糊	1. 镜头焦距没有调好 2. 镜头焦距片有灰尘或磨损 3. 镜头内部镜片松动 4. 光轴不正 5. 幻灯片弯曲变形	1. 调整好镜头焦距 2. 用镜片纸擦拭镜片 3. 检查修理或更换镜头 4. 调整好光轴 5. 整平幻灯片

6.2 投影器

投影器又称投影仪，是在幻灯机的基础上发展起来的一种光学仪器。它综合了直射和反射放映的原理，放映的光轴不是横向而是纵向，画面向上放映，再经平面反射镜折成 90°反射到银幕上。由于投影器片门是平放的，且片门面积大，放片时不需要颠倒，所以不仅可以放映各种类型的数字投影片，还可以在上面放映实物，也可以在投影器上做一些实验或教具演示，是目前教学、讲座中应用最普及的设备。

6.2.1 投影器的结构原理

1．光学部分

投影器的光学部分如图 6.2 所示。它与幻灯机的光路比较，不同之处如下。

（1）聚光镜采用了螺纹透镜（又称为菲涅耳透镜），由于这种透镜是采用塑料或有机玻璃制成，因此具有孔径大、厚度薄、重量轻、透光性好等特点。所以，投影器的片门可做得很大并可在片门上直接书写，但用塑料或有机玻璃做成的螺纹透镜折射率低于玻璃。如焦距太短，边缓光线偏转角要增大，会发生反射，若焦距大，又会增加投影器的体积，故一般采用双层相对放置组合的透镜。这样可以改善聚光性能，获得较理想的放映效果。

（2）聚光系统在螺纹透镜与光源之间加一个新月镜，作为辅助聚光镜。它有以下几个作用：新月镜靠近光源，可扩大包容角，提高光能利用率；新月镜由硬质玻璃制成，是凹凸透镜，凹面对向光源，受热均匀，具有隔热作用，降低了螺纹透镜的温度（因为有机玻璃在温度高于 70℃时会产生变形）；增加了一片新月镜，也就是在聚光镜组中又加了一片凹透镜。从而使聚光系统的焦距缩短，进而机身的高度降低，体积变小，重量变轻，这对生产和使用都十分有利。

（3）成像部分加装了一个反射镜，它可以改变放映光轴的方向，还可以将投影片经放映镜头后的倒立像变成正立实像投射到银幕上去。为了适应银幕高低不同的变化，反光镜倾角大小是可调的。通过反射镜的光是一个椭圆光斑。故反光镜的形状为长方形。而且面积稍大于光斑，以使光斑全部被反射到银幕上。反光镜要求反射率高，是采用正面镀反射膜的光学玻璃制造的。

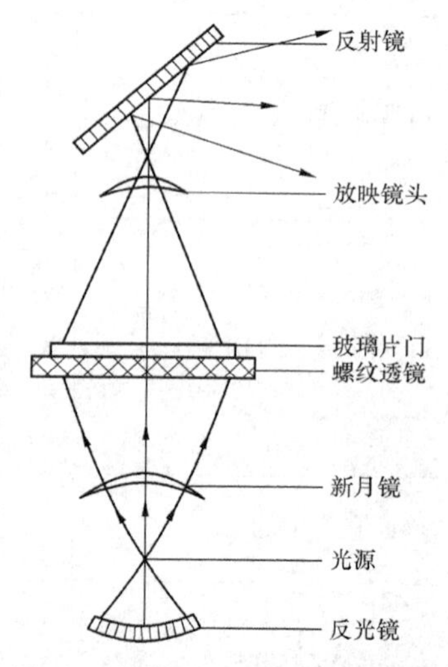

图 6.2 投影器的光学部分原理图

2．片门装置

投影器的片门置于螺纹镜的上方，由一块光学玻璃组成。常见的面积为 250mm×250mm 的水平面。由于片门水平放置，面积又比较大，使用非常方便，可直接在片门上写出或放映各种透明静片和动片。

3．投影器的散热装置

投影器使用的灯泡功率较大，故当其长期工作时散发出的热量也较大，而往往时间较长。有机玻璃做成的螺纹透镜不能承受太高的温度。如不采取有效的散热降温措施就会温度过高，从而烤坏光学零件。投影器一般采用的是滚筒式的电机风扇驱热法。电风扇的安装方法有抽风式和吹风式两种。投影器的噪声很大程度上来自风扇。

4．投影器电路部分

投影器电路比较简单，主要由输入电路（电压 220V）和输出电路（电压 24V 和 12V），电源变压器、开关和散热电风扇组成，如图 6.3 所示。当插上投影器电源插头后，合上电源开关 S1，散热电风扇开始工作，灯泡发亮。为适合不同光照的环境下放映，电路设置了强弱灯泡选择开关 S3，当在光照较大的环境下放映时，开关应打至强光处，当光照很低或晚上时，开关应打在弱光处。同时投影器为使用方便还设置了两个灯泡。L_1 为主灯泡，当 L_1 烧断时，把开关打至右侧，备用灯泡 L_2 亮，投影器恢复正常工作。

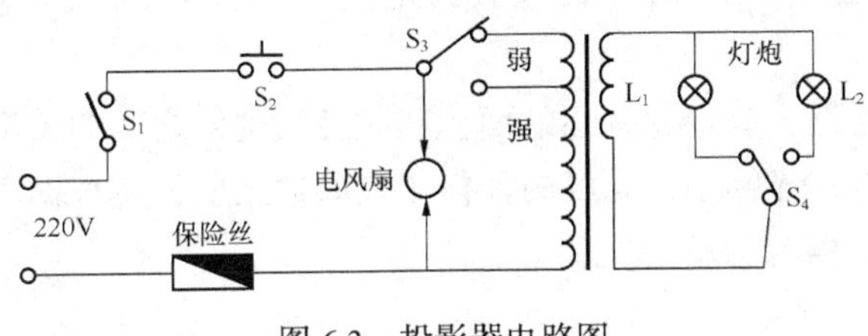

图 6.3　投影器电路图

6.2.2　投影器的种类及特点

从结构上分，投影器有台式投影器和便携式投影器两种。

台式投影器一般体积和重量较大，适合于固定场所使用。便携式投影器可以做成折叠式，因而体积小，重量轻，可装入箱内，便于移动使用。

从光源上分，投影器有卤钨灯投影器和镝灯投影器之分。

卤钨灯投影器具有起动快、灯丝面积小、亮度强、使用方便等特点，但有效寿命只有几十个小时。

镝灯投影器具有光效高、光色好、温度低、寿命长等特点。但镝灯需要限流器、触发器等部件。光源起动后需几分钟才能达到一定光亮度。临时关灯，需一段时间等灯泡冷却后才能重新启动，而且起动电流很大，使用上不方便。这种投影器亮度特别高，也叫做高亮度投影器，适合于光照条件比较强的教室或大型会场使用。

6.2.3　投影器的调试

在通常情况下，对于一般的投影器并不需要调试。但是，在某些特殊情况下，例如机件在运输途中松散，更换灯泡和损坏透镜后，为保证投影器取得良好效果，就需要对投影器重新进行调

试。调试可按下述步骤进行。

1. 调试光学部件

把投影器接上电源，开亮灯泡，投影出光斑，旋转镜头调焦旋钮，把银幕上的光斑调至成一个边缘清晰的正方形光幅。注意观察银幕上的整个光幅是否均匀。如果均匀，说明光学元件已调整好。如果光幅一边明，一边暗，或某一部分有阴影，要检查新月镜、螺纹聚光镜和放映镜头他们之间的平面是否相互平行。如果不平行，则必须调整至平行为止。

然后调试反光镜、灯泡，各聚光镜和镜头在同一光轴上。其方法是，将放映镜头升至较高位置，在放映镜头上放上白纸，接通电源后，在白纸上可以看到一个光亮的圆斑，该圆斑必须在放映镜头的中心，否则要移动放映镜头位置，或者前后、左右反复移动灯泡或凹面镜，灯泡与透镜的中心就在一条直线上了。

2. 调整光程

所谓光程，就是光线从光源出发到达银幕的距离。在放映时，要求达到银幕画面上，相对画面中心各对称位置处的光线的光程相等，否则画面会出现上下或左右宽窄不等的畸变现象。严重的使调焦不能达到一致，从而影响图像清晰程度。出现光程不等的情况，第一可调整投影器的位置，升高投影器的位置使投影器处在银幕中心高度或调整投影器与银幕的距离。第二可调放映银幕的倾斜角度，让银幕上端向前倾斜。第三可调整投影器的反射倾斜角度（使光幅上移或下移）和水平方向角度（使光幅左、右移动）使投影器光轴与银幕尽量垂直。

3. 调整放映距离

投影器距离银幕的远近，决定着画幅的面积和亮度。他们之间的关系是，距离远，光幅大，但幕面亮度降低；距离近，光幅小，亮度高。使用投影器之前，应根据场地的大小，人数多少和投影图片的面积决定投影器与银幕的距离。

6.2.4 投影器的维护

维护投影器主要有以下几个方面。

（1）对临时不用的投影器，应将其反射镜盖上，遮住放映镜头；短期不使用的投影器还应加盖防尘罩；长期不使用的投影器应放入专用箱内以尽量减少灰尘。

（2）放映镜、正面反射镜切勿用手触摸。凡是光学元件有污秽、尘埃，可用橡皮吹尘球吹去灰尘或用镜头纸、脱脂棉轻擦。螺纹透镜集垢较多时，只能拆下用清水冲洗，不得使用酒精等有机溶剂。

（3）投影器工作时，要保证散热窗口通风流畅，散热风扇不转时投影器绝对不能使用。连续放映时间也不宜过长（应不超过 1h），否则，箱体内温度过高会烤裂新月和螺纹透镜。另外，不可长时间待机，投影器不用时应及时关闭电源。

（4）溴钨灯的投影器灯丝受热后若震动容易毁坏，当投影器开始工作时，尽可能减少搬运，勿剧烈震动。如要搬动，应先关机，待灯丝冷却后再进行。

6.2.5 投影器常见故障及排除方法

投影器常见故障的现象、产生原因及排除方法如表 6.2 所示。

表 6.2　投影器常见故障的现象、产生原因排除方法

故 障 现 象	产 生 原 因	排 除 方 法
灯泡不亮	1．灯泡钨丝烧断 2．灯泡接触不良 3．与灯泡有关的开关接触不好 4．保险丝烧断	1．更换同种规格的灯泡 2．检查灯脚与灯座、电源接触点是否接牢 3．换开关或将开关修好 4．换相同规格的保险丝
图像模糊	1．放映镜头位置没有调好 2．灯泡离聚光镜太近，光线汇聚不好	1．调节镜头位置的高低 2．调节色边调节器，使灯泡与聚光镜适当
图像缺损	1．聚光镜、反光镜、灯泡位置不正 2．物镜偏离主轴，部分光线未过物镜	1．调好聚光镜、反光镜和灯泡的位置 2．调整物镜位置，使光束通过它的中心
图像部分模糊	1．螺纹透镜变形 2．光程差太大 3．放映物镜偏斜、不平行	1．更换新的螺纹透镜 2．尽量减少光程差 3．调节物镜位置、使得与螺纹透镜平行

6.3　数据投影机

数据投影机采用先进的数字图像处理技术，配置多种信号输入输出接口，无论是计算机的 RGB 信号，还是 DVD、VCD、录像机、展示台的视频信号，都可以转换成高分辨率的图像，投射到大屏幕上。一款数据投影机图片如图 6.4 所示。

数据投影机有着高分辨率、高清晰度、高亮度等特点，目前，有三枪投影机和液晶投影机两种。三枪投影机色彩鲜艳、图像清晰。液晶投影机体积小、亮度高、调整方便、价格便宜。液晶投影机应用十分广泛。

6.3.1　投影机的规格参数

图 6.4　液晶投影机

液晶投影机的主要参数有亮度、清晰度等。下面以最新出品的索尼 VPL-CX155 为例对投影机的规格参数加以说明。

索尼 VPL-CX155 投影机的主要规格参数如下。

1．光学特性

（1）投影系统：3 块液晶显示板、1 个镜头、3 个原色快门系统。

（2）液晶面板：0.79 英寸 XGA 带微镜阵列液晶板，约 2359296 像素（1024×768×3）。

（3）投影机镜头：1.2 倍电动变焦镜头，f/23.5 ~ 28.2mm / f/1.75 ~ 2.17。

（4）投影机灯：200W 超高压投影灯泡。

（5）投影图像的尺寸：102 ~ 762cm（40 ~ 300 英寸）（可视范围对角线测量）。

（6）光输出：3500ANSI 流明。光输出（ANSI 流明）和分辨率的高低，是衡量投影机质量的重要指标。光输出通常在 1000 ~ 6000 流明。

（7）投射距离：（安装在地板上且当输入 XGA 信号时）203cm（80 英寸）：2.4 ~ 2.8m，254cm（100 英寸）：3.0 ~ 3.5m，120 英寸（305cm）：3.6 ~ 4.1m。

2．电子特性

（1）彩色制式：NTSC$_{3.58}$/PAL/SECAM/NTSC$_{4.43}$/PAL-M/PAL-N/ PAL60 系统，自动/手动。

（2）分辨率：750 行水平电视线（视频输入），1024 像素×768 像素（RGB 输入）。

（3）可接收的计算机信号：行频 19 ~ 92kHz，场频 48 ~ 92Hz。

（4）适用视频信号：15kHz RGB/分量 50/60Hz，顺序分量 50/60Hz，复合视频，Y/C 视频。

3．输入/输出

（1）视频输入。

① S 视频：Y/C Mini DIN 4 芯型。Y（亮度），C（色度）。

② 视　频：唱机型。

③ 音　频：立体声微型插孔。

（2）INPUT A　HD D 副 15 芯（雌），模拟 RGB/分量，音频输入 A 为立体声微型插孔。

（3）INPUT B　模拟 RGB：HD D 副 15 芯（雌），音频输入 B 为立体声微型插孔。

（4）OUTPUT　MONITOR OUT：HD D 副 15 芯（雌），视频输出为立体声微型插孔。

（5）远程遥控　RS-232C：HD D 副 9 芯。

4．一般特性

（1）尺寸：372×90×298（mm）（宽/高/深）（不包括突出部分）。

（2）重量：约 4.1kg。

（3）电源要求：交流 100 ~ 240V，2.9 ~ 1.2A，50/60Hz。

（4）功耗：最大 285W。待机状态（标准）：7W，待机状态（低）：0.5W。

5．选购附件

（1）投影灯：LMP-C200（更换用）。

（2）发表工具：RM-PJPK1。

6.3.2　投影机的技术特点

下面以 SONY VPL-CX155 机型为例，介绍液晶投影机的技术特征。

1．超高亮度

VPL-CX155 投影机采用 SONY 公司独特的光学系统，实现了高效的光学系统，190W UHP 灯泡，光输出亮度可达到 3500ANSI 流明。无论是会议室、大厅或礼堂，均可获得清晰、明亮、真实自然的图像。

2．高清晰度

VPL-CX155 投影机采用 3 个约 79 万有效像素微型透镜，真正达到 XGA 分辨率和 SVGA 分辨率，可输出 1024×768 分辨率的 RGB 信号或输出 750 线视频信号，可真实再现计算机图形和文本的微小细节。当投影其他分辨率的图像时，可通过数字处理系统对图像进行压缩，这样可以保证投影的所有图像边缘平滑、轮廓清晰。

3．可输入分量和复合视频信号

VPL-CX155 投影机具有极大的兼容性和灵活性，可以输入 RGB 分量信号和一般的复合信号，可以投影从多媒体电脑的数字视频和 DVD 影碟机及普通录像机的视频信号。

4．图像垂直、水平梯形校正功能

VPL-CX155 投影机支持 Side Shot 功能（水平梯形失真校正功能），可以从屏幕侧面进行投影，安装范围可以扩大，所以实际使用更加方便。

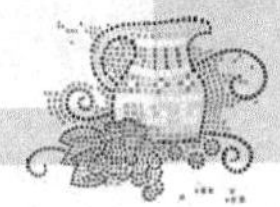

5．动力变焦和调焦功能

VPL-CX155 投影机有动力变焦和动力调焦透镜，通过遥控器可调整图像的尺寸和聚焦。

6．图像局部放大功能

利用数字放大功能，可以容易地将某一特定区域的电子表格、图像和细小文字清晰放大。

7．智能 APA 功能

智能 APA，即自动像素调整，这个功能可以自动识别输入信号模式，并作相应图像调整，不需要任何软件、设备和手动调整，就可以达到最佳图像效果。

8．VPL-CX155 投影机具有“Off and Go”即关即移功能

因为采用了独特的内置式电路，使用户关机后很快地拔掉电源，仍然能保持冷却风扇运行，可避免停电和拔掉电源而烧投影机灯泡的现象，极其适合教学使用。有了这个功能，可以轻松地把投影机从一个地方搬到另一个地方，而无需时间等待。

9．ID 功能

在一个房间同时使用两台以上的投影机时，可以利用该功能通过一个遥控器单独调整和控制每一台投影机。

10．网络发表

如果计算机通过有线或无线连接与局域网相连，可以通过将网络电缆连接至投影机的 NETWORK 连接器的方法，对计算机中的任意图像进行投影。

11．安全功能

安全锁：使用该功能，当接通投影机电源时，如果不输入所需密码，会禁止向屏幕上投影图像。面板键锁定：锁定投影机面板上的所有键，只允许使用遥控器上的按键操纵投影机。这样可以防止误操作投影机。

6.3.3　投影机的安装

1．投影机设备安装

投影机一般有正面投影和背面投影两种投影方式，安装又有地面安装和吊装（天花板安装）两种方法。SONY VPL-CX155 投影机除了以上方法外，还可以在向后或向前倾斜 90°的状态下进行安装。

安装时可以按如图 6.5 所示方法中，根据场所的实际情况来选择其中一种投影方式安装。

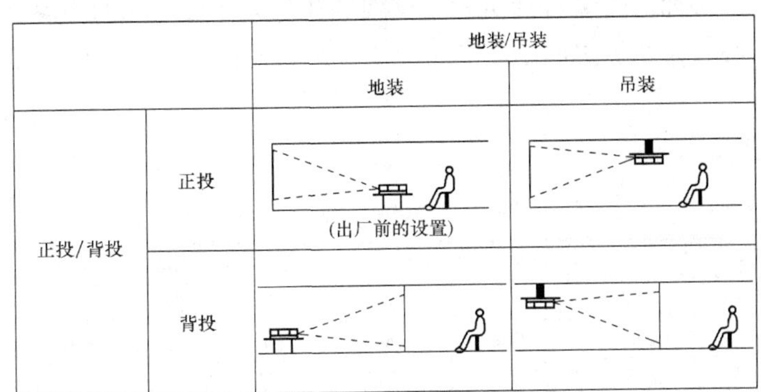

图 6.5　投影方式

图 6.6 所示为正面投影在天花板上安装的一个示例，各个透镜的安装测量数据计算方法如表 6.3 所示。

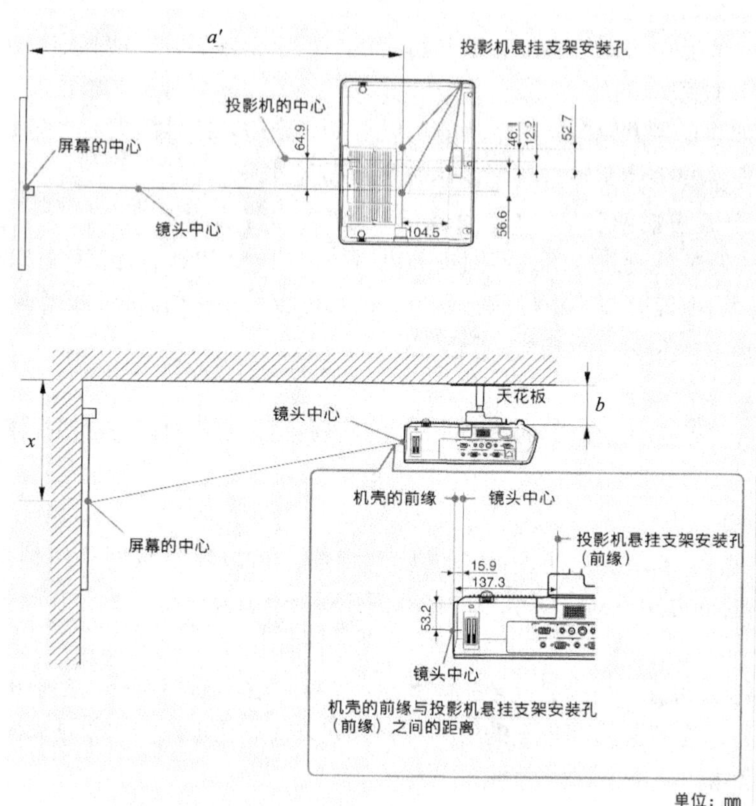

图 6.6　天花板安装（正投）

$$a'(N)=\{(PS\ \times 23.306/0.7874)+74.757\}\times 1.025 \qquad (6\text{-}2)$$

$$a'(M)=\{(PS\ \times 28.188/0.7874)+75.509\}\times 0.975 \qquad (6\text{-}3)$$

$$x=b+(PS/0.7874\times 4.667+53.2) \qquad (6\text{-}4)$$

表格和计算方法中的字母代表含义如下。

（1）PS：对角测量的投影屏幕尺寸（英寸）。

（2）a'：投影机的底面的安装投影机悬吊支架的孔与屏幕中心之间的距离。

（3）b：投影机的底面的安装投影机悬吊支架的孔与天花板之间的距离。

（4）x：屏幕中心与天花板之间的距离。

（5）N：最小。

（6）M：最大。

表 6.3　用于各个透镜的安装测量数据和计算方法

PS		40	60	80	100	120	150	180	200	250	300
a	*N*	1290	1900	2500	3110	3720	4630	5540	6140	7660	9180
	M	1470	2170	2870	3560	4260	5310	6360	7050	8800	10540
x		B+290	b+409	b+527	b+646	b+764	b+942	b+1120	b+1239	b+1535	b+1831
B		任意									

2. 投影机线路连接

投影机与计算机连接如图 6.7 所示。连接时需要如下电缆和数据线。

（1）立体声音频连接电缆。

（2）USB 电缆。

（3）HD 15 芯数据线。INPUT A（输入）是投影机 15 芯接口，可输入计算机信号、视频 RGB 信号、分量信号或 DTV 信号。连接计算机时需要一根 HD15 芯的数据线，注意要在切断电源的情况下连接。

OUTPUT（输出）是投影机 15 芯接口，可以连接另一台显示器或投影机。如距离远，可以在计算机显卡输出口，加装 VGA 分配器，将信号分别分配给投影机和显示器。

AUDIO（音频）（立体声微型插孔）与计算机声卡音频输出口连接。

USB 连接器使用 USB4 芯插头，可以利用 USB 线将该机与计算机连接，通过计算机中的 SONY 投影机工作站软件中进行对投影机的各项控制，更便于操作。

3.“Side Shot”和“垂直梯形失真校正”调节

（1）利用投影机提供的“Side Shot”和“垂直梯形失真校正”功能，可以从屏幕 D 侧面投影图像。可以用“Side Shot”最大范围地调节屏幕的水平失真，用“垂直梯形失真校正”调节屏幕的垂直失真。

（2）“Side Shot”和“垂直梯形失真校正”的调节区域。使用“Side Shot”和“垂直梯形失真校正”的可调节区域如图 6.8 所示。

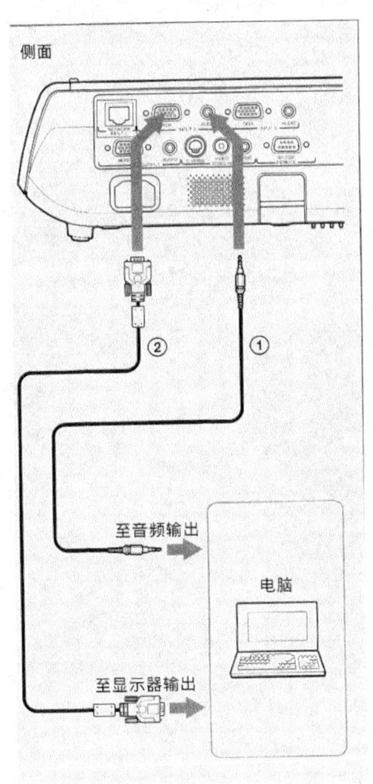

图 6.7　投影机与计算机连接

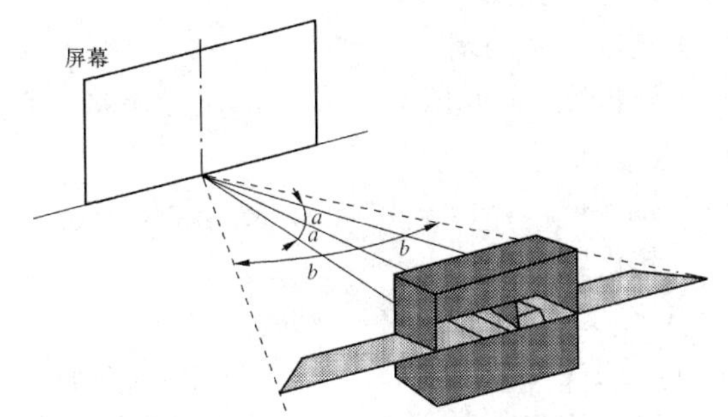

图 6.8　“垂直梯形失真校正”的调节区域

a：“垂直梯形失真校正”的调节区域内的投影机倾斜角度。

b：“Side Shot”（水平梯形失真调节）区域。

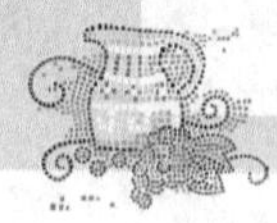

6.4 视频展示仪

视频展示仪是多媒体教室中使用最频繁的设备，通过改变视频展示仪上摄影机投射和摄影角度，可以拍摄放置在视频展示仪平台上的讲稿和物体，以及拍摄装置附近的墙壁上的物体或讲演者的脸部。用背光等机构可以投影透明文件和负片胶片的图像。同样，也可为多种多样的视频源配备外界视频/音频输入插口。

一款视频展示仪如图 6.9 所示。

图 6.9　视频展示仪

6.4.1 视频展示仪的规格参数

下面以常用的 Panasonic WE-MV180 视频展示仪为例，对视频展示仪的规格参数加以说明。

1．摄像机单元

（1）摄像器件：725（水平）×528（垂直）像素，1/3 英寸隔行变换 CCD。

（2）扫描系统：2∶1 隔行扫描。

（3）扫描：625 线/50 场/25 帧。水平：15625kHz；垂直：50Hz。

（4）视频输出：1.0V（P-P）PAL 复合，75Ω。

（5）超视频输出：Y：1.0V（P-P），75Ω；C：0.3V（P-P）（色同步信号电平）/75Ω。

（6）水平解像力：450 线（中心）。

（7）信噪比：48dB。

（8）白色平衡：自动。

（9）电子快门速度：1/120 低闪烁。

2．镜头单元

（1）焦距：5.4mm～64.8mm（12 倍）。

（2）最大相对光圈：F1.8～F2.7。

（3）变焦距：电动式。

（4）聚焦：自动聚焦。

3．液晶监视屏单元

（1）尺寸：2.9 英寸。

（2）亮度：手动调节。

（3）解像度：480 像素（水平）×130 像素（垂直）。

4．主机单元

（1）视频输入：1.0V（P-P），复合/75Ω，RCA 插口（×2）。

（2）超视频输入：

① Y 亮度：1.0V（P-P），75Ω。

② C 色度：0.3V（P-P），（色同步信号电平）/75Ω。

③ 微型 DIN4 脚插口（×2）（经由输入选择器直接输出）。

（3）音频输入：RCA 标准插口（×2）。

（4）视频输出：1.0V（P-P），复合/75Ω，RCA 插口（×2）。

（5）超视频输出：

① Y 亮度：1.0V（P-P），75Ω。
② C 色度：0.3V（P-P），（色同步信号电平）/75Ω。
③ 微型 DIN4 脚插口（×1）
（6）音频输出：–20dBV，RCA 标准插口。
（7）荧光灯：仅可使用 F6T5/D 型（6W，12V）。
（8）环境工作温度：5 ~ 36℃。
（9）环境工作湿度：低于 80%。
（10）电源消耗：约 31W。
（11）外形尺寸：400（宽）×688（高）×365（深）mm。
（12）重量：7.9kg。

6.4.2　视频展示仪的连接方式、技术特点与主要操控器

下面仍然以 Panasonic WE-MV180 视频展示仪为例进行介绍。

1．连线方式

图 6.10 所示为 Panasonic WE-MV180 视频展示仪的连线方式。

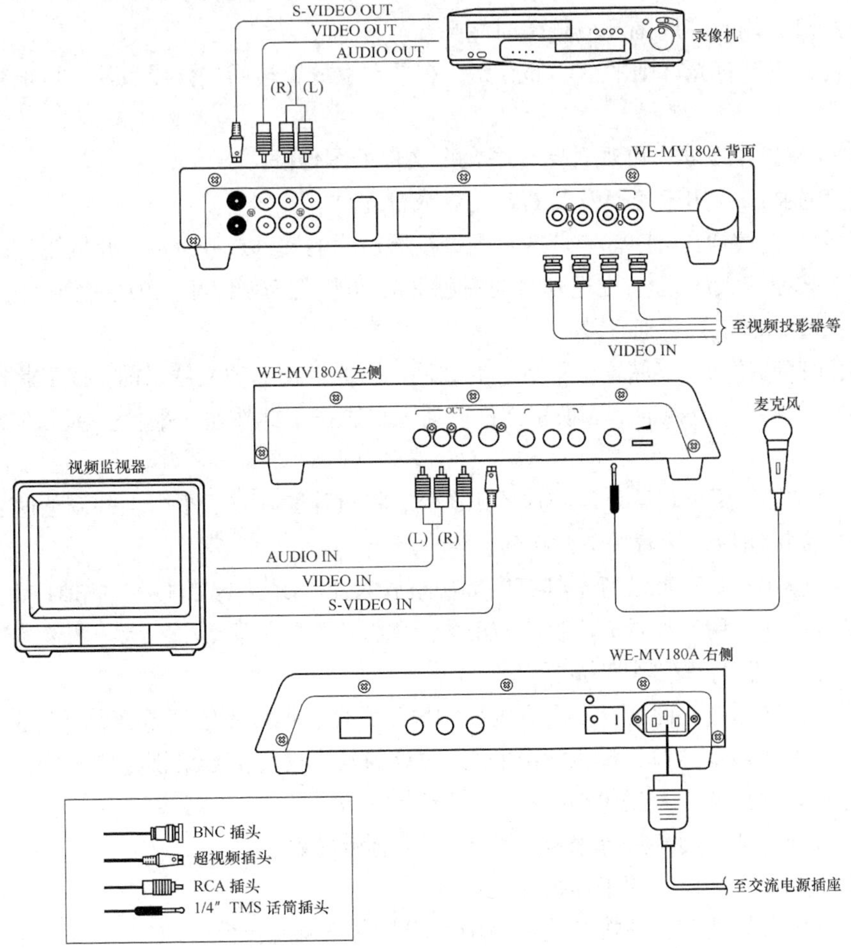

图 6.10　Panasonic WE-MV180 视频展示仪的连线方式图

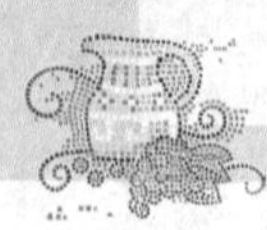

2．视频展示仪的技术特点

（1）由于采用数字处理集成电路及具有 752 个水平像素的 CCD 图像传感器，可获得高解像度和高画质的图像。

（2）水平解像度：450 线。垂直解像度：400 线。12 倍电动变焦距镜头。

（3）带有 LCD 液晶监视屏，可监视置于平台上的文件或实物的图像。

（4）配备有复合视窗及超视频插口。

（5）具有画面存储功能

（6）可拍摄负片胶片，负片的正图像则显示于监视屏上。

（7）具有输入选择功能，可以把来自两种外部视频源的信号根据设定加以选择。

3．视频展示仪的主要操控器及其功能

（1）摄像机转动旋盘：用于转动摄像机单元中的摄像机。

（2）摄像机单元：转动至拍摄物体所需要的位置。

（3）聚焦锁定按钮：用于锁定配备摄像机镜头的聚焦，该 LED 指示灯点亮，表示选择了锁定方式，再次按下该按钮，取消锁定方式。

（4）变焦距按钮：用于调整与物体之变焦距的远或近。

（5）镜头：当镜头与物体之间的距离小于 2m 时，逆时针地转动镜头，取下普通镜头。

（6）臂光灯：用于在周围环境较暗时照亮被写体。

（7）平台：打开背光灯则平台全部点亮，在平台上放置透明文件或负片，可把其投影到视频监视器上。

（8）LCD 液晶监视屏：可观看置于平台上文件的图像。

（9）灯光选择器：用于接通及关断臂光灯或背光灯。

（10）白色平衡按钮：当用臂光灯或背光灯投影透明的文件或胶片时，此按钮是用于设定白色平衡。按下此按钮，大约 2s 后则进入自动白色平衡功能，正确地调整白色平衡。投影底片以后，再次按下此按钮，以投视普通正片。

（11）画面存储按钮：存储置于平台上的文件，换置平台上的文件以前，按下此按钮，文件的图像则被存储并显示于监视器上。换置文件以后，再次按下此按钮，平台上新文件的图像则显示于监视器上。

（12）负片按钮：用于观看负片胶片的正图像，将负片胶片置于平台上并调整适当的焦距，然后按下白色平衡按钮后，接着按下此按钮。

（13）音频输出插口：此装置不具有内部功率放大器，所以不能直接在此插口上连接扬声器。

（14）负片按钮：用于观看负片胶片的正图像，将负片胶片置于平台上并调整适当的焦距，然后按下白色平衡按钮后，接着按下此按钮。

（15）音频输出插口：此装置不具有内部功率放大器，所以不能直接在此插口上连接扬声器。

（16）复合视频输出插口：提供 1.0V[p-p]/75Ω 的复合视频信号给视频监视器。

（17）超视频输出插口：提供超视频信号给视频监视器。

（18）输入选择器：用于选择来自三种来源的音频/视频信号。

（19）麦克风输入插口：用于连接麦克风。

（20）麦克风音量调节：此拨盘旋钮是用于调节麦克风的音量。

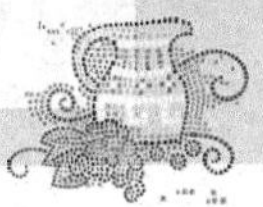

6.4.3　视频展示仪的维护

1．视频展示仪上摄像机镜头的清理

当镜头上有污垢时，使用专用气喷嘴吹掉镜头上的灰尘，也可以使用脱脂棉或麂皮，蘸专用清洗液轻擦镜头表面。

2．使用视频展示仪的注意事项

不要在高温或潮湿的环境下使用，应在温度为 5～35℃及湿度低于 80%的环境中使用。不要使用腐蚀性强的清洗剂清理机器上的污垢。应避免冲击震动，注意不要用尖利的笔在平台上直接书写。

3．视频展示仪常见故障的排除

（1）在监视器上无图像显示。

① 检查电源是否接通。

② 检查各种电缆是否接牢。

③ 检查输入选择器是否正确地设定于该视频源的位置。

（2）在 LCD 监视屏上无图像显示。

① 试着转动 LCD 监视屏上的 BRIGHT 旋钮。

② 调整 LCD 监视屏角度。

（3）自动聚焦不能正常动作。

① 检查物体高度是否高于 15cm，如果高于 15cm 自动会出现不正常动作。

② 检查摄像机臂是否处于正确拍摄的位置。

③ 检查镜头是否干净。

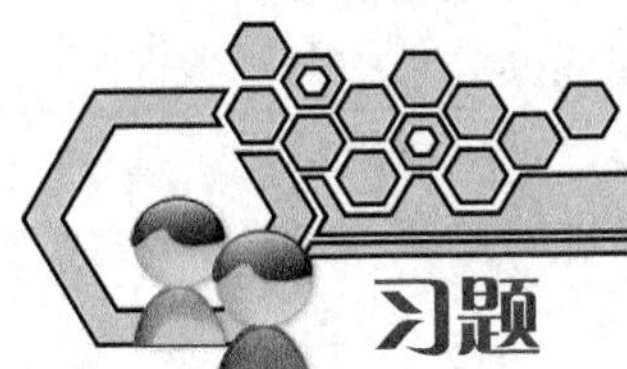

习题

1．幻灯机的聚光部分由哪两部分组成，各部分的作用是什么？

2．选用幻灯机时，应考虑哪几部分问题？

3．对幻灯机应进行哪些日常维护？

4．使用幻灯机，若开关接通，灯泡不亮的产生原因及排除方法是什么？

5．简述投影器的种类与特点。

6．什么是光程？若投影器的光程不等，应如何调整？

7．维护投影器主要包括哪些内容？

8．使用投影器时，若图像模糊或图像缺损，产生的原因和排除方法是什么？

9．数据投影机有哪些技术特点？

10．视频展示仪有哪些技术特点？

11．视频展示仪主要操控器及其功能有哪些？

12．视频展示仪有哪些常见故障，如何排除？

第7章 其他办公设备

前几章重点介绍了自动化办公中一些常用的、主要的办公设备的使用、选购、维护等内容。在当前自动化办公设备日新月异发展的今天，一些新的、实用的、方便的小型办公设备不断出现。本章将介绍平板电脑、办公音响设备、数码录音笔、碎纸机、摄像头、电子词典等办公设备。

平板电脑是近两年来发展很快的一种集移动商务、移动通信和移动娱乐为一体，具有手写识别和无线网络通信功能的电脑。办公室音响设备主要指用于举行现场办公会议时使用的音响设备，这里主要介绍功放和音箱的使用与维护。数码录音笔是一种具有重量轻、体积小、录音时间长等特点的数字录音器。碎纸机是用来完成办公室中的销毁保密文件与资料的辅助办公设备。摄像头则是作为一种视频输入设备，被广泛地运用于视频会议、远程医疗、实时监控及网络声像传播等方面。电子词典是主要具有英译汉和汉译英功能，兼有事务管理、资料存储和计算等功能的新型词典。

本章知识要点

- 掌握平板电脑的主要功能、操作系统及选购方法。
- 了解办公音响设备的外部结构，掌握其使用与维护方法。
- 了解数码录音笔的参数，掌握数码录音的选购、使用方法和使用注意事项。
- 掌握碎纸机的作用与构成、规格参数及技术特性，重点掌握碎纸机的使用与维护。
- 了解摄像头的性能指标，掌握摄像头的安装、使用、维护选购及使用注意事项。
- 了解电子词典的主要功能、使用方法和使用注意事项。

7.1 平板电脑

7.1.1 平板电脑简介

平板电脑（英文：Tablet Personal Computer，简称 Tablet PC），是指一种即小型又方便携带的个人电脑，以触摸屏作为基本的输入设备。它拥有的触摸屏（也称为数位板技术）允许用户通过触控笔或数字笔来进行作业而不是传统的键盘或鼠标。用户可以通过内建的手写识别、屏幕上的软键盘、语音识别或者外接一个真正的键盘（如果该机型配备的话）输入信息。

平板电脑由比尔·盖茨提出，应支持来自 Intel、AMD 和 ARM 的芯片架构。从微软提出的平板电脑概念产品上看，平板电脑就是一款无须翻盖、没有键盘、小到放入女士手袋，但功能完整的 PC。平板电脑的命名由微软公司在 2002 年秋季提出，但由于当时的硬件技术水平还未成熟，而且所使用的 Windows XP 操作系统是为传统电脑设计,并不适合平板电脑的操作方式。直到 2010 年 1 月，苹果的首席执行官史蒂夫·乔布斯发布了 iPad，让各 IT 厂商将目光重新聚焦在了“平板电脑”上。

iPad 重新定义了平板电脑的概念和设计思想，取得了巨大的成功，从而使平板电脑真正成为了一种带动巨大市场需求的产品。这个平板电脑（Pad）的概念和微软那时（Tablet）已不一样。它们作为新一类的便携式电脑，弥补了对于笔记本类电脑仍然过大并且笨重的市场需求。

平板电脑的主要特点是它的显示器可以随意旋转，一般采用小于 10.4 英寸的液晶屏幕，并且都是带有触摸识别的液晶屏，可以用电磁感应笔手写输入，且具有移动性；平板电脑还拥有速记软件，可以让用户通过触控笔以打字的速度输入文字；平板式电脑本身内建了一些新的应用软件，用户只要在屏幕上书写，即可将文字或手绘图形输入计算机；平板式电脑集移动商务、移动通信和移动娱乐为一体，具有手写识别和无线网络通信功能，被称为笔记本电脑的终结者。

目前，平板电脑按结构设计大致可分为三种类型，可外接键盘的“纯平板电脑”、集成键盘的“旋转型平板电脑”和“混合型平板电脑”。

（1）纯平板电脑是将电脑主机与数位液晶屏集成在一起，将手写输入作为其主要输入方式，它们更强调在移动中使用。纯平板型只配置一个屏幕和触控笔，如果需要，它们可以通过无线技术或 USB 接口连接键盘、鼠标及其他外设。有些厂商的平板电脑产品将外接键盘或鼠标作为可选件。目前，最常见的纯平板型平板电脑的生产商有 Motion Computing/Gateway Computers、富士通、惠普/康柏和苹果等。一款纯平板电脑如图 7.1 所示。

（2）旋转型平板电脑：将键盘与电脑主机集成在一起，电脑主机则通过一个巧妙的结构与数位液晶屏紧密连接，液晶屏与主机折叠在一起时可当作一台“纯平板电脑”使用，而将液晶屏掀起时，该机又可作为一台具有数字墨水和手写输入操控功能的笔记本电脑。值得一提的是，它的屏幕不仅可以进行上下翻折，还可以进行 180°的旋转，从而使它可以更方便地将显示画面展示给用户或电脑旁的其他人员。总体上看，相比于“纯平板电脑”，“旋转型平板电脑”更接近于笔记本电脑。目前，最常见的可旋转型平板电脑生产商有惠普、联想、宏碁和东芝等。一款旋转型平板电脑如图 7.2 所示。

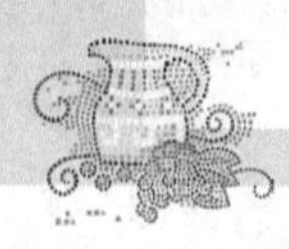

图 7.1　一款纯平板电脑

图 7.2　一款旋转型平板电脑

（3）"混合型"平板电脑跟"可旋转型"平板电脑类似，但它的键盘是可以分开的，因此既可以把它当作纯手写型平板电脑使用，也可以把它当作旋转型平板电脑使用。目前，最常见的混合型平板电脑生产商有华硕、微软。

7.1.2　平板电脑的主要功能

平板电脑的功能有很多，电脑有的功能它基本上都有。它跟笔记本用途很相近，但是也有一点区别。平板电脑跟笔记本电脑一样十分适合办公，不过平板电脑的娱乐功能比笔记本更好。常见的功能有：

（1）打电话，发信息。能打电话的平板电脑基本上和手机没有太大区别，只是屏幕大了点而已。

（2）可以玩游戏、看电影、听音乐，可以当作 MP3/MP4 音乐随身听、数码相框、网络电视、网络收音机等使用。

（3）可以使用基本软件办公、发邮件、上微博、聊天、管理名片、多语言翻译、地图及航班查询、酒店预订、股市行情查询、个人理财、观看电子书等。这些和笔记本电脑没有多大区别，只是方便携带。

（4）大都以无线网卡 Wifi 方式联网，部分支持 3G 和有线上网。

（5）带有触摸识别的液晶屏，可以用笔手写输入，可以绘画，速记。因为液晶屏可以感知你写字力度的大小，所以笔画有轻有重，可以画出各种风格的图案。还有手写公式计算的功能，你手写公式它就能联网查出计算结果，这点比电脑好很多。

上面是一些常见的平板电脑的主要功能。各平板电脑其它功能类似，多点少点，没有什么根本区别。总之，平板电脑功能大都具备一般电脑的功能，只是在这个系统上的软件没有电脑上的多和功能强大。但有理由相信，随着平板电脑的发展，平板电脑的功能将会更强、更实用、更能满足用户的需求。

7.1.3　平板电脑的主要操作系统与选购

最近几年，平板电脑飞速发展，到底什么样的平板电脑才是适合自己的？我们又该如何去选择？要想购买到适合自己的平板电脑，操作系统的选择是关键之一。

1．平板电脑的主要操作系统

从一开始，业界巨头便就操作系统的市场份额展开激烈的争夺，表明了该领域的技术地位和

前景。当前的平板设备操作系统开发百花争鸣，却都紧密围绕着移动设备的跨设备性、触摸屏的体验强化、互联网络的接入便利以及软件应用的数量大做文章。

目前，在平板电脑的操作系统中，苹果的 iOS 系统、谷歌的 Android（安卓）系统和微软的 Windows 系统是占据份额最多的三个操作系统，其中苹果仍有绝对优势。在三大阵营中，第一个阵营就是苹果 iOS 为基础的 iPad 平板电脑。2012 年 3 月，苹果推出了全新的 iPad，让自己在平板电脑的领域不但站稳了脚跟，而且成为当仁不让的霸主。第二阵营是谷歌阵营，也就是 Android 平台的平板电脑阵营，各厂商也纷纷推出了自己的新产品。第三阵营就是 Windows 阵营。微软在 2012 年 6 月下旬发布了 Windows 8 平板电脑 Surface，经试水后在下半年应该会有其他厂家的 Windows 8 平板上市。除了 3 大主要系统外，还有其它一些平板电脑的操作系统被使用，由于它们占市场份额较小，这里不做介绍。

（1）苹果自 2010 年推出首个 iPad 之后，就统领了平板电脑市场，iPad 无疑是平板电脑领域的领军者。iPad 的 iOS 系统源于苹果的 iPhone。iOS 在用户界面概念的基础上使用多点触控直接操作。控制方法包括滑动、轻触开关及按键。与系统交互包括滑动、轻按、挤压及旋转。屏幕上方有一个状态栏能显示一些有关数据，如时间、电池电量和信号强度等，其余的屏幕用于显示当前的应用程序。2012 年 6 月中旬，苹果开发者大会（WWDC）上最新发布的 iOS6 有对中文更好的支持以及有更多的中国本土应用软件的捆绑，让 iPad 未来在中国市场的前景更加被看好。因此，苹果的优势有很多，其中最大的一个似乎就是 iOS6 了。除此之外，足够强大的硬件和时尚的外观也是苹果被大多数人看好的原因之一。当然如果单单只有这些，苹果恐怕还不能坐稳“霸主”的位置。因为大多数用户之所以选择苹果，看中的是其绝佳的用户体验和高度融合的产品体系，而且目前苹果 iOS 系统应用软件的生态环境，也是其他操作系统无法比拟的。

（2）Android（安卓）是基于 Linux 开放性内核的操作系统，它采用了软件堆层的架构，主要分为三部分。底层 Linux 内核只提供基本功能，其他的应用软件则由各公司自行开发，部分程序以 Java 编写。除了任务管理器可以滚动，支持 USB 输入设备（键盘、鼠标等），同时还会支持 Google TV，支持 XBOX 360 无线手柄，此外就是一些 Widget（微件）支持的变化，能更加容易的定制屏幕。Android 系统的最大优势就在于它的免费开源性，广阔开放的胸襟让任何企业都很容易进入 Android 平板电脑领域。Android 系统是全球三大系统之一，是以免费软件应用多而闻名的。在这种优势下，归于 Android 旗下的除了三星、联想、摩托罗拉、华硕等主流厂商之外，还有国内不少中小企业。也正是由于操作系统是免费开源系统，因此使用 Android 的厂商可以在研发过程中自行搭配多种不同的硬件配置，这让用户有非常多的选择空间。当然，与此同时，Android 平板电脑终端规格不统一的问题也暴露了出来。

（3）Windows 操作系统中，较早的 Windows 7 其实是一款 PC 电脑系统，该系统主要围绕五个重点——针对笔记本电脑的特有设计；基于应用服务的设计；用户的个性化；视听娱乐的优化；用户易用性的新引擎。由于现在很多软件都是基于 Windows 系统，因此在众多的系统中 Windows 在操作体验、应用数量、支持文档上具备更充分的优势，可供家庭及商业工作环境、平板电脑、笔记本电脑、多媒体中心等使用。作为今年才面市的新军，Windows 8 平板电脑起步比较晚，追随它的目前也只有三星、华硕等少数几家公司。该系统较 Windows 7 具有更好的续航能力，且启动速度更快、占用内存更少，并兼容 Windows 7 所支持的软件和硬件。在微软推出自有品牌的 Windows 8 平板电脑之后，相信跟进者会逐渐增加。从目前的调查反馈来看，由于与 PC 的血缘关系，相当一部分用户将把 Windows 8 平板电脑用于工作用途，在办公领域的潜力让其未来充满光明。

2．平板电脑的选择

目前是平板电脑飞速发展的时代，国内有非常多的平板电脑性能强大，携带方便，娱乐游戏更是一流，这些突出点也是我们最看重的。在选购平板电脑时，主要看你是干什么用的，需要什么功能，然后你的预算是多少。要综合考虑这些方面才好选择。选择平板电脑应主要从以下几方面入手。

（1）看产品外观及工艺。

① 外观是否时尚、质感，有品位，工艺精细。平板电脑是一款时尚的产品，因此产品的外观、工艺应具备时尚的元素，苹果Ipad之所以受欢迎，因为苹果产品在消费者心中就是一件精美的工艺品，所以在选择平板电脑时外观是否时尚、质感、有品位，工艺是否精细是很重要的。

② 根据需要选择合适尺寸及屏幕像素的平板电脑。现在平板电脑尺寸分类也越来越多，从5寸、6寸、7寸、10寸，分辨率也各有不同，一般是尺寸越大的分辨率越大。在屏幕大小一定的情况下，更高的分辨率带来的当然是显示精度的提升和资金的付出，这就要权衡需求和资金后确定。

③ 选购时要看产品上是否有明确的品牌、型号等标注。有品牌的平板电脑的质量和售后服务才有保证。目前，市场上就出现了很多平板电脑产品，没有明确的产品品牌、型号的标示，选择此类平板电脑时应慎重。

④ 对所谓的“贴牌”、“山寨”产品应慎重选择。

⑤ 看重量是否合适，产品是否轻薄，携带是否方便。

（2）看产品的硬件配置及性能。

① 硬件是平板电脑最重要的部分之一。平板电脑速度如何主要由硬件决定。平板电脑的硬件设备，包括了处理器频率、内存大小、图像显示能力、屏幕像素、Flash容量、电池容量、外接接口多少、网络程序支持等，这些都十分重要，因为这些硬件会直接影响平板电脑的运行速度、触控操作的顺滑度、屏幕画面的素质、还有应用界面的设计等。因此，硬件也决定了平板电脑的性能的强弱。比如选择CPU主频时，应选择不低于1G的产品，这样的产品才适合较长期使用，而且短时间内基本上不会过时。

② 注意内存和内置Flash的区分，避免被欺骗和误导。平板电脑的内存一般为256M、512M也有是1G的。目前平板电脑的内存达512M已经能完全满足系统及应用软件的运行，而所说的4G、8G、16G是指平板电脑本身的Flash存储容量(相当于电脑的硬盘)，因此消费者在选择和听取销售人员介绍时应注意区分，避免被欺骗和误导。

③ 电阻屏和电容屏在触摸操作上的感觉是完全不同的，消费者在购买平板电脑时，应重点考虑其是否采用多指电容屏。

④ 接线口也很重要，要看是否支持扩展，是否有耳机接口、USB接口等。

（3）确定选择哪种系统的平板电脑。

① 应根据自己需求的侧重点来选择哪种系统的平板电脑。各种不同的平板电脑所搭载的操作系统是不一样的。比如iPad搭载的是iOS系统，三星平板电脑搭载的是Android（安卓）系统，Surface平板电脑搭载的是Windows 8系统。由于各系统提供的功能、软件不尽相同，用户应根据自已需求的侧重点来选择。应注意的是，目前一些Windows7系统的平板电脑是双系统的，也就是微软和安卓两个系统，需要用那一个随时切换一下就行了。如果购买双系统的平板电脑，以后升级为Windows 8会很方便。

② 平板电脑操作系统的版本，对产品的性能是有一定的影响的。平板电脑出厂配置的操作系统版本越高，也就说明该产品的硬件设备越高。例如，若想购买 Android 系统的平板电脑时，应该尽量选择配备 Android 2.3 版本以上的平板电脑。因为 2.3 以上系统是 Google 针对平板优化设计的、具有全新的 UI 增强网页浏览功能。这类的平板电脑能带给你更好的使用体验。

（4）试用产品，看产品的操作体验。选择平板电脑除了要看外观、工艺以及产品的硬件配置、性能和系统之外，还应该注重对产品的试用和操作体验。平板电脑的性能好坏是依靠产品整体的软硬件结合、匹配来实现的，并不是硬件配置高它的性能就好，这也是平板电脑这类产品的技术特点。因此在购买时应认真试用。主要试用可以考虑以下几个方面。

① 看触摸屏操作是否流畅；

② 看 3D 游戏及重力感应是否流畅、灵敏；

③ 能否流畅播放 1080P 高清电影，色彩是否清晰；

④ 试听音质效果如何。

最后要说明一点，在满足需要和适用的前提下，应该尽量选择性价比高的产品。性能越出色，意味着使用寿命、使用体验越卓越；而价格越低，则意味着消费者的开支越少。性价比一直是商家与消费者博弈的主要内容，性价比接近或低于使用价值，那么，这样的产品就值得购买。购买时还需牢记名气大的产品并不一定是适合自己的。

7.2 办公音响设备

办公室音响设备主要指用于举行现场办公会议时使用的音响设备。音响是声音还原、放音系统的统称。一套基本的放音系统由音源、功放、音箱三部分组成。

音源目前可以是话筒、录像机、VCD/DVD 和 CD 甚至 MP3 等；功放的全称是音频功率放大器，俗称“扩音机”，功放主要是放大话筒、VCD 和 DVD 中的伴音、CD 音乐等来自信号源（专业音响系统中则是来自调音台）的音频信号；音箱是发声设备，是音响系统的组成部分即终端器件，作用是把功放放大的音频信号播放出来。将功放电路安置在音箱上，只要配接音源即可放音的，称为“有源音箱”。音源、功放、音箱各自独立一体的，称为“音响组合”。音源和功放甚至和音箱组合的，称为“组合音响”。以下主要介绍功放和音箱的使用与维护。

7.2.1 功放和音箱的外部结构

下面将以图 7.3 为奇声 AV-1103 型功放和漫步者 R151T 型音箱，介绍功放和音箱的外部结构和面板的功能。

1．奇声 AV-1103 型功放

图 7.3 为奇声 AV-1103 型功放的图片，其主要性能参数如下：

（1）主声道频响：20Hz ~ 20KHz（±3dB）。

（2）主声道信噪比：≥76dB。

（3）左右声道输出阻抗：4 ~ 16Ω。

（4）虚拟中置、环绕声输出阻抗：8 ~ 16Ω。

（5）左右声道输出功率：20W*2（RMS）。

（6）虚拟中置、环绕声输出功率：8W*3（RMS）。

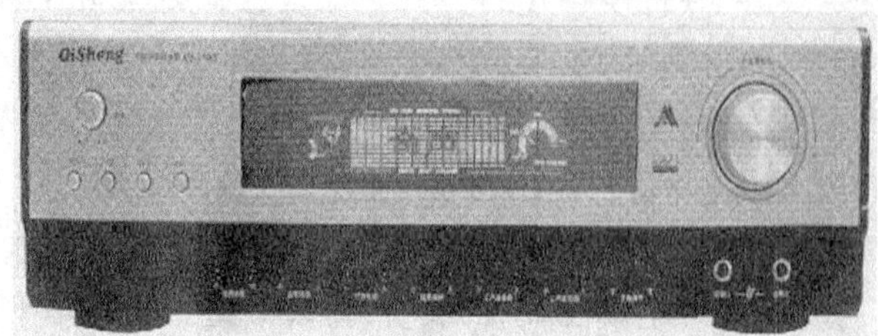

图 7.3　奇声 AV-1103 功率放大器图片

2．奇声 AV-1103 型功放的面板功能

奇声 AV-1103 型功放的前面板功能说明图片如图 7.4 所示，后面板功能说明图片如图 7.5 所示。

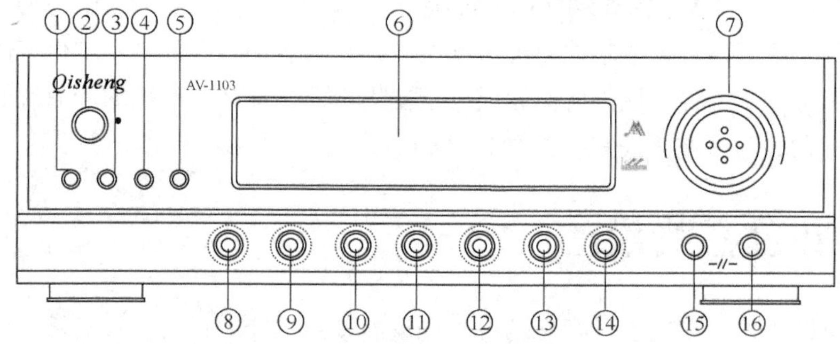

图 7.4　奇声 AV-1103 功率放大器前面板功能说明图片

（1）CD 信号输入选择键。

（2）电源开关。

（3）VCD 信号输入选择键。

（4）DVD 信号输入选择键。

（5）音频混合信号输入选择键。

（6）荧光显示屏。

（7）主音量控制旋钮。

（8）话筒音响控制旋钮。

（9）话筒低音控制旋钮。

（10）话筒高音控制旋钮。

（11）话筒混响深度控制旋钮。

（12）主声道低音控制旋钮。

（13）主声道高音控制旋钮。

（14）主声道左、右平衡控制旋钮。

（15）话筒 1 插座。

（16）话筒 2 插座。

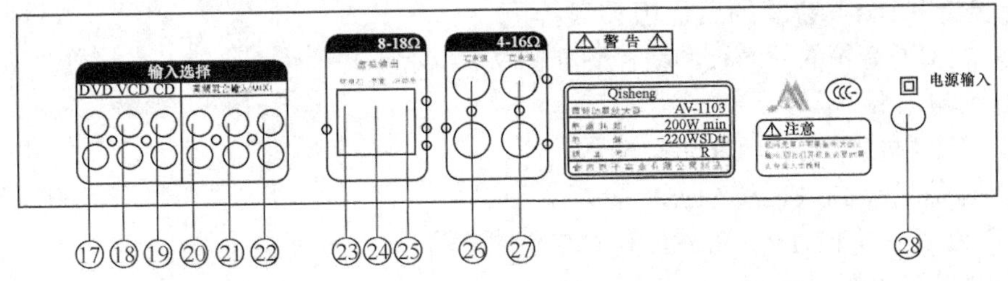

图 7.5　奇声 AV-1103 功率放大器后面板功能说明图片

（17）DVD 信号左、右声道输入座。

（18）VCD 信号左、右声道输入座。

（19）CD 信号左、右声道输入座。

（20）音频混合信号左、右输入座。

（21）中置、超重低音输入座。

（22）混合环绕左、右信号输入座。

（23）环绕右音箱接线夹。

（24）中置音箱接线夹。

（25）环绕左音箱接线夹。

（26）主右音箱接线柱。

（27）主左音箱接线柱。

（28）整机电源输入。

3. 漫步者 R151T 音箱

漫步者 R151T 型音箱的图片如图 7.6 所示。漫步者 R151T 型音箱主要有一只低音箱，卫星音箱五只，线控器一个，该型号音箱的性能参数如下。

图 7.6　漫步者 R151T 型音箱图片

（1）功率放大器输出功率。

① 卫星箱通道：RMS 3W*4(THD=10%，f=1kHz)。

② 中置通道：RMS 4W (THD=10%，f=1kHz)。

③ 低音通道：RMS 10W (THD=10%，f=80Hz)。

（2）功率放大器信噪比：≥85dBA。

（3）失真度：小于 0.5%。

（4）线路输入阻抗：10K 欧姆调节形式：主音量线控调节、低音音量旋钮调节。

（5）输入灵敏度。

① 卫星箱通道：350 ± 50mV。

② 低音通道：80 ± 20mV。

（6）低音单元：防磁 4 英寸（外径 106mm）。

（7）低音单元直流阻抗：6Ω。

（8）中高音单元：防磁 4 英寸（外径 50*90mm）。

（9）高音单元直流阻抗：4Ω。

（10）输入电源：220V-50Hz，60W。

4. 漫步者 R151T 音箱的后面板和线控图

漫步者 R151T 音箱的后面板和线控图如图 7.7 所示。

（1）音频输入端口。

① 2 声道音频信号经 FL/FR 端口输入。

② 4 声道信号经 FL/FR 和 SL/SR 端口输入。

③5.1 声道信号经 FL/FR、SL/SR 和 C/SW 端口输入。

（2）卫星箱输出端口。

① FL 白色端口接前置左卫星箱。

② FR 红色端口接前置右卫星箱。

③ SL 蓝色端口接环绕左卫星箱。

④ SR 绿色端口接环绕右卫星箱。

⑤ C 黄色端口接中置卫星箱。

（3）电源开关。

（4）线控器连接线端口。

（5）低音音量调节。

（6）电源线。

（7）主音量调节。

（8）耳机接口。

（9）工作指示 LED。

① LED 亮：放音状态。

② LED 熄灭：静音状态。

（10）静音按钮。

5. 漫步者 R151T 音箱后面板接线图

漫步者 R151T 音箱后面板接线图如图 7.8 所示。

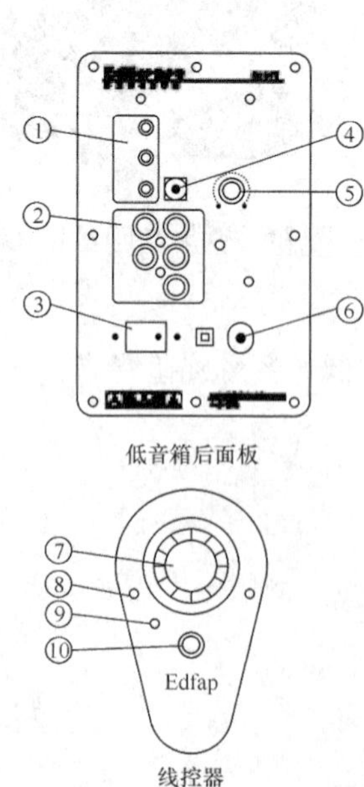

图 7.7 漫步者 R151T 型低音箱后面板级线控图

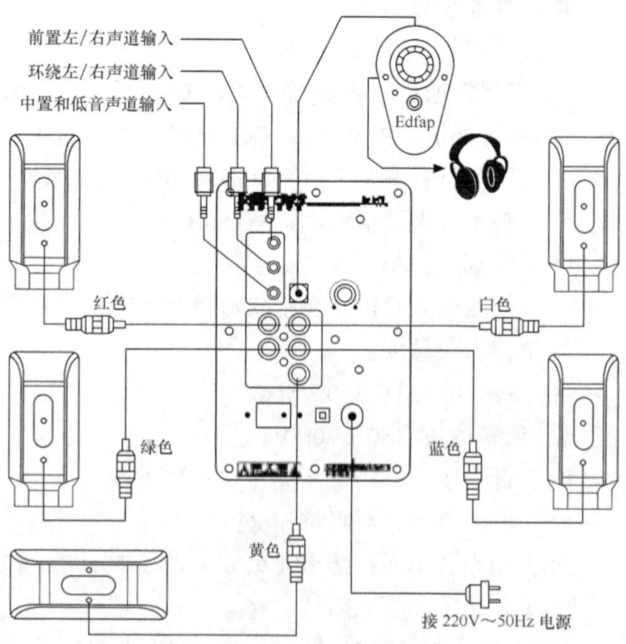

图 7.8 漫步者 R151T 型音箱连接图

7.2.2　音响的基本操作

（1）把信号源（如 DVD、VCD、CD 等）和音箱按照以上方法连接到功放相应的接口位置，把主音量控制旋钮⑦旋到最小位置（最左边），确保连线无误后，把音响设备电源插头插到市电网上，按下电源开关②，显示屏点亮，约四、五秒钟后，机内继电器自动吸合，初开机时输入选择自动选择在 VCD 状态，想用其他音源设备，可选择 MIX⑤、CD①、DVD④，注意选择面板上的输入键要同后板上的音源信号输入插孔一致。

（2）把主音量旋钮⑦旋到合适位置，使声音的大小达到要求。

（3）旋转主声道平衡旋钮⑭，可改变左右声道的平衡。向左旋减小右声道的音量，向右旋可减小左声道的音量。

（4）旋转高音调节旋钮⑬，可以调整主声道高音的强弱。

（5）旋转低音调节旋钮⑫，可以调整主声道低音的强弱。

7.2.3　音响器材的使用注意事项及日常维护

（1）音响器材正常的工作温度应该为 18℃ ~ 45℃。温度太低会降低某些机器(如电子管机)的灵敏度；太高则容易烧坏元器件，或使元器件提早老化。夏天要特别注意降温和保持空气流通。

（2）音响器材切忌阳光直射，也要避免靠近热源，如取暖器。

（3）音响器材用完后，各功能键要复位。如果功能键长期不复位，其牵拉钮簧长时期处于受力状态，就容易造成功能失常。

（4）开关音响电源之前，把功放的音量电位器旋至最小，这是对功放和音箱的一项最有效的保护手段。这时候功放的功率放大几乎为零，至少在误操作时也不至于对音箱造成危害。

（5）开机顺序要先开音源设备，再开功放。反之关机时先关功放再关音源设备，让功放的放大功能彻底关闭，再关掉音源设备时，不管产生再大的冲击电流也不会秧及功放和音箱了。

（6）机器要常用。常用反而能延长机器寿命，如一些带电机的部体(卡座机、激光唱机、影碟机等)。如果长期不转动，部分机件还会变形。

（7）要定期通电。在长期不使用的情况下尤其在潮湿、高温季节，最好每天通电半小时。这样可利用机内元器件工作时产生的热量来驱除潮气，避免内部线圈、扬声器音圈、变压器等受潮霉断。

（8）每隔一段时间要用干净潮湿的软棉布擦拭机器表面；不用时，应用防尘罩或盖布把机器盖上，防止灰尘入内。

7.2.4　功放和音箱常见故障及排除方法

1．功放的常见故障和解决方法

功放的常见故障和解决方法参见表 7.1。

表7.1 功率放大器常见故障的现象、产生原因排除方法

故障现象	产生原因	排除方法
完全无声且荧光屏、指示灯均不亮	1．电源插头未插或插头未插好 2．交流保险丝烧断	1．将电源插头可靠插入电源插座 2．请合格的维修人员检修
完全无声但电源接通	1．音量控制旋钮旋至最小 2．音箱线、信号线连接不良 3．信号源输入口与本机输入选择不对应 4．信号源无信号输出	1．将音量控制旋钮旋至合适位置 2．连接好音箱线、信号线 3．连接至对应位置 4．检查信号源或检修信号线
虚拟中置音箱无输出	1．音箱线连接不妥或断路、短路	1．连接好音箱线或检修音箱线
虚拟环绕音箱无输出	1．音箱线连接不妥或断路、短路	1．连接好音箱线或检修音箱线
话筒无输出	1．话筒插头未完全插入话筒插口 2．话筒关闭 3．话筒音量调至最小	1．重新插好话筒插头 2．打开话筒 3．旋转话筒音量旋钮至合适位置
话筒无混响效果	1．混响旋钮旋至最小	1．旋转混响旋钮至合适位置

2．音箱的常见故障和解决方法

表7.2 音箱常见故障的现象和排除方法

故障现象	排除方法
只有部分音箱有声	1. 首先确保音箱的连线已正确连接；再将低音箱后面板的输入插头调换，如果能放音，说明音箱没有故障，请检查音源 2. 如果音源只能提供两声道或四声道信号输出，只有两只或四只卫星箱有声音，这不是故障；由于节目源或软件的限制也可能造成只有部分音箱有声音
音箱都没有声音	1．检查电源插头是否插好，插座是否通电 2．检查音源和连接线是否正常 3．检查线控器上的静音开关是否处于静音状态

7.2.5 功放和音箱的选购

1．选购功放应注意的两个技术指标

（1）功率。人们普遍认为，功放机的功率越大，它的力量就越充足，就越容易推动扬声器，从而也就越容易从扬声器（音箱）中获得好的声音。功率大的功放机无疑是其自身的优点，但是购买功放机不是功率越大的就越好。因此在选购功放机时，只追求大功率似乎显得有些片面。就办公而言，用一台设计优良的具有50W输出功率的功放机去推动一对效率在86dB以上的扬声器已可获得理想的效果。

（2）信噪比。宁静的音乐背景取决于功放机的信噪比S/N（一般用多少dB来表示）。信噪比是指信号幅度和噪声幅度之比。由于这一指标是和功放机的输出噪声成反比的。因此信噪比的数值越大，就说明功放机的输出噪声越小，质量就越高。因此在选用功放机时，信噪比越大就越好。

2．选购音箱要注意几个技术指标

（1）灵敏度。通俗的说，灵敏度就是在输入一定功率的信号后，音箱所能够发出的音量大小。现有的有源音箱一般采用dB/w/m作为音箱灵敏度的单位，也就是说，在有源音箱中的扬声器系

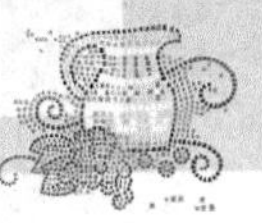

统中，输入 1w 的功率，在其正前方 1m 处测试声压的大小。普通音箱的灵敏度一般在 85 ~ 90dB/w/m 之间，有的则可以达到 100dB/w/m 以上。灵敏度高的扬声器对功放的输出功率要求较低。灵敏度的提高是以增加失真度为代价的，所以作为高保真音箱来讲，要保证音色的还原程度与再现能力就必须降低一些对灵敏度的要求。

（2）阻抗。音箱的阻抗和功放的阻抗系数有关，阻抗较高的音箱同功放配合时阻尼系数就较大，音箱就较易被功放控制。一般应避免选用低阻抗音箱，因功放在低负载阻抗下，虽能输出较大功率，但其谐波失真和互调失真等指标较差，某些功放的性能甚至变得非常差。

（3）最小推动功率和最大承受功率。低于最小连续推动功率，音箱的动态功率余量不够，容易使功放处于超负荷工作而损坏功放和喇叭。因此选购音箱要注意其最小推动功率是多少；而承受功率则应根据功放的最大输出来选择，超过音箱最大承受功率就要合理使用功放，既能使音箱淋漓尽致地发挥其最佳潜能，又不因过分加大功率而损坏音箱。

购买功放之前亲自试听是必须的。功放的声音有一定的个性，与音箱搭配出来的声音未必就一定好听，所以不但要亲自试听，而且最好能将功放和选用音箱系统实地连接起来实地试听。最后观察机器外壳、面板、旋钮、按键等部件的平整程度、灵活性、可靠性等。同时还要注意产品商标、厂址、包装和标志等是否齐全。

7.3 数码录音笔

7.3.1 数码录音笔简介

数码录音笔是数字录音器的一种，造型如笔形，携带方便，同时拥有多种功能，如激光笔功能、MP3 播放等。与传统录音机相比，数码录音笔是通过数字存储的方式来记录音频的。

传统的录音机采用磁带作为存储介质，有功耗高、体积大、录音时间短、声音失真严重等缺点。数码录音笔采用闪存作为存储介质，再加上超大规模集成电路的内核系统，因此整个产品的重量轻、体积小。数码录音笔通过对模拟信号的采样、编码将模拟信号通过数模转换器转换为数字信号，并进行一定的压缩后进行存储。而数字信号即使经过多次复制，声音信息也不会受到损失，保持原样不变。

数码录音笔有以下特点。

（1）连续录音时间长。传统录音机使用的磁带每一盒的录音时间的长度一般是 40 ~ 60min，最长的也不过 90min。而目前即使存储容量最小的数码录音笔连续录音时间的长度都在 5 ~ 8h，高端产品几十小时的连续录音能力也是很常见的。

（2）与计算机连接方便，可以即插即用。数码录音笔除了有标准的音频接口之外，基本上都提供了 USB 接口，从而使录音笔能够非常方便地与计算机连接，并且能即插即用。

（3）非机械结构，使用寿命长。传统的录音设备采用机械结构，久而久之会发生磨损，因此寿命有限。就拿磁带来说，一盒磁带反复地擦，录上几十次基本上报废；磁头和传动装置时间长了也会发生磨损。而数码录音笔采用的是电子结构，因此可以做到无磨损，使用寿命也较长。

（4）安全可靠，可进行保密设计。有些用户使用录音笔录音时，可能有保密的要求，但是如果使用传统的录音机和磁带的话，要实现加密是比较困难的。而数码录音笔由于采用的是数字技

术，可以非常容易地使用数字加密的各种算法对其进行加密，以达到保密的要求。

7.3.2　数码录音笔的参数和基本操作

图 7.9 所示为三星 YV-150Q 数码录音笔。下面以该录音笔为对象，介绍数码录音笔的有关参数。

图 7.9　三星 YV-150Q 录音笔外观

1．规格参数

三星 YV-150Q 数码录音笔的规格参数如下。

（1）标准录音时间：132h。

（2）随机内存：2GB。

（3）频率范围：87.5 ~ 108MHz。

（4）输入设备：内置、外置高性能麦克风。

（5）输出设备：内置扬声器，耳机，电脑声卡连接线。

2．数码录音笔的基本操作

（1）录音。数码录音笔的录音操作步骤如下。

① 按住“返回”键移至功能表主菜单。

② 按“快速搜索”键，选择“语音录音，然后按“选择（播放/暂停）”键。

③ 按“菜单”键，选择一个要保存录音文件的文件夹。

④ 按“录音（REC）”键，开始录音。当再次按“录音（REC）”键时，录音笔停止录音，录音文件自动保存在选择的文件夹中，一个文件夹最多可以保存 300 个文件。

（2）放音。数码录音笔的放音操作步骤如下。

① 按住“返回”键移至功能表主菜单。

② 按“快速搜索”键，选择文件浏览器，然后按“选择（播放/暂停）”键。

③ 按“音量控制键”键，选择一个 Voice 文件夹，然后按“选择（播放/暂停）”键。

④ 打开 Voice 文件夹后，按“音量控制键”键，选择一个 Voice 文件夹，然后按“选择（播放/暂停）”键，此时所选择的音频文件开始播放。

7.3.3　数码录音笔的选购及使用注意事项

1．数码录音笔的选购

本节主要介绍选购数码录音笔要注意的一些技术指标。

（1）录音时间。录音时间的长短是数码录音笔最重要的技术指标，它也是广大的消费者购买时关注最多的地方之一。目前市场上的数码录音笔品牌众多，产品型号也很多，因为这个指标和录音笔的闪存容量和压缩算法有关，所以其录音时间长短也有很大差异，因此录音的时间长短成了选购时首要考虑的问题。

有的产品录音时间很长是由于其使用了高压缩率来压缩录音数据，而这种压缩有时会降低录音的质量。因此，在选择时不能盲目地追求较长的录音时间，而应该将录音时间和录音质量均衡考虑，仅是录音时间长而录音质量不好是不行的。目前数码录音笔的标准录音时间都在 6 ~ 10h，可以满足大多数人的需要。

（2）能耗。无论是何种数码产品，它的能耗都是非常重要的指标，而这对于数码录音笔也是非常重要的。数码录音笔采用的电池主要有 AA（5 号碱性电池）、AAA（7 号碱性电池）和专用锂离子电池。由于各种品牌的产品各自的质量不同，其在功耗方面也有着较大的差距。

（3）内置闪存。数码录音笔都采用模拟录音，用内置的闪存来存储录音信息。闪存的特点是断电后，保存在上面的信息不会丢失，理论上可以经受上百万次的反复擦写，因此反复使用的成本是零。闪存可以说是数码录音笔中最贵的部件，当然容量越大，录音时间也就越长，价格就越贵。从现在的情况来看，内置的 16MB 闪存可以存储大约 180min 的录音信息，内置的 128MB 闪存可以存储大约 17h 的录音信息。由于内置芯片的压缩比例不同、录音格式不同，相同存储容量闪存的录音时间也会有较大不同。

现在的产品除了内置闪存外，有些高级数码录音笔则提供外置存储卡如 CF 卡、SM 卡等，当一张存储卡的容量用完时，可以随时更换另一张存储卡，类似于更换磁带，这样可以得到相当长的录音时间。同时也方便交换共享录音内容及资料传送，还可以利用读卡器将录音数据快速存入计算机。

2．数码录音笔的使用注意事项

使用数码录音笔应注意以下事项。

（1）不要跌落或受到强烈冲击，产品跌落或受冲击时会引起故障。

（2）录音笔保存应注意，防热、防潮、防尘；避免阳光直射及靠近取暖设备。

（3）不能过分用力按压液晶显示屏，否则会造成损害，从而引起液晶显示的异常。

（4）不要与磁性卡放在一起。当数码录音笔在现金信用卡及定额券等具有磁性的卡券类物品附近放置时，会由于磁性作用使这些磁性卡券类物品不能使用。

7.4 碎纸机

7.4.1 碎纸机的作用与构成

碎纸机是用来完成办公室中销毁保密文件与资料的辅助办公设备。它与以往使用的人工烧毁、指定专门部门回收等方法相比具有方便、快捷、无污染、环节少、更具保密性等特点，适合各种类型办公室用来销毁纸质机密文件的专用设备。

碎纸机又称文件粉碎机，一般由切纸部件和箱体两大部分组成。切纸部件包括旋转电机和锋利的刀具，电动机带动刀具快速转动，可将文件快速粉碎成条状或米粒状，甚至更小。箱体主要包括容纳纸屑的窗口和机壳，一些碎纸机箱底下部还装有脚轮，以方便使用。

7.4.2 碎纸机的规格参数与技术特性

1．规格参数

碎纸机的主要规格参数有碎纸方式、碎纸效果、碎纸能力、纸屑宽度、碎纸速度、盛纸箱容量等。

（1）碎纸方式。碎纸方式是指当纸张经过碎纸机处理后被碎纸刀切碎后的形状。现有的碎纸

方式有碎状、粒状、段状、沫状、条状、丝状等。

（2）碎纸效果。碎纸效果是指纸张经过碎纸机处理后所形成的废纸的大小，一般是以毫米（mm）为单位的。粒、沫状效果最佳，碎状次之，条、段状相对效果更差些。对于高度机密的文件，应采用可纵横切割的碎纸机，最好选用达到 3mm×3mm 及其以下规格碎纸效果的碎纸机。

（3）碎纸能力。碎纸能力是指碎纸机一次能处理的纸张最大数目及纸张厚度。一般碎纸效果越好则其碎纸能力则相对差些，如某品牌碎纸机上标称碎纸能力为 A4，70g，7～9 张，就是说明该碎纸机一次能处理切碎厚度为 70g 的 A4 幅面的纸 7～9 张。

（4）碎纸宽度。碎纸宽度就是碎纸机所要切碎的纸张在没有进入碎纸机之前的最大宽度，也就是指碎纸机所能容许的纸张的宽度。通常要切碎的纸张要与切口垂直输入，否则整行文字有可能完整保留，资料尽露；另外如果入纸口太细，纸张便会折在一起，降低每次所碎张数，且容易导致纸塞，降低工作效率。所以选择碎纸机时一定要注意碎纸宽度的选择。但普通办公室一般只需要能进入 A4 纸（大约 190mm），所以 220mm 宽度就够用了。

（5）碎纸速度。碎纸速度也就是碎纸机的处理能力，一般用每分钟能处理废纸的总长度来度量，如 3m/min，表示每分钟可处理的纸张在没有切碎之前的总长度为 3m。

（6）碎纸箱容积。碎纸箱容积是指盛放切碎后废纸的箱体体积。普通办公室和家用碎纸机出于实际需要和占地大小考虑可选择较小容量的碎纸箱，大小在 4L～10L 为宜；中型办公室以 10～30L 为最佳，大型办公室可选用 50L 以上的碎纸箱。

2．技术特性

下面以三木 SD9310 碎纸机（见图 7.10）为例介绍碎纸机的技术特性。

图 7.10　三木 SD9310 碎纸机

（1）拉门断电：拉开碎纸箱，自动切断电源，并有指示灯显示。

（2）过热保护：电机过热自动停机保护。

（3）超载检测：如超负荷过量进纸，本机自动检测退纸。

（4）自动光感：全自动光感应控制，自动进纸。

（5）碎纸能力：5～6（70g/A4）。

（6）进纸宽度：220mm。

（7）碎纸速度：3.6m/min。

（8）碎纸效果：2mm×9mm 段状。

（9）废纸箱容量：18L。

（10）特殊刀具：刀具采用特殊工艺处理，可碎大头针，曲别针，订书针，信用卡，光盘等。

7.4.3　碎纸机的使用与维护

1．碎纸机的使用

碎纸机的操作比较简单，对环境的要求也不高。通常在一般的办公室采用 220V 电源保证供电即可进行工作。一般碎纸机具备自动开关系统，只要在输入中将纸张放入切纸器就会自动旋转把纸切碎。也有的碎纸机则需要按一下启动键，使机器运转后，再放入需要切碎的文件。

当继续碎纸时，按下“向前”键，切纸器便会转动，可继续切纸。碎纸完毕，应按下“停止/反向”键，使切纸机停止转动。

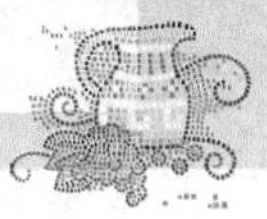

碎纸前应先检查一下要破碎的文件上是否有曲别针、订书钉等硬物。若有，一般应除去后再放进入纸口，否则可能损坏刀具。

在使用碎纸机时，应注意一次不要塞入过多纸张，尤其是质量较好的纸，使用时更要注意，以免出现卡纸现象。纸张放入时尽量不要放歪斜，对比较窄的纸要尽量放在进纸口的中央。

2．碎纸机的维护

操作碎纸机时应注意以下事项。

（1）当机器运转时，千万不要将手指放进入纸口，或试图用其他物件清理入纸口，以防发生危险。

（2）操作时，要防止领带、项链、长发等卷入机器中。

（3）除纸张外，严防把金属物品、布料、塑料、胶纸等其他物料放入机内，以免损坏机器。

（4）不要将潮湿的纸张塞入碎纸机，以免刀具生锈或损坏。

（5）不要连续使用机器在 30min 以上，以免发动机发生故障。

（6）不要将比入纸口大的纸张放进入纸口，也不宜斜放纸张。

（7）切勿遮挡通风口，以免影响发动机散热，产生故障。

（8）不要让小孩接近碎纸机，以免小孩将手伸进入纸口，发生危险。

（9）除清除卡在入纸口的纸张外，一般不要作反向旋转机器操作。否则，纸张会散布在入纸口周围，容易导致事故的发生。

（10）切勿随意打开主机，因为切纸机的各种机件特别是刀具，很容易对人体造成伤害。

7.5　数码摄像头

摄像头（Camera）又称为电脑相机、电脑眼等，它作为一种视频输入设备，在过去被广泛地应用于视频会议、远程医疗及实时监控等方面。近年以来，随着互联网技术的发展，网络速度的不断提高，再加上感光成像器件技术的成熟并大量用于摄像头的制造上，使得它的价格降到普通人可以承受的水平。普通人也可以彼此通过摄像头在网上进行有影像、有声音的交谈和沟通。另外，人们还可以将其用于当前各种流行的数码影像、影音处理。

7.5.1　数码摄像头简介

1．摄像头的种类

摄像头分为数字摄像头和模拟摄像头两大类。现在电脑市场上的摄像头基本以数字摄像头为主，而数字摄像头中又以使用新型数据传输接口的 USB 数字摄像头为主，本节介绍的也主要是指 USB 接口的数字摄像头。

2．摄像头的结构组成

从摄像头的组成来看摄像头的品质，从硬件上来说主要包括：镜头、感光芯片、主控芯片及电源。

（1）镜头（Lens）。镜头的组成是透镜结构，由几片透镜组成，一般有塑胶透镜或玻璃透镜。透镜越多，成本越高；玻璃透镜比塑胶贵。因此一个品质好的摄像头应该是采用玻璃镜头，成像效果相对塑胶镜头要好。

（2）传感器（Sensor）。传感器相当于传统相机的胶片，是数码摄像头最关键的技术。它是一种用来接收通过镜头的光线，并且将这些光信号转换成为电信号的装置。目前数码摄像头的核心成像部件有两种：一种是 CCD（电荷藕合）元件；另一种是 CMOS（互补金属氧化物导体）器件。

CCD 的优点是灵敏度高，噪音小，信噪比大，但是生产工艺复杂、成本高、功耗高。CMOS 的优点是集成度高，耗电量只有普通 CCD 的 1/3 左右，而且制造成本比 CCD 要低，经过技术改良后的高动态范围 CMOS 器件，消除了对快门、光圈、自动增益控制及伽玛校正的需要，另外由于 CMOS 先天的可塑性，可以做出高像素的大型 CMOS 感光器而成本却不上升多少。目前高像素的摄像头普遍采用 CMOS 传感器。

（3）数字信号处理器（DSP）。DSP 是一种独特的微处理器，是以数字信号来处理大量信息的器件。其工作原理是接收模拟信号，将其转换为 0 或 1 的数字信号，再对数字信号进行修改、删除、强化，并在其他系统芯片中把数字数据解译回模拟数据或实际环境格式。在 DSP 的选择上，应根据摄像头成本、市场接受程度来进行确定。

（4）电源。摄像头需要两种工作电压：3.3V 和 2.5V，电源质量也是保证摄像头稳定工作的一个因素。

7.5.2 数码摄像头的安装与使用

1．摄像头的安装

摄像头驱动程序和应用程序的安装非常简单，只需将驱动及应用程序光盘放入 CD-ROM 驱动器中，系统会自动出现程序安装的引导画面，用户只需根据提示一步一步往下点击安装，即可完成驱动及应用程序的安装，这样摄像头就可以配合应用软件进行拍照，录像，照片编辑及远程可视电话等相关操作了。

2．摄像头的使用

下面就以天敏天弓摄像头及其应用程序为例，介绍一下摄像头的使用过程。图 7.11 为天敏天弓摄像头及其应用程序的主界面窗口。

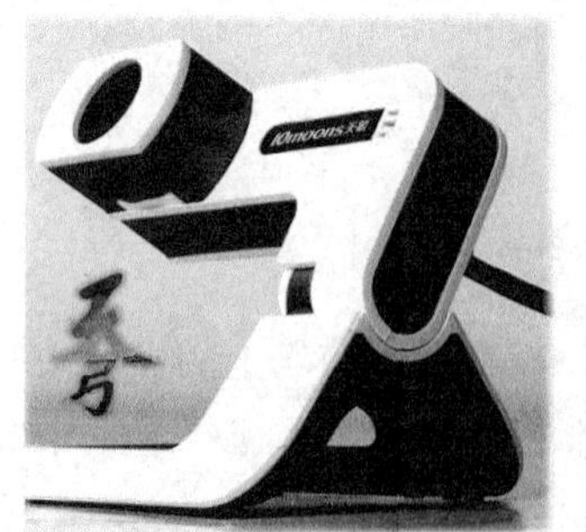

图 7.11 天敏天弓摄像头及其应用程序的主界面窗口

摄像头结合此视频操作界面能够实现的功能有以下几个方面。

（1）对 NetMeeting 系统及网上视频交流的支持，实现各种聊天工具之间的自由切换。

（2）快照：点击快照按钮，或者按键盘空格键在屏幕一边会出现一张拍下的图片，当你关闭该图片的时候，程序会问你是否保存这张图片，如果要保存，程序会将当前图像按照时间顺序起

名字，保存为 BMP 或 JPG 格式的文件，存放位置由系统设置里的快照存放目录决定。

（3）录像：单击“录像”按钮，会将当前的视频流以时间顺序存储为 AVI、Mpeg-1 或者 Mpeg-4 文件；再次单击录像按钮，停止录像。

（4）暂停：冻结当前视频图像。

（5）声音：单击此按钮则会变成静音，再次点击恢复声音。

（6）设置：单击“设置”按钮，会弹出一个设置对话框，包括以下三个选项。

① 录制文件压缩格式：在这里可以设定录制的文件格式。用户可以选择录制成 AVI、Mpeg-1，Mpeg-4 格式的文件，还可以自定义录制 MPEG-1 格式的文件。

② 录像和快照设置：设置存放录像和快照文件的路径等。在这里，除了可以设置存放录像、快照文件的路径和快照文件格式之外，还可以选择录像时是否要录制音频以及设置友情链接聊天工具等。

③ 设备设置：选择和查看设备的一些捕捉属性。

7.5.3　数码摄像头的选购及使用注意事项

1．摄像头的选购

选购摄像头，当然是清晰度高，图像流畅的为好。面对市面上琳琅满目的摄像头，选购时应依据其性能指标进行准确判断。摄像头主要性能指标包含以下几个方面。

（1）图像分辨率（Resolution）。图像分辨率即传感器像素，也就是常说的多少像素的摄像头，是衡量摄像头的一个重要指标之一。摄像头的像素越高，拍摄出来的图像品质就越好，但另一方面，就同一画面而言，像素越高的产品它的解析图像的能力也越强，相对它记录的数据量也会大得多，对存储设备的要求也就高得多。如果将摄像头用于网络聊天或者视频会议，那么分辨率越高则需要的网络带宽就越大，因此用户要根据自己的实际需要选择一款像素适合自己的产品。

（2）视频捕获速度（最大帧数）。简单地说，帧数就是在 1 秒钟时间里传输的图片的帧数，也可以理解为图形处理器每秒钟能够刷新几次，通常用 fps（Frames Per Second）表示，要避免动作不流畅的最低要求为 30fps。

（3）色彩位数。色彩位数又称彩色深度，数码摄像头的彩色深度指标反映了摄像头能正确记录的色调有多少，色彩位数的值越高，就越可能更真实地还原亮部及暗部的细节。色彩位数越高，就可以得到更大的色彩动态范围，颜色的区分就能够更加细腻，影像的色彩就越艳丽动人。

（4）视场。视场代表着摄像头能够观察到的最大范围，通常以角度来表示，视场越大，观测范围就越大。例如有些摄像头的视场是 50°，而有些是 58°，后者相比前者在同等距离的情况下就能拍摄到更大的景物范围。

除此之外，选购摄像头的时候价格也是个不可忽视的因素，往往是价格因素决定了用户的取舍，一般来说，一些名牌的摄像头产品的价格会比同类产品要高一些，但是其附带的软件、造型、硬件性能，也都是物有所值的。

2．摄像头使用注意事项

数码摄像头是一种比较精密的数码设备，在使用与维护方面应该注意以下问题。

（1）不要用摄像头直接拍摄太阳，也不要让强烈的阳光进入镜头，以免损害摄像头的图像传感器；同时注意不要在温度过高的地方使用摄像头。

（2）保持清洁和干燥。注意不要接触油、蒸汽、水汽、湿气，以防内部电路出现短路故障和元器件腐蚀；还要注意防尘，轻微灰尘进入最好不要处理，避免进入更多灰尘。

（3）不要使用刺激的清洁剂或有机溶剂擦拭摄像头。数码摄像头的镜头很少需要清洁，但若需要，最好使用干燥、不含麻质的布，千万不要拆卸，对于使用不当造成的损坏，厂家不予保修。

（4）切勿盲目拆卸。都知道摄像头是电脑和网络的眼睛，平时使用细心注意保养，有故障仔细分析原因，不具备一定的维修技能和专业知识最好不要打开维修，特别是保修期内，不然会失去厂家保修资格，还有可能造成二次故障增加修复的难度。

7.6 电子词典

7.6.1 电子词典的主要功能

电子词典是主要具有英译汉和汉译英功能，兼有事务管理、资料存储和计算等其他功能的新型词典。电子词典的主要功能如下。

1. 查找词汇

查找词汇是电子词典的最主要功能。词汇量的多少是衡量其档次高低的重要标志，每种电子词典的词汇量不尽相同。例如，文曲星 A2008 电子词典，如图 7.12 所示，其词库系统包含：《朗文当代高级英语辞典（第 3 版）》；《不列颠百科》《现汉双解词典》《初/高中英语词典》《新英汉词典》和《简明汉英》多部辞典。所有的电子词典都有英译汉和汉译英的功能。

图 7.12　文曲星 A2008 电子词典

2. 独特的词典

各种电子词典分别具有各自独特的词典，如同义词、反义词、动词时态查询等。

3. 个人事务管理功能

电子词典还具有个人事务管理功能，也就是记录个人需要的信息，包括个人记事本、备忘录、名片簿、电子账本、约会提醒等。

4. 科学计算功能

科学计算功能也是电子词典的一个卓越的功能，只是不同型号的电子词典精度稍有差异。

5. 换算与货币的兑换等功能

常用单位的换算、货币的兑换以及所得税的计算等功能。

6. 资料存储功能

资料存储功能，包括法律常识、诗歌欣赏、区号邮编、世界城市、常用简表、化学元素周期表、中外节日，游戏娱乐等功能。例如，文曲星 A2008 电子词典存储容量达到 1GB，支持播放 flash、MP3、MP4，媲美高端播放器、电子书、数码录音、复读、跟读、比读以及 SD/MMC 卡扩充等功能。

7.6.2　电子词典的使用方法

1．电子词典的开启和关闭

电子词典的资料都固化在 ROM 存储器上，打开电源后即可使用。电子词典切断电源即可关闭。电子词典的软件系统有时候也可能会出现问题，此时需要复位软件系统。复位软件系统操作可以通过机身上的 Reset 键进行。

2．电子词典的输入方式

电子词典的输入采用按键输入。在电子词典显示屏的下方有与电脑键盘结构相似的按键，通过这些按键可以实现信息的输入。当输入英文单词时，可以逐个输入英文字母。如果要输入汉字，则用电子词典上的汉字输入法输入。

3．电子词典的具体操作方法

不同型号的电子词典操作方法大不相同，请参照随机的操作说明进行。所有的电子词典都带有详细的联机操作帮助。按下电子词典键盘上的帮助键即可调出联机帮助。

7.6.3　电子词典使用的注意事项

电子词典使用时要注意以下事项。

（1）不能发生硬性的撞击。电子词典是一个精密的电子产品，因此在使用过程中不能发生硬性的撞击，如用力按下屏幕或机身、掉落在地上或发生其他的碰撞。

（2）不能在高温、潮湿的环境中存放或使用。

（3）有的电子词典的资料存储采用的是 RAM 存储器，采用两块电池进行供电以保证资料不丢失，因此在拆卸这类电子词典的电池时不能将两块电池同时取下，否则会造成资料丢失。

（4）在电池电力不足时应该及时更换新的电池，以免资料丢失。

习题

1．平板电脑有哪些主要功能？

2．音响器材使用时应注意哪些问题？

3．数码录音笔有哪些主要特点？应如何选购？

4．简述碎纸机的组成及各部分的作用，操作时应注意哪些问题？

5．简述摄像头的构成及选购注意事项。

6．电子词典有哪些主要功能，使用时应注意哪些问题？